KB159503

Signes,
Machines,
Subjectivité

기호와 기계

기계적 예속 시대의
자본주의와
비기표적 기호계
주체성의 생산

Maurizio
Lazzarato

마우리치오
랏자라또

갈무리

신병현·심성보 옮김

1. 이 책은 Maurizio Lazzarato의 프랑스어본 미출간 원고 *Signes, machines, subjectivité: Signs and Machines: Capitalism and the Production of Subjectivity*, Translated by Joshua David Jordan, Semiotext(e), 2014; 『記号と機械: 反資本主義新論』, 杉村昌昭·松田正貴 翻訳, 共和国, 2015를 완역한 것이다. 한국어판은 영어판을 기준으로 프랑스어판을 대조했으며, 용어에 관해서는 일본이판을 부분적으로 참고했다.
2. 인명, 작품명, 문헌 제목 등의 원어는 모두 찾아보기에 수록하였다.
3. 단행본, 전집, 정기간행물, 보고서에는 겹낫표(『』)를, 논문, 논설, 기고문 등에는 홑낫표(「」)를 사용하였고, 영화, 그림제목, 단체, 학회, 협회, 연구소 이름에는 가랑이표(〈〉)를 사용하였다.
4. 옮긴이가 의미를 보충하기 위해 쓴 말은 [] 안에 넣었다. 저자가 원문에서 사용한 []는 〔〕로 표기했다.
5. 지은이 주석과 옮긴이 주석은 같은 일련번호를 가지며, 옮긴이 주석에는 [옮긴이]라고 표시하였다.
6. 책 속의 이미지와 설명은 한국어본 독자들의 이해를 돕기 위해 편집부에서 삽입한 것이다.

차례

서론 [1]

욕망이 하부구조의 일부라고 말하는 것은 요컨대
주체성이 현실(reality)을 생산한다고 말하는 것입니다.
주체성은 이데올로기적 상부구조가 아닙니다.

레닌주의 시대에 정부는 전복되어야 할 대상이었고
노동조합은 경제주의자(economist)이고 배신자였습니다.
[따라서 모든] 권력이 소비에트(Soviet)에 주어져야
했습니다. 요컨대 그곳에는 어떤 이념이 존재하고 있었고
뭔가가 존재하고 있었습니다. 그러나 지금 여기에는
사실상 이념 같은 것은 없습니다. 아무것도 없습니다.
거시경제학의 이념, 그것의 몇 가지 요소가 있을 뿐입니다.
실업, 시장, 화폐처럼 사회의 현실과는 전혀 무관한
추상들 말입니다.

— 펠릭스 가따리, 「주체성 생산의 위기」, 1984년 4월 3일 세미나

1984년에 행한 어느 세미나에서 펠릭스 가따리는 이렇게 주장했다. '1970년대 초반 이후로 서양 사회는 위기에 접어들었다. 그리고 그것은 경제적이거나 정치적인 위기에 그치지 않고 주체성의 위기를 가져왔다.' 우리는 가따리의 이런 주장을 어떻게 이해할 수 있는가?

2차 세계대전이 끝났을 무렵 독일과 일본은 철저히 파괴되었다. [이어진] 장기점령 아래 그들의 사회적·심리적 토대는 심각하게 붕괴되었고 "물적 자산도 마찬가지 상태였다. 천연자원은 물론이고 준비된 자원도 부족했다." 그렇다면 전후의 경제 기적은 어떻게 설명되는가? "그들은 막대한 '주체성 자본'을 재건했다(이 자본은 지식, 집단지성collective intelligence, 생존의지와 같은 형태로 구성된다). 실제로 그들은 폐허로부터 새로운 종류의 주체성을 발명했다. 특히 일본은 전통적 주체성에서 그 일부를 복원했으며 그것을 사회적·물질적 생산의 가장 '선진화된' 형태로 변형시켰다… 후자[즉 이런 형태]는 주체성을 생산하는 일종의 산업단지와 비슷했으며, 그로부터 다양한 창조적 과정들이 출현할 수 있었다. 그중에 어떤 것들은 심각한 소외를 가져왔지만 말이다.[2]

자본주의는 "자동차 산업이 새로운 자동차 라인을 출시하듯이 새로운 (주체성) 모델을 출시한다."[3] 따라서 자본주의 정치의 핵심

---

1. 여기서 제시된 서론은 나의 책 『부채인간』(The Making of the Indebted Man, 허경·양진성 옮김, 메디치미디어, 2012)이 출간된 다음에 집필되었다. 『부채인간』은 2011년 파리에서 먼저 출간되었고 이듬해 영어로 번역되었다. 서론을 제외한 다른 장들은 이 책의 출간보다 먼저 집필되었다.

2. Félix Guattari in Jean Oury, Félix Guattari, and François Tosquelles, *Pratiques de l'institutionnel et politique* (Vigneux, France : Matrice éditions, 1985), 65.

테슬라 자동차 공장의 생산라인

기획은 경제적·기술적·사회적 흐름을 주체성의 생산과 접합articulation하는 데 있으며, 이런 측면에서 정치경제는 "주체경제"subjective economy와 동일한 것이다. 우리는 바로 이런 가따리의 연구가설을 수용하는 동시에 오늘날의 상황에 맞도록 적절히 수정해야 한다. 특히 우리는 신자유주의가 두 가지 경제의 접합에 실패했다는 사실을 명확히 인식하고 바로 그 지점에서 출발해야 한다.

가따리의 관찰에 따르면 자본주의는 대공황 이후 다양한 기구와 안전장치를 [개발하고] 노련하게 제어함으로써 체계적 위기를 예측하고 해결했다. [반면에] 오늘날 자본주의는 주체성의 생산에서 많은 어려움을 겪고 있다. 그 결과 체계적 위기가 주체성의 생산 위기와 전면적으로 결합한다. 경제적·정치적·사회적 과정은 그속에서 일어나는 주체화subjectivation 과정과 사실상 분리될 수 없다.

신자유주의적 탈영토화에서는 주체성의 새로운 생산이 전개되

3. Félix Guattari, *La Révolution moléculaire* (Paris : Union générale d'éditions, 1977), 95. [펠릭스 가타리, 『분자혁명』, 윤수종 옮김, 푸른숲, 1989.]

지 않는다. 반면에 신자유주의는 그 이전에 존재한 사회적 관계와 그것의 주체화 형태(노동자, 공산주의적·사회민주적 주체화, 민족적 주체성, 부르주아적 주체성 등)를 파괴했다. 신자유주의가 촉진한 기업가[적 주체]entrepreneur는 그 문제[주체성 생산의 부재]의 어떠한 해결책도 되지 않는다(푸코는 기업가를 모든 종류의 경제 활동에서 요구되는 주체의 동원 및 관리와 연결한다). 오히려 정반대가 진실에 가깝다. 자본은 언제나 시장과 기업 그 이상의 영토를 요구하며 기업가적 주체를 벗어난 주체성 형태를 요구한다. 기업가, 회사, 시장이 한편으로는 경제를 구성하지만, 다른 한편으로는 바로 그들이 사회 자체를 파괴하기 때문이다.

따라서 자본주의가 끊임없이 침식하는 사회적 결속을 재건할 목적으로, 전前자본주의적 영토들과 가치들이 오랫동안 활용되었고 전래된 도덕과 종교도 마찬가지로 동원되었다. 같은 맥락에서 민족주의, 인종주의, 전체주의fascism 등의 강력한 근대적 주체화가 사용되었다. 기업가적 주체화는 오늘날 모든 곳에서 확인할 수 있다. 그것은 모든 개체individual를 하나의 기업으로 전환하려는 충동에서 정점을 이룬다. 하지만 그것은 수많은 역설로 귀결되고 말았다. 우리 자신이 요구했던 자율성, 주도성, 주관적 헌신과 같은 것이 취업능력의 새로운 규범, 보다 정확히는 타율성의 규범으로 전환되었다. 이와 동시에 개체들에게 주입된 명령, 즉 능동적·주도적으로 행동하고 위험을 감수하라는 주문이 사람들 사이에 우울증을 유발했고 균질화의 수용을 거부하는 세기적 질병을 낳았으며, 결국에는 존재의 빈곤화로 이어졌다. 기업가적 모델은 개체의 "성공"이 아니라 궁핍을 가져왔다.

　대다수 사람들에게, 경제적 주체("인적 자본", "기업가형 자아")가 된다는 것은 임금·소득의 감소, 실업, 빈곤, 불안정을 그저 기업이 재무제표를 다루듯이 똑같이 관리하라는 명령일 뿐이다. 반복적인 "금융" 붕괴가 초래한 [경제]위기가 점점 더 심해지면서, 자본주의는 지식사회나 정보사회와 같은 자신의 미사여구를 팽개치고 그런 사회들이 칭송한 주체화 양식(인지 노동자, "상징 조작자", 열정 노동자, 창조적 전문가)도 폐기했다. [경제]위기는 부채를 점점 더 가중했으며, 부채인간이라는 형상이 위기의 복종 형태로 전면화되었다. 고된 노동, 신용, 금융 finance의 흐름이 부를 낳는다는 약속이 백일몽에 불과하다는 사실이 드러나자, 채권자와 "증권" 소유자를 보호하는 쪽으로 계급투쟁이 전개되었다. 오늘날 위기 상황에서, 사적 소유의 힘을 옹호하기 위해서 "생산"과 "주체성 생산"이 부채와 부채인간의 형상]을 통해서 접합되는 것이다.

　확실히 우리는 부정적 복종 subjection 4에 대해서 말하고 있는 것

---

4. [옮긴이] 이 책에서 subjection은 주로 '복종'으로 옮겼으며 subordination은 '종속'으로 옮겼다. subject가 동사로 쓰일 때는 '종속된다'로 옮겼다. enslavement는 '예속'으로 옮겼으며 subjugate는 주로 '예속된다'로 옮겼다. 다만 문맥에 따라서는 다른 표현을 채택하기도 했다. 이 책에서 자주 언급하는 social subjection과 machinic enslavement에 대해서, 국내에서는 '사회적 예속(화)'와 '기계적 노예화'로 번역하는 경향이 있다. 그러나 우리가 볼 때 기존 용어들에 한국 사람들이 알아듣기 힘든 모호함이 있기 때문에, 이 책에서는 일본어판의 용례에 따라 '사회적 복종'과 '기계적 예속'으로 옮겼다. 간단히 말해 기계적 예속은 '기계의 부품이 된다'는 것이고, '기계에 의해 예속된다'는 것이다. 이것은 단순히 인간이 착취-지배하는 기계의 부품이 된다는 뜻이 아니라, 탈주체화된 인간 주체성이 일종의 부품으로서 인간-기계들의 교환 시스템에 포함되고 그 내부에서 조절된다는 뜻이다. 즉 기계적 예속은 인간-기계들의 탈인간적이고, 탈중심화되며, 탈의식화되고, 탈주체화된 하이브리드를 함의

이다. 그것의 가장 명확한 징후는 지식, 행동, 변동의 흐름들이 — 끊임없는 유혹의 결과이긴 하지만 — 그저 억압적이고 퇴행적인 주체화로 귀결된다는 사실이다. 의무/세금[lot 5]에 대한 책임감 때문에, 그리고 동시에 죄책감 때문에 부채인간은 신자유주의 권력 블록의 경제적·사회적·정치적 실패를 자기 스스로 감수한다. 그것은 국가와 기업이 사회로 떠넘긴 실패일 뿐이다.

중요한 것은 혁신, 창조, 지식, 문화에 있는 것이 아니라 자본 소유자의 "탈주"라는 사실에 있다. 그들의 "탈출"은 납세를 거부할 뿐만 아니라 복지국가를 약탈하는 것이다. 이처럼 생산 개념을 (경제적 생산과 동시에 주체성의 생산이라는) 단일한[univocity] 의미로 파악함으로써, 우리는 금융위기가 단순한 경제 위기가 아니라 신자유주의 통치성의 위기라는 사실을 이해할 수 있다. 신자유주의 통치성은 모든 개체를 소유자, 기업가, 주주로 전화하려고 시도했지

하며, 그 과정에서 새로운 접속관계를 형성하기도 하고 기존의 지배적 관계를 재생산하기도 한다(자본주의 아래 기계적 예속의 작동 방식은 이 책의 본문을 참조하기 바란다). 이런 측면에서 들뢰즈, 가따리에게 기계적 예속은 단순한 부정적 의미를 띠지 않는다. 흔히 '기계'란 유형화된 물리적-기술적 기계장치를 뜻하지만, 여기서는 기능적 작동(프로그램, 자동화된 메커니즘)과 새로운 생산(접속의 생산, 욕망의 생산)에 방점이 있으며 기계류만이 아니라 이론적, 사회적, 예술적 기계라는 확장된 의미를 지닌다. 일련의 기계는 다른 기계들과 접속하고 서로를 밀어내고 선택하고 배제하는데, 작용하고 작용받는 그 과정에서 새로운 가능성을 생산한다. 요컨대 특정한 장치와 기계는 구속의 의미도 지니지만 가능성의 확장이라는 의미도 지닌다(기계와 주체의 부분들, 또는 가분체들의 관계는 수동성과 능동성을 같이 지닌다). 보다 정확히는 기계와 주체의 부분들이 서로 포획된 상태, 서로를 사로잡은 상태, 서로를 길들인 상태를 뜻한다. 기계적 예속이란 표현에서 우리는 '예속'의 부정적 함의보다는 이런 기능적 작동의 방식, 그러니까 인간-주체를 넘어선 기계들과 인간-부품들의 생산적이고 긍정적인 측면을 읽어야 한다.
5. [옮긴이] 이 장에서 빗금(/)은 저자의 표기방식이다.

만, 미국의 부동산 시장이 붕괴하면서 철저한 실패로 귀결되었다.

일본은 앞서 언급한 위기의 난맥상을 상징적으로 보여준다. 새로운 주체성 모델을 혁신하지 못한 채 일본은 1990년대 이후 국가적인 위기에서 헤어나지 못했다. 세계의 다른 나라와 마찬가지로 지금의 일본 역시 포스트 포디즘 [단계]에 속하지만, 한때는 번영의 원천이었던 포디즘의 "주체성 자본"(완전고용, 평생고용, 노동윤리 등)을 대체하는 데 있어서 다른 어떤 나라보다도 위기에 빠져 있다. [예를 들어] 천문학적 자금이 경제에 투입되었고 [부실한] 은행이 구제되었다. 이와 동시에 노동시장이 취약하게 변했고 그 결과 고용불안이 가중되었으며 노동자의 빈곤이 강요되었다. 그러나 어떤 수단을 사용해도 경제는 살아나지 않았다. 새로운 사회적·경제적·정치적 조건은 그에 적합한 새로운 주체성을 요구하며, 이런 주체성을 매개로 그런 조건들이 인식되고 지속될 수 있다. 이런 측면에서 일본의 금융위기, 또는 경제위기는 무엇보다도 행위에 대한 통치의 위기라고 할 수 있다. 경제와 주체성은 별개의 문제가 아니라 분리할 수 없을 정도로 밀접한 문제인 것이다.

"좌파" 성향의 노동조합과 정당이라고 해서 사정이 그리 다르지 않다. 그들도 이런 문제와 난국을 해결하지 못한다. 그들 역시 주체성의 가능한 대안이 없기 때문이다. 인민people, 노동계급, 노동자, 생산자, 고용[에 대한 요구]은 더 이상 주체성을 좌우하지 못하며 더 이상 주체화의 벡터, 또는 궤도로 기능하지 못한다.

오늘날 비판 이론에서도 유사한 실패가 나타난다. 이런 이론들은 자본주의와 주체화 과정의 관계를 충분히 설명하지 않는다. 인지

자본주의, 정보사회[론], 문화자본주의(제러미 리프킨)는 이런 관계를 포착하긴 하지만, 양자의 관계를 너무 환원적으로 접근한다. 그러니까 지식, 정보, 문화는 한편으로 "생산"을 구성하는 경제의 다양성을 충분히 포괄하지 못한다. 다른 한편으로 이런 이론들이 묘사하는 주체의 형상avatar(인지 노동자, "상징 조작자" 등)들이 "주체성의 생산"을 구성하는 다양한 예속 장치와 정치적 주체화를 포괄하지도 못한다. 생산과 주체성 생산에 관한 헤게모니적 패러다임을 발견했다고 이런 이론들이 주장하고는 있지만, [최근의] 위기들이 증명하듯이 계급투쟁의 운명은 지식, 정보, 문화의 영역에서 결정되지 않는다. 이와 같은 사실에서 우리는 이런 이론들의 위선을 확인할 수 있다.

그래도 이들 이론은 생산과 주체성 생산의 관계를 대충이라도 건드렸지만, 자크 랑시에르와 알랭 바디우의 경우에는 양자의 관계를 완전히 무시한다. 그들에 따르면 생산과 주체성의 생산은 완전히 무관한 것이다. 대신에 그들은 "경제"와 "주체성"의 근본적 분리를 인정할 필요가 있다고 강조한다. 이런 관점에서 그들은 한편에서는 경제에 관한 경제주의적 관념을 전개하고, 다른 한편에서는 주체성에 관한 극도로 "정치적인" 관념, 즉 "관념론적" 이론을 발전시킨다.

[앞에서 언급했듯이 2차 세계대전 이후] 주체성을 생산하고 통제하며 적응시키는 공적·사적 장치들이 꾸준히 증가했으며, 이런 장치들은 심지어 위기를 통해서 자신의 권위주의적 성격을 강화하는 경향이 있었다. 이런 [표면적] 사실에도 불구하고, 우리는 주체화의 수단이나 토대가 사라졌다는 가따리의 주장을 진지하게 고민해야 한다. "이것은 심각한 위기입니다. 얼마만큼의 위기일까요? 제가 보

기에는 누구나 목구멍에 이런 말이 맴돌 정도로 심각한 것입니다. 젠장, 우리는 적어도 종교나 사상을 하나씩은 갖고 있었지 … 모든 걸 이따위로 팽개칠 순 없어!"[6]

그렇다면 주체성의 생산이란 개념은 무엇을 뜻하는가? 주체화, 특히 정치적 주체화는 무엇을 뜻하는가?

자본주의 아래에서 주체성의 생산은 들뢰즈·가타리의 용어로 사회적 복종social subjection과 기계적 예속machinic enslavement[7]의 장치들dispositifs을 통해 두 가지 방식으로 작동한다.

사회적 복종을 통해 우리는 특정한 주체성을 부여받는데, 그것은 우리에게 정체성, 성sex, 신체, 직업, 민족성 따위를 할당한다. 사회적 분업의 필요에 따라 사회적 복종은 개체화된 주체를 생산하고 그들의 의식, 재현[표상]representation, 행위를 형성한다.

그런데 개체화된 주체의 생산은 완전히 다른 과정,[즉 기계적 예속]에도 연결된다. 그것은 탈주체화desubjectivation를 통해서 주체성을 고정하며 [사회적 복종과] 완전히 다른 식으로 작동한다. 기계적 예속은 개체화된 주체,[그의] 의식, 재현[표상]을 해체하며 전前개체적이고 초超개체적인 층위에 영향을 미친다.

오늘날, 비판 이론들(바디우, 인지자본주의, 주디스 버틀러, 슬라보예 지젝, 랑시에르 등) 사이에서 주체성과 주체, 주체화, 감각적인 것의 분배[8]는 중요한 문제로 제기된다. 하지만 이들의 주장은 자

---

6. Félix Guattari, "La Crise de production de subjectivité," Seminar of April 3, 1984. http://www.revue-chimeres.fr/drupal_chimeres/files/840403.pdf.
7. [옮긴이] 번역에 관해서는 이 장 각주 4번의 설명을 참조하라.

본주의가 "기계적 예속"을 통해서 종별적으로 어떻게 작동하는지에 관해서 대부분 무시한다. 이들의 비판 이론은 맑스의 교훈을 완전히 잊은 듯이 행동한다. 맑스는 어느 글에서 자본주의가 지닌 고유한 기계적 성격을 이렇게 지적한다. "기계류는 고정자본의 가장 적합한 형태로 출현한다. 후자는, 자본이 자기 자신과 관계를 맺는다고 우리가 간주할 수 있는 한, 자본 일반의 가장 적합한 형태인 것이다."[9]

이런 지적은 그 어느 때보다 오늘날의 상황과 어울려 보인다. [왜냐하면] 맑스 시대와 달리 기계장치machinism [10]는 우리의 일상에 깊숙이 들어왔기 [때문이다.] 오늘날 기계장치는 이른바 "사회적 불변자본"을 구성함으로써, 우리가 말하고 듣고 보고 쓰고 느끼는 방식을 "촉진하는" 것이다.

이런 기술적·사회적 기계들 안에서 "인간"과 "비인간"은 기업, 복지국가, 미디어의 배치assemblage를 구성하는 요소로 동시에 기능한

---

8. [옮긴이] 프랑스어에서 partage(영어로는 distribution)는 주로 두 가지 의미를 지닌다. 그중 하나는 '공유'라는 뜻이고 다른 하나는 '분할', '분배'라는 뜻이다. 여기서는 영역자의 표현과 기존의 용례에 따라 '분배'로 옮기지만, partage는 중의적 의미를 모두 지닌 '나눔'이란 뜻으로 이해할 필요가 있다. 마찬가지로 la partage du sensible(영어로는 distribution of the sensible)은 감각적인 것을 분할함과 동시에 감각적인 것을 공유한다는 뜻이다. 참고로 일본어판에서는 두 가지 의미를 살려 '분유(分有)'라고 옮겼다.

9. Karl Marx, *Grundrisse*, in *Selected Writings*, ed. David McLellan (Oxford : Oxford University Press, 2000), 410. [칼 마르크스, 『정치경제학 비판 요강』1~3, 김호균 옮김, 그린비, 2007.]

10. [옮긴이] 일본어판에서는 machinism을 '기계성', '기계론', '기계주의', '기계적 기능' 등으로 옮겼다. 여기서는 일괄적으로 '기계장치', '기계론'으로 옮긴다.

다. 이런 사실에도 불구하고 우리가 최근에 접하는 비판 이론들은 기술적·사회적 기계에 관해서 제대로 분석하지 않는다. 이런 경향은 랑시에르와 바디우가 그런 것처럼 급진적 주장에서도 반복적으로 나타난다. 비판이론에서는 기계와 기계적 배치들이 완전한 공백 상태로 남아 있다.

요컨대 자본주의는 이중의 냉소주의를 눈앞에 가져온다. 첫째, "인간적" 냉소주의는 개체성^{individuality}과 사전에 규정된 역할(노동자, 소비자, 실업자, 남성/여성, 예술가 등)을 우리에게 할당한다. 이런 상태에서 개체들은 소외상태를 일종의 숙명처럼 받아들인다. 둘째, "탈인간적" 냉소주의는 인간과 비인간, 주체와 대상, 말과 사물이 더 이상 구별되지 않는 특정한 배치 상태로 우리를 데려간다.

이 책 전체를 통해 우리는 "사회적 복종"의 장치들과 "기계적 예속"의 장치들 사이에서 서로의 차이와 상보성을 검토할 것이다. 왜냐하면 양자가 교차하는 지점에서 주체성 생산이 일어나기 때문이다. 우리는 복종의 양식들과 예속의 양식들에 관한 지도제작^{cartography}을 추적할 것이며, 이를 통해 우리가 무엇과 단절해야 하는지 생각해볼 것이다. 이것의 목표는 자본주의가 장악한 주체성, 그것의 생산 양식, 삶의 양식들에서 벗어나 그것들과 무관한 자율적인 과정을 개시하는 데 있다.

여기서는 다음과 같은 사실을 이해하는 것이 무엇보다도 중요하다. 즉 자본주의가 생산하는 주체성과 주체화들은 "기계"를 위해 [생산된] 것이다. 그것들은 일차적으로 "기술적 기계"가 아니라 "사회적 기계"를 위한 것이며, 루이스 멈포드의 용어로 "거대기계"megamachine를 위한 것이다. 거대기계는 자신이 생산한 기술적 기계를 자신의 내부에 포함한다.

만일 자본주의에 있어서 주체성의 생산이 사활적 문제라고 한다면, 어떤 조건들에서 정치적·실존적 단절이 가능할 것인가? 어떤 도구들이 주체성의 [단절적] 생산에 필요한 것인가? 어떤 도구들이 국가와 기업이 주도하는 주체성의 산업적·연속적 생산을 중단할 수 있는가? 거시 정치와 미시 정치를 결합하는 주체화 과정을 위해서는 어떤 조직화 모델과 양식들이 발명될 필요가 있는가?

1980년대 미셸 푸코와 가따리는 서로 다른 경로를 밟아 하나의 동일한 결론에 도달했다. [그들이 보기에] 오늘날 긴급한 정치적 질문이 있다면, 그것은 주체성을 생산하는 문제, 그리고 "자기self와의 관계"를 구축하는 문제일 것이다. 이런 질문과 대결할 수 없다면 우리는 우리를 끝없이 좌초시키는 교착상태에서 벗어날 수 없을 것이다. 각자 방식은 달랐지만 두 사람은 권력-지식 관계로 환원될 수 없는 새로운 차원을 공통적으로 제시했다. "자기에 대한 관계"(푸코), 또는 자기 위치정하기[자기정립]self-positioning와 실존적 긍정이 지닌 힘power(가따리)은 권력-지식 관계 안에서 — 기원하는 동시에 빠져나온다는 이중적인 의미에서 — 솟아 나온다. 주체적 차원은 권력-지식 관계에서 기원하긴 하지만 그것에 의존하지 않는다. 푸코에 따르

프란시스 피카비아, 〈어머니 없이 태어난 소녀〉, 1916~1917

면 "자기를 배려하는" 것은 "아름다운 삶"의 이상적인 탁월함을 추구한다는 뜻이 아니다. 그것은 "존재의 미학"과 그에 상응하는 정치가 [어떻게] 겹치는지에 관해서 탐구한다는 뜻이다. "또 다른 세계", "또 다른 삶"이라는 문제는 투쟁적인 정치적 삶과 분리된 것이 아니라 동시에 출현하는 것이다. 정치적 삶의 전제조건은 기존에 확립된 전통, 관습, 가치에서 단절하는 것이다. 가따리의 미학적 패러다임이 요구하는 것은 사회적인 것과 정치적인 것의 심미화가 아니다. 그것은 새로운 방식의 정치적 행동과 조직을 위해서는 우리가 주체성의 생산에 일차적 관심을 가지고 실천해야 한다는 것이다.

주체화 과정과 그것의 조직화 형태는 노동운동 안에서 언제나 격렬한 논쟁의 대상이 되었고, "개혁론자"와 "혁명론자" 사이에 정치적 불화와 분열의 원인이 되었다.

실제로 노동운동에서 전개된 "주체성의 전쟁"(가따리)을 살피지 못한다면, 우리는 노동운동의 역사를 온전히 이해할 수 없을 것이다. "파리꼬뮌 시기 특정한 부류의 노동자들이 '돌연변이'처럼 변했는데, 부르주아지는 그들을 멸종시키는 것 말고는 다른 선택의 여지가 없었다. [1572년 8월 24일] 성 바르톨로메오 축일에서 [가톨릭 신자들이 수만 명의] 신교도를 학살했듯이, 이번에도 부르주아시는 파리꼬뮌을 완전히 제거했다."[11]

[바디우와 랑시에르의 주장과 달리] 분명 볼셰비키는 – 특히 파리꼬뮌의 패배에 대한 반응으로 – 새로운 투사적 주체성의 발명을 사고한 것이 아니었다.[12]

정치적 주체화의 과정을 검토하면서 비록 우리가 권력의 "미시-정치적" 차원(가따리)에 초점을 맞추고 "미시-물리적" 차원(푸코)을 강조하지만, 그렇다고 해서 그것이 거시-정치적 차원을 설명하고 재편해야 한다는 주장을 무시하는 것은 아니다.

이것은 모 아니면 도의 문제입니다. 한편으로는 그것이 누구든지 간에 주체성 생산의 새로운 방법을 찾아야 합니다. 그것이 볼셰비키든 마오주의자든 누구라도 상관없습니다. 다른 한편으로 그렇지 않을 경우 위기가 멈추지 않고 계속될 겁니다.[13]

가따리는 자신만의 방식으로 맑스의 노선에 충실할 뿐만 아니라 레닌의 노선에도 충실히 따른다. 물론 레닌주의에서 출현한 주체성의 생산양식(당, 노동계급 전위라는 개념, "직업적 혁명가" 등)은 오

---

11. Guattari, *Pratiques de l'institutionnel et politique*, 53.
12. 랑시에르와 바디우의 정치이론에서는 "주체성의 형태"를 분석할 수 없다. 왜냐하면 비록 그들이 그리스의 폴리스, 고대 로마의 노예반란, 프랑스·러시아·중국에서의 혁명, 68년 5월을 다루고는 있지만, 그들에게 주체화 과정은 오직 한 가지 형태로만 존재하고 언제나 동일하기 때문이다.
13. Guattari, "La Crise de production de subjectivité," Seminar of April 3, 1984.

늘날의 계급구성에서는 더 이상 적절하지 않을 것이다. 레닌주의 실험에서 가따리가 보존한 것은 그 방법론적 측면에 있는데, 그것은 "사회-민주주의"와 단절하기 위해서는 정치적 혁신의 도구들이 필요하다는 관점이다. 그리고 이런 도구들은 주체성의 조직화 방식까지 확장된다.

"경제"economics와 분리될 수 없는 것과 마찬가지로 주체성의 생산은 "정치"에서도 분리될 수 없다. 그렇다면 정치적 주체화는 어떻게 이해되어야 하는가? 모든 정치적 주체화는 실존에 영향을 미치는 주체성의 변이와 개조를 수반한다. 이런 주체화에서 정치란 랑시에르와 바디우가 그 용어에 부여하는 의미만으로 한정되지 않는다.

주체의 변이는 무엇보다도 담론적인 것이 아니다. 달리 말해 주체의 변이는 일차적으로 지식, 정보, 문화와 관련되지 않는다. 주체성의 중심에는 비非-담론적인 것, 비-지식, 비-문화적응acculturation이 존재한다. 왜냐하면 주체의 변이는 바로 이것들의 중핵에서 작용하기 때문이다. 주체의 변이는 근본적 수준에서 자아, 타자, 세계에 관한 실존적 긍정과 염려를 가리킨다. 그리고 이런 비-담론적이고, 실존적이며, 정동적인affective 결정화를 토대로 새로운 언어, 새로운 담론, 새로운 지식, 새로운 정치가 증식할 수 있는 것이다.

특히 우리는 이런 문제를 하나의 독특한 관점에서 살펴볼 것이다. 그것은 담론적인 것이 비-담론적인 것과 맺고 있는 역설적 관계를 뜻한다. 여기서 담론적인 것은 언어 안에서 현실화된 것들이며, 나아가 지식·문화·제도·경제로 구성된 시공간 좌표 안에서 현실화된 모든 것이다. 반면에 비-담론적인 것은 자기-생산, 자기-위치 짓기, 실존적 긍정의 초점을 의미한다.

자본주의의 기계적 종별성specificity을 무시하는 비판 이론들은 담론적인 것과 실존적인 것의 관계 역시 문제화하지 않는다. 실제로 이런 이론들은 담론적인 것에 핵심적인 역할을 부여한다. 그들이 강조하는 것은 [실존과 분리된] 정치적 장에서의 언어(랑시에르), "생산"(인지자본주의, 빠올로 비르노), 주체의 구축(지젝과 버틀러) 등이다.

구조주의 자체는 죽었을지 몰라도 구조주의 패러다임을 설립한 언어[적 전환]은 이런 이론들에서 여전히 살아남았다. 이런 새로운 "로고스중심주의"에서 그 한계를 인식하기 위해서 우리는 잠시 시간을 거슬러 갈 필요가 있다. 달리 말해 우리는 1960~70년대 들뢰즈, 가따리, 푸코가 발전시킨 구조주의와 언어학에 대한 비판으로 돌아갈 필요가 있다. [그 당시 오스틴의] 분석철학과 라캉의 정신분석 아래 "언어학적 전환"이 전개되었고 언어는 정치와 주체화 과정에서 중심적 역할을 차지하게 되었다. 하지만 들뢰즈, 가따리, 푸코는 각기 나름의 방식대로 이런 경향을 비판하면서 언어의 중심적 역할을 박탈했다. 그들은 새로운 기호이론semiotic theory과 언표행위enunciation에 관한 이론을 제시했으며, 이를 통해 경제와 주체화 과정들 속에서 기호가 어떻게 작동하는지 보다 적절히 묘사할 수 있었다. 여기서 우리는 특히 가따리의 기호 이론으로 되돌아갈 것이다. 그의 기호 이론에서는 한편으로 각각의 주체화 과정이 [다층적 기호계, 즉] 혼합적mixed, 기표적signifying, 상징적symbolic, 비기표적

asignifying 기호계semiotics 14들의 작동을 수반하며, 다른 한편으로 경제·과학·예술·기계에서의 작동과 마찬가지로 이런 기호계의 작동들이 자본주의의 종별적 특성을 이룬다고 주장된다.

그렇다면 서로 상이한 기표적, 상징적, 비기표적 기호계는 자본주의의 탈영토화와 재영토화를 작동시키고 통제할 때 어떤 역할과 기능을 하고 있는가? 그리고 각각의 기호계는 주체화 과정과 어떤 관계를 맺는가?

언어의 "제국주의"를 폐기하는 대신에 가따리와 푸코는 표현expression의 또 다른 양식과 주체성의 또 다른 형성을 옹호한다. 하지만 그들은 단순히 여기서 그치지 않는다. 그들은 자본주의의 흐름들과 주체성 생산을 제어하고 통제하기 위해서 다양한 기호계의 전략적 역할을 강조하지만, 이와 마찬가지로 단절의 조건과 주체의 변형을 연결하기 위해서 이렇게 주장한다. 즉 우리는 언어뿐만 아니라 기호계 자체와 결별해야 한다.

더욱이 그들은 화용론적 언어학pragmatic linguistics과 실존적 화용론existential pragmatics 사이에, 그러니까 의미를 창출하는 기호론의 논리와 존재적·정치적 단절을 생산하는 화용론 사이에 "근본적 분리"(가따리)를 도입한다.

언표행위에서는 (다른 모든 창조 행위와 마찬가지로) 자기 위치

---

14. [옮긴이] 여기서 semiotics는 가따리의 용법에 따라 '기호론' 또는 '기호계'로 옮겼다. 기호계는 언어적인 것을 포함해 언어를 넘어서 있는 기호들, 또는 징표들의 집합을 가리킨다. 한편 semiology는 '기호학'으로 옮겼으며 주로 언어적인 기호계를 뜻한다. 문맥에 따라서는 저자가 사용하듯이 semiology를 '기호계' 또는 기호언어로 읽어도 무방하다.

를 정하는 힘, 자기를 생산하는 [힘], 자신의 지시대상을 생성하는 역량이 출현한다. 이런 힘들은 소쉬르학파의 "빠롤[말]"parole, 라캉학파의 "기표", 분석철학의 수행문performative이나 화행speech act과는 거의 무관한 것이다.

자기 변용self-affection, 자기 긍정self-affirmation, 자기 위치정하기와 관련된 힘들은 권력과 지식의 관계에 작용하여 그것을 구부리고 기존에 자리 잡은 권력과 지식을 파괴한다. 이런 힘들은 정치적 주체화, 실제로는 간단히 주체화 과정들의 조건을 제공할 뿐만 아니라 단절의 조건을 제공한다. 자기의 생산을 지배하는 규칙은 [고정불변의 것이 아니라] "선택적"이고 과정적인 것이며, "감각적 영토들"이 구축되고 주체성이 특이화되면서 출현하는 것이다(가따리). 마찬가지로 자기를 생산하는 규칙은 "또 다른 삶"과 "또 다른 세계"라는 타자성alterity이 생산되면서 출현하는 것이다(푸코). 결국 이것은 인지적, 언어적, 정보적 방법과 패러다임이 아니라 정치적·윤리-미학적 접근과 패러다임에 의존하는 것이다(가따리의 "미학적 패러다임", 푸코의 "존재의 미학").

주체성의 변이, 즉 새로운 존재의 결정화(가따리)가 자신의 일관성을 획득할 때, 오직 그럴 때만 우리는 경제적·언어적·기술적·사회적·소통적 흐름들과 새로운 관계를 시도할 수 있다.

새로운 담론·지식·정치를 산출하기 위해서 우리는 이름 붙일 수 없는 지점, 달리 말해 절대적인 비-서사·비-문화·비-지식의 점들을 횡단해야 한다. 따라서 일각에서 주장하듯이 지식에 의한 지식의 생산을 생산이라고 이해하는 것은 단순히 (같은 말을 반복하는) 어리석은 행위에 불과하다. 혁신과 창조성에 관한 이론을 자처하는 주장들, 예를 들어 인지자본론, 정보사회론, 문화자본주의 같은 시각은 "창조"와 "혁신"이 일어나는 과정을 정확히 이해하지 못한다. 왜냐하면 언어, 지식, 정보, 문화만으로는 [창조나 혁신과 같은] 그런 목표들을 완전히 가져올 수 없기 때문이다.

정치적 주체화가 가능하기 위해서는 지배적 의미작용signification을 중단시키고 기계적 예속의 장악력을 떨쳐버리는 다양한 계기를 횡단해야 한다. 파업, 투쟁, 반란, 폭동은 연대기적 시간을 중단시키고, 예속상태를 무력화하며, 지배적 의미작용과 결별하고 단절하는 계기들이다. 여기서 출현하는 것은 오염되지 않는 무구한 주체성이 아니라 주체화의 초점focal points, 발현emergences, 맹아라고 할 수 있다. 이런 맹아의 실현과 증식은 "생산"과 "주체화"의 관계를 새로운 방식으로 접합해야 하는 하나의 구축 과정에 의존한다.

[오늘날] 한편에서는 [경제] 위기를 틈타 각종 폭력이 퍼지고 있으며, 다른 한편에서는 이에 대한 투쟁, 반란, 폭동, 파업이 전 세계로 확산되고 있다. 이런데 이런 대응들이 과연 자본주의와 정치적으로 단절할 수 있을 정도로 충분하다고 할 수 있는가?

들뢰즈와 가따리의 작업에서 후렴구처럼 반복되는 소비에트 혁명에 관한 분석은, 비록 형식적이긴 하지만 오늘날 정치적 상황과 그 한계를 인식할 때 우리에게 일정한 시사점을 알려준다. 그들의 작업에서 주체성의 생산양식은 정치로 번역, 또는 전치된다. 자본주의에서는 정치적 주체화의 과정들이 경제적, 사회적, 정치적 흐름들과 접속되는 동시에 단절해야 한다. 이런 이중 운동은 필수불가결한 것이다. 그것은 한편에서는 주체성을 장악한 기계적 예속과 사회적 복종의 포획에서 출발하고, 이와 동시에 다른 한편에서는 자아를 발명하고 언제나 구축하는 단절을 시도하는 것이다.[15]

펠릭스 가따리(Félix Guattari, 1930~1992)

"혁명"은 역사에서, 달리 말해 경제적·정치적·사회적 조건들에서 유래하지만, 새로운 가능성들을 창출함으로써 이런 경제적·정치적·사회적 원인과 조건들에서 스스로 빠져나온다. 역설적으로 들릴지 모르지만 혁명은 역사에서 출현하는 것이지 역사에서 기원하지 않는다.

이른바 "레닌주의적 단절"은 역사의 복권이 아니라 68년 5월 이후의 투쟁들을 통해서 재고된 것이다. 이런 해석에 따르면 레닌주의적 단절은 다양한 명령의 공존과 [상보성][16]을 특징으로 한다. 원인들의 명령, 욕망(실존적·비담론적 차원)의 명령, 원인과 목적이 통제하는 "전의식의 투자 investment"의 명령, 그리고 새로운 가능성

---

15. 랑시에르와 바디우의 정치이론에서 주체적·정치적 단절은 계급구성과 그것의 복종 및 예속 형태와 무관한 것이다.
16. [옮긴이] 불어판에는 다양한 명령들의 상호성이란 표현이 들어있는데, 문맥을 분명하게 드러내기 위해 '상보성'을 첨가했다.

을 여는 조건으로서 인과율을 절단하는 "무의식의 혁명적 투자"라는 명령이 존재한다.

이런 [가능성의] 열림은 "원인, 목적, 이해관계의 숨은 노동에 의해 준비되지만", 또 다른 명령의 작용을 통해서, 그러니까 "원인이나 목적 없는 욕망"에 의해서만 실현될 수 있다.[17]

혁명적 가능성은 불가능한 것을 현실적인 것으로 만드는 역설, 그리고 다음과 같은 사실을 통해 언제나 확인될 수 있다. 즉 예전에는 세계를 폐쇄하던 바로 그 지점에서, 또 다른 지시reference의 체계를 생성하는 하나의 과정이 갑자기 분출하는 것이다. 모든 창조에 있어서 (그것이 예술적이든 과학적이든 사회적이든 간에), 정해진 질서의 중단은 새로운 주체화 조건을 창출함으로써, 가장 먼저 주체성과 그것의 표현 형식에 영향을 미친다. 우리는 이런 과정을 문제화해야 한다.[18]

레닌주의 조직화 방식은 오늘날 가능하지도 바람직하지도 않을 것이다. 그러나 그것이 제시하는 "인과율과의 단절", 예견된 질서의 우회, 불가능한 것의 현재화, 주체성의 조직과 변형은 모든 혁명적 운동 안에서 여전히 중대한 문제로 남아 있다.

---

17. Gilles Deleuze and Félix Guattari, *Anti-Oedipus*, trans. Robert Hurley, Mark Seem, and Helen R. Lane (Minneapolis : University of Minnesota Press, 1983), 378. [질 들뢰즈·펠릭스 과타리, 『안티 오이디푸스 ─ 자본주의와 분열증』, 김재인 옮김, 민음사, 2014.]

18. 나는 『정치의 실험들』(*Expérimentations politiques*, 갈무리, 근간) 2장에서 이 문제를 다루었다. 이 책은 정치 운동들의 출현과 관련된 단절의 문제를 검토했다. 독자들은 이 글을 참조하기 바란다.

그런 단절을 가능하게 만드는 인과적 계열들 안에서 … 사람들은 일련의 객관적 요소를 찾아낼 수 있고 또한 그래야 하지만, 그럼에도 불구하고 … 볼셰비키 그룹은 … 세력 관계들의 예견된 질서를 따른 것이 아니라 프롤레타리아 혁명의 즉각적 가능성을 발견했다.[19]

오늘날의 위기에서 우리는 일련의 원인, 목적, 이해관계를 비교적 손쉽게 찾아낼 수 있다. 그 목록은 끝없이 늘어날 것이다. 그러나 부족한 것이 있다면, 그것은 분명히 혁명적 행동을 규정하는 요소들이다. "인과율과 단절하는 것", 즉 정치의 발명 가능성은 레닌주의적 단절에서 알 수 있듯이 작동 중인 원인, 목적, 이해관계의 연쇄로 완전히 환원될 수 없는 것이다. 혁명적 사건은 자신의 일관성을 확보하기 위해서, 그리고 자신의 조직화 양식을 정착시키고 주체성을 변형하기 위해서, 이런 인과율과 단절해야 한다. 달리 말해 혁명적 사건은 자신이 발생한 토대인 사회적·경제적·정치적 조건을 변형할 뿐만 아니라 국가, 미디어, 반동적 세력 등의 행동을 억제해야 한다. [그러나] 오늘날 정치 운동에서는 이런 복잡한 과정이 거의 전개되지 않는다. 실제로 수많은 정치 실험들이 단기간에 명멸할 뿐이다. 왜냐하면 그런 실험들이 거시정치적이고 재생가능하고 일반화될 수 있는 주체화 양식들을 개시할 수 없기 때문이다.

---

19. 같은 책, 377.

자본의 입장에서도 "주체"의 교착에서 벗어나기 힘들다. 자본이 할 수 있는 것은 그저 민주주의를 중단시키고 권위주의 통치를 채택하는 일이다.

현존하는 위기는 부정적이고 퇴행적인 복종(부채인간)을 양산할 뿐이다. 자본주의는 자본 소유자의 보호가 필요하다고 주장할 뿐, 생산과 주체성의 생산을 [지금과 다른 식으로] 접합하지 못한다. 그 결과 위기는 어디에서도 해결될 기미를 보이지 않는다. 이런 상황을 고려할 때, 여기서 우리가 전개할 이론적 도구들이 정치적 주체화, 그러니까 이미 역사적 위기에 봉착한 자본주의와 대결할 실존적 변형의 조건을 이해하는 데 도움이 되길 바란다.

1960년대 정당과 노동조합은 모든 정치적 혁신을 가로막고 새로운 주체의 발현을 차단했으며, 그 결과 새로운 방식의 정치적 사유와 실천들이 좌절되었다(청년 노동자, 소수자, 여성운동 등의 미시-정치). 그 당시 중요한 문제가 두 개의 거대괴물behemoth을 전복하는 데 있었다면[20], 오늘에 와서는 [공산당을 비롯한] 정당들이 사라지고 노동조합은 자본의 논리에 완전히 포섭되었다. 이런 상황에서 오히려 문제는 거시-정치적 행동과 조직화 양식 — 물론 이들은 주체화 과정의 환원할 수 없는 다양성에서 출발한다 — 으로 이동했다. 바로 여기서 우리는 현재의 시급하고 근본적 질문, 즉 "무엇을 할 것인가?"의 결정적 단서를 찾아야 한다.

---

20. [옮긴이] 영어판에서는 이 구절이 삭제되었다. 프랑스어판을 참고했다.

1장

생산과 주체성의 생산

사회적 복종과 기계적 예속 사이에서

맑스가 인용하고 있듯이 [앤드루] 유어(Andrew Ure)는
매뉴팩처를 두 가지 형태로 규정했다. 첫 번째 규정에서
기계는 그것을 돌보는 인간과 관계를 맺지만, 두 번째
규정에서는 기계뿐만 아니라 인간이 매뉴팩처와 관계를 맺는다.
인간은 "기계적이고 지적인 기관(organ)"으로 제시되고
매뉴팩처는 기계와 인간으로 작동하는 거대한 신체로 제시된다.
두 번째 규정은 지나친 과장이 아니라 문자 그대로의
매우 구체적인 것이다.

— 펠릭스 가따리, 『카오소피』

기계가 자본주의를 생산한 것이 아니라 반대로 자본주의가
기계를 생산한다. 자본주의는 단절과 균열을 끊임없이
도입하며 이를 통해 자신의 기술적 생산양식을 혁명한다.

— 질 들뢰즈·펠릭스 가따리, 『안티 오이디푸스』

1. 사회적 복종과 기계적 예속

가따리와 들뢰즈는 맑스와 고전 정치경제학이 발견한 것들을 완성시킨다. 그들에 따르면 부의 생산은 추상적이고 무조건적인un-qualified 주체의 활동에 의존하며, 이런 주체의 활동은 정치적 대표 representation나 언어적 재현representation으로 환원되지 않는다. 부의 생산(간략히 생산)은 두 가지 이질적인 권력 장치, 즉 사회적 복종과 기계적 예속이 상호 교차하는 곳에서 작동한다. 우리가 경제라고 하는 것은 주체성의 이런 이중적 투자의 배치라고 할 수 있다. 따라서 가따리가 언급하듯이 "우리는 정치경제학만 탐구할 것이 아니라 주체경제학의 장으로 진입해야 한다."[이를 무시했기 때문에] 정치경제학은 자신이 발견한 것에서 충분한 결과를 끌어낼 수 없었다.

사회적 복종은 우리에게 개체적 주체성, 즉 특정한 정체성·성性·직업·민족성 따위를 할당한다. 그렇게 함으로써 사회적 복종은 노동의 사회적 분업 내에서, 따라서 그런 분업에 어울리는 우리 각자의 위치와 역할을 생산한다고 분배한다. 사회적 복종은 언어를 통해 그 누구도 벗어날 수 없는 의미화signifying와 재현의 망을 창출한다. 간단히 말해 사회적 복종은 "개체화된 주체"를 생산한다. 그리고 신자유주의 시대에는 "인적 자본"과 "기업가형 자아"가 이런 개체화된 주체의 전형적 사례로 등장했다. [그러나] 금융 위기가 진행되면서 개인person을 행동의 중심이자 기원으로 설정하는 이런 개체주의individualism가 새로운 판형으로 변신하기 시작했다. "인적 자본"이 되라는 명령은 부채인간의 부정적이고 퇴행적인 형상으

"빚, 99%를 얽어매는 속박"
부채타파운동 포스터

로 변형되었다. 여전히 개체는 자신의 운명에 죄책감을 느끼고 자기 자신을 책임져야 하지만, 한 가지 변한 것이 있다면 그것은 자신의 운명이 부채에 묶여 있다는 사실이다.

푸코가 묘사하는 "주체"의 통치 양식에서는 "주체"가 자신의 위치를 스스로 결정하는 행위자로 자기 자신을 스스로 인식하고 생산해야 한다. 이런 관점에서는 지배가 주체 그 자신에게서 유래하는 것이다(자기 착취, 자기 지배). 이용자user, 노동자, 소비자의 행동, 그리고 남성/여성, 부모/아이, 교사/학생 등과 같은 다양한 구별은 ─ 그것이 사회학적이든 심리학적이든 경영학적이든 규율적이든 간에 ─ 개체의 생산을 요청, 격려, 촉구하는 지식, 실천, 규범을 매개로 부과된다. 그리고 이렇게 생산된 개체는 사회적 분업과 노동의 성별 분업 속에서 자기 자신을 소외시킨다.

맑스가 이미 언급했듯이 사회적 복종은 자본 관계가 인격화되는personalized 과정이다. "자본가"는 "인격화된 자본"으로 행동한다. 달리 말해 그들의 기능은 자본의 흐름에서 유래한다. 마찬가지로 공장 노동자는 "인격화된 노동"이며 그들의 기능은 가변자본의 흐름에서 유래한다. 따라서 개체적 "개인"은 추상적인 양量에서 유래한 사회적 개인들이다.

하지만 이것[사회적 복종]은 자본주의가 주체성에 작용하는 한 가지 방식에 불과하다. 주체성에 작용하는 전혀 다른 과정과 포획이 존재하는데, 그것이 바로 "기계적 예속"이다. 기계적 예속은 [사회적 복종, 그러니까] 개체화된 주체의 생산, 개인의 생산에 포개진다. 사회적 복종과 달리 기계적 예속은 탈주체화를 통해 발생하며, 언어적이고 재현적인 기호계semiotics를 사용하는 대신에 기능적이고 작동적인operational 기호계, 또는 비재현적이고 비기표적인asignifying 기호계를 동원한다.

기계적 예속에서 개체는 더 이상 "개체화된 주체", "경제적 주체"(인적 자본, 기업가형 자아), 또는 "시민"으로 설정되지 않는다. 대신에 그들은 "기업"과 "금융 시스템"의 배치, 미디어의 배치, "복지국가"의 배치에 속하는, 그리고 이런 배치들의 집합적 제도(학교, 병원, 박물관, 극장, 텔레비전, 인터넷 등)에 속하는 하나의 기어, 톱니, 부품 등으로 간주된다. 예속이란 개념은 들뢰즈·가따리가 사이버네틱스와 자동화기술science of automation에서 명시적으로 빌려온 것이다. 이런 분야에서 예속이란 시스템의 부품들을 "관리"하거나 "제어[통치]"government한다는 뜻이다. 기술적 시스템은 각종 변수(온도, 압력, 힘, 속도, 출력 등)를 예속("제어"하거나 "관리")함으로써 [시스템] 전체의 기능을 조화롭게 유지하고 균형을 잡는 것이다. 예속은 공장·기업·통신 시스템과 같은 기술적, 또는 사회적 기계를 통제하고 조절("통치")하는 양식이다. 예속은 고대의 제국 시스템(이집트, 중국 등)이 도입한 "인간 노예제"를 대체하고, 기술이 "촉진하는" 명령·조절·통치의 양식이며, 그 자체로 자본주의의 고유한 특징을 상

징한다.[1]

들뢰즈는 이런 이중적 권력 장치가 주체성의 형태를 어떻게 통제하는지 정확히 묘사한다. 복종은 개체들을 생산하고 지배하지만, 예속을 통해서는 "개체들이 '가분체'dividuals, 또는 '분할 가능한 것'[2]이 되고 대중들masses이 표본·데이터·시장·[자료] '은행'이 된다."[3]

예속 상태에서 가분체는 기술적 기계의 "비인간" 요소들과 똑같은 방식으로 "작동한다." 마찬가지로 가분체는 조직의 절차, 기호계, 또는 [기호언어] 등과 같은 방식으로 작동한다.

복종은 외적 대상(기계, 소통 장치, 화폐, 공적 서비스 등)과 관련해서 주체를 생산한다. 이렇게 생산된 주체는 외적 대상을 이용하고 그것에 작용을 가한다. 복종 상태에서 하나의 개체는 대상-기계를 통해 다른 개체화된 주체와 작업하고 소통한다. 이런 대상-기계는 개체의 행동과 사용에 필요한 "수단"이 되거나 매개로 기능한다. 따라서 사회적 복종을 지탱하는 "주체-대상"의 논리는 "인간적인, 너무나 인간적인" 논리에 해당한다.

반면에 기계적 예속은 주체/대상, 언어/사물, 자연/문화와 같은

---

1. [옮긴이] 이러한 측면에서 기계적 예속은 개체들이 기계적 배치의 부품으로 들어간다는 뜻, 그리고 그런 배치 속에서 기계적으로 제어, 조절, 예속된다는 뜻이다.

2. [옮긴이] 참고로 일본어판에서는 dividuals를 '분인'(分人)으로 옮겼으며 individual은 '개인'으로 옮겼다.

3. Gilles Deleuze, *Negotiations, 1972-1990*, trans. Martin Joughin (New York : Columbia University Press, 1995), 180. [질 들뢰즈, 『대담 1972~1990』, 김명주 옮김, 갈무리, 근간.]

이분법에 신경 쓰지 않는다. 가분체는 기계와 대립하거나 외적 대상을 이용하지 않는다. 대신에 가분체는 기계와 인접한 것이다. 가분체와 기계는 "인간-기계"라는 장치를 공동으로 구성한다. 이런 장치 속에서 가분체와 기계는 각자를 완전히 넘어서는 과정, 즉 생산·소통·소비 등의 반복적이고 교환 가능한 부품들을 구성할 뿐이다.

주체의 기능은 [대상의] 이용과 작용에 있는가? 만일 우리가 그렇게 생각한다면, 그것은 착각에 불과하다. 실제로 우리는 주체적 입장에서 아무것도 이용할 수 없다.[4] 오히려 우리 자신이 (예속에 의해 움직이고 작동하는) 경제적, 사회적, 소통적 과정들에 투입되고 산출되는 요소들이며, 통접conjuction이나 이접disjunction의 부품들[5]에 불과한 것이다.

주체/대상, 인간/기계, 행위자/도구와 같은 관계는 힘들의 수렴/배치로 구성되는 집합적 편성configuration으로 대체된다. 여기서 힘들은 "살아 있음"과 "죽어 있음", 즉 주체적인 것과 대상적인 것으로 구별되지 않는다. 대신에 힘들은 매우 잡다한 "활력"으로 충만하다 (물질의 물리적·물리 이하의 힘들, "육체와 정신"의 인간적·인간 이하의 힘들, 기계적 힘들, 기호들의 역량power 등). 예속은 행위자와 기호 사이에 관계를 형성하지만, 분명히 그것은 상호주관적인 관계를 벗어난다. 예속에서는 행위자가 인간이 아니며 기호계는 재현과

---

4. "이용자"(user)는 기업이나 복지국가에서 제공되는 서비스 관계를 통해 주체성을 연루, 촉진, 착취하는 방식 가운데 오직 하나일 뿐이다. 따라서 "이용", 또는 "사용"을 정치의 토대로 가정하는 모든 이론은 일정한 한계를 지닌다(예를 들어, 미셸 드 세르토의 작업은 이런 사실만 없다면 매우 놀라운 성취로 볼 수 있다).
5. [옮긴이] 일본어판에서는 '연접과 이접의 점들'로 옮겼다.

동떨어져 있다. 인간 행위자는 비인간 행위자와 다름없이 흐름들을 "연접하고 접합하며 이접하는"connection, junction, and disjunction 6 요소들로 기능하고 기업의 집합적 배치, 소통 체계 등을 구성하는 네트워크[의 요소들]로 작동한다.

가분체는 기계적 배치의 구성 요소 중 하나가 되지만, 마찬가지로 그런 배치에 의해서 여러 요소로 분해된다. 주체성의 구성 요소들(지성, 정동affect, 감각sensation, 인지, 기억, 체력)은 더 이상 "나"를 통해서 통합되지 않는다. 그런 요소들은 더 이상 개체화된 주체를 준거점으로 삼지 않는다. 대신에 지성, 정동, 감각, 인지, 기억, 체력은 개인 안에서 펼쳐지는 종합의 구성 요소가 아니라 배치 또는 과정(기업, 미디어, 공공 서비스, 교육 등) 안에서 전개되는 종합의 구성 요소가 된다.

예속은 "주체"와 "대상"에 대해서 작동하는 것이 아니라 주체와 대상의 탈영토화(또는 탈코드화) 속에서 작용한다. 달리 말해 예속은 주체성의 분자적 요소들, 비개체적인 강도적인 것, 인간 이하subhuman의 잠재성들에 작용하며 물질과 기계들의 비개체적인 것, 강도적인 것, 분자적 요소들, 잠재력들에 작용한다. [예를 들어] 과학은 물질을 탈코드화의 흐름들로 변형한다. 과학은 "힘들"을 분자와 원자로 전환하고 탈영토화를 한층 강화함으로써, 힘들의 화학적·원자적 요소까지 재편할 수 있다. 지난 삼십 년 동안 신자유주의가 증명했듯이 화폐와 금융은 사회적 "물질"을 보다 완전히 탈영토화

---

6. [옮긴이] 일본어판에서는 "연결, 교차, 분리"의 점들로 옮겼다.

(또는 탈코드화)할 수 있다. 화폐와 금융은 포드주의와 함께 성립한 사회적·경제적·정치적 주체들의 코드뿐만 아니라 법률(특히 노동 관련 법안)을 침해하고 우회한다. 노동자와 그들의 조직, 고용주와 그들의 공장, 국가와 그것의 복지 장치는 탈영토화의 과정들에 종속되어 뿌리부터 변형되었다.

예속은 탈코드화의 흐름들(노동의 추상적 흐름, 화폐의 흐름, 기호의 흐름 등)에 대해서 작용한다. 그리고 이런 흐름들은 개체와 인간 주체성에 초점을 맞추는 것이 아니라 거대한 사회적 기계장치들machinisms(기업, 복지국가의 집합적 하부구조, 소통 시스템 등)에 초점을 맞춘다.

자본은 "사람들" 사이의 단순한 관계도 아니지만, 한나 아렌트가 제시하는 상호주관적 관계로 환원되지도 않는다. 아렌트에 따르면 자본에는 한 줌의 인간 행위action도 존재하지 않는다. [그러나 그녀의 생각과 달리] 권력관계와 같은 것이 존재한다면, 그것은 사회적 기계들이 구성하는 것이며 기술적 기계들이 "촉진하는" 것이다.

푸코의 권력 분석도 기계장치에 관심을 기울인다. 파놉티콘은 "권력을 자동화하고 탈개체화한다는 점에서 탁월한 기계장치이다. 권력은 특정한 개인 속에서 자신의 원리를 발견하는 것이 아니라 신체·표면·빛·응시들의 어느 정도 조화로운 분포 속에서, 그러니까 일정한 배치 속에서 자신의 원리를 발견한다. 이런 배치는 자신의 내적 메커니즘을 통해 [개체가 아니라 비개체의] 신체·표면·빛·응시들을 포획할 수 있는 관계를 창출한다 … 거기에는 비대칭, 불균형, 차이를 보장하는 하나의 기계장치가 존재한다. 그렇기 때문에 누가 권력을 행사하는지는 문제가 되지 않는다. 거의 무작위로 선택된 그 누구라도 기계를 작동시킬 수 있다."7

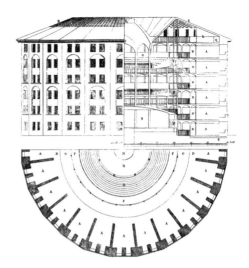

제러미 벤담의 파놉티콘(1791)

가따리와 들뢰즈에게 파놉티콘은 다이어그램, 즉 비재현적 방식으로 작동한다. 그것은 "권력 메커니즘의 다이어그램"이며, "구체적인 사용에서 분리될 수 있고 또 그래야 하는 정치적 테크놀로지의 형상"이다 (그들은 이것을 "추상기계"라고 부른다). 그것은 "사회체 전체로 퍼져나갈 것이다."8

신자유주의 경제가 주체의 경제라고 말하는 것은 산업 자본주의를 통해서 소외된 주체들이 "인간성"을 회복한다는 전망이 아니다. 단지 그것은 주체성이 기계를 위해 존재한다는 것이며, 주체적 요소들이 예속의 기능이 된다는 뜻이다.

복종과 예속은 이런 사회적·기술적 기계들에 복무하며, 이들을

---

7. Michel Foucualt, *Discipline and Punish*, trans. Alan Sheridan (New York : Vintage, 1995), 202. [미셸 푸코, 『감시와 처벌 – 감옥의 탄생』, 오생근 옮김, 나남출판, 2016.] 푸코는 권력에 대한 이런 식의 개념화, 즉 기계 또는 다이어그램으로 정의된 권력을 그다지 강조하지 않는다. 대신에 그의 분석은 "자기와의 관계", "인간에 대한 통치", "품행"(conduct)에 초점을 맞추고 규율사회에서 통제사회로 관점을 이동시킨다.

8. 같은 책, 205, 207.

1장 생산과 주체성의 생산 **39**

통해 모든 개인에게 역할과 기능이 할당된다. 자본주의에서 권력관계는 봉건사회와 달리 인격적인 것(또는 랑시에르의 "감각적인 것의 분배")이 아니라 기계장치들의 조직에서 유래한다.[9]

오늘날 경제에서 우리는 자기 스스로 말하고 소통하고 표현한다. 그러나 이런 사실이 곧바로 우리를 언어적 전환과 그것의 로고스중심주의, 또는 화자들의 상호주관성으로 데려가지 않는다. 오히려 이런 사실이 뜻하는 것은 기계 중심적 세계의 존재이다. 거기서는 온갖 종류의 기계가 우리의 말과 행동, 소통을 "조절하고 촉진한다." 기계적, 열역학적, 사이버네틱적, 컴퓨터적 기계 말이다.

2. 인간/기계 대[對] 인간들/기계들

우리는 인간공학ergonomics에서 복종과 예속이 동시에 존재함을 엿볼 수 있다.

"인간들-기계들"(복수형)의 시스템은 "인간-기계"(단수형)를 단순히 긁어모은 작업장과 같은 것이 아니다. 왜냐하면 인간들-기계들은 주체/대상, 즉 인간/기계라는 "이자二者관계"와 완전히 다르기 때문이다. 인간들-기계들의 시스템에서는 "수많은 인간과 비

---

9. "귀족-하인 또는 장인-도제 형태의 코드화된 인칭논리적(personological) 관계는 총칭적인(generous) '인간' 관계의 조절로 대체된다. 이런 '인간' 관계는 노동, 임금, '숙련', 이윤 등의 추상적인 수량화 체계에 근본적으로 의존한다. 결국 사회체(socius)는 더 이상 '개인'의 문제가 아니라 탈코드화된 흐름들의 문제인 것이다."(Félix Guattari, *Lignes de fuite* (La Tour d'Aigues, France : De l'Aube, 2011), 54.)

인간 요소가 상호작용한다. … 모든 작업의 구성 요소는 정보의 관점에서 표현될 수 있다." 그러나 여기서 "정보 개념의 인간 중심적 측면은 완전히 사라진다."[10] 인간공학에서는 사람들이 더 이상 "신호-유기체-반응"을 언급하지 않으며 소통이론의 모델을 빌려오지 않는다. 소통 모델에서는 개체화된 주체들 사이에서 교환이 행해지는데, "비록 제한적이긴 하지만 송신-수신이라는 모델이 타당한 것으로" 간주된다.[11] 반면에 인간공학에서는 인간중심주의와 전혀 무관한 "입력과 출력"이 주장된다.

이제 인간공학 용어들에서 가따리가 주장한 철학적 개념들로 이동해 보자. 예속은 독립적인 주체들이나 객체들[대상들]과 관계하지 않는다. 대신에 예속은 "존재론적으로 모호한" 실체들entity, 하이브리드들, "객관성들/주관성들", 달리 말해 "주체-객체의 양면적" 실체들과 관계한다.

"객체들", 기계들, 프로토콜들, 다이어그램[도표]들, 그래프들, 소프트웨어는 자신의 "객관성"을 상실하고 "원-주체화"proto-subjectivation의 벡터들, 또는 "원-언표행위"proto-enunciation의 초점들을 구성할 수 있게 된다. 기계들, 객체들(그리고 기호들signs)이 그렇게 하는 것은, 달리 말해 그들 자신이 어떤 종류의 행동, 사유, 정동을 제시하고 허락하며 유도하고 촉발하며 고무하고 금지할 수 있다는 뜻이며, 반대로 전혀 다른 행동, 사유, 정동을 촉진할 수 있다는 뜻이

---

10. Maurice de Montmollin, *Les Systèmes hommes-machines* (Paris : Presses universitaires de France, 1967), 138.
11. 같은 책, 54.

다. 의미심장하게도 푸코 역시 권력관계의 작동 방식을 묘사할 때 동일한 용어를 사용한다. 기계들, 객체들(그리고 기호들)은 "행위에 대한 행위"action upon an action(푸코)와 정확히 똑같은 방식으로 작동한다. 이것은 단순히 한 사람이 다른 사람과 맺는 관계로 설명되지 않는다. 우리는 이런 인간적 이해방식을 넘어서야 한다. 비인간들은 인간들만큼이나 행동의 틀과 조건을 규정하는 데 기여한다. 사람들은 기계들, 객체들, 기호들이 자기 자신과 동일한 "행위자"로 존재하는 배치 속에서, 또는 집합체 속에서 언제나 행동한다.

복종이 주체의 의식과 주체에 대한 재현을 요구한다면, 기계적 예속은 의식과 재현이 아니라 그보다 많은 것을 활성화하고 그보다 적은 것도 활성화한다. 달리 말해 예속은 개인, 개체, 상호주관성 아래에 있는 것을 작동시키는 동시에 그보다 위에 있는 것을 작동시킨다.

기계적 예속은 초개인적supra-pesonal 힘들(기계적, 언어적, 사회적, 미디어, 경제적 시스템 등)뿐만 아니라 전개인적pre-personal, 전인지적, 전언어적 힘들(지각, 감각sense, 정동, 욕망)을 활성화하고, 이를 통해서 주체적이고 개체화된 관계(상호주관성)보다는 그 이상의 "가능성들"을 증식시킨다.[12]

여기서 문제가 되는 것은 "개체화된 주체", 개인, "인권", 또는 시

---

12. "[사회적] 복종은 통합적인 개인, 쉽게 말해 조작 가능한 주체적 재현들과 관련된다. 반면에 기계적 예속은 개체화된 주체들이 서로를 인지하고 또 소외시키는 재현과 의미의 체계들을 결합한다." Félix Guattari, *La Révolution moléculaire* (Paris : Union générale d'éditions,1980), 93. [가타리, 『분자혁명』.]

민에 의존하는 시민사회나 정치적 제도가 아니다. 오히려 예속은 과학, 인간공학, 통신망, 복지국가들이 작동하는 양식이다. 가따리 는 개체화된 주체들의 세계와 구분되는 이런 영역을 기계적(또는 분자적)이라고 불렀는데, 거기서는 재현이나 의식과 관계없이 ("다 이어그램적") 활동들이 전개된다. 기계적 예속의 특징을 이루는 다 이어그램적(비재현적) 활동은 언어의 재현적 기능과도 다르고 정치 시스템의 대표 활동과도 다른 것이다.

분자적 또는 기계적 ─ 두 용어는 같은 뜻이다 ─ 이란 개체화된 주체, 재현, 의식의 몰적인molar 차원에 대해서 양적인 차이가 아니 라 범주의 차이를 가리킨다.

두 영역 사이에는 다른 방식의 차이도 존재한다. 복종은 주체성 들이 적응하고 순응해야 하는 초월성 모델에 의존한다(남성/여성, 자본가/노동자, 교사/학생, 소비자, 이용자 등). 반면에 예속은 자기 스스로 전개되는 내재적 과정을 뜻하며 주체성의 분자적, 기계적, 초개체적 차원들에 관계하는 되기becoming를 가리킨다.

자본주의가 유능하고 효과적일 수 있다면, 그것은 주체성의 두 가지 차원을 결합하기 때문이다. 자본주의는 몰적인 것과 분자적 인 것, 개체적인 것과 전개체적인 것, 재현적인 것과 전재현적인 것 (또는 탈재현적인 것) 사이를 결합한다.

3. 이집트의 거대기계 : 예속의 최초 형태

자본주의의 고유한 새로움·비밀·역량이 있다면, 그것은 기계적 예속에 존재한다. 자본주의는 주체성의 분자적이고 전개인적이며 초개인적인 활동들을 착취한다. 과학, 또는 자본주의 경제의 거대한 생산성과 잠재력은 이런 기계적 배치들의 본질에서 나온다. 실제로 자본주의의 기계적 예속은 루이스 멈포드가 "기계의 신화"라고 부른 것, 즉 고대의 거대기계가 "부활한 것"이다. 이것은 이집트의 피라미드를 말한다. 들뢰즈와 가따리가 보기에 예속은 이집트의 피라미드에서 최초로 출현한다. 그곳에서 "인간 존재는 보다 높은 통합체unity의 지휘와 통제 아래, 자신이 제작한 기계의 부품이 된다. 동료 인간과 사물(동물, 도구)을 사용해 자기 스스로 제작한 기계 말이다."13

고대의 거대기계는 일차적으로 기술적이 아니라 사회적이다. 왜냐하면 거대기계를 구성하는 "획일적이고 세분화된 교환 가능한 수많은" 부분들이 "집권적인 조직 및 지휘 과정에 따라 엄격하게 편성되고 통제받기"14 때문이다. 그리고 경사로와 지렛대처럼 매우 단순한 기술적 기계들이 거대기계를 구성하기 때문이다(그때만 해도 나사, 도르래, 바퀴는 발명되지 않았다). 시몽동의 기술적 대상, (뒤샹의) 아방가르드 독신기계15와 함께, 멈포드의 거대기계는 들뢰즈

13. Gilles Deleuze and Félix Guattari, *A Thousand Plateaus*, trans. Brian Massumi (Minneapolis : University of Minnesota Press, 1987), 456~457. [질 들뢰즈·펠릭스 가타리, 『천 개의 고원』, 김재인 옮김, 새물결, 2011.]

14. Lewis Mumford, *The Myth of the Machine : Technics and Human Development* (New York : Harcourt, Brace, and World, 1967), 196. [루이스 멈포드, 『기계의 신화 1 — 기술과 인류의 발달』, 유명기 옮김, 아카넷, 2013.]

이집트 테베 레크미르 묘의 벽화, BC 15세기. 벽돌을 만들기 위해 물과 진흙을 섞는 고대 이집트의 노예들.

와 가따리가 자신의 사유에서 전유하는 이론적 자원이다. 우리는 멈포드의 작업에서 기계 개념에 대한 그들의 복합적 규정을 대부분 확인할 수 있다. 예를 들어 인간 흐름의 "기계화"는 인간 도구의 기계화를 훨씬 넘어선다. 기계적 계통phylum은 "고전적 역학의 단순한 기계들로 구성된다"(이것들은 그보다 앞선 발명과 실천들의 산물이다). 마지막으로 기호의 흐름들이 존재한다("말한 바를 쓴 것으로 번역함으로써, 명령과 메시지를 시스템 전체로 전파하는 것이 가능하게 되고, 쓰인 명령이 실행되지 않을 경우 그 책임에 관해서 추급할 수 있게 된다.").[16]

---

15. [옮긴이] 들뢰즈와 가따리에 따르면 독신기계(celibate machines)는 연접적 만남이 일어나는 장 위에서 스스로의 즐거움과 쾌락 또는 잉여를 생산하는 존재이다. 독신기계의 전형적인 사례는 예술가의 형상을 취하는데, 예술가의 앎과 욕망은 미리 재단되지 않고 끊임없이 새로운 앎이나 욕망으로 나아가 새로운 생성을 이루고, 과거와 현재는 이런 새로운 생성을 통해 재배치된다.

16. 같은 책, 195, 192.

게다가 이런 가치들의 세계에는 비실체적incorporeal 17 차원이 존재한다. 신권을 지닌 왕족의 신화, 태양 숭배, "우주적인 환상"만이 "인간을 기계적 대상들"로 전환하고 "이런 대상들을 하나의 기계로 배치하도록" 보증할 수 있다. 그뿐만 아니라 거대기계는 "주체성의 생산", 기계적 주체성, 예속적 주체성을 요구한다. 노동자들은 "새로운 질서를 내면화한다. 그들은 기계적으로 교육받고 지시에 따라 개별 과업을 정확히 수행한다. 그들은 엄청난 인내심으로 명령에 대한 반발을 억제한다."18 하지만 거대기계는 [예속적 주체성과 함께] 여분의 또 다른 주체화(사제직과 관료제)를 요구한다. 각각의 이런 주체화는 "자연적이든 초자연적이든 그럴싸한 지식을 조직하고 명령을 전달, 실행, 완수하는 정교한 시스템"19을 보장한다. 관료제와 카스트 체계는 구조가 아니라 기계장치라는 점에서 행정체제의 일부를 이룬다.

16세기의 시작과 함께 자본주의는 거대기계의 부활을 시도함으로써, 예속의 형태를 근본적으로 변화시켰다. 자본주의는 "다루기 힘들고 신뢰할 수 없는" 인간 작동자operator를 점점 더 줄이고, 대신에 보다 신뢰할 수 있는 "기계적·전자적·화학적"20 작동자를 점점 늘렸다.

---

17. [옮긴이] 들뢰즈와 가따리의 용법에서 corporeal과 incorporeal은 보통 "실체적", "비실체적"으로 번역된다. 일어판에서는 보다 직관적인 의미를 살려 "신체적", "비신체적"으로 옮겼으며, 가끔씩은 "물형적", "비물형적"으로 옮기기도 한다.
18. 같은 책, 196, 197.
19. 같은 책, 199.
20. 같은 책, 201.

신자유주의의 역사는 현대의 거대기계인 "일반화된 예속"을 특징으로 한다. 이와 관련된 예속 장치들은 공장의 범위를 훨씬 넘어선다. 공장은 이런 장치들이 최초로 구현된 하나의 장소에 불과하다. 반면에 새로운 사회적·기술적 기계들은 작업장이나 노동일반에 속하는 행위와 태도에 작용할 뿐만 아니라 일상생활에 속하는 행위와 태도에까지 영향을 미친다. 우리가 가장 "인간적으로" 행동할 때(예를 들어 말하고, 소통하고, 쓰고 생각할 때) 우리는 새로운 세대의 기계들에 의해 "촉진된다." "모터가 달린 기계들이 기술적 기계의 두 번째 세대를 가져왔다면, 사이버네틱스와 정보기계는 세 번째 세대를 가져왔다. 이것은 일반화된 예속의 체제를 재편성했다. 달리 말해 반복적이고 가역적인 '인간들-기계들 시스템'이 두 요소들 사이의 비반복적이고 비가역적인 복종이라는 낡은 관계를 대체하는 것이다. 자본의 유기적 구성에서 가변자본은 노동자의 복종 체제를 뜻하는데(인간의 잉여가치), 이 체제의 주된 틀은 회사 또는 공장에서 나온다. 그러나 자동화가 진전되면서 불변자본의 비율이 점점 더 확장되고, 마침내 우리는 예속이라는 새로운 형태를 발견하게 된다. 이와 동시에 노동 체제에서는 변화가 일어나고 잉여가치가 기계적으로 변모한다. 그리고 [이런 체제의] 틀이 사회 전체로 확산된다."[21]

---

21. Deleuze and Guattari, *A Thousand Plateaus*, 458. [들뢰즈·가타리, 『천 개의 고원』.] 번역 수정.

4. 복종의 기능

자본주의는 주체성의 이중적 체제를 특징으로 한다. 복종이 개체적 주체의 주체성에 초점을 맞춘다면, 예속은 다양한 인간·비인간적 주체성과 원-주체성에 관계한다. 주체성의 이런 이중 체제 또는 과정은 비록 이질적이긴 하지만, 자본주의의 작동에 있어서 상호 보완적이고 의존적이며 그것에 동시에 기여한다.

자본주의는 본질적으로 일련의 기계장치로 구성된다. 그러나 기계장치의 주체화와 인격화는 이들 장치에서 기계적으로 파생하는 단순한 복제물로 환원되지 않는다. 반면에 기계장치는 의사결정, 관리, 반응, 기술관료, 관료제와 관련된 사회적 도구들을 수반한다. 이런 도구는 기술적 기계들의 기능에서 단순히 연역될 수 없는 것이다.

복종은 자본가와 노동자라는 "인격"person을 창조할 뿐만 아니라 사회적 기계를 작동시키는 인격을 창출한다(남성/여성, 교사/학생, 관료와 공무원 등).

사회과학은 개체화된 주체들의 생산을 촉진하기 위해서 발달했다.[마찬가지로] 언어학은 개인을 언표행위의 기원으로 만든다. 정신분석은 개인에게 가족적 무의식 – 이것은 "언어와 동일한 구조를 갖는다" – 을 제공한다. 정신분석은 개체적 주체에게 재현적·인칭논리적personological 22 무의식을 안착시킨다. 그다음으로 경제학은 개

---

22. [옮긴이] 일본어판에서는 personological을 '개인현상적'이라고 옮겼다.

체에게 합리성을 부여하고 그들을 자유롭게 선택하고 결정하는 개인으로 만든다. 마찬가지로 정치학은 개체를 개인적 권리의 행위자로 만드는데, 개인들은 무엇보다도 만인 대 만인의 투쟁을 피하기 위해서 자신의 권리를 대표에게 위임한다. 하지만 주체화의 개체화 장치 가운데 가장 성공한 것은 아마도 사적 소유에 있을 것이다. 사적 소유는 하나의 배치를 주체와 대상으로 분할함으로써, 후자(자연, 동물, 기계, 객체, 기호 등)에게서 모든 창조성, 또는 행동하고 생산할 수 있는 힘을 박탈한다. 사적 소유가 인정하는 창조성이란 개별 주체의 창조성에 불과하며, "소유자"가 될 수 있느냐 하는 것이 이런 주체의 가장 중요한 특징을 이룬다(소유자냐 비소유자냐).

사적 소유는 경제적 전유의 장치일 뿐만 아니라 비인간적 주체성들과 기계적 원–주체성들을 포획하고 착취하는 장치이다. 창조와 생산이 "인간"의 고유한 성취라고 주장함으로써, 사적 소유는 모든 "영혼"soul이 제거된 "세계"를 자기 자신의 "대상"으로 사용하고, 그런 세계를 자기 활동의 도구, 자신의 목적에 필요한 수단으로 사용한다.

복종의 기본 역할 중의 하나는 자본주의 내부에 다양한 몰적 위계를 도입하는 데 있다. 첫 번째 위계는 (하나의 종種으로서) 인간과 자연 사이에서 설치되고, 두 번째 위계는 한편에서는 남성(젠더, 백인, 성인 등)과 다른 한편에서는 여성, 아동 등의 사이에서 문화적으로 설치된다. 이런 두 가지 위계는 세분화된 경제적 위계들에 근본적으로 선행한다.[23]

복종은 기계적 분자와 사회적 몰의 교차점에서 작동함으로써 이런 위계들을 부과한다. 달리 말해 복종은 다양성[다양체]을 일련의 이분법으로 번역하고 환원한다(주체/대상, 자연/문화, 개인/사회, 소유자/비소유자). 이렇게 기계적 다양성을 이분법으로 전환하는 것이 위계화를 가져올 뿐만 아니라 총체화 totalization를 가능하게 하는데, 뒤르켐의 전체론적holistic 접근이 후자의 이론적 전형을 이룬다.

혁명의 정치적 행동 역시 분자적인 것과 몰적인 것 사이에 자신을 위치시켜야 한다. 그러나 혁명적 행동은 완전히 상이한 두 가지 목표를 고려해야 한다. 첫 번째 목표는 기계적 차원을 주체화의 형태로 전환함으로써, 앞서 제시한 몰적 이분법을 비판·변경·재분배하는 데 있으며 노동 분업 내에서 우리에게 할당된 역할과 기능을 비판·변경·재분배하는 데 있다.

두 번째 목표는 예속의 탈주체화를 편집증적·생산주의적·소비주의적 개체주의가 아니라, 그것과는 전혀 다른 것을 생산하는 하나의 기회로 포착하는 데 있다. 이것에 실패할 때 우리는 거짓된 양

---

23. "우리는 근대인이었던 적이 없다"(브뤼노 라투르, 『우리는 결코 근대인이었던 적이 없다』, 홍철기 옮김, 갈무리, 2009)는 주장은 선전구호에 불과하다. 왜냐하면 근대의 개체화된 "주체"와 "인간"은 권력의 작동과 떼려야 뗄 수 없는 관계에 있기 때문이다. 존 홀러웨이(John Holloway)의 입장은 이런 주장과 정반대에 위치한다. 그에 따르면 자본주의의 착취로부터 인간을 해방하는 것은 "대상성에 의해 부정당한 주체를 복원하는 데 있다." 그의 정치 프로그램은 혁명적이기보다는 칸트적인 것이다. 왜냐하면 "우리 자신을 자기 자신의 진정한 태양으로 주장"할 필요가 있기 때문이다. 그에 따르면 "우리가 살고 있는 세계를 우리 인간이 창조하기 때문에", "우리 자신을 우주의 중심으로" 회복할 필요가 있다. [그러나] 주체와 대상은 근대성과 착취라는 동일한 패러다임에 속할 뿐이다. John Holloway, *Crack Capitalism* (New York : Pluto Press, 2010), 235, 242, 145. [존 홀러웨이, 『크랙 캐피털리즘』, 조정환 옮김, 갈무리, 2013.]

자택일에서 벗어날 수 없을 것이다. 한편으로 우리는 기껏해야 사회적 기계의 다른 부품들에 자신을 끼워 맞추거나, 다른 한편으로 개체적 주체, 인적 자본(노동자, 소비자, 이용자, 채무자), "인간"으로 살아갈 뿐이다.

개체화된 "주체"의 기계적 예속은 주체적 요소들을 "자유롭게" 만들지만, 복종은 주체적 요소들의 재영토화와 재조합을 보장함으로써 [탈주체화의] 그런 가능성을 봉쇄한다. 그 결과 개체화된 주체는 죄책감, 공포, 사적인 책임을 부담으로 안게 된다.

복종의 개념은 중요한 변형들이 가해지긴 했지만 지난 오십 년간 철학과 사회학의 공통된 주제였다. 반면에 "기계적 예속"은 자본주의의 작동방식을 이해하는 데 있어서 들뢰즈·가따리가 기여한 독창적 부분이다.

기계적 예속을 완전히 무시한 채 "사회적 복종"만 설명하는 이론들(예를 들어 랑시에르, 바디우의 접근)은 자본주의를 왜곡하는 결과로 이어지며, 그들이 일어난다고 상정한 "정치적" 주체화 과정을 오히려 설명하지 못한다. 만일 우리가 자본주의를 "복종"의 관점이나 감각적인 것의 분배로만 이해한다면, 우리는 기계적 탈주체화 양식과 그것의 다이어그램적 기능이 지닌 특징을 놓치게 될 것이다. 마찬가지로 우리가 예속을 설명하지 못한다면, 우리는 랑시에르와 바디우가 그렇게 하듯이 그리스 민주주의와 자본주의를 구분하지 못할 것이다. 그리고 우리는 장인과 노예의 작업을 "노동자"의 기계적 노동과 구별하지 못하고, 맑스와 플라톤을 혼동하게 될 것이다.[24]

심지어 푸코의 통치성 개념도 사회적 복종과 기계적 예속을 결합함으로써 보다 개선하고 발전시킬 수 있다. 개체들에게 사목권력을 행사하기 위해서는 "가분체"들에게 작용하는 또 다른 권력과 통제 양식, 그러니까 국가가 아니라 민간 기업이 행사하는 권력과 통제 양식이 추가로 필요하다. 실제로 20세기 이후로는 통치성이 점점 더 "가분체들에 대한 통치"로 변하기 시작했다.

1920년대에는 광고가 성장하고 그 이후에는 텔레비전이 출현하면서, 체계적으로 정비된 [예속] 기계가 발전하기 시작했다. 바로 그 정점에 구글Google과 페이스북Facebook이 위치한다고 우리는 생각할 수 있다. 구글과 페이스북은 마케팅 장치로 기능하는 거대한 "자료은행"을 구축한다. 그들은 우리가 "여가 시간"을 보내는 방식뿐만 아니라 우리의 행위, 구매, 독서 습관, 좋아하는 영화, 취향, 패션, 선호하는 음식에 관한 방대한 데이터를 수집하고 선별하고 판매한다. 이런 정보는 "가분체들"에 초점을 맞추는데, 그들의 프로파일이 데이터의 집합에서 추출되어 생산-소비 기계들에 투입되고 결과의 산출에 사용된다.

"가분체들"은 일종의 통계학적 실존이며 이를 통제하는 장치는 사목권력이 수행하는 개체화와 전혀 다른 형태로 작동한다. 사목권력은 "현실"의 개체들에게 행사되지만 가분체들에 대한 통치성은 흐름, 네트워크, 기계들에 의해서 관리된다. 가분체에 대한 통치성

---

24. 바디우와 랑시에르에 따르면 주체성은 마치 진공상태에서 생산되는 것 같다. 그리스 사회를 이야기하건 1948년이나 뉴딜, 현시점을 이야기하건 간에, 그들에게 주체성은 언제나 동일한 것이다. 그렇기 때문에 두 사람은 자본주의가 수반하는 주체화 과정을 분석하지 못하고, 권력관계에 대한 규정을 형식주의로 변형하며, 결국에는 정치 없는 정치로 복귀하는 것이다.

소셜 네트워크 사이트 페이스북에서 주로 여가시간을 보내는 현대인들을 풍자한 그림

은 개체들의 재현과 의식적 행위에도 영향을 미치지만, 그뿐만 아니라 주체성의 욕망, 신념, 비sub-재현적 현실에도 영향을 미친다. 통치성은 개체와 가분체가 교차하는 곳에서 실행되고 개인의 주체화와 마찬가지로 가분체의 주체화를 처리한다.

예속은 억압이나 이데올로기를 통해서 작동하지 않는다. 예속은 "대신에 삶의 태도spirit와 인간 활동"에 관여하는 테크닉을 형성하고 조정하려고 한다. 예속은 특정한 방식의 지각과 감각을 할당하고 무의식을 생산함으로써, 인간 존재를 "외부에서", 즉 초超개체적 수준에서 포획할 뿐만 아니라 인간 존재의 "내부에서", 즉 전前인격적인(전인지적이고 전언어적인) 수준에서 동시에 포획한다. 기계적 예속은 지각적, 감각적, 정동적, 인지적, 언어적 행위와 관련된 기초적 기능을 구축하고 편성한다.

요컨대 우리는 이중적 체제에 종속되어 있다. 한편으로 우리는 기업, 미디어communication, 복지국가, 금융의 기계적 장치에 예속된다. 다른 한편으로 우리는 이용자, 생산자, 텔레비전 시청자 등 우리에게 특정한 역할을 할당하고 사회적·생산적 기능을 지정하는 권력의 단층에 복종한다.

복종과 예속은 단일한 개인이 충족할 수 있는 기능이지만, 다양한 사람들 사이에 분배될 수 있는 기능들이다. 예를 들어 기업에서는 임금 노동자들이 공정 자동화, 기계, 노동 분업에 따라 예속될 수 있다. 그 과정에서 그들은 단순한 "입력"과 "출력"으로 기능할 것이다. 그러나 고장, 사고, 장애가 일어날 경우, 이런 사태를 "복구하고" 설명하고 그 충격을 완화할 필요가 생길 것이다. 이때 요구되는 것이 바로 주체-기능, 의식, 재현이다. 이를 통해 자동화 기능과 예속 절차들이 정상 상태로 돌아갈 수 있는 것이다.

따라서 정치적 행동은 새로운 방식으로 이해되어야 한다. 왜냐하면 정치적 행동이 복종뿐만 아니라 예속에 대항할 필요가 있기 때문이다. 정치적 행동은 노동의 사회적 분할에 따라 특정한 지위와 역할을 할당하려는 [사회적] 복종의 명령을 거부해야 한다. 이와 동시에 정치적 행동은 기계적 배치, 달리 말해 세계와 그 가능성을 구축하고 문제화하며 변형해야 한다. [오늘날] 기계장치는 해방의 가능성과 잠재력을 개방하고 있는가? 아니면 피할 수 없는 파국으로 치닫고 있는가? 오늘날 우리는 탈영토화되고 기술화된 현재에 도전할 수 있는가? 우리는 [기계적] 예속에 도전할 수 있는가? 그래서 새로운 실존적 영토를 건설할 수 있는가?

기호론적 작동자로서의 자본
기표적 기호계와 비기표적 기호계

자본은 언어의 작동자일 뿐만 아니라 "기호계^{semiotic}의 작동자" 이다. 이런 구분이 근본적인 것은 노동과 화폐의 흐름이 "생산"의 조건을 이루는 만큼이나 기호의 흐름이 "생산"의 조건을 이루기 때 문이다.

기호계의 관점에서 기계적 예속과 사회적 복종은 서로 구분되 는 기호 체제를 수반한다. 사회적 복종은 기표적 기호계^{signifying se-}^{miotics}, 특히 언어적인 기호계를 동원하는데, 기표적 기호계는 개체 화된 주체("인적 자본")를 구성하기 위해서 의식을 겨냥하고 재현 을 동원한다. 이와 달리 기계적 예속은 비기표적 기호계^{asignifying} ^{semiotics}(주가지수, 통화, 방정식, 다이어그램, 컴퓨터 언어, 국민 계 정, 기업 회계 등)에 기초한다. 비기표적 기호계는 의식과 재현에 관 여하지 않으며 주체를 준거대상[지시대상]^{referent}으로 삼지 않는다.[1]

---

1. "우리가 지금 하고 있듯이 전제적인 기표적 기호학(semiologies)과 비기표적 기호학 [기호계]을 비교하는 것은 매우 도식적인 시도라고 할 수 있다. 실제로 존재하는 것 은 두 가지 기호학을 다양한 정도로 흡수한 혼합적 기호계(semiotics)이다. 기표적

기호와 기호계는 이질적이고 상보적인 두 가지 논리에 따라 작동한다. 한편으로 기계적 예속과 관련해, 기호와 기호계는 연산 작용operation을 산출하고 행동을 유도하며, 사회적 또는 기술적 기계의 요소들, 즉 입력과 출력을 구성하고 결합하고 분리한다. 다른 한편으로 사회적 복종과 관련해 기호와 기호계는 언어를 매개로 의미, 의미작용, 해석, 담론, 재현을 생산한다. 비판적 접근이긴 하지만 언어적 이론(랑시에르, 비르노, 인지자본주의 등)은 자본주의의 고유한 특징인 첫 번째 논리를 무시하고 오직 두 번째 논리만 인정한다.

비기표적 기호계는 사물에 작용한다. 이런 기호들은 기관organ, 지각 체계, 지적 활동 등에 연결되고, 주체의 재현을 우회함으로써 기계와 절차, 기호들에 곧바로 연결된다(다이어그램적 기능). 비기표적 기호계는 자본주의 안에서 매우 특별한 역할을 수행한다. 왜냐하면 자본주의 자체가 "무엇보다도 비기표적 기호계에 의존하기"[2] 때문이다.

주가지수, 실업 통계, 과학적 도표와 함수, 컴퓨터 언어는 (분명

기호학은 언제나 기호 기계에 둘러싸여 정복당할 처지에 있으며, 반대로 기호 기계는 기표적 기호학에 의해 탈환되기 직전에 놓여 있다. [이런 상호 관계에도] 불구하고, 두 가지 기호학 사이에 양극 관계를 설정하는 것은 [분석적으로] 상당히 유용해 보인다."(Guattari, *La Révolution moléculaire* (Fontenay-sous-Bois, France : Recherches, 1977), 346. [가타리, 『분자혁명』.])

2. 기호계의 작동방식에 대해서 "언어의 특권"을 강조하는 이론들은, 실제로 우리 사회에서 자본주의가 어떻게 작동하는지에 관해서 잘못된 상을 가질 수 있다. "인지적" 또는 "문화적" 자본주의 [이론들]이 주장하는 것과 달리, 자본주의는 기표적·언어적 기호계를 통해서 작동할 뿐만 아니라 복수의 기호계를 통해서 작동한다.

예속에서만 작용하는 것이지) 담론이나 내러티브를 생산하지 않는다. 그것들은 [담론이나 언어가 아니라]"생산적" 배치의 힘을 움직이고 배가함으로써 작동한다. 비기표적 기호계는 기표적 기호계에 어느 정도 의존하긴 하지만, 근본적인 기능 측면에서 언어와 지배적 의미작용을 우회한다. [예를 들어] 유럽중앙은행이 할인율을 1% 올리면, 그 여파로 신용경색이 발생하고 수많은 "계획"이 곤란에 빠질 것이다. 부동산 가격이 붕괴하면, 미국의 서브프라임 사건에서 보듯이 수많은 가계가 담보대출을 갚지 못할 것이다. 마찬가지로 사회보험이 적자를 기록한다면, "복지지출"을 삭감하는 조치들이 시행될 것이다.

비기표적 기호의 흐름은 물질적 흐름에 직접적으로 작용하며, 어떤 사람에게 의미가 있든 없든 간에 생산과 재현의 구분을 넘어서 작동한다. 수학 방정식, 컴퓨터 프로그램, 다이어그램은 "자신의 대상을 창출하는 과정에 직접적으로 참여한다. 반면에 광고 이미지는 그 자신에 외재하는 재현을 제공할 뿐이다(그러나 이런 경우에도 주체성은 생산된다)."[3] 다른 기호를 지시하는 대신에 비기표적 기호는 실재적인 것the real에 직접적으로 작용한다. 예를 들어 컴퓨터의 기호 언어는 기술적 기계를 컴퓨터 함수로 만들고, 통화 기호는 경제적 기계를 움직이며, 수학식의 기호는 교량이나 아파트 건설에 적용된다.

---

3. Félix Guattari, *Les Années d'hiver: 1980-1985* (Paris: Les Prairies Ordinaires, 2009), 294. [펠릭스 가타리, 『인동의 세월 — 1980~1985』, 윤수종 옮김, 중원문화, 2012.]

기호적 기계들은 주로 사회적 재현의 수준에서만, 그리고 의미 생산을 위해서만 작동하지 않는다. 경제적·과학적·기술적 영역에서는 기호 기계들이 기표적 기호계의 기호화semiotization 양식보다 훨씬 더 추상적인(탈영토화된) 기호화 양식들에 관여한다. 이런 식으로 생각할 때 기호 기계들은 의미작용 "이전"과 "이후"에 작동하는 것이며, 이른바 "외연meaning 없는 내포sense" 또는 "작동적 의미"operational sense를 생산하는 것이다. 주체, 의식, 재현과 거리가 멀다는 점에서 기호 기계들은 다이어그램적으로 작동하는 것이다.

경제 또는 화폐의 비기표적 기호계는 법률, 관습, 제도를 손쉽게 우회한다. 게다가 화폐와 금융처럼 탈영토화가 강할수록, 그것은 다른 어떤 것에 비해서도 효과적으로 작동한다.

자본주의에서 중요한 것은 비기표적 기호계의 장치들(경제적, 과학적, 기술적, 주식시장 등)을 통제하고, 이를 통해 권력 관계를 탈정치화하고 탈개체화하는 것이다. 비기표적 기호계의 역량은 그것이 한편에서는 "자동적인" 평가와 측정의 양식이라는 사실에서 나오며, 다른 한편에서는 비대칭적인 힘과 권력의 이질적인 영역을 서로 통합하고 "형식적으로" 동등하게 한다는 사실에서 나온다. 이로써 이질적 영역들이 경제적 축적에 통합되고 경제적 축적을 위해 합리화된다. [예를 들어] 경제의 위기 상황에서 비기표적 신용등급과 주가지수가 지배적 기준으로 등장했으며, 실제로 정부의 생사여탈을 결정하거나 피통치자를 억압하는 사회적·경제적 프로그램을 강제했다. [이와 달리] 미디어, 정치인, 전문가들의 기표적 기호계는 개체화된 주체, 그들의 의식과 재현에 입각해 "대안이 없다"는 사실을 승인하고 지지하고 정당화하기 위해 동원되었다.

오늘날 금융화는 간단히 말해 상이한 지역들 내에서, 그리고 지역들 사이에서, 가치들의 차이를 평가하고 조절할 수 있는 지표화 및 상징화 시스템을 강화한 것이다. 마찬가지로 대량 소비와 대중 매체는 평가와 관리를 위해서 또 다른 기호계 시스템을 구축한다.[4] 이 시스템은 행위와 여론, 의미의 차이를 경제적 논리에 적합하도록 통합하고 "합리화"한다.

반면에 기표적 기호학semiologies(언어, 이야기, 담론)은 탈영토화를 통제하고 관리하는 테크닉으로 전용되고 사용될 수 있다. 탈영토화는 기존에 확립된 공동체, 사회적 관계, 정치를 침식하고 그것과 연관된 선행적 주체화 양식들을 해체한다. 이와 달리 기표적 기호학은 "개체화된 주체"에 맞추어 주체화 과정을 주조, 편성, 조정, 변형하려고 시도한다. 그러나 개체화된 주체의 체계적 실패는 언제나, 그리고 끊임없이 개체주의를 배반하는 결과로 이어진다. 이른바 민족주의, 인종주의, 나치즘, 남녀차별 등의 "집합주의"가 바로 그것이다.

언어라는 기계장치는 개체, 개인, 개체화된 주체의 탈코드화된 흐름들을 재영토화하는 가장 중요한 장치 가운데 하나이다. 언어

---

4. 오늘날 많은 영역에서 나타나듯이 노동을 시간 [단위]로 측정할 수 없을 때, 사람들은 "자동적"이고 "객관적"인 측정자 대신에 주관적이고 연속적인 평정자를 도입한다 (학교에서는 교사와 학생이 이런 역할을 수행하고, 병원과 공중보건 시스템에서는 서비스 [평가]와 "노동자" 등이 동일한 업무를 맡는다). 예를 들어 프랑스에서는 대학과 병원이 신자유주의 통치 테크닉의 일환으로 새로운 평가 방식을 도입했을 때 다양한 갈등이 분출했다.

는 특유의 "초보적 심리학"rudimentary psychology을 통해서 우리 자신이 '나'라고 믿게 만든다. 우리 자신이 "존재로서의 '나', 실체로서의 '나'"라고 믿게 만든다. 게다가 언어는 나–실체에 대한 이런 믿음을 모든 사물로 투사한다. 바로 이것이 언어가 '사물'에 대한 관념을 최초로 창출하는 방식이다"[5] 니체가 주장하듯이 언어는 주체와 대상이라는 형이상학을 가져오는데, 이런 형이상학은 의인론에 치우쳐 있으며 "투박한 패티시즘fetishistic"에 불과하다.

만일 우리 사회가 더 이상 개체들에 기초하지 않는다면, 언어 역시 우리 사회의 기초가 아닌 것이다. "언어적 전환"에 대해서 누가 뭐라고 하든지 간에, 언어는 다양한 기호계 가운데 하나에 불과한 것이며, 이런 거대 기계들[즉 사회]의 탈영토화된 작동을 보장하는 가장 중요한 기호계도 아닌 것이다.

"생산"의 개념

들뢰즈와 가따리는 맑스주의 "생산" 개념으로 복귀할 뿐만 아니라 이 개념을 갱신한다. 그들은 복종과 예속의 차이와 상보성을 결합하고 활용함으로써 자본주의의 "경제적" 기능을 규정한다. 자

5. Friedrich Nietzsche, *Twilight of the Idols*, in *The Anit-Christ, Ecce Homo, Twilight of the Idols*, trans. Judith Norman (Cambridge : Cambridge University Press, 2005), 169. [프리드리히 니체, 「우상의 황혼」, 『바그너의 경우·우상의 황혼·안티크리스트·이 사람을 보라·디오니소스 송가·니체 대 바그너 (1888~1889)』, 백승영 옮김, 책세상, 2002.]

본은 노동력을 구매하고 그 대가로 복종을 획득한다. (주어진 과업에 대해서는) 노동시간을 지휘하고 (실업자에 대해서는) 가용상태 availability를 통제하며 (텔레비전 시청자의 "자유시간")을 지배한다. 하지만 자본이 실제로 구매한 것은 기업, 제도, 사회적 기능에 복종하는 노동력의 존재도 아니고 실업자나 시청자들의 가용상태, 또는 자유시간도 아니다. 자본이 구매하는 것은 무엇보다도 "복잡한" 배치를 이용할 수 있는 권리이다. 복잡한 배치는 예속을 통해서 "운송 방식, 도시 설계, 미디어, 엔터테인먼트 산업, 지각하고 느끼는 방식, 모든 종류의 기호 시스템"6을 끌어들인다. 거기서 예속은 고용과 인간 노동의 생산력과는 비교할 수 없는 무한의 생산력을 해방한다.

『자본』에 제시된 가치 법칙에서 맑스는 여전히 "의인론적"이고 "인간중심적"인 생산 개념을 주장한다.7 왜냐하면 노동시간과 마찬가지로 잉여가치도 인간에게 속하기 때문이다. 오직 노동자의 노동만이 잉여가치를 생산한다. 반면에 기계는 이미 생산된 가치를 이전

---

6. Deleuze and Guattari, *A Thousand Plateaus*, 492. [들뢰즈·가타리, 『천 개의 고원』.]
7. 사회학의 의인화에 대해서는 에밀 뒤르켐을 참고하기 바란다. 그의 논의에서 "사회의 생명력"(vital force)은 맑스의 "산노동"을 떠올리게 만든다. 반면에 "사물"은 "물질적 대상"을 포함할 뿐 아니라, "선행하는 사회적 활동의 생산물 ─ 기존의 법과 관습, 문학·예술의 기념물 ─ 을 포괄해야 한다." 이런 관점에서 사물은 [맑스의] "고정자본" 역할을 수행한다. 대상과 생산물은 "생명력이 적용되는 물질일 뿐 그 자체로는 아무런 생명력을 배출하지 못한다. 따라서 능동적 작인이 인간 고유의 능력으로 넘겨진다." *The Rules of Sociological Method*, trans. W. D. Halls (New York : The Free Press, 1982), 136. [에밀 뒤르켐, 『사회학적 방법의 규칙들』, 박창호·윤병철 옮김, 새물결, 2002.] 그의 경쟁자인 가브리엘 타르드(Gabriel Tarde)의 작업에서 우리는 의인화를 탈피한 사회학의 조건이 무엇인지 확인할 수 있다.

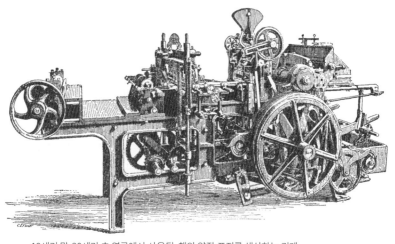

19세기 말~20세기 초 영국에서 사용된, 책의 양장 표지를 생산하는 기계

할 뿐이다. 여기서 이전된 가치는 기계의 제작에 들어간 노동시간에서 비롯한다. [이와 달리] 폭발적으로 증가한 (기계류의) "불변고정자본"에 주목하면서, 들뢰즈와 가따리는 기계적 잉여가치와 기계적 시간이란 개념을 도입한다.[8]

이런 [기계적] 시간성은 예속에 속한다. 여기서는 주체와 대상, 인간과 비인간, 자연과 인공물이 구분되지 않는다. 기계적 시간성은 자본주의 생산에 근본적인 요소를 이룬다. 인간의 시간이나 잉여가치와 달리, 기계적 시간성과 잉여가치는 양화하거나 할당할 수 없다는 점에서 결정적으로 구분된다.[9]

---

8. 피아트(Fiat)와 같은 대기업의 산업 생산에서 인간 노동력은 전체 비용 가운데 단지 7.5%를 차지할 뿐이다. 가따리가 지적하듯이 기업의 완전 자동화는 노동자 개인뿐만 아니라 전체 사회에 영향을 미칠 수 있다.

9. "인간 기관들의 예속에서 생산적 배치에 이르기까지, 기계적 시간의 실제적 통제는 일반적 등가물[즉 노동시간]을 통해서 효과적으로 측정될 수 없다. 우리는 공장이나 교도소에 있는 시간, 그곳에서 소외받는 시간, 그곳에 감금된 시간을 계산할 수 있지만, 그곳이 개체들에게 미친 효과는 측정할 수 없다. 우리는 물리학자가 실험실에서 행하는 외견상 노동을 양화할 수 있지만, 그가 창조하는 생산적 가치는 측정

『안티 오이디푸스』에서는 잉여가치를 생산하는 다양한 방식이 열거된다(인간의 잉여가치, 금융의 잉여가치, 기계의 잉여가치, 혁신/지식의 잉여가치). 마찬가지로 『천 개의 고원』에서는 동일한 잉여가치를 포획하는 다양한 메커니즘이 묘사된다(지대, 이윤, 세금). 잉여가치를 생산하는 이런 세 가지 형태는 특히 경제적 영역 안에서 서로 공존하고 수렴한다(경제적 영역은 잉여가치의 자본주의적 생산양식뿐만 아니라 그것과 구별되는 또 다른 생산양식도 포함한다). 자본주의적 착취의 본질을 설명하려는 이런 시도는 인지자본주의 이론이 그렇게 하듯이, [잉여가치 생산의] 이런 다양성을 "지식"과 "혁신"만으로 환원하려는 시도가 아니라 그보다 훨씬 많은 것을 우리에게 알려준다.[10]

할 수 없다." Guattari, *La Révolution moléculaire* (Union générale d'éditions, 1977), 74. [가타리, 『분자혁명』.]

10. "나는 자본의 흐름과 노동의 흐름 간의 차이(differential) 관계에서 첫 번째 잉여가치가 생산된다고 주장할 겁니다. 이런 잉여가치는 인간의 노동에서 생산되기 때문에 정확히는 인간의 잉여가치라고 부를 수 있습니다. 다음으로 차입 흐름과 수익 흐름 간의 차이 관계에서 두 번째 잉여가치가 생산됩니다. 이는 구체적으로 금융적 잉여가치라고 부를 수 있습니다. 마지막으로 시장의 흐름과 혁신(또는 지식)의 흐름 사이에서 세 번째 잉여가치 출현합니다. 이것은 기계에 고유한 잉여가치를 말합니다."(Gilles Deleuze, 1972년 2월 2일 세미나. http://www.le-terrier.net/deleuze/anti-oedipe1000plateaux/0722-02-72.htm) 어떤 상황에서도 혁신/지식은 그 자체로는 가치를 생산하지 못한다. "혁신은 시장의 흐름에 포함되며 시장 흐름을 통해서 수익을 창출한다. 시장의 흐름은 [혁신과는] 완전히 다른 종류이며 공통분모가 전혀 없는 완전히 다른 힘이다. … 시장의 흐름은 화폐 형태 ─ 혁신에 대한 보상을 지불할 뿐 아니라 혁신의 수익성을 결정하는 것 ─ 와 동일한 것이 아니다."(같은 글) 기계적 잉여가치의 창출은 과학과 기술에 직접적으로 의존하는 것이 아니라 정확히는 자본에 의존한다. 기계적 잉여가치는 인간적 잉여가치에 부가되며, 그렇게 함으로써 이윤의 감소를 상쇄한다. "지식, 정보, 전문적 교육('지식자본')도 노동자의 가장 단순한 노동만큼이나 자본을 구성한다." Deleuze and Guattari, *Anti-Oedipus*, 234. [들

다양성[다양체]는 자본주의, 경제적 생산, (실업자, 학생, 이용자 등의) 사회적 생산, 대중매체의 생산, 금융 등의 모든 곳에서 발견할 수 있다. 사실 노동하고 소통하고 생산하는 것은 개체도 아니고 그렇다고 개체들의 집단(상호주관성)도 아니다. 자본주의에서 사람들은 언제나 집합적 배치 안에서, 그런 배치를 통해서 노동하거나 생산한다. 하지만 집합적인 것은 단순히 개체들과 인간 주체성의 요소들로 구성되지 않는다. 그뿐만 아니라 집합적인 것에는 "대상", 기계, 절차, 인간·비인간의 기호계, 정동, 미시-사회적이고 전개체적인 관계, 초[超]개체적인 관계를 비롯한 다양한 요소가 들어간다.

이와 마찬가지로 사유의 주체는 개체가 아니며 창조의 주체도 개체가 아니다. 사유하고 창조하는 개체는 제도(학교, 극장, 박물관, 도서관 등), 기술(책, 전자회로, 컴퓨터 등), 공적·사적 투자의 네트워크 속에서 등장한다. 따라서 개체는 그/녀를 사유하고 창조하도록 강제하는 – 그리고 기호, 개념, 작업의 순환에 접속된 – 사유의 전통들과 미적 실천들에 둘러싸인다.

민간 기업에서 노동자는 자기 자신을 생산자로 동일시하고 그렇게 행동해야 한다. 그들은 자신의 외부에 존재하고 또 자신이 이용하는 기계들에 예속된다. 그러나 노동자 개인(개체화된 주체성)이나 노동자 사이의 단순한 협력(상호주관성)을 통해서는 아무것

뢰즈·가타리, 『안티 오이디푸스』.] 자본주의 기계는 두 가지 전선에서 작동하는데, [한편에서는] 기계적 혁신에 강한 "선택적 압력"을 행사하고, [다른 한편에서는] "풍요 속에 빈곤"을 도입하고 "지식과 과학 속에 어리석음"을 도입한다(같은 책, 236).

도 생산되지 않는다. 한편으로 자본의 생산성은 인간의 기관(두뇌, 손, 근육 등)과 능력들(기억, 지각, 인지 등)의 배치와 동원에 의존하고, 다른 한편으로 기계, 절차, 조직, 소프트웨어, 기호 시스템, 과학 등의 "지적이고" 물리적인 실행에 의존한다. 이것은 많은 부분에서 생산성이 예속에 달려 있다는 뜻이다(그리고 예속의 다이어그램 기능에 의존한다는 뜻이다. 그것은 재현, 의식, 언어를 우회한다). 앞에서 강조했듯이 예속에서는 관계들이 상호주관적이지 않으며, 행위자가 개인들이 아니고 기호계가 의미화signifying로 한정되지 않는다.

따라서 자본은 단순히 노동시간의 연장(지불된 인간의 시간과 작업장에서 지출된 인간적 시간의 차이)을 강탈하는 것이 아니라 복종과 예속 간의 차이를 착취하는 과정에 착수한다. 왜냐하면 주체의 복종, 달리 말해 특정한 직무나 사회적 기능(노동자, 실업자, 교사 등)에 내재하는 사회적 소외에서는 (개인의 직무에 적합한 임금, 사회적 기능에 적합한 급여에 따라) 그 몫이 언제나 할당되고 측정될 수 있다면, 실제로 생산을 가져오는 기계적 예속에서는 그 몫이 정확히 할당되거나 양화될 수 없기 때문이다.

기계적 예속에서는 개체의 노동이 생산과 비례하지 않는다. 생산은 개체의 노동에 지출되는 시간의 양이 아니다. 가장 먼저 우리는 노동(실제로 수행되는 활동)과 고용(순수한 법적 지위)을 구별해야 한다. 왜냐하면 노동이 고용의 범주를 넘어서기 때문이다. 하지만 우리는 이런 구분과 함께 또 다른 구분을 도입해야 한다. 그것은 [인간의] 실질적 활동인 노동과 일련의 인간적·비인간적 요소를 동원하는 생산 사이의 구별이다.

생산과 생산성은 고용(심지어 노동)과 오직 부분적으로 관계한다. 생산과 생산성은 무엇보다도 기계적 배치에 관한 문제이다.『그룬트리세』에서 맑스가 전망하듯이[11] 생산과 생산성은 기계장치, 소통, 과학, 사회적인 것의 역량을 동원하는 문제이다.

그러나 오늘날 자본주의에서 우리는 그 이상으로 나아가야 한다. 기계적 예속의 관점에서 고려할 때, 오직 기업만이 생산에 관여하는 것이 아니기 때문이다. 현재와 같은 상황에서 자본주의 생산은 상호 교차하는 배치들의 배치, 과정들의 과정과 다른 것이 아니다. 달리 말해 자본주의 생산은 서로 횡단하는 배치들, 또는 과정들(기업, 사회적인 것, 문화적인 것, 기술적인 것, 정치적 영역, 젠더, 광고, 과학, 소비)로 구성된 네트워크 형태로 구성된다.

자본은 이윤, 지대, 세금이라는 세 가지 주요 포획장치를 통해서, 이런 측정되거나 할당될 수 없는 [네트워크의] 가치를 전유한다.

"기업"의 배치는 다른 배치들(복지국가의 국가적·준para-국가적

---

11. 『자본』 1권에서 맑스의 가치이론은 가법(加法) 이론(개별 노동의 산술적 덧셈)에 해당하며, 『그룬트리세』[한국어판:『정치경제학 비판 요강』]와 「직접적 생산과정의 제결과」(Results of the Immediate Process of Production)에서도 잉여가치는 '인간의 잉여가치'를 벗어나지 못한다. 맑스는 "기계적" 가치에 관한 이론을 개발한 것이 아니라 기계적 예속에 관한 설명을 제공했을 뿐이다. 가따리가 지적하듯이 인간의 잉여가치에 관한 맑스주의 개념은 자본의 실제적 작동이 아니라, 정확히는 자본의 회계 관행과 부합한다. 최근 들어 연기금에 대한 반(反)개혁을 뒷받침하기 위해 예산회계에 대한 관심이 부활하고 있다. 왜냐하면 연기금에 대한 자금조달이 개인의 고용과 임금을 기초로 계산되기 때문이다. 이 과정에서 예속에 대한 고려는 찾아볼 수 없으며 오직 복종만 고려되고 있다. 들뢰즈라면 이를 가리켜 "거대한(cosmic) 사기"라고 불렀을 것이다.

제도들, 대중매체 시스템, 문화 시스템, 교육 시스템, 금융, 소비 등) 을 포함하고 전제하고 그것들과 결합한다. 이 모든 것은 개체화(복종)와 탈개체화(예속)를 결합하고 극단까지 밀고 가는 것에 의해서 작동한다.

우리는 이용자와 소비자로서 텔레비전 기계에 예속된다. 우리는 하나의 주체로서 프로그램, 이미지, 내러티브와 자기 자신을 동일시하는데, 그것은 주체의 의식과 재현에 자기 자신을 정체화하는 것이다. 반면에 "텔레비전 시청자들이 더 이상 소비자나 이용자가 아닐 때, 심지어는 텔레비전을 '제작'하는 주체가 아닐 때" 우리는 예속된다. 바로 그런 한에서 "시청자는 더 이상 기계를 생산하거나 이용하는 식으로 기계와 연결되지 않는다. 그 대신 우리는 기계의 내재적인 구성 요소가 되는 것이다."[12]

예속 상태에서 주체성의 구성 요소들은 "텔레비전" 배치의 입력과 출력으로 작동하고, 바로 그런 만큼 예속된 시청자로 이루어진 동시화된 가분체들의 거대한 네트워크 안에서 피드백을 주고받는다. 인간 요소들과 비인간 요소들의 관계는 "더 이상 사용이나 작용이 아니라 내부적이고 상호적인 소통에 토대를 둔다."[13]

여론조사원은 텔레비전 앞에서 보내는 "머리 식히는 시간"을 측정할 수 있지만, 실제로 그 시간에 무슨 일이 일어나는지에 관해서는 측정하지 못한다. 정보는 개체의 이미지, 소리, 재현 흐름들의 집

---

12. Deleuze and Guattari, *A Thousand Plateaus*, 458. [들뢰즈·가타리, 『천 개의 고원』.]
13. 같은 책.

합을 가분체의 주체성 성분들과 결합할 때 생산된다. 그러나 경제의 관점에서는 이런 정보의 생산이 할당되거나 측정될 수 없다. 이런 [가분체]의 주체성은 오히려 자기 자신을 변형하고 편성하는 기호적 기계화semiotic machining에 종속된다.

실업을 관리하는 사회보장 제도는 실업자가 자기 자신을 실업보험의 "수급자"로 규정하고 그렇게 행동하게 만든다. 달리 말해 실업자는 자신의 취업 상태를 스스로 책임지는 인적 자본으로 자기 자신을 스스로 규정하고 그렇게 행동해야 한다. 하지만 그와 동시에 실업자는 노동시장의 단순한 조정 변수로 기능하도록 배치된다. 그들은 일자리 수급이라는 "자동적" 함수에 유연하고 탄력적인 요소로 편입된다.

한편에서는 "사목적" 통제와 강제의 장치들이 실업자들의 교육, 경력project, 자격, 행위를 세심하게 보살피고 실업자 스스로 자기 자신을 주체로 확립하도록 요청한다. 다른 한편에서는 [노동]시장이 실업자를 탈개체화된 구성요소로 간주하고 이들을 통해 자신의 자동적인 자기 조절을 보장하려고 한다. 이런 관점에서 실업자 개인의 가용 비용이 얼마인지는 실업보험을 통해서 측정될 수 있지만(복종에 대한 비용), 노동시장에서 그들이 얼마나 생산하는지, 그들의 이동성과 유연성이 얼마나 생산하는지에 관해서는 정확히 측정되거나 할당될 수 없다. 마찬가지로 실업자들이 소비자 입장에서 얼마나 생산하는지, 그들이 실업-보험 기계를 작동시키는 한에서 또 얼마나 생산하는지에 관해서는 정확히 할당되거나 측정될 수 없다(그들은 이런 "사회적 기계"에 피드백을 보냄으로써 기계 자체를 움직인다. 그들은 부지불식간에 자신의 정보를 제공하고 자신이 의식하지도 못한 채 주관적이고 객관적인 지표를 제공한다).

개체는 금융 시스템 안에서 또 다른 형태로 주체(인적 자본)가 된다. 그것은 "투자자/채무자"를 말한다. 이것은 [복종의] 주체화 모델로 간주될 수 있다. 누군가 부채를 갚겠다고 약속하면, 그것은 내가 한 약속을 지킨다는 기억과 정동(죄책감, 책임, 헌신, 신뢰 등)을 반드시 낳는다. 그러나 신용/부채 관계가 금융기계 안으로 포함되는 순간, 개체는 [투자자/채무자가 아니라] 전혀 다른 무엇, 즉 금융적 배치의 단순한 입력으로 변하게 된다. 실제로 이런 배치에 통합된 신용/부채는 채권의 계약자인 주체에 대해서 모든 지시·준거 관계를 상실한다. 서브프라임 위기가 분명히 제시했듯이, [개체들의] 신용/부채는 금융기계를 통해서 문자 그대로 조각조각 분해되어 [새로운 파생상품으로 결합된다](이런 배치는 똑같은 방식으로 주체를 조각낸다). 이제 중요한 것은 이런저런 투자, 이런저런 부채가 아니다. 금융의 배치는 주체를 "자본"으로 운동하는 통화, 즉 화폐를 창출하는 화폐로 변형한다.

실업자, 노동자, 텔레비전 시청자, 예금자 등은 개체화의 "사목적" 테크닉(푸코)에 복종할 뿐만 아니라, 주체화와 탈주체화의 실제적 기계들에 예속된다. 자본주의 아래에서 주체화와 탈주체화의 과정들은 다른 종류의 공산품이 기계적으로 생산되는 것과 똑같이 기계적인 것이다.

1970년대에 들뢰즈와 가따리가 전개한 가설은 세월이 많이 지

아르헨티나 실업자 운동 '삐께떼로'의 거리 시위

났지만 그 많은 부분이 여전히 유효하다. 여전히 복종은 노동에 영향을 미치고 있지만, 노동의 의미는 부지불식간에 노동자의 "노동"에서 기업가의 "노동"으로 변화했다. 1980년대 이후에는 노동계급의 "생산적" 힘에서 민간 기업의 생산적 힘으로 이동했다. 그 과정에서 사회민주주의는 결정적으로 기여했다. 실제로 모든 곳에서 "노동의 가치"가 칭송받고 있지만, 이런 찬양 속에는 어딘지 기만적인 모호함이 숨어있다. 왜냐하면 오늘날 우리가 사용하는 노동이란 표현에는 사람들이 고용주를 위해서 수행해야 하는 활동이 들어 있지만, 다른 한편 자기 자신을 "인적 자본"으로 전화하기 위해서 우리 자신이 수행해야 하는 "자기에 대한 노동"이 들어 있기 때문이다.

반면에 예속은 노동을 두 가지 형태로 분할한다. 그중에 하나는 "내포적"intensive 잉여 노동을 말하는데, 이것은 더 이상 노동과 관련되지 않으며 오히려 "일반화된 기계적 예속"과 관련된다. 달리 말해 노동에 종사하지 않아도 우리는 잉여가치를 생산할 수 있다 (아이들, 은퇴자, 실업자, 텔레비전 시청자 등). 다른 하나는 외연적 extensive 노동을 말한다. 이것은 "불안정하고 유동적인 형태로 변화했다."[14]

이런 환경에서 (실업보험, 텔레비전, 공적·사적 서비스 등의) 이용자는 다른 모든 소비자와 마찬가지로 "노동자"가 되는 경향이 존재한다. "소비자 노동"[15]은 생산성이 더 이상 "노동의 육체적–사회적 규정"을 따르지 않는 사실을 전형적으로 보여준다.

욕망과 생산

경제적 관점에서 생각할 때 복종은 임금과 소득을 결정하지만, 그 임금과 소득은 "실제적 생산", 달리 말해 기계적 예속과 오직 간접적으로 연결된다. 복종은 고용된 사람과 고용되지 않은 사람, 사회적 권리를 가진 사람과 갖지 못한 사람, "능동적" 인구와 "수동

---

14. Deleuze and Guattari, *A Thousand Plateaus*, 492, 469. [들뢰즈·가타리, 『천 개의 고원』.]

15. "소비자의 생산 참여는 매우 다양하다 …. 우리가 제시했듯이 이런 각각의 [참여] 활동은 경제적·사회적·인간공학적 의미에서 노동으로 간주될 수 있다. 이런 활동은 기업을 위한 가치를 생산한다. … 임금 노동자의 활동만이 아니라 소비자의 활동도 세밀하게 규정되고 조절된다. 소비자 활동은 대체로 시간, 생산성, 성장의 제약 아래 특정한 도구를 사용해서 수행된다." Marie-Anne Dujarier, *Le Travail du consommateur* (Paris : Editions la Découverte, 2008), 230~231.

적" 인구 사이를 구분한다. 하지만 이런 구별은 경제적으로 필연적인 결과가 아니다. 왜냐하면 개인이 "생산"(기계적 예속)에 기여한 부분은 그것이 얼마든지 간에 정확히 측정되거나 할당될 수 없기 때문이다.

복종은 이분법의 분절에 따라 작동한다(고용/실업, 생산자/소비자, 남성/여성, 예술가/비예술가, 생산적/비생산적 등). 반면에 예속은 유연한 분절에 따라 작동하며 복종과 그것의 이분법을 횡단한다. 기계적 예속에서는 고용/실업, 보험/복지, 생산/비생산이 더이상 분할되지 않는다. "실제적 생산"이라는 관점에서, 즉 배치나 과정들의 관점에서 모든 사람이 예외 없이 "노동한다. 모든 사람은 다양한 형태로 "생산적"이다(예컨대 실업자는 "가용될 수 있다").

"어떤 점에서 가정주부는 집에서, 아이는 학교에서, 소비자는 슈퍼마켓에서, 시청자는 텔레비전 화면 앞에서 일자리를 가진다." 기계적 예속의 관점에서 아이들은 "텔레비전 앞에서 노동한다. 그들은 어린이집에서 장난감을 가지고 노동한다. 장난감은 그들의 생산적 역량을 높이기 위해서 고안되었다. 이런 점에서 그런 노동은 직업학교에서 도제들이 수행하는 노동과 비견될 수 있다."[16]

가따리에 따르면 작업장 개념은 비임금 활동의 많은 영역으로 확장되어야 한다. 마찬가지로 민간 기업이란 개념도 복지국가, 미디

---

16. Guattari, *La Révolution moléculaire* (Union générale d'éditions, 1977), 80. [가타리, 『분자혁명』.] "연금 소득, 공적 부조, 사회적 비용의 복잡한 시스템이 오늘날 노동력의 재생산에 영향을 미친다. 이를 무시할 경우 기업 노동자를 아무리 살펴봐도 우리는 그들을 제대로 이해할 수 없을 것이다. 이 복잡한 시스템은 기업의 화폐 흐름을 벗어나며 권력의 다양한 제도와 메커니즘에 의해 수행된다."(같은 책, 81.)

어 등의 집합적 장치로 확대되어야 한다. 오늘날 자본주의는 새로운 전망이 필요하다. 그것은 자본주의가 어떻게 사회화 과정을 거치는지, 달리 말해 그것이 주체성 안에 있는 "사회적"[17]인 것(초超개체적인 것)을 어떻게 장악하는지, 마찬가지로 원infra–개체적인 것(개체화 이전의 것)을 어떻게 장악하는지를 설명해야 한다.

2차 세계대전 이후 노동조합과 좌파 진영에서는 "노동에서 고용work"으로 강조점이 이동했다. 이것은 자본주의적 가치생산과 "사회적인" 것(푸코)을 연결하고 자본주의적 가치생산과 "사회"(이탈리아 자율주의)를 통합한다는 근본적으로 정치적인 문제를 기업가와 국가의 수중에 넘겨버렸다.

자본의 사회화 효과를 인정하면서 들뢰즈와 가따리는 생산 개념의 일의성univocity을 주장한다. 만일 생산이 사회적인 것과 포개진다면, "욕망의 장"과 "노동의 장", "경제"적인 것과 주체성의 생산, 하부구조와 상부구조는 더 이상 별개의 문제로 간주될 수 없을 것이다. 생산의 문제는 욕망의 문제(가따리)와 분리될 수 없으며, 정치적 경제는 "주체적인 경제"와 더 이상 다른 것이 아니다.

따라서 주체성의 생산은 이데올로기적 상부구조를 가리키지 않는다. 그것은 현실을 생산하며, 특수하게는 경제적 현실을 생산한다. 실제로 주체성의 생산은 현대 자본주의를 규정하는 특징이다. 거기서는 "자기에 대한 작업"(실천)이 "노동"(생산)과 결합한다.

---

17. "자본주의 기업과 임금 노동에 관한 개념은 '사회 조직' 전체와 별개로 생각될 수 없다. '사회 조직'은 그 자체로 자본의 통제 아래 생산되고 재생산된다."(같은 책, 90.)

랑시에르와 바디우의 생각과 달리 "생산"은 "경제학"의 문제가 아니다. 또한 그것은 인지자본론이 주장하듯이 지식, 문화 등의 개발과 촉진에 머물지 않는다. 오히려 생산은 사회 전체를 횡단하는 보다 심층적인 것들을 포획하고 착취한다. 생산이 포획하고 착취하는 것은 특이화 singularization의 과정이며 욕망에 기초한 주체화 양식들의 새로운 발명이다.

고전 경제학자(스미스, 리카도)와 맑스가 묘사한 생산의 주체적 본질은 더 이상 "노동"에만 국한되지 않는다. 그 이유는 오늘날 자본주의가 "자기에 대한 작업"이라는 윤리-정치적 차원을 포함하기 때문이다. 『안티 오이디푸스』에서 들뢰즈와 가따리는 "경제"의 새로운 본질에 적합하도록 욕망의 개념을 근본적으로 혁신한다. 새로운 경제에서는 "노동"과 "자기에 대한 작업", 즉 생산과 주체화가 서로 결합하고 욕망이 경제를 "가능성의 생산"으로 전환한다.

자본주의의 탈영토화는 욕망에 작용한다. 거기서 욕망은 엄격히 말해서 더 이상 인간적이 아니라 기계적이다. 욕망은 인간적 주체성을 표현하지 않는다. 그것은 인간적·비인간적 흐름들의 배치, 사회적·기술적 기계들의 다양체에서 출현한다. 탈영토화된 욕망은 "충동" 또는 "코나투스"conatus와 관련되지 않는다. 대신에 그것은 가능성의 문제이고 새로운 잠재력을 창출하는 문제이며 자본주의 지배의 구조 안에서 불가능해[18] 보이는 것을 발현시키는

---

18. [옮긴이] 영어판에서는 '가능해 보이는 것'으로 되어 있지만 프랑스판에서는 '불가능해 보이는 것'으로 되어 있다. 전체 문맥상 번역은 프랑스어판을 따랐다.

문제인 것이다.[19]

탈영토화된 욕망은 자본주의를 단지 합리화와 계산으로 이해

---

19. 욕망이 가능성과 동일하다는 것은 욕망에 대한 새로운 혁명적 규정을 함축한다. 욕망은 기존의 질서(equilbirum)가 무너지고, 그런 일이 없었더라면 일어날 수 없었던 관계가 가능해 보일 때, 비로소 발생할 수 있다. 욕망은 언제나 그것이 개방하는 불가능성을 통해, 그리고 자신이 창출하는 새로운 가능성을 통해 식별될 수 있다. 이는 어떤 과정이 출현해 그전에는 닫혀 있던 세계로부터 지시 관계의 전혀 다른 체계가 출현하는 것이다. 전통적인 욕망 개념과의 단절을 분명히 보여주기 위해서 가따리는 욕망의 인공적 "성격"을 강조한다. 그는 욕망이 인공적이고 탈영토화된 것이며 기계적이라고 하는데, 이것은 욕망이 "자연적" 또는 "자생적" 힘이 아니라는 뜻이다. 욕망은 프로이트가 언급하는 "충동"이나 스피노자가 칭하는 코나투스(노력)와 같은 것이 아니다. "욕망은 분화되지 않은 본능적 에너지가 아니라, 그 자체로 발명된 고도로 창조적인 산물, 또는 상호작용으로 충만한 어떤 배치(setup)의 산물이다."(Deleuze and Guattari, *A Thousand Plateaus*, 215. [들뢰즈·가타리, 『천 개의 고원』.]) "욕망에는 내재적 충동이 존재하지 않는다. 오직 배치만이 존재한다."(같은 책 229.) 욕망은 환상, 꿈, 또는 재현의 문제가 아니라 정확히는 생산의 문제이다. 욕망한다는 것은 언제나 배치를 건설한다는 뜻이다. 또한 욕망한다는 것은 언제나 집합체 또는 다양체 속에서, 그리고 그런 다양체에 대해서 행동한다는 뜻이다. 욕망은 개체의 문제도 아니고, 개체들의 충동 또는 코나투스(상호주관성) 사이에 단순한 상호작용의 산물도 아니다 .욕망은 주체 내부에서 발생하는 것이 아니라 언제나 외부, 마주침, 결합(coupling), 배치에서 유래한다. 욕망에 관한 전통적 개념은 추상적이다. 왜냐하면 그것은 욕망하는 주체와 그것의 상관자인 대상을 식별하기 때문이다. 반면에 사람들은 언제나 대상, 관계, 기계, 사람, 기호 등의 다양체로 구성된 전체 속에서 그 사람이나 사물을 욕망한다. 그들은 [이런 다양체와 분리된 독립적인] 어떤 사람이나 사물을 욕망하지 않는다. 어떤 사람이나 사물을 욕망하게 하는 것은 개체화된 주체가 아니라 배치인 것이다. 한편 개체나 사물을 욕망하지 않는 것처럼, 사람들은 자기 내부에서 느끼는 세계들과 가능성을 욕망하는 것이 아니다. 욕망한다는 것은 배치를 건설한다는 뜻이며, 바로 이런 배치 속에서 어떤 개인이나 사물이 함유하고 있던 가능성과 세계들이 펼쳐지는 것이다. "우리는 언제나 세계들과 사랑에 빠진다."(Deleuze and Guattari, *Anti-Oedipus*, 294. [들뢰즈·가타리, 『안티 오이디푸스』.]) 욕망은 무엇보다도 집합적이지만, 여기서 "집합적"이란 상호주관성과 같은 것이 아니다. 실제로 집합적 배치는 "관계들의 기초를 이루며 … 행위자들에게 위치와 기능을 할당하는 수단이다. 그러나 이들 행위자는 개인이 아니며 이들 관계도 상호주관적인 것이 아니다."(같은 책, 47.) 개인들과 사물들은 "이런 다양체의 흐름들과 요소들이 연결되고 이접하고 통접하는[연결되고 분리되고 교차하는] 지점에서 발생할 뿐이다."(같은 책, 349.)

하는 방식과 단절한다. 후자의 관점에서 자본주의는 오직 목적을 달성하기 위해서 움직일 뿐이다. 그러나 실제로 자본주의의 주체적("인간학적") 모델에서는 욕망을 지연시키는 칼뱅주의/베버주의 모델을 따르지 않는다. 그렇다고 해서 욕망을 억압하는 프로이트주의 모델을 따르지도 않는다.

따라서 우리는 — 언제나 이미 존재한 것이지만 — 오늘날의 "경제"에서 특히 두드러진 또 다른 차원을 고려해야 한다. 그것은 탈영토화된 욕망, 기계적 욕망을 말한다. 바로 이런 욕망이 "가능성들의 경제"와 자동생산적autopoietic(자기-생산적) 주체성을 생산하는 것이다. 그리고 이것이 오늘날 자본주의를, 그리고 무엇보다도 그것의 위기를 본질적으로 설명해준다. 자본주의는 더 이상 사적 소유라는 한계 안에서, 또는 기업가적 자아라는 주체적 형상 안에서 자기자신의 위기를 억제하지 못한다.

"인적 자본"의 실패

자본주의의 동력은 "가능성들의 경제", 즉 욕망을 자신의 기능으로 통합할 수 있는 능력에서 나온다. 그 덕분에 자본주의는 새로운 주체의 형상, 예를 들어 "인적 자본"이나 기업가형 자아를 경제적 주체로 요청하고 또 촉진할 수 있다.

인지자본주의 이론은 이런 변화를 설명하려고 시도하지만, 주체성의 생산 또는 "주체적" 경제를 지식 경제로 환원하거나 정보 경제, 혁신 경제로 환원한다. 인지자본주의 이론은 경제 "과학"[경제학]에 지나치게 의존하는데, 특히 지식을 경제 발전의 동력으로 간주하는 "내생적 성장" 이론에서 그렇게 한다. 그러나 오늘날 경제에서 그 토대를 이루는 것은 지식보다는 욕망을 강조하는 주체성의 생산 과정이다. 심지어는 지식, 정보, 문화의 생산마저 욕망에 의존한다. 거기서 중요한 것은 인지적 주체성이 아니라, 다양한 활동의 형태를 가로질러 작동하는 권력(복종과 예속)의 테크닉이다.

지금의 위기는 주체적 형상의 이런 생산이 실패했다는 사실에서 비롯한다. 신자유주의는 "생산"과 "주체성의 생산"을 접합할 수 없었다. 신자유주의는 경제와 동시에 주체성을 겨냥한다. 신자유주의는 "노동"뿐만 아니라 자기에 대한 윤리-정치적 행위를 동시에 겨냥한다. 신자유주의는 후자의 자기 배려를 "끝없이 성장하는 복합 기업"이 되라는 명령과 동일시한다. 이것은 IT전문가든 가사도우미든 슈퍼마켓 점원이든, 그 누구든 상관없이 모든 사람에게 공통적인 명령이다. 그러나 [신]자유주의로 인해서 위기가 발생하자, 그것이 제공한 달콤한 약속, 즉 "자기에 대한 작업"이 "노동"을 해방적 상태(즐거움, 성취감, 인정, 새로운 삶의 방식에 대한 실험, 신분 상승)로 이끈다는 그것의 전망이, 결국에는 기업과 국가가 방기한 각종 리스크와 비용을 개인이 알아서 책임지라는 명령으로 전환되었다.

오늘날 위기 상황에서 "자기에 대한 작업"이란 무엇을 뜻하는가? 대부분의 사람들에게, 단지 그것은 실업, 부채, 임금 및 소득의 감소, 사회복지의 축소, 세금 증가 등의 문제를 마치 "기업가" 입장

"전쟁이 아니라 복지를"
2015년 6월 런던의 긴축 반대 시위

에서 관리하라는 명령에 불과하다.

2007년의 금융 붕괴는 가능성들의 경제가 사적 소유의 한계 안에서 창출될 수 없다는 사실을 보여주었다. 그 이후 자본주의는 자유, 혁신, 창조성, 지식 사회 등 자신이 즐겨 사용하던 내러티브를 점차 포기했다. 대신에 오늘날 많은 사람들이 금융, 기업, 복지국가가 사회로 "위탁한", 사실상 방치한 수많은 문제를 자기 스스로 해결하고 책임져야 한다.

이제는 분명히 알 수 있듯이 기업가적 기획은 "노동"에 대한 자율과 자유를 가져온 것이 아니라 정반대의 현상을 초래한다. 그것은 역설적으로 제도(기업, 국가, 금융)에 대한 의존을 강화할 뿐만 아니라, 전제적 초자아에 대해서도 의존을 강화한다("내"가 기업주이기 때문에 내게 일어난 모든 것은 내가 책임져야 한다!).

오늘날 자본주의는 자신이 추구하는 잉여 [가치]를 지식보다는 "비물질 노동자"들이 생산하는 주체적 효과에서 발견한다. 그들은 이주민, 공장 노동자, 복지 서비스의 이용자, 소비자들이 제공하는 것과 똑같은 방식으로 엄청난 분량의 자유[공짜] 노동 free labor 을 제공한다.

주체성을 길들이는 기호론적·훈육적 절차^{machining}는 일차적으로 인지적 과정에 속하지 않는다(인지자본주의가 주장하는 것과 달리, 자본주의는 그렇게 많은 사람의 지식인, 즉 인지노동자를 요구하지 않는다). 자본주의 기계의 목표는 의식적, 또는 "무의식적" 행위의 패턴을 사람들에게 주입함으로써, 그들이 기업·복지국가·소비사회·미디어사회 등의 "성인식", 즉 "통과의례"를 거치도록 강제하는 데 있다. 자본주의는 실업자, 공장 노동자, 퇴직자, 소비자, 인지노동자 등 그 누구라도 상관없이 개체들이 자신의 "초자아"를 스스로 장착하게 만든다. 이것은 그들에게 주어진 위계적 역할과 기능을 충족하는 데 반드시 필요한 것이다.

최근의 위기와 함께, 복종과 예속이 작동시키는 기호론적·훈육적 절차는 채권자/채무자 관계의 생산과 재생산에 수렴하고 있다. 이런 역할과 기능을 충족하기 위해서 부채와 그것의 주체적 반복, 즉 부채인간이 필요한 것이다.

백인, 성인, 남성, 의식적 주체의
대량 생산과 대량 확산은 언제나
내포적인 다양체의 억제를 자신의 상관물로
가진다. 내포적 다양체는 모든 중압집중화,
기표적인 모든 수목구조를 벗어난다.

— 펠릭스 가따리, 『탈주선』

무의식을 담론으로 전환하는 것은
역학관계(dynamics)를 우회하는 것이며
서양의 총체적 이성에 공모하는 것이다.
총체적 이성은 꿈만큼이나 예술도 말라 죽인다.
모두를 언어로 대체한다고 해서, 바로 그것 때문에
우리가 형이상학과 단절하는 것은 아니다.

— 장-프랑수와 리오타르, 『담론과 형상』

오늘날 자본주의 안에서 주체성은 전 지구적 대량생산의 산물이다. 가따리에 따르면 주체성은 자본주의의 가장 중요한 상품이며 일차적인 산물이다. 왜냐하면 주체성이 다른 모든 상품의 생산을 조것 짓고 그것에 관여하기 때문이다.[1] 주체성은 "가장 중요한 상품"이며 그것의 "본질"은 자동차, 전자제품, 세탁기와 똑같은 방식으로 구상, 개발, 제조된다. 1970년대 이후 우리가 직면한 일련의 위기는 단순한 경제적 위기, 또는 정치적 위기가 아니다. 그것은 기술적·경제적·정치적 과정들이 도저히 설명할 수 없는 위기, 즉 주체성 생산에서의 위기를 수반한다.

주체성, 주체화, 주체화 과정, 복종은 그 내부에 다양한 관념이 들어있고 때로는 서로 충돌하긴 해도, 1960년대 이후에는 비판적 사유 속에서 지속적으로 출현한 개념들이다(푸코, 랑시에르 등). 이 점에 관해서 펠릭스 가따리는 주체성 생산의 몇 가지 특징과 양식을 개념적으로 문제화하고 지도제작을 시도하면서, 피하는 것이 최선인 몇 가지 곤란에 대해서 지적한다.

첫 번째 곤란은 구조주의에서 발생한다. 그것은 주체성을 기표적 작동의 단순한 결과로 환원한다. "구조주의자들이 말하는 것은 진실이 아니다. 언어라는 사실에서, 심지어 소통이라는 사실에서 주체성이 생산되지 않는다. 그것은 특정한 층위level에서 에너지, 전기, 알루미늄과 똑같은 방식으로 집합적으로 제조된다."[2]

---

1. "우리(교사, 정신과의사, 사회복지사, 저널리스트 등)는 초근대적 산업의 노동자입니다. 이 산업은 다른 모든 산업과 사회생활에 반드시 필요한 주체라는 원료를 제공합니다."(Guattari, *Pratiques de l'institutionnel et politique*, 51.)

주체성의 생산에는 언어의 수행performance과 분명히 구별되는 어떤 것이 작동한다. 그것은 행동학적ethological·환영적fantasmic 차원들, 경제적·미학적·물리적 기호 체계들, 실존적 영토들, 비실체적 우주들을 말하며 이 모두는 언어의 기호학으로 환원되지 않는다. 표현의 실질substance이라는 개념은 언어 외적이고 비인간적이며, 생물학적이고 기술적이며, 미학적이고 기계적인 표현의 실질들을 강조하기 위해서 [단수가 아니라] 복수로 표현되어야 한다.

두 번째 곤란은 현상학과 정신분석에서 비롯한다. 이들의 개념은 "주체성과 관련된 사실을 충동, 정동, 주체 내적인 장치와 관계"로 환원하는데, 가따리는 이것 역시 "상호주관적 잡담"이라고 규정한다.[3] [이와 달리] 기술적(전자적, 소통적, 매체적) 기계들, 그리고 사회적 기계는 기억과 감각뿐만 아니라 무의식 내부에 개입함으로써 주체성을 조절하고 편성한다. 주체성의 이런 비인간적·기계적 요소는 주체의 내부 관계로 환원되지 않으며 상호주관적 관계로 환원되지 않는다.

세 번째 곤란은 사회학적 함정이다. 이를 피하기 위해서 우리는 방법론적 개인주의뿐만 아니라 방법론적 전체주의에서 벗어나야 한다. 주체화 또는 기호화semiotization의 과정은 개체적 행위자에 초점을 맞추지 않으며, 마찬가지로 집합적(상호주관적) 행위자에 초점을 맞추지도 않는다. 주체성의 생산은 분명 "집합적" 과정을 뜻하

---

2. Guattari, *Les Années d'hiver: 1980-1985*, 128. [가타리, 『인동의 세월』.]

3. Félix Guattari, "Schizoanalyse du chaos," *Chimères 50* (Summer 2003): 23.

지만, 여기서 집합적 과정이란 초개인적인extra-personal 차원에서 개체를 넘어선 것이며(기계적, 경제적, 사회적, 기술적 시스템들), 또한 인격에 앞서는 것이다(정동들과 강도들의 시스템에 속한 전前언어적인 강도들).

마지막으로, 가따리가 "하부구조들의 집합"이라고 부르는 최종적 곤란이 존재한다. 이것은 이데올로기적 상부구조(맑스주의)를 창출하는 물질적 하부구조, 심리psyche를 창출하는 본능적 하부구조(프로이트), 언어적(기의記意적) 내용을 생산하는 통사론적·언어학적 심층구조를 뜻한다.

여기서 우리는 구조주의의 함정을 피하는 동시에, 이런 네 가지 난관을 해체하려고 시도할 것이다.

1. 구조주의의 잔재 : 구조 없는 언어

구조주의는 이미 죽었지만 그 패러다임을 구축했던 것, 즉 언어는 여전히 살아 숨 쉬고 있다. 1960~70년대를 거치면서 중요한 이론적 혁신들이 등장했고, 여기서 탄생한 비판 이론들이 구조조의의 사망을 선고했다. 그런데 놀랍게도 언어는 그 이후에도 당당히 살아남았다.

그러나 최근의 언어에는 구조주의의 체계적이고 이분법적인 중립성이 존재하지 않는다. 비판적 사유에서 언어는 정치적으로 급진화되었다. 그러나 동일한 비판적 사유에서 언어는 여전히 인간의 고유한 특성으로 간주되고, 따라서 정치의 토대가 된다는 논리가 완전히 포기되지 않았다. 예를 들어, 빠올로 비르노가 보기에 정치는 화자의 [언어] 사용이란 관점에서 추구되지 않는다. 언어의 활동이나 실천이 공론장에서 실현되는 한 언어는 그 자체로 정치적인 것이다. 달리 말해 정치와 언어의 소유는 문자 그대로 동일한 것이다. 랑시에르에 따르면 말logos은 정치의 유일한 원칙인 평등을 시험하고 입증한다. 심지어 명령의 경우에도 그것이 실행되는 한 최소한의 평등, 그러니까 말의 평등을 전제한다. 명령을 이해하고 집행하기 위해서는 종속된 사람들이 명령하는 사람들과 동일한 언어를 공유해야 한다. 평등은 이런 식으로 언어를 통해서 자신을 입증한다.

주디스 버틀러는 자신의 모든 작업에서 아렌트식 주장을 확장하려고 시도한다. 한나 아렌트는 이렇게 언급한다. "인간은 언어적 존재인 한에서 정치적 동물이 된다." 동일한 맥락에서 조르조 아감벤은 언어와 인간의 본성 사이에 엄밀한 관계를 설정한다. 인간이 "생명체 중에 특출한 것은… 자신의 본성이 바로 언어 속에… 있기"[4] 때문이다.

[이런 작업들에서] 어느 정도는 비판적이고, 또 어느 정도는 문제적인 준거들이 존재한다. 특히 아리스토텔레스와 그의 인간에 대한 규정이 자주 언급된다("인간은 언어를 소유한 유일한 동물이다", "인간은 정치적 동물이다"). 또 다른 준거로는 한나 아렌트와 분석

---

4. Giorgio Agamben, *The Sacrament of Language*, trans. Adam Kotsko (Stanford : Stanford University Press, 2011), 68. [조르조 아감벤, 『언어의 성사 — 맹세의 고고학』, 정문영 옮김, 새물결, 2012.]

철학이 존재한다. 비르노와 버틀러의 관점에서 후자는 "말과 권력"의 관계를 분석함으로써, 언어를 재정치화하는 출발점을 제공한다.

이들과 달리 독일의 전통에 의존하고 있는 파스칼 미숑에 따르면 우리는 "언어의 특별함을 망각해" 버렸다. 자본주의 비판과 예술의 진정한 전복적 정치는 "인간만의 유일한 창조적 힘, 유일한 유토피아적 힘, 달리 말해 언어의 힘"[5]에 기초해야 한다.

라캉의 정신분석 – 구조주의 사유의 정점 – 에서는 오늘날 새로운 신봉자들이 등장했다. 그들은 소쉬르의 언어학적 관점(헤겔식 주인과 노예의 변증법)에서 프로이트의 주제를 해석한다. 거기서 주체는 언어의 효과가 되고 언어는 주체의 원천이 된다. 그리고 무의식은 언어처럼 구조화되고 은유와 환유를 통해서 작동한다.[6] "기표들의 연쇄", 기표들의 결합, 기표들의 "자율성", 기표들의 외재성, 그리고 모든 경험에 선행하는 기표들의 실존은 기의를 생산하는 동시에 주체를 생산한다. 지젝은 헤겔-라캉식의 주체 형성을 충실히 따른다. 어느 정도 수정을 거치긴 했지만 버틀러 역시 이런 흐름에 동참한다. 그녀는 "아버지-법의 구조화 기능"에 대해서는 반대하지만, 라캉주의 이론에서 기표의 수행적 행위를 인정한다. 따라서

---

5. Pascal Michon, *Rythmes, pouvoir, mondialisation* (Paris : Presses Universitaires de France, 2005), 289.

6. 이것은 다른 장면(ein andere Schauplatz)의 지배적 법칙을 [언어의 관점에서] 다시 발견하는 문제이다. 다른 장면이란 프로이트가 꿈을 설명하면서 무의식의 존재 방식을 가리킨 표현이다. 그것은 언어를 구성하는 물질적으로 불안정한 요소들의 연쇄라는 수준에서 무의식을 발견한다. 무의식은 그런 연쇄들의 효과로 인식된다. 그것은 기표의 결합과 대체라는 이중적 놀이에서 하나의 효과로 발생한다. Jacque Lacan, *Écrits*, trans. Alan Sheridan (London : Routledge, 1989), 218.

그녀는 [지젝과] 동일한 결론에 도달한다. 언어는 물적인 제약, 또는 초월적인 것으로 기능한다. 언어는 주체에 "선행하고 그것을 초월하는", 따라서 "기원적이고 근본적인 예속"으로 기능한다.

맑스주의에서 유래하는 환원주의 가설은 언어를 상부구조나 이데올로기적 인공물로 간주한다. 이런 가설을 극복하는 과정에서 랑시에르는 정동과 더불어 언어를 사회의 뿌리로 소급한다. "실제로 일련의 담론 행위를 통해서, 또 지각의 장場을 재편하면서 … '사회적인' 것이 구성된다."[7]

랑시에르가 주장하듯이 언어와 정동은 감각적인 것의 분배라는 목적을 달성한다(부르주아는 언어speech와 "세련된 의미"를 통제하는 반면에, 프롤레타리아는 동물적인 소음을 방출할 뿐이며 "야만적인 의미"를 통해서 그 자신을 표현한다). 이뿐만 아니라 언어와 정동은 새로운 생산력을 구성한다. 인지자본주의를 주장하는 동료들에 따르면, 노동과 자본의 본질 역시 언어와 정동을 통해서 형성된다. 인지노동은 언어와 정동을 동원하고 인지자본주의는 언어와 정동을 포획하고 착취한다.

이런 식의 언어관에서는 비록 그것이 언어의 정치적, 또는 생산적 기능에 따라 규정된 것이긴 하지만, 오늘날 자본주의 안에서 주체성·언표행위·생산이 어떤 본질과 기능을 갖는지에 관해서 상당한 오해를 품고 있다. 이 모든 이론에서, 그리고 그들의 비판적 목적

---

7. Jacques Rancière and Davide Panagia, "Dissenting Words : A Conversation with Jacques Rancière," *Diacritics* 30:2 (2000) : 117.

에도 불구하고 우리는 여전히 "언어 중심의" 세계에 머물러 있다. 그러나 자본주의의 도래와 함께, 우리는 언제부터인가 "기계 중심적" 세계로 접어들었다. 이런 세계에서는 언어의 기능이 전혀 다른 방식으로 구성된다.

기계 중심적 세계에서, 우리는 주체의 문제에서 주체성의 문제로 이동한다. 그곳에서 언표행위는 개

삐에르 빠올로 빠졸리니
(Pier Paolo Pasolini, 1922~1975)

체주의와 관련된 소통모델, 즉 화자와 청자를 참조하지 않는다. 대신에 언표행위는 "개체들, 육체들, 물리적·사회적 기계들, 기호적·수학적·과학적 기계들 등의 복잡한 배치, 즉 언표행위의 진정한 원천들"[8]에 관계한다. 화폐, 경제, 과학, 기술, 예술 등의 기호 기계는 그 자체가 의미를 생산하고 전달하기에, 언어의 의미작용과 재현을 회피하면서 각자가 평행하게 기능하거나 독립적으로 기능한다.

1960년대 중반 삐에르 빠올로 빠졸리니는 자본의 기호화 양식이 언어를 장악한 사태를 가리켜, "포스트 휴먼 세계"가 도래한다고 묘사했다. 이런 세계에서 언어적 창조는 언어 모델에서 "생산"과 기계장치로 이동했다. 이탈리아의 언어적 "후진성"을 고려하면, 이

---

8. Félix Guattari, *The Machinic Unconscious*, trans. Taylor Adkins (Los Angeles : Semiotext(e), 2011), 73. [펠릭스 가타리, 『기계적 무의식 ― 분열분석』, 윤수종 옮김, 푸른숲, 2003.]

런 과정은 매우 극적인 방식으로 전개되었다. 요컨대 2차 산업혁명이 언어의 영역에서 변화를 가져왔다. 그것은 "상부구조들의 언어를 … 하부구조들의 언어로 대체했다." 이집트의 문명화에서 1차 산업혁명에 이르기까지, "언어 모델이 사회를 지배하고 또 언어적으로 통합했다." 언어 모델은 언제나 변함없이 "문화적 상부구조들의 모델이었고" 법, 문학, 교육, 종교에 종사하는 지적 엘리트의 모델로 작용했다. 그런데 자본주의가 새로운 자본주의neo-capitalism로 이행하면서, 즉 "과학의 정신"이 생산과 통합된 "과학의 응용"으로 변화하면서, "하부구조의 언어들이, 간단히 생산의 언어들이" 갑자기 "사회를 언어적으로 주도하기 시작한다. 이것은 역사상 전례가 없었던 일이다."[9]

"생산-소비"의 언어들은 "지금까지 지배적 언어로 군림했던 언어, 즉 엘리트들의 인간주의 언어와 그 영토화에 결박된 세계를 추락시킨다."[10] 언어의 창조, 발전, 통합의 중심에는 "더 이상 대학이 아니라 공장이 위치한다."[11] 미래의 "지역 간, 국가 간" 언어는 "산업과 기술 관료들이 통합하는 세계"에서 비롯할 것이며, 그런 세계의 "신호" 표현, 달리 말해 "더 이상 인간적이지 않은 인간의 소통"[12]이 될 것이다.

이것은 언어학적 전환을 옹호하는 사람들이 주장하는 것과

9. Pier Paolo Pasolini, *Heretical Empiricism*, trans. Ben Lawton and Louise K. Barnett (Bloomington, Indiana : Indiana University Press, 1988), 63.
10. 같은 책, 198.
11. 같은 책, 15.
12. 같은 책, 43, 48.

정확히 반대의 주장이다. 즉 [언어의] 분석에서 우리는 "하부구조들의 언어"를 다룰 필요가 있으며 "인간주의" 언어들, 그리고 말과 기표적 기호계가 생산-소비의 기호계에 [어떻게] 종속되는지 검토해야 한다.

심지어 한나 아렌트는 『인간의 조건』에서 다음과 같이 경고한다. "새로운 창조적 과정을 열 수 있는" "행위act 능력"이 아직까지 완전히 사라진 것은 아니지만[13], 만일 지금처럼 과학의 특권이 점점 더 강해진다면, 과학의 언어, 즉 "말로는 도저히 번역될 수 없는… 수학의 상징 '언어'가 틀림없이 확산될 것이다." 만일 우리가 "과학적 성과의 현 단계에 우리의 문화적 태도를 적응시켜야 한다면, 그것은 말이 의미를 상실한 삶의 방식에 우리가 본격적으로 접어든다는 것이다." 왜냐하면 과학자들 자체가 "말의 효력이 사라진 세계로 이동했기"[14] 때문이다. 아렌트는 자신의 후대 주석가들이 눈치 채지 못한 사실을 예민하게 지적한다. 그녀에 따르면 "사물과 물질의 매개 없이"[15] 말과 행위가 발생하며, 이런 직접적 관계가 바로 "인간의 조건"에 속한다. 그런데 이런 조건이 적어도 1차 산업혁명의 시작과 함께 우리의 현실에서 사라진 것이다.

빠졸리니의 분석은 과학만이 아니라 다른 것에 의해서도 "언어의 효력이 박탈되었다"는 사실을 보여준다. 가따리는 그의 분석을

---

13. Hannah Arendt, *The Human Condition* (Chicago : The University of Chicago Press, 1998), 231. [한나 아렌트, 『인간의 조건』, 이진우 옮김, 한길사, 2017.]
14. 같은 책, 4.
15. 같은 책, 7.

이어받아 더욱 심화된 작업에 착수한다. 가따리는 이 문제에 대한 자신의 가장 중요한 기여, 즉 비기표적 기호계의 논의에서 "하부구조들의 언어"의 성격과 기능을 구체적으로 설명한다.

가따리가 충고하듯이, "하부구조들의 언어"와 기계-중심적 주체화/언표행위의 양식을 조사하기 위해서는 무엇보다도 "언어에서 벗어날" 필요가 있는데, 그는 언어에서 빠져나오는 두 가지 절차를 제안한다. 그중 하나는 주체, 개체, 심지어는 인간에게서 주체성을 분리하는 것이고, 다른 하나는 인간과 주체성이 아니라 다른 관점에서 언표행위의 힘을 고려하는 것이다.

주체성은 (가따리가 원-주체성이라고 부르는) "대자적pour soi 비인간"과 같은 것이며 (그가 원-언표행위라고 부르는) 언표행위의 힘과 같은 것이다. 따라서 주체성은 살아 있는 존재와 물질의 배치, 또는 편성과 다른 것이 아니며, 이것은 가따리의 관점에서 부정하려야 부정할 수 없는 사실이다. 그가 우리에게 요구하는 것은 개체화된 주체의 의식, 감각sense, 언어의 힘이 아니라, 주체화의 벡터 또는 언표행위의 초점으로 기능할 수 있는 또 다른 힘의 가능성을 사고하자는 것이다.

가따리는 자동생산력autopoietic power, 또는 자기-생산의 잠재력을 모든 기계로 확장한다. 이것은 프란시스코 바렐라가 살아 있는 기계들에만 적용한 것으로, 자기 스스로 자신의 규칙을 개발하고 표현의 양식을 발전시킬 수 있는 힘을 가리킨다. "〔모든〕 기계 시스템은 그것이 어떤 영역(기술적, 생물학적, 기호적, 논리적, 추상적)에 속하든지 간에, 원-주체적 과정을 스스로 지탱한다. 나는 이런 과정의 특징을 분자적 주체성", 또는 "부분적[국소적]patrial 주체성의 관점에서 설명할 것이다."16

주체화의 양식, 기호화의 배치, 모든 종류의 언표행위(인간과 비인간, 집합과 개인)는 생물학적, 경제적, 미학적, 과학적, 사회적 과정 안에서 서로 공존한다.

가따리의 이론은 자본주의 안에서 창조적 기능이 겪게 되는 운명을 포착한다. 언어는 그 자체로 창조에 특권적인 것이 아니다. 반대로 언어의 기능은 "기호의 증식을 감속하거나 방해할 수 있다. 많은 경우 비언어적 요소들이 변이를 촉진하고… 언어의 지배적 의미작용과… 단절하며" 주체화의 이질적인 벡터들로 기능한다. "유전자 코드는 생명의 역사를 통해, 그리고 도상 체계와 예술은 인류의 역사를 통해, 적어도… 언어 체계만큼이나… 풍요로운 것이었다."17

만일 우리가 인간과 비인간의 모든 현실을 "표현적인" 것으로 간주한다면, 달리 말해 그 모든 현실을 주체화 과정과 언표행위의 원천, 발현, 뇌관으로 볼 수 있다면, 결국 현실이란 우리의 행위 속에 들어 있는 복수의 가능성들, 즉 "선택의 문제"와 다른 것이 아니다. 사유와 선택은 "가능성들의 경제"에서 실행된다. 달리 말해 사유와 선택은 인간과 더불어 시작되지 않으며, "화자와 청자 사이에 생산되는 기표적 담론"에 독점적으로 의존하지 않는다. 진화의 역사에서 우리가 배운 것이 있다면, 그것은 가능성을 선택할 "자유"가 인

---

16. Félix Guattari, *Schizoanalytic Cartographies*, trans. Andrew Goffey (New York : Bloomsbury, 2013), 2.

17. Guattari, *The Machinic Unconscious*, 43, 199. [가따리, 『기계적 무의식』.] 번역 수정.

류학적으로 "고등한" 단계에서도 존재하지만, 살아 있는 존재와 물질의 가장 "기초적인" 단계에서도 똑같이 전제되고 발견되어야 한다는 사실에 있다. 주체성, 창조, 언표행위는 인간, 인간 이하sub, 인간 이상extra의 요소들이 배치된 산물이며, 그 속에서 기표적·인지적 기호계는 다른 구성 요소 가운데 단지 하나일 뿐이다.

그러나 오직 가따리만이 - 주체, 인간의 의식, 재현이 아니라 - "사물 그 자체의 관점에서" 주체성과 언표행위에 접근한 것은 아니다. 우리는 동일한 주제를 발터 벤야민, 빠졸리니, 오토 클렘페러에게서 매우 상이한 용어로 발견할 수 있다. 하지만 그들의 이론적 공식이 나타나기 훨씬 이전에, 이미 산업 생산·영화·예술의 새로운 기계들이 주체와 대상, 그들의 표현 양식에 대한 변이를 고지했다.

영화의 발명은 재현이나 언어적 매개 없이 현실이 표현된다는 사실을 폭로했다. 대상, 존재, 관계를 보여주기 위해서 더 이상 기호와 상징에 의존할 필요가 없었다. 현실은 그 자체로 의미를 제시했다. 예술에서도 지난 세기 초 급격한 단절이 일어났다. 영화의 사례와 마찬가지로 기성품들이 언어나 기호의 도움 없이 대상 그 자체로 의미를 생산했다. 엄격히 말해 기성품은 더 이상 재현이 아니라 "제시"presentation와 관련된다.

뒤샹의 〈병걸이〉나 〈샘〉은 산업적 기계장치로 대량생산된 대상들이며, 그것은 도구를 만드는 인간homo faber이 아니라 새로운 힘에 의해, 다시 말해 기호·재료·노동의 흐름을 조립하는 기계적 배치의 힘으로 생산된다. 맑스는 자본주의 생산의 이런 형태를 설명하면서, 모든 대상에는 그것이 어떤 것이든 [인간] 주체성의 유적이고

global 무한한 본질이 표현된다고 언급했다. 반면에 가따리는 주체성의 탈영토화를 극한으로 밀고가면서, "맑스주의"의 이런 의인화와 그것의 표현 양식을 해체한다.

대상[사물]이 "말하기" 시작하는 것, 대상이 "자신을 표현하기" 시작하는 것(또는 『자본』 1권의 유명한 구절이 언급하듯이 대상이 춤추기 시작하는 것)은 인간의 소외를 증명하는 자본주의적 물신숭배가 아니라, 새로운 기호론을 필요로 하는 새로운 표현 체제를 말하는 것이다. 이것은 자기를 표현하는 주체의 활동 대신에 대상의 **활력**을 주장하는 것이 아니다. 그것은 단순한 뒤집기 이상을 뜻한다. 그것은 주체에 관한 질문을 주체성에 관한 질문으로 이동시키고, 인간의 주체성을 기계적·생물학적·사회적·미학적 등의 원-주체성들로 이동시키는 비가역적 과정을 뜻한다. "인간주의"로의 복귀는 그것이 무엇을 뜻하든지 간에 가능하지도 않고 바람직하지도 않다.

가따리는 기호론의 영역과 주체성 생산의 차원에서 『안티 오이디푸스』의 철학적 프로그램을 전개한다. 여기서 요점은 비결정의 연속성을 자연과 문화 사이에 설정함으로써, 다양체들에 부과되는 주체/대상의 이분법을 극복하는 것이다. 다양체들은 주체도 아니고 대상도 아니다. 이런 관점에서 언어학자 루이 옐름슬레우는 [중요한 참조점이자 대결점이다]. 그는 1960년대 후반에서 1970년대 초반 사이에 표현과 내용의 범주를 근본적으로 개조했다. 그러나 그에게 있어서 표현/내용의 쌍은 기표와 기의라는 소쉬르적 대립에 여전히 사로잡혀 있었다. 반면에 가따리에 따르면 표현은 기표나 언어[랑그]가 아니라, 그것들에 선행하는 집합적 기호기계를 가리킨다(언표행위의 집합적 배치는 인간·비인간 표현의 다양하고 이질적인 실질을 포괄한다). 마찬가지로 내용은 기의가 아니라 그것에 선행하는 사회적 기계를 가리킨다(우리는 행동과 정념passion의 기계적 배치를 경제적, 사회적, 정치적 장으로 환원할 수 없다). 표현과 내용의 이중 분절은 언어에만 존재하는 고유한 속성이 아니다. 언어는 유기적, 생물학적, 사회적, 미학적 등 현실의 지층 가운데 단지 하나의 기능 양식에 불과하다.

이런 이중적인 관계에 대한 확장된 개념화는 맑스주의와 구조주의가 직면한 곤란을 피하게 해준다. 왜냐하면 표현과 내용 사이에는 ─ 서로가 서로를 전제하고 전복함으로써 ─ [일방적인] 인과관계가 유지될 수 없기 때문이다. 표현은 내용에 의존하지 않으며(맑스주의), 내용은 표현의 산물이 아니다(언어학적 구조주의). 이런 관점에서 주체성은 언어적 또는 소통적 표현의 산물도 아니고, 보다 심층적인 사회경제적 내용의 산물도 아니다.

방법론의 근본적 변화를 통해 가따리는 주체/대상의 관계, 그리고 표현/내용의 관계를 "그 중간"에서 이해하자고 요청한다. 그는 "표현의 심급", 즉 언표행위를 전면화하고 문제화한다. 그렇게 함으로써 그는 새로운 화용론을 위한 기초를 마련한다. 새로운 화용론에서 언표행위는 담론적인 것이 아니라 실존적 토대를 가진다.[18]

---

18. 철학과 사회과학에서는 언어적 전환이 인간의 언어에 초점을 맞춘다(비트겐슈타인을 경유하는 일상 언어에 대한 연구는 이런 사태를 조금도 바꾸지 못한다). 그렇기 때문에 언어적 전환은 자본주의의 고유한 힘, 즉 비기표적 기호계 또는 "하부구조

2. 기표적 기호학

언표행위의 배치가 시작될 때 우리는 동사도, 주체도, 체계도, 통사도 발견할 수 없다 …
대신에 기호화, 주체화, 의식화, 다이어그램화, 추상적 기계장치들이 존재한다.
― 펠릭스 가따리, 『기계적 무의식』

표현력의 관점에서 하나의 기호는 다른 기호(어떠한 기호라도 상관없다)와 동일한 것이다.
기호들 사이의 모든 위계는 부당한 것이며 정당화될 수 없다.
― 삐에르 빠올로 빠졸리니, 『이단적 경험주의』

자본주의의 동력은 사회적 복종과 기계적 예속의 과정들을 접합하는 데서도 발견되지만, 이런 과정들이 기표적·비기표적 기호계에 미치는 각각의 효과에서도 발견된다. 이런 복수의 [기호] 장치는 자본주의적 탈영토화와 재영토화를 통제하는 과정에서 공히 결정적 역할을 수행한다. 왜냐하면 양쪽 모두 주체화와 탈주체화의 과정을 조정하고 수정하며, 촉진하고 배치하며, 안정화하는 데 기여하기 때문이다. 기표적 기호학과 비기표적 기호계의 본질적 구분은 그것들이 작동하는 상이한 방식에서도 나타나지만, 주체성에 미치는 상이한 효과에서도 확인할 수 있다. 두 가지 기호계는 언제나 틀림없이 혼합적 기호계mixed semiotics 19로 현상하지만, 이런 구분을 자세

의 언어들"(경제학, 과학, 기술, 미학 등)이 수행하는 표현을 완전히 무시한다. 언어적 전환은 언어와 삶의 양식 사이의 관계, 혹은 윤리와 언표행위 사이를 전혀 고려하지 않는다.
19. [옮긴이] 일본어판에서는 복수의 기호계로 옮겼다. 현실에서는 두 가지 이상의 기호계가 혼합된다는 뜻이다.

눈의 결정

히 설명하기 위해 여기서는 각각의 기호계를 차례로 살펴볼 것이다.

가따리는 [랑시에르가 그렇게 하듯이] 평등이 입증되는 장소로 언어를 지목하지 않는다. 또한 그는 [아렌트가 하듯이] 행위의 공적 제시라는 이유로 언어를 암묵적인 정치로 간주하지 않는다. 게다가 가따리는 [인지자본이 하듯이] 언어를 새로운 생산력으로 만들지 않는다. 대신에 그는 "언어를 탈출하자"고 제안하면서 인간 기호계를 넘어서는 기호이론을 발전시킨다. 자본주의는 비기표적 기호계(빠졸리니의 "하부구조들의 언어")를 중심으로, 그리고 그것을 토대로 조직된다. 거기서 언어는 "일반 기호론을 구축하는 특권적 사례가 아니다. 그것은 한 가지 특수한 사례에" 불과하다. 이런 일반적 기호론은 기표적 발화speech를 설명할 뿐 아니라 미학적, 기술-과학적, 생물학적, 사회적 기호들의 기계를 동시에 설명해야 한다.

가따리는 인간적 언어로 측정하고 위계화할 수 없는 상이한 기호계를 구별한다. 첫째, "자연"의 비-기호적 코드화가 존재한다(예를 들어 결정체, DNA). 둘째, **기표적 기호학**이 존재한다. 이것은 의미작용의 기호학을 포함할 뿐만 아니라 상징적(또는 전前기표적, 예컨대 몸짓·의례·생산·신체·음악 등에 관한) 기호학을 포함한다.

셋째, **비기표적** (또는 탈기표적) 기호계가 존재한다. 이런 식의 구별은 자본주의와 주체성 생산에 관한 우리의 이해에서 가따리 자신이 기여한 아마도 가장 중요한 부분일 것이다.

"자연"의 비-기호적 코드화에서, 표현은 내용과의 관계에서 하나의 자율적인 지층이 아니다. 바위나 결정結晶 구조 속에서 "형식"은 "질료"를 통해서 전파된다. 달리 말해 표현과 내용이 서로에 대해서 내재적이다. 여기서 광물적, 화학적, 원자적 지층은 자율적 통사론이 조직하는 기호론적 지층과 전혀 구별되지 않는다.

표현의 분리, 또는 자율화는 생명이 출현하면서 발달하기 시작한다. 식물과 동물이 등장하면서 "형식"은 [유전자] 코드의 행태로 전파된다. 이것은 복잡한 분자[구조]를 창출하고 종種의 재생산 시스템을 마련한다. 그 결과 [표현의] 자율화가 시작되고 "실질"과의 분리가 촉진된다.

기표적 기호학, 비기표적 기호계가 존재하고 마침내 인간 행위가 출현하면서, 전파는 더 이상 유전자 코드가 아니라 학습, 기억, 언어, 상징, 도식, 다이어그램, 방정식 등에 의존한다. 이제 전파는 자율적인 표현의 지층, 즉 자율적인 통사론이 움직이는 기호계에 의존한다. 자연의 코드화에서와 달리, 의미작용의 기호학에서는 표현과 내용이 해석, 지시, 의미화의 관계로 구성되고 그것에 의존한다.

1. 의미작용 기호학의 정치적 기능

가따리의 주된 관심이 언어의 외부에 위치한 상징적·비기표적 기호계에 있었다는 사실이 분명하다. 그럼에도 그는 자본주의 안에서 언어가 어떻게 작동하는지에 관해서도 정확한 묘사를 남겼다.

언어의 성립에는, 그리고 지배적인 의미작용 시스템의 성립에는 언어적·의미론적 기능보다는 언제나 정치적 기능이 우선한다. 특정한 종류의 언어, 특정한 양식의 주체화·개체화된 주체가 필요하다는 것은, 기존의 주체성, 삶의 양식, 제도를 파괴하는 탈영토화, 특히 자본주의적 탈영토화가 해체한 사회적 장을 안정화하기 위해서, [따라서 정치적 기능에 의해서] 그것들이 요구된다는 뜻이다. 안정화는 국어national language의 지배를 가져오는데, 이를 통해 초기 자본주의를 구성하는 기능 법칙과 양식들이 사투리, 소수 언어, 유치하고 "병리적"이며 예술적인 표현 양식들 사이에 침투한다. 그것들은 국어에 의해 "지배적인 통사론, 의미론, 화용론의 법정"에 서게 되고 결국은 주변화된다.

언어적 교환과 개체화된 독립적 화자의 성립에는 한편으로 경제적 교환 및 그것의 합리적 행위자가 동시에 등장하고, 또 법률적 계약과 그것의 계약 당사자가 동시에 들어선다. 마찬가지로 다른 한편에서는 "자아"(이드/초자아)와 "타자"라는 심리적 심급이 동시에 성립한다.

자본주의 구성체는 특정한 종류의 기표적 기호기계에 의존한다. 이것은 다른 모든 기호계에 [자신의 기표적] 코드를 중첩시키고, 바로 그렇게 함으로써 "경제적" 생산을 가능하게 만든다. 이와 동시에 그것은 관리, 지도, 조정, 통제될 수 있는 주체성을 생산한다. 상징적 기호계에 영향력을 발휘함으로써, 의미작용의 [기표적] 기호계는 표현의 일반적 등가물로 기능할 뿐 아니라 개체에 초점을 맞추는 주체화의 벡터로 기능한다.

가따리의 전체 작업에서 우리는 상징적(전前기표적) 기호계, 예를 들어 원시 사회에서 작동하는 기호계와 [다른 기호계 사이의] 비교를 발견한다. 이것은 언어의 "제국주의와 전제정치"가 새로운 무엇을 도입했는지, 어떤 급격한 변화를 가져왔는지를 우리에게 알려준다.

가장 먼저, 자본주의는 언어를 기준으로 (몸짓, 의례, 생산, 신체, 음악 등 그 어떤 것이든) 상징적 기호계를 위계화하고 종속시킨다. 그러나 언어와 달리 상징적 기호계는 "서로 분명하게 구분되는 화자와 청자에 관련되지 않는다. 말은 중요한 역할을 수행하지 않는다. 왜냐하면 메시지는 언어의 연쇄가 아니라 신체, 소리, 흉내, 자세 등으로 전달되기 때문이다."[20] "전이적이고, 다성적이며, 물활론적이고, 관개체적transindvidual" 특징이 있기 때문에, 상징적 기호계는 개체화된 주체들이나 인격들("나", "너")로 손쉽게 귀속되지 않는다.

우리의 자본주의 사회에서도 이런 관개체적 작동양식이 여전히 존재한다. 하지만 그것은 주변적인 표현 양식으로 밀려난다. 그것은 광기, 아동기, 예술적 창조, 창조적 순간으로 한정된다. 또 그것은 사랑의 정념이나 정치적 열정으로 제한된다.

상징적 기호학들과 의미작용의 기호학은 그들이 작용하는 표현의 지층에 따라서 구별될 수 있다.[21] 상징적 기호학들이 (몸짓, 의

20. Félix Guattari, *Molecular Revolution. trans.* Rosemary Sheed (New York : Penguin, 1984), 164~165. [펠릭스 가타리, 『분자혁명』, 윤수종 옮김, 푸른숲, 1989.]
21. [옮긴이] 영어판에는 "… 지층을 통해서는 구별될 수 없다"로 되어 있지만, 프랑스어 원고에 따라 긍정으로 수정했다.

례, 생산, 신체, 음악 등과 관련된) 표현의 실질들, 즉 지층들의 다양체("n개")에 따라 작동한다면, 의미작용의 기호학은 오직 두 가지 지층(기표/기의) 사이에서 양자를 결합할 뿐이다.

원시 사회에서는 (예술, 종교, 언어, 경제, 신체, 음악 등과 관련된) 상이한 기호적 지층들이 서로에 대해서 의존관계나 위계관계를 형성하지 않는다. 말speech은 (의례, 몸짓, 음악, 생산 등과 관련된) 다른 형태의 표현들과 직접적으로 교류하고, 자기 자신을 우월한 양식으로 정립하지 않는다.

각각의 표현 지층은 자신만의 고유한 일관성과 자율성을 보존한다. 상이한 기호 지층의 번역가능성은 다른 기호계를 압도하는 표현의 형식화(기표)가 아니라, 오히려 사회적 배치(종족, 공동체)를 통해서 이루어진다. 사회적 배치는 단일한 기표적 실질이 출현하지 않도록, 따라서 기표적 종합, 즉 다른 표현 양식을 종속하고 위계화하는 시스템이 출현하지 않도록 방지한다. 반면에 자본주의에서는 비언어적 표현 양식들이 언어에 종속된다.

"사회의 기호들은 언어 기호들에 의해 완전하게 해석될 수 있지만 그 반대는 사실이 아니다. 그렇기 때문에 우리는 언어로 사회를 해석하는 것이다."[22] 이런 식으로 에밀 방브니스트는 언어가 다른 기호 시스템에 비해서 우세하다고 결론 내린다. 이에 대해 가따리는 다음과 같이 반박한다. "사람들은 언어적 기호학에 기초한 상징적 기호론을 구축하려고 했다. 언어에 의존하지 않고서는 상징적

---

22. Émile Benveniste, "The Semiology of Language", *Semiotica* 1 (1981) : 10.

기호학이 해석되고 이해되고 번역될 수 없다고 그들은 강변했다. 하지만 그래서 어쨌다는 것인가? 우리가 유럽에서 미국까지 비행기로 간다고 해서, 두 대륙이 비행기에 의존한다고 말할 수 있는가? 그것이 말이 되는가?"[23]

일반화된 교환은 경제적 영역에 국한된 것이 아니다. 경제적 가치의 비교·양화·교환은 무엇보다도 시공간 상에서 일정한, 즉 변하지 않는 의미작용을 요구하는데, 바로 이것이 기호계의 일반적 번역가능성을 "언어적" 표준으로 전환한다. [경제적] "가치"의 결정에는 국어라는 제도가 필요하며, 바로 이 제도가 국내의 언어와 방언들 사이에 비교 및 번역 가능성을 도입한다.

실제로 낱말과 문장은 특정한 언표행위, 구체적인 통사구조, 국지적인 미시-정치적 상황 안에서만 의미를 가진다. 각각의 우리는 이질적인 언어들의 다양성을 매 순간 통과한다. 우리는 가족, 직장, 친구, 신神, 상사 등과 대화할 때 각각의 언어로 말한다. 여기서 언어는 [기표적 의미를 표현하는 것이 아니라] 권력 관계와 국지적인 이질적 욕망을 표현하는 이런 다양한 기호계와 똑같은 것으로 작동해야 한다.

원시 사회의 영토화된 배치와 달리 자본주의에서는 인간·비인간의 상이한 표현의 경제들, 예를 들어 언어, 도상icon, 몸짓, 사물의 언어(도시생활urbanism, 상품, 가격 등)의 동질화, 획일화, 집중화를 실현해야 한다. 모든 기호계는 자본의 기호계, 특히 노동력과 관련

---

23. Guattari, *La Révolution moléculaire* (Recherches, 1977), 305. [가타리, 『분자혁명』.]

된 기호계와 비교될 필요가 있으며 그것에 적응해야 한다.

개체들은 탄생과 함께 기호적 절차에 종속된다. 기호계로 진입함으로써, 그들은 자신에게 주어진 최초의 "노동"을 완수한다. 가따리는 이런 노동을 수습 직원의 노동에 비교한다.

> 아이들은 모국어를 말하는 법을 배울 뿐만 아니라, 거리를 걷는 코드를 배우고 기계, 전기 등과 관계하는 복잡한 방식을 배운다. … 이런 다양한 코드는 권력의 사회적 코드에 반드시 포함되어야 한다. 기호계 사이의 일반적 교환이란 측면에서 이것은 자본주의 경제에 본질적 부분이다. … 그들이 자본으로 진입하는 것은, 무엇보다도 이런 기호론적 진입을 수반한다. 그들은 다양한 코드의 번역 가능성을 배우고 이에 상응하는 불변의 시스템을 획득한다.[24]

기호적 조립라인은 지식과 정보를 생산할 뿐만 아니라 태도, 정형화된 행위, 위계에 대한 복종을 생산한다. 우리는 "직업적 개발에 관여하는 기호화 작업"과 권력관계에 "적응하도록 노동자를 제조하는 작업" 사이에 분리선을 설정할 수 없다.[25] 직업적 역할에 대한 무의식적·"초자아적" 투자, 다시 말해 예속의 — 가능한 한 "능동적인" — 수용은 "지식"과 숙련을 획득하는 것만큼이나 중요한 것이다.

---

24. 같은 책, 178.
25. Guattari, *La Révolution moléculaire* (Union générale d'éditions, 1977), 304. [가타리, 『분자혁명』.]

자발적 예속과 지식·숙련의 획득은 서로가 없다면 존재할 수 없다. 게다가 후자는 전자가 보장될 수 없다면 제대로 작동할 수 없다.

2. 지시, 의미작용, 재현

불변의 의미작용을 도입하는 것, 달리 말해 기호계 사이에 등가 관계를 도입하고 안정적인 번역가능성을 확립하는 것은 주체성을 생산하는 토대로 기능한다. 이것은 가따리가 기호 삼각형이라고 칭한 것, 즉 "지시, 의미작용, 재현"의 관계를 조정하는, 형식화된 기호-기계가 없다면 달성될 수 없다. 지시작용denotation은 기호와 지칭되는 사물 간에 일대일biunivocal 관계(지시기능)를 도입하지만, 상징적 기호계에서는 이런 [지시] 관계가 유동적이고 모호하고 불확실하며 "그 자체로 불안정하다." 일부 "미개 언어"에서는 억양의 단순한 변화만 있어도 의미뿐만 아니라 단어가 변할 수 있다. 기표적 표현은 배타적이고 일의적인 방식으로 [사물을] 지칭하기 위해서, 자신이 상징적 기호학에서 보유한 다성성과 다지시성을 상실한다.

기호를 자신의 지시대상과 결합함으로써, 지시가 가리키는 현실은 "단일"하고 "유일한" 현실 또는 지배적 현실이 된다. 반면에 원시 사회에서 "현실들"은 복수적이다. 각각의 기호 시스템(종교적, 사회적, 마술적, 동물적, 물환론 시스템)은 이질적 세계를 표현하며, 집단의 사회적 배치를 통해서 세계는 이렇게 구축되고 유지된다.

다가성과 다지시성을 감축하는 것, "이질적이고 혼합적이며 모호하고 비대칭적인" 상징적 기호계의 특징을 무력화하는 것, "순수하고" 불변적이며 특수한 것을 우선시하는 것, 이 모두는 정보에 관한 수학 이론에서 전형적으로 나타난다. 여기서 유일한 관심사는 전송되는 정보의 불변성에 정확히 존재한다. 언어의 표준화는 일의적으로 규정할 수 없는 강도들과 정동들을 가급적이면 제거한다. 왜냐하면 이런 강도와 정동은 안정적인 지시관계와 의미를 보증할 수 없으며, 오히려 그런 기능을 위협하기 때문이다.

"새로운 자본주의"(빠졸리니)에서 표현의 이런 빈곤화, 또는 합리화 과정이 발전의 속도를 더한다. "기술적 원리, 예를 들어 명확성, 소통의 정확성, 기계적 과학성, 효율성"[26]이 언어를 그 내부에서 변형한다. 빠졸리니에 따르면 이런 원리들이 구축하는 지층은 역사적으로 언어에 등록된 다른 지층(라틴어 지층, 인간주의 지층 등)에 단순히 추가된 지층이 아니다. 최근의 기표적 지층은 응용과학의 효율적 "신호"로 진화하는데, 그것은 다른 모든 지층을 압도할 정도로 발전했다. 그것은 "생산/소비"와 관련된 언어들의 목적과 필요에 따라 다른 모든 지층을 동질적으로 만든다.

언어 기계는 의미작용을 직접적으로 코드화함으로써, 표현의 모든 다성성과 다차원성을 무력화하고, 표현의 모든 모호함과 불확실성을 감축한다. 언어 기계는 통합체의 축과 계열체의 축을 교차시킨다. 계열체의 축은 문법적 질서에 따라 언어의 기표signifying 단위를 선택하며, 통합체의 축은 의미론적 질서에 따라 **문장과 의미**를 조합한다.[27] 이에 따라 의미는 "자동적"으로 변한다. 이런 두 축의

---

26. Pasolini, *Heretical Empiricism*, 38.

27. [옮긴이] 영어판에는 계열체와 통합체의 설명이 반대로 되어 있다(프랑스어 원고도 마찬가지다). 통합축(조합)과 계열축(선택)에 대한 저자의 오기로 보인다. 통상적인

교차는 표현의 보편적인 양식을 구성하는 것이 아니라, 의미를 조직하고 측량하고 확립하는 현실적 기계를 구성한다.

원시 사회에서는 "하나의 상징기호symbol가 다른 상징기호를 해석한다. 그리고 후자는 또 다른 상징기호 등으로 해석된다. 이런 과정은 최종 기표에 의해 종결되지 않는다. 예를 들어 최종 기표는 사전 속에 누적된 의미를 따르지 않는다. 게다가 이런 [해석의] 연속은 통합적 연쇄의 엄격한 규칙을 결정하는 문법성을 부과하지도 않는다.[28]

19세기에 들어 자본주의가 확고하게 자리 잡자, 사람들은 "지시관계의 확장과 함께 기의의 절대적 안정성"이 부과된다는 사실을 분명히 발견한다. "그 결과 형식들의 비교가 금지되었다."[29]

자본주의 안에서 문법과 통사론이 언어의 경찰로 기능한다. "문법의 규칙은 통사론적 표지 이전에 권력의 표시이다."[30]

이런 관점에서 행위의 근대적 통치는 무엇을 뜻하는가? 그것은 의미작용이 우리의 행동에 관한 기능과 한계(남성, 여성, 노동자, 사장 등)를 정한다는 뜻이다. 그것은 노동의 사회적 분업 내에서 우리의 사회적 역할이 분명히 지정되고, 그에 대한 해석과 도전이 사실상 제거된다는 뜻이다. 기호 삼각형의 세 번째 항, 다시 말해 재현은 세계를 관념mental 또는 상징의 세계(이미지, 재현적 도상, 상징기호

설명에 따라 여기서는 수정했다.

28. Guattari, *The Machinic Unconscious*, 65. [가타리, 『기계적 무의식』.]

29. 같은 책, 63. 가타리는 다음 글을 인용하고 있다. Alain Rey, "Langage et temporalités," *Langages*, vol. 8, no. 32 (December 1973) : 58.

30. Deleuze and Guattari, *A Thousand Plateaus*, 76. [들뢰즈·가타리, 『천 개의 고원』.]

로 구성된 세계)와 "실재의, 또는 지시된" 세계로 분할한다. 여기서 기호는 현실을 직접적으로 지시하지 않는다. 기호는 더 이상 지시대상과 직접적으로 연결되지 않는다. 이제 기호는 기호적 효율을 위해서 상징적 질서의 매개를 통과해야 한다. 즉 기호는 기표적 기계를 통과해야 한다.

이런 식으로 기호는 "실재"에 직접적으로 작용하지 않는다. 반대로 재현은 기호를 "무력하게" 만든다. 이렇게 되기 위해서는 기호가 의식, 재현, 주체를 반드시 거쳐야 한다.[31] 원시 사회와의 비교를 통해서 우리는 자본주의에 발생하는 생산과 재현의 분리, 또는 기표와 실재 사이의 간격을 확인할 수 있다. "원시인"에게 기호의 흐름은 물질의 흐름과 동일한 방식으로 현실을 구성한다. 기호계의 생산이 물질적 생산과 분리되지 않는다. 왜냐하면 기호가 실재 속에 지속하고 실재는 기호 속에 지속하기 때문이다.

원시인은 신비주의자가 아니라 **실재론자**이다. 상상과 상징은 실재와 구별되지 않는다. 심지어 내세도 존재하지 않는다. 분리-단절은 존재하지 않는다. 밤바라족[32]은 모방하고 비유하고 지시하지 않

---

31. 의식이 생산하는 주체성은 "재현의 질서로 순수하고 간단하게 배속되지 않는다." Guattari, *Molecular Revolution*, 126. [가타리, 『분자혁명』.] 이런 주체성은 "탈영토화를 향한 인간의 고유한 능력"을 드러내며 "이런 능력이 있기 때문에 인간은 아무런 목적 없는 기호를 생산한다. 목적 없는 기호란 부정적 기호가 아니라 재미를 위해서 갖고 노는 기호, 혹은 예술을 위한 기호를 말한다."(같은 책, 127.) 의미작용의 놀이가 지닌 자율성과 임의성은 "모순적인 결과를 가져온다. 〔자율성과 임의성은〕 창조의 가능성을 〔개방하기도〕 하지만, … 현실에 직접 접근할 수 없는 주체를 〔생산하기도 한다〕. 요컨대 주체는 기호작용(signifying)의 게토에 갇히게 된다."(같은 책, 92.)

는다. 그들의 춤과 가면은 충
만한 기호이다. 그것은 재현
이자 동시에 생산인 총체적
기호이다. … 그것은 불모의
재현에 고집하지 않는다. 그
것은 그 자체로 집합적인 광
경, 관객, 무대, 개 등이다. 그
것은 표현을 통해서 변형된
다. … 그것은 현실과 연결된
기호이다. 이런 기호에서는 상
상이 상징적 "질서"로 매개되

아베 다비드 브왈라, 〈밤바라 여성〉, 1853

지 않는다 … 그리고 현실이 상상과 단절되지 않는다. 여기서는 몸
짓, 말하기, 쓰기, 음악, 춤, 전쟁, 사람, 신, 성sex 등이 서로 구분되
지 않는다.[33]

기호 삼각형에서는 모든 것이 논리적이고 형식적으로 변형된다. 의
미작용은 언어의 통사론적 구조에서, 마치 내재적으로 출현한 것

---

32. [옮긴이] 밤바라족(Bambara)은 서아프리카 내륙 말리에 위치한 부족이다. 밤바라
    족은 고유한 문자 체계를 갖고 있었고, 또 애니미즘, 기도문, 신화 등을 포괄하는 상
    당히 높은 수준의 추상적 사고체계와 우주관을 갖고 있다. 17세기에는 세구·벨레
    두구왕국을 건설했다. 1861년 이슬람의 오마르 엘 하지에게 붕괴되고, 1876년 이후
    에는 프랑스령이 되었다가, 1960년 말리공화국의 일부가 되었다.

33. Félix Guattari, *The Anti-Oedipus Papers*, trans. Kélina Gotman (Los Ange-
    les : Semiotext(e), 2006), 258.

으로 간주된다.

지배적 의미작용(정체성, 성, 직업, 민족 등)에서 우리는 벗어날 수 있는가? 아마도 (개체적 수준에서는 광기·알코올·아동기·약물·사랑·창조를 통해서, 집합적 수준에서는 정치적 행동을 통해서) 가능할 것이다. 그러나 이것은 좀처럼 쉬운 일이 아니다. 왜냐하면 지배적 의미작용이 이중의 형식화 과정이 교차하는 곳에서 출현하기 때문이다. 그중에 하나는 언어적 기계의 과정이다. 그것은 [언어] 체계가 부과하는 표현, 해석, 반응의 자동화를 말한다. 다른 하나는 기의를 생산하는 권력 구성체와 관련된다.

내가 여성 드레스 룸에 들어간다고 생각해보자. 이것 자체로는 아무런 의미가 없을 것이다. 그러나 내가 복장도착자란 사실을 보여주기 위해서 그렇게 한다면, 그것은 전혀 다른 문제가 될 것이다.[34] 또한 사제복을 입은 성직자들이 회의 중이라면, 드레스 착용은 전혀 다른 의미를 띨 것이다. 정신병원에서는 또 다른 식으로 해석될 것이다. "그는 오늘 상태가 좋지 못하네요. 또 드레스를 입었군요." 달리 말해 남성이 가운을 입는 것은 그 사람이 판사나 사제인 경우, 미친 사람인 경우, 복장도착자인 경우 그 의미가 달라진다. 의미작용은 권력 행사와 분리될 수 없는 것이다.[35]

---

34. [옮긴이] 영어판에는 "내가 복장도착차란 사실을 증명하기 위해서 그렇게 하는 한, 그것은 전혀 문제가 아닐 것이다"로 되어 있다. 문맥상 프랑스어본을 따른다.

35. Guattari, *Molecular Revolution*, 169~170. [가타리, 『분자혁명』.] 번역 수정.

구조주의는 기표적 기호계에 통일성과 자율성을 부여하는데, 이로써 언어는 그 자체로 하나의 사물처럼 현상하고 심층의 통사론적 구조와 의미작용에 따라 의미를 산출할 수 있다. 반면에 [가따리에게] "언어는 모든 곳에 존재하지만 자신만의 영토를 소유하지 못한다. 언어 그 자체는 존재하지 않는다. 인간 언어의 특징은 정확히 그것이 자기 폐쇄성을 벗어난다는 사실에서 나온다. 언어는 언제나 모든 다른 기호화 양식에 열려 있다."[36]

언어의 폐쇄성과 형식화는 정치적 수단이다. 왜냐하면 "비언어적 요소들의 무력화에 포함되지 않는 것이 있다면, 그것은 강도들의 체계를 완전히 제어할 수 없다"[37]는 뜻이기 때문이다. 의미작용의 기호계를 "순수한 의미" 세계 속에 폐쇄하기 때문에, 즉 가따리가 기호의 "무력화"라고 규정한 것 때문에, 구조주의와 분석철학에서는 화용론과 표현의 "실존주의 기능"을 문제화하는 데 상당한 곤란을 겪는다.

우리 사회에서는 표현이 언제나 단 하나의 현실, 오직 지배적 현실만 인정하고 확립하는 지시작용을 통해서 수행되어야 한다. 달리 말해 표현은 기호와 그 지시대상의 관계를 일대일로 고정하는 의미작용을 통해서, 그리고 기호와 실재를 분리하는 재현의 관념적이고 무력화된 세계를 통해서 수행되어야 한다. 따라서 한정되고 형식화된 표현만이 새로운 주체성 생산에 기여한다. 이와 달

---

36. Guattari, *The Machinic Unconscious*, 27. [가따리, 『기계적 무의식』.]
37. 같은 책, 67.

리 원시 사회에서 상징적 기호계는 집단, 집단적 배치, 공동체를 지시대상으로 가진다. 반면에 의미작용의 기호학에서 지시대상은 개체화된 주체(그리고 그것의 이중체인 초월적 주체), 자아로 철수한 텅 빈 주체들이다. 그들은 자기 자신을 구성하는 배치와 연결에서 단절된 채, 자신의 행동과 언표행위의 자율적이고 자유로운 주인으로 살아간다.

개체화는 가따리의 용어로 "인칭논리화[인칭화]"personologization를 통해 언어 내부에 들어서고 뿌리를 내린다. 언어의 규범화 능력은 "언어적 오이디푸스화"에 놓여 있다. 그것의 목적은 "나-너-그I-you-he라는 추상적 코드화에 따라 언표들의 주체화를 형식화하는 것이다. 이것은 "화자들에게 인칭이라는 공유된 체계를 제공한다."[38]

언표행위의 주체는 "살과 피"로 합성된 주체성이다. 그것은 다양한 기호계, 다양한 지식·지각 체계로 충만하다. 그러나 "나"라고 말하는 언표행위의 주체는 배치의 전반적global·체험적·실존적 차원을 뿌리치고, 그 대신에 발화utterance("나")의 주체와 자기 자신을 융합한다. 즉 언표행위의 주체는 "나"라고 말함으로써, 그 자신에 선행하고 그 자신을 규정하는 "사회적" 언어와 융합한다. 자기 자신을 발화("나")의 주체로 만듦으로써, 언표행위의 집합적 배치는 개체화하는 언어 기계에 종속된다. 결국 개체화의 언어 기계는 "기호 삼각형"의 양식에 따라 복수의 기호 시스템과 주체성의 상이한 표

---

38. Guattari, *Molecular Revolution*, 93. [가타리, 『분자혁명』.] 가따리는 다음 글을 인용하고 있다. Émile Benveniste, *Problèmes de linguistique générale 2* (Paris : Gallimard, 1974), 68.

현 양식을 초코드화overcode하는 것이다. 기호계의 다양성, 언표행위가 지닌 초점의 복수성, 언표행위의 실제적 원인들이 개체적 주체로 감축된다.

심리 장치(자아, 초자아, 이드)의 인칭논리화는 언어의 인칭논리화(나-너-그)에 상응한다.[39] 정신분석의 규범적 영향력이 기호계의 규범적 능력과 결합하면서, 개체들은 죄책감에 시달리고 그에 대한 책임을 동시에 내면화한다.

이런 언어적이고 심리적인 이중적 인칭논리화는 개체 이하의 강도들(관계적·정동적·정서적emotive·실존적 강도들, 욕망의 강도들, "여기서는 자기 자신이 남자인지 여자인지, 개인인지 초목인지, 그 어떤 것인지 알지 못한다. 거기서는 자기 자신이 누구인지 더 이상 알지 못한다. 그리고 자기 자신이 누구에게 말하는지 알지 못한다")을 포획할 뿐만 아니라, 개체를 초월한 강도들 — 경제적·언어적·사회적 등의 거대한 기계의 강도들 — 을 포획한다. 원시 사회의 포함-이접적inclusive-disjunctive 종합("나는 재규어다")은 광인, 아동, 예술가, 시인을 제외하고는 더 이상 발견되지 않는다("나는 타자이다"). [반면에] 언어의 기표적 기계는 되기, 또는 주체화의 이질적 과정을 억제하는 "배타적 이접"exclusive disjunction(당신은 남성이다, 당신은

---

39. "인칭논리적(personological)이란 주체의 질서 내부에 도덕적 관계를 부과한다는 뜻이다. 인칭[인격](person), 정체성, 동일시의 역할을 강조하는 것은 정신분석의 개념 장치에서 두드러진 특징이다. 정신분석의 오이디푸스는 인칭(person), 그것도 전형화된 인칭을 도입하고 작동시킨다. 달리 말해 오이디푸스는 강도들을 감축한다. 그것은 분자적 수준의 [에너지] 투자를 '인칭논리적인 극장'으로 투사한다."(Guattari, *Les Années d'hiver*: 1980-1985, 295. [가타리, 『인동의 세월』.])

여성이다 등)을 움직이고 부과한다. 언어의 기표적 기계는 이런 의미작용(남성, 아동, 동물 등)과 세분화된 기능들(노동자, 사장, 학생 등)이 규정한 정체성만 인식할 뿐이다. 근대의 의미작용 기계는 그 구조상 포함-이접적 종합에 반대한다. 그것은 타자(자연, 사물, 우주)를 대상으로 환원함으로써 모든 주체성과 표현성을 인간에게 집중시킨다.

자본주의 사회의 주체성은 개체에 국한된 자율적이고 독립적인 주체성일 뿐만 아니라, 구획되고 "내면화된 기능들"(대문자 이성, 오성, 감각 등)로 파편화된 주체성이다. 이들 기능은 감각적인 것과 지성적인 것, 실재적인 것과 상상적인 것, 사유와 연장의 이분법에 따라 서로 대립한다.

원시 사회에서는 "개체의 정신현상psychism이 내면화된 기능들로 조직되지 않았다. 오히려 그것은 사회생활 및 외부세계와 직접 접촉하는 일련의 표현적·실천적 사용역register과 연결되었다."[40]

자본주의 사회의 개체화된 주체는 "개체화된 신체", "벌거벗은 신체", "수치스런 신체"를 부여받는다. 국민경제와 사회경제는 이런 신체를 자신의 일부로 구성해야 한다. 벌거벗은 신체, 수치스런 신체는 자신을 "자연적" 신체로 만드는 산업화된 사회의 구성물이다. [그러나] 이런 신체는 언어가 그랬듯이, 자신을 구성하는 배치의 다양성에서 분리된 채 그 자신을 자율적이고 독립적인 신체로 폐쇄한

---

40. Félix Guattari, *Chaosmosis*, trans. Paul Bains and Julian Pefanis (Bloomington, Indiana : Indiana University Press, 1995), 98~99. [펠릭스 가타리, 『카오스모제』, 윤수종 옮김, 동문선, 2003.]

다. 가따리에 따르면 "신체는 우리에게 주어진 것이며, 우리를 위해 만들어진 것이다. 그렇기 때문에 우리가 신체"를 가진다는 생각은 그렇게 명확한 사실이 아니다. 언표행위와 행동의 다른 집합적 배치는 다른 신체들, 다른 행위 방식들, 공동체와의 다른 관계들을 "기계적으로 생산한다."

> 원시인의 신체는 벌거벗은 신체가 아니라 언제나 사회적 신체의 부분집합이다. 그것은 사회체의 표식, 문신, 통과의례 등으로 횡단된다. 이런 신체는 개체화된 기관들을 포함하지 않는다. 그것은 일련의 집합적 배치에 속하는 정신, 또는 영혼에 의해 그 자체로 횡단된다.[41]

언어학의 정치적 기능을 강조하면서, 가따리는 빠졸리니가 주장하는 것과 똑같이 "열광적fanatical 맑스주의"에 사로잡힌다. "언어 기계"와 그에 관한 이론들은 법, 도덕성, 자본, 종교를 위해 봉사한다. 이들은 권력 구성체를 체계화하고 구조화하며 강화하고 가능하게 만든다. 국어(지방어와 사투리를 내부적으로 식민화함으로써 탄생한 메타-언어)의 성립과 민족국가Nation State의 확립은 서로를 지탱하는 상호적인 과정이다. 언어의 통일은 무엇보다도 정치적 통일이다. "기표적signifying 힘"은 오직 "국가 기계의 도입과 함께 실질적인

---

41. Félix Guattari and Suely Rolnik, *Micropolitiques* (Paris : Les Empêcheurs de penser en rond, 2007), 401. [펠릭스 가타리·수에리 롤니크, 『미시정치 — 가타리와 함께 하는 브라질 정치기행』, 윤수종 옮김, 비(도서출판b), 2010.]

자율성을 획득한다."[42]

빠졸리니는 우리에게 다음과 같은 사실을 상기시킨다. 그에 따르면 19세기 언어학의 방대한 연구는 자본주의의 기호계 조건을 구축했으며, 그 이면에는 유럽 국가들 내부에서 진행된 팽창과 식민화가 있었고 유럽 외부를 향한 제국주의의 팽창과 식민주의가 있었다. 산업화된 유럽에 속한 모든 언어학자는 "순수 구어"("언어[랑그]"나 "말[파롤]"과는 구분되는 범주), 그리고 "순수 화자"에 초점을 맞추었다. 순수 화자는 "언어학자들보다 미개한 역사 세계에서 속했다. 그들은… 유색인을 대하는 식민주의자를 닮았다. 이것은 부르주아의 치명적인 인종주의와 같은 것이다." 2차 세계대전 이후 유럽의 부르주아는 이런 "순수 화자"와 자신의 관계를 변화시켰다. 그들은 순수 화자를 "이주민에게 적용했다. 그리고 임금을 깎았다. 릴, 쾰른, 파리, 런던에는 흑인들과 이탈리아, 그리스, 스페인, 알제리, 모로코 출신의 '화자들'이 가득하다. 이들은 매년 엄청난 숫자로 불어나고 있다." 이런 관점에서 빠졸리니는 레비-스트로스 ― 그리고 그가 상징하는 구조주의 ― 를 특별히 주목하면서, 그를 "저임금의 시인"[43]이라고 칭한다.

3. 비기표적 기호계

---

42. Guattari, *The Machinic Unconscious*, 66. [가타리, 『기계적 무의식』.]

43. Pasolini, *Heretical Empiricism*, 58n. 번역 수정.

사회적 복종과 의미작용의 기호학을 통해서 우리는 명확히 구분된 개체화된 주체와 대상들이 살고 있는 몰적 세계로 들어간다. 이와 달리 기계적 예속과 비기표적 기호계는 주체/대상, 기호/사물, 생산/재현의 구분을 넘어서 작동한다.

비기표적 기호계(음악, 예술 등의 비기표적 기호계뿐만 아니라 주가 지수, 통화, 기업 회계, 국가 예산, 컴퓨터 언어, 수학, 과학의 함수, 방정식)는 의미작용과 그것을 운반하는 개체화된 주체에 의존하지 않는다. 비기표적 기호계는 의미작용이나 재현을 생산하기보다는 빠져나간다.

비기표적 기호계는 언어보다 훨씬 추상적인 기호화 양식과 관련된다. 이런 기호계는 시민사회, 정치적 대표제, 민주주의로 구성된 세계보다는 과학, 산업체, 서비스 산업, 주식 시장, 군대, 예술적·소통적 기계들 속에서 모습을 드러낸다.

비기표적 기호계의 분석에서 한 가지 유용한 접근은 "기계 개념"을 경유하는 것이다. 맑스 시대에는 기계장치가 "생산"에 한정되었지만, 그 이후로는 삶의 모든 곳으로 급격히 침투했다. 그런데 가따리를 포함한 일부 저자들의 작업을 예외로 한다면, 기계에 대한 이론화는 충분할 정도로 발전하지 않았다.[44]

"기계" 개념을 이해하기 위해서 우리는 주체/대상, 자연/문화의

---

44. 1960년대를 거치면서 가따리는 "기계" 개념을 정교하게 만들었고, 이 개념을 통해 들뢰즈의 사유에 개입하기 시작한다. [그러나] 바디우와 마찬가지로 수많은 철학자들이 들뢰즈와의 공동 작업에서 가따리의 독창적인 기여를 이해하지 못한다. 그들은 기계 개념이 일으킨 대단히 중요한 정치적 전환을 무시한다.

대립을 무효로 돌려야 한다. 이런 대립이 없다면 "인간 본질"이 기계와 함께할 것이다. 기계는 기술의 부분집합이 아니라 인간 본질에 참여한다. 실제로 기계는 기술의 전제 조건이다.

도구에 초점을 맞춘 전통적 모델에서 기계는 살아 있는 존재의 연장이나 투사로 간주된다. 우리는 이런 모델을 극복해야 한다. 이것은 기계를 기관이나 보철로 이해하는 "인간주의적이고 추상적인" 모델에 여전히 기반을 둔다. 그것은 "인간과 기계의 대응, 연장, 가능하거나 불가능한 대체를 평가하기 위해서" 인간과 기계를 대립시킨다. 그러나 가따리의 기계장치는 이런 대립을 유지하지 않는다. 대신에 그는 인간과 기계를 "소통" 쪽으로 이동시킨다. 그것은 "인간이 어떻게 기계의 구성요소가 되는지, 또는 기계를 구성하는 그 밖에 다른 요소와 어떻게 결합하는지에 관해서 보여준다. 거기서 다른 요소는 도구가 될 수 있고 심지어는 동물이나 사람이 될 수도 있다."[45]

따라서 기계의 개념은 엄격한 의미에서 인간을 기계와 연결할 뿐만 아니라 물질적, 기호적, 비실체적 요소 등의 다양체를 기계와 연결하는 하나의 기능적 전체로 확장되어야 한다.

기술의 관점에서는 기계를 온전히 이해할 수 없다. 그것은 절대로 타당한 접근이 아니다. 기계는 물질적인 동시에 기호적인 배치이며, 현실적인 동시에 잠재적인 배치이다. 한편으로 기계는 기술이 되기 전부터 다이어그램적이다. 달리 말해 기계는 다이어그램, 도

---

45. Félix Guattari, "Balance Sheet-Program for Desiring Machines," trans. Robert Hurley, *Anti-Oedipus*, Semiotext(e), vol. 2, no. 3 (1977) : 117~118.

면, 방정식에 의해 존재한다. 기계에는 "가시적이고 공시적인" 차원들(구성요소, 도면, 방정식의 집합)이 존재할 뿐 아니라, 다른 한편으로 잠재적이고 통시적인 차원도 존재한다. 왜냐하면 기계는 일련의 낡은 기계들과 무한한 미래의 기계들이 교차하는 곳에서 출현하기 때문이다. 예를 들어 우리는 공장을 하나의 기계로 볼 수 있는데, 그곳에서 인간과 기술적 기계는 구성요소, 또는 부품으로 존재할 뿐이다. 달리 말해 공장은 인간과 기술적 기계를 넘어서는 하나의 배치를 구성한다. 공공 기관, 미디어, 복지국가 등의 장치도 ─ 은유적 표현이 아니라 ─ 기계로 간주되어야 한다. 왜냐하면 그들이 (기계의) 복수적 다양체(인간, 절차, 기호계, 기술, 규칙 등)를 배치하기 때문이다. 예술 또한 하나의 기계, 또는 배치로 볼 수 있는데, 그 항들 ─ 예술가와 미술품 ─ 은 오직 추상을 통해서만 배치에서 분리될 수 있다. "여기에는 조작자[예컨대 작가]가 있고 저기에는 소재, 조작 대상이 있는 것이 아니다. 대신에 집합적 배치가 존재한다. 그것은 각각의 예술가, 그의 관객, 그를 둘러싼 모든 제도(비평가, 미술관, 박물관)로 구성된다."[46]

프란시스코 바렐라는 "타자생산allopoietic 기계"와 "자기생산autopoietic 기계"를 구분한다. 전자는 자기 자신과 구별되는 어떤 것을 생산하는 것이고 후자는 "자신의 부품을 끝없이 대체하는 과정"에서 자신의 조직을 창출하고 조절하는 것이다. 자기생산 기계는 기

---

46. Félix Guattari and Olivier Zahm, "Entretien avec Olivier Zahm," *Chimères* 23 (Summer 1994) : 50.

프란시스코 바렐라(Francisco Varela, 1946~2001)

술적 기계를 자기생산할 수 없는 도구적 기구로 환원한다. 그러나 이것은 인간과 그의 발견될 수 없는 본질이 기계와 그것의 역시 발견될 수 없는 본질과 서로 분리될 때, 오직 그런 경우에만 진실로 간주될 수 있다. 이와 달리 만일 우리가 인간과 기계를 기계적 배치의 공통요소로 인식할 때, "결국에는 기술적 기계도 자기생산하는 것이 될 것이다."47

인간–기계의 기능적 전체를 이해하기 위해서 사람들은 두 가지 관념에서 동시에 벗어나야 한다. 그중에 하나는 "기계의 구조적 통일성"에 관한 기계학적 테제인데, 여기서 기계는 "독립적 대상"으로 간주된다. 다른 하나는 "살아 있는 유기체의 고유한 개체적 통일성"에 관한 생기론적 테제이다. 여기서 유기체는 "독립적 주체"로 간주된다. 그러나 [이런 이중 테제와 달리] 주체와 대상은

---

47. Guattari, *Chaosmosis*, 39, 40. [가타리, 『카오스모제』.] "흔히 사람들은 기계가 자기 자신을 재생산하지 않는다고 말하거나, 인간의 중재를 통해서만 기계가 자신을 재생산한다고 말한다. 그런데 '붉은 토끼풀의 재생산이 가능하려면, 꿀벌이 (그리고 오직 꿀벌만이) 붉은 토끼풀을 자극하고 도와주어야 한다. 그렇다면 이런 사실 때문에 붉은 토끼풀이 재생산 시스템을 갖지 못한다고 주장할 수 있는가? 아무도 그렇게 주장할 수 없을 것이다. 꿀벌은 토끼풀의 재생산 시스템에 포함된다." 이와 마찬가지로 인간도 기계의 재생산 시스템에 포함된다. Deleuze and Guattari, *Anti-Oedipus*, 284~285. [들뢰즈·가타리, 『안티 오이디푸스』.]

다양체란 점에서 일치한다.[48] 일단 우리가 **구조적 통일성**과 **생기론적 통일성**에서 탈피할 수 있다면, 그래서 우리가 기계뿐만 아니라 인간을 구성하는 요소들, 기능들, 표현들, 내용들의 다양성을 인식하게 된다면, "미시물리적인 것과 생물학적인 것 사이에서 비차이indifference의 영역이 [확립될 것이다]. 기계 속에는 살아 있는 존재들이 무수히 존재한다. 마찬가지로 살아 있는 존재 속에는 기계들이 무수히 존재한다."[49]

산업심리학자들은 인간과 기계의 관계가 일차적으로 도구적인 것이 아니라 정동적이란 사실을 마지못해 인정하기 시작했다. 또한 그들도 인정하듯이 대상은 "살아서 움직이며", 힘들의 네트워크로 구성된다. 그리고 노동이란 이런 힘들을 점유하려는 시도인 것이다.[50]

---

48. "어떤 복잡한 기계를 하나의 단일로 사물로 간주할 때 우리는 잘못된 인식에 빠진다. 사실은 하나의 도시나 사회가 [먼저] 존재하고, 그것의 개별 구성원은 실제로 그런 종(種)이 있고난 다음에 출현했다. 우리는 기계를 하나의 통일체(whole)로 [잘못] 인식하는데, 그것에 하나의 명칭을 부여함으로써 그것을 [하나의 통일된] 개체로 만드는 것이다. 우리는 자신의 팔다리를 바라본 다음, 그것의 조합으로 개체가 구성된다고 생각하고 개체는 재생산 행위라는 단일한 근원에서 나온다고 [잘못] 인식한다."(같은 책, 285.)

49. 같은 책, 286.

50. "노동의 일차적이고 가장 중요한 관심사는 대상이 아니다. 노동의 관심사는 대상을 활성화하는 역학에 있다. 노동은 힘들의 관계이다. 힘들의 작용은 다른 힘들을 지향한다는 뜻이다. 노동의 관심사는 직접적인 소유가 아니라 되기에 있다. … 노동에서는 한쪽에 주체가 있고 다른 한쪽에 대상이 존재하지 않는다. 노동을 위해서는 사람들의 감각(sense)이 대상을 활성화하는 힘들의 놀이에 적응해야만 한다. … 노동에서는 대상과의 전(前)반성적인 관계가 분명히 드러나는데, 그 관계는 '의식보다 앞서 있으며', '주체와 대상의 분명한 분리를 방해하는 것이다.'"(Philippe Davezies, "Entre psychique et social, quelle place pour l'activité?" *La Santé mentale en actes* (Toulouse : ERES, 2005), 123.)

하이데거와 같은 사상가와 달리, 가따리가 말하는 기계는 우리로 하여금 존재Being를 외면하게 만들지 않는다. 즉 기계는 자신의 존재를 우리에게 은폐하지 않는다. 반대로 기계적 배치와 ─ 그것의 부품 중 하나로 간주될 수 있는 ─ 기술적 기계는 "존재를 생산한다." 존재론적 변이는 언제나 기계적이다. 그것은 "인간"의 행동이나 선택이 가져온 단순한 결과가 아니다. 배치와 분리된 "인간"은 자기 자신을 구성하는 비인간적, 기술적, 비실체적 요소들에서 자기 자신을 제거한다. 이것은 순수한 추상에 불과하다.

배치 속에서 인간과 비인간의 순환과 소통, 그리고 그들의 탁월한 창조성과 생산성은 일차적으로 언어에 의존하지 않는다. 자본주의의 기계적 배치 안에서 언어는 이런 기능을 충족할 정도로 충분히 탈영토화되지 않는다. 언어는 여전히 너무도 "인간적이다." 그러나 사회적 복종이 확립한 주체와 대상의 장벽은 기계적 예속을 통해서 끝없이 허물어진다. 그것은 언어 때문이 아니라 비기표적 기호계의 작동 때문이다.

가따리는 두 가지 기호계를 다음과 같이 구분한다. "한편에는 의미작용을 생산하는 기호학들이 있는데, … 이것은 기계를 움직이는 사람들의 '인간적' 언표행위와 같은 것이다. 다른 한편에는 … 비기표적 기호계가 존재한다. 비기표적 기호계는 그것이 전달하는 의미작용의 양에 상관없이, '비인간적'으로 간주될 수 있는 표현의 형상을 다룬다(예컨대 방정식이나 도면은 기계를 표현[도시圖示, 구획, 설계]하고 기술적·실험적 장치에 대해서 기계의 다이어그램적 능력을 실현하게 만든다)."[51]

비기표적 기호계의 출현과 함께 우리는 더 이상 - 노래, 춤, 말 등의 다양한 기호계를 혼합하고 횡단하는 - 원시 사회들이 지닌 다성적 표현의 전前기표적 체제에 머물지 않는다. 그렇다고 해서 우리가 재현, 의식, 주체를 매개로 서로 다른 기호들이 서로를 지시하는 기표적 체제에 거주하는 것도 아니다. [이제 우리가 도달한] 비기표적 기호계는 인간, 언어, 의식에 특별한 가치를 두지 않는 배치들의 문제이다.

비기표적 기호계에서 "우리는 기호의 사용역을 간단히 벗어난다." 엄밀히 말해서 비기표적 기호계는 더 이상 기호의 문제가 아니다. 왜냐하면 언어학에서 주장하는 기호와 지시대상의 구별이 모든 타당성을 상실하는 경향이 있기 때문이다. 이론 물리학에서, "오늘날 그 누구도 소립자의 존재를 실제로 증명하라고 요구하지 않는다. 왜냐하면 이론적 기호계의 총체 속에서, 소립자의 존재가 아무런 모순 없이 작동할 수 있기 때문이다. 그러나 기호계 시스템이 외부의 실험적 충격으로 흔들리면, 바로 그때부터 소립자의 존재는 의문에 들어갈 것이다."52 [그 결과] 기호와 지시대상 사이에 새로운 종류의 관계가 등장할 것이다.

의미작용 기호학의 무력한 기호들은 재현과 의식을 경유함으로써 자신의 기호적 효력을 획득한다. 가따리는 이런 무력한 기호들과 비기표적 기호계의 "힘-기호"power signs, "기호-점"sign-points들을

---

51. Guattari, *Chaosmosis*, 36. [가타리, 『카오스모제』.]
52. Guattari, *Molecular Revolution*, 84. [가타리, 『분자혁명』.]

구별한다. 물질적 흐름에 작용하는 "힘-기호", "기호-점"들은 예술과 역사에서 최초로 등장했으며 그 이후로도 오랜 역사를 자랑한다. "샤먼의 주문呪文, 또는 지관이 휘갈긴 징표는 그 자체로 직접적인 힘의 기호들이다. 주문이나 징표는 힘-기호들에 본질을 주입한다."[53]

자본주의의 가장 중요한 제도, 즉 화폐에서 이런 기호들이 어떻게 작동하는지 살펴봄으로써, 우리는 무력한 기호와 힘-기호들의 차이를 보다 손쉽게 이해할 수 있을 것이다. 만일 화폐가 교환 가치, 또는 지불 수단으로 작동한다면, 달리 말해 그것이 등가물 사이에 단순한 매개로 작동한다면, 그것은 힘없는 무력한 기호가 될 것이다. 이럴 경우 그것은 화폐-기호와 일정량의 상품·서비스 사이에 일대일 관계를 설정함으로써 단순한 구매력을 표상할 뿐이다.[54] 반면에 힘-기호는 화폐를 자본으로 표현하고 화폐의 역할을 신용으로 표현한다. 자본과 신용은 텅 빈 것nothing을 표상하며 자기 자신에게 해당하는 등가물을 갖지 않는다. 그것들은 노동력, 자연, 사회에 대한 미래의 착취를 뜻할 뿐이다. 자본과 신용은 어떤 것을 재현하는 대신에 그것을 예견하고 창조하고 제조하기 때문에 힘-기호

---

53. 같은 책, 127.
54. 분명히 화폐는 다른 기능들을 갖고 있는데, 이 기능들은 다른 기호 시스템과의 상호작용을 통해서 명확히 드러난다. "상징적" 수준에서 화폐는 개체[개인]의 상상적 예속을 수행한다. 개체가 가진 구매력은 "사회적 지위의 코드들에 따라 개체를 조정할 뿐 아니라" 지각적·성적 코드에 맞추어 개체를 조정한다. 화폐의 경제는 "특히 법률 및 규제 시스템을 통해서 언어의 기표적 코드화와 지속적으로 상호작용한다." (Guattari, *La Révolution moléculaire* (Recherches, 1977), 295. [가타리, 『분자혁명』.])

가 되는 것이다. 힘-기호는 가능성들의 경제와 관련된 기호계를 구축한다.[55]

기호-점들은 두 가지 방식으로 작동한다. 한편으로 그것들은 기호론적으로 작동할 수 있다. 그럴 경우 지시작용과 의미작용은 상대적으로 기능이 약화된다. 다른 한편으로 기호-점들은 물질적 과정에 직접적으로 개입할 수 있다. 이 과정에서 지시작용과 의미작용은 그 기능을 중단한다.

직접 개입의 가장 간단한 사례는 마이크로칩이다. 거기서 기호의 흐름은 물리적 구성요소에 직접적으로 작용한다. 산화철 입자들의 극성極性은 마그네틱 선이 전용 프로그램을 장착한 판독기를 지날 때 이진수로 변한다. 여기서 기호는 기계의 투입과 산출로 기능한다. 그것은 지시작용, 재현, 의미작용을 우회한다. 기호의 흐름은 실제의 흐름에 [직접] 참여하고 질서를 부여하고 상태의 변화를 가져온다.

표현의 기능은 물질적 흐름과 직접적으로 맞물리고 기계적 "선택", 예를 들어 피드백을 촉진할 수 있으며, 상태의 변화를 가져올 수 있게 한다…. 내 주차증에 새겨진 다이어그램 공식이 진입차단기의 메커니즘을 작동시킨다. 그 공식이 나를 "외부"에서 "내부"

---

55. 사람들이 구매력이라고 하는 것은 사실 아무런 힘이 없는 것이다. 오직 지배당하는 사람들의 행동만이 이런 힘없는 기호를 힘의 기호로 전환할 수 있다. 그들은 힘없는 기호를 구매력의 경제적 법칙과 독립된 과정, 즉 주체화 과정 속에서 활성화한다. 지배당하는 자들의 자기 가치증식 과정에서, 힘없는 기호는 그들이 자신의 생산, 재생산을 자기 스스로 결정한다(self-position)는 사실을 [역설적으로] 가리킬 뿐이다.

마이크로칩

상태로 옮긴다.[56]

하지만 보다 일반적인 방식으로, 우리는 생산 흐름에 직접적으로 작용하는 화폐 기호, 또는 기술적 기계를 움직이는 컴퓨터 언어를 생각할 수 있을 것이다. 재현의 외부에서 기호는 사물과 작용한다. 거기서 기호와 사물은 "주체의 '지배'를 받지 않고 서로에게 작용한다. 개체화된 언표행위의 주체들이 기호와 사물을 더 이상 '통제'할 수 없는 것이다."[57]

"힘-기호들"의 기호론적 기능은 재현에 있는 것도 아니고 이미 확립된 "지배적" 현실을 지시하는 데 있는 것도 아니다. "힘-기호들"의 기호론적 기능은 "선택의 영역matter"을 창출함으로써 아직 존재하지 않는 현실을 시뮬레이션하고 미리 생산하는 것이다. 여기서 현실은 오직 잠재적 상태로 존재하고, 바로 그렇기 때문에 가능성을 증식한다. 실존은 미리 주어지는 것이 아니라, 오히려 무언가를 구성하고 촉진한다. 예컨대 물리학에서 실존은 이론적-실험적 배치의 운명 자체를 [새롭게] 구축한다. 또 다른 영역에서 실존은 예술

---

56. Guattari, *Schizoanalytic Cartographies*, 168.

57. Guattari, *Molecular Revolution*, 76. [가타리, 『분자혁명』.] 번역 수정.

적-실험적 배치, 또는 정치적-실험적 배치를 구성한다.

가따리는 비기표적 기호계가 "다이어그램적"으로 작동한다고 언급한다. 다이어그램은 힘-기호의 조건들을 충족시키는 기호 시스템이며 일종의 쓰기 양식이다. 이 개념은 퍼스의 범주에서 가져온 것으로, 퍼스에게 다이어그램적 기호계는 이미지와 다이어그램(이른바 "관계의 도상")을 포함한다.58 가따리는 이미지를 상징적 기호계로 분류하고 다이어그램을 독립된 범주로 만든다. 이 범주의 기능은 재현에 있는 것이 아니라 작동[기능]operation에 있다. 다이어그램은 어떤 시스템의 기능적 접합을 매우 정밀하게 재생산할 수 있다. 다이어그램적 기호는 사물 그 자체를 대체함으로써, 기호적 의미보다는 기계적 잉여redundancy를 생산한다.

전혀 다른 이론 틀에서 브뤼노 라투르는 가따리가 "도상의 존재론적 장막"이라고 부른 것, 즉 말과 사물, 주체와 대상의 분리를 극복할 수 있는 다이어그램의 능력을 보여준다. 언어와 달리 다이어그램은 선택의 영역을 확장함으로써59 현상들의 기계적, 그리고 비

---

58. [옮긴이] 퍼스의 도상기호(iconic sign)는 이미지, 다이어그램, 은유로 구성된다. 도상기호는 외부세계의 실제 대상과의 유사성과 닮음에 의해 만들어지는 기호이다. 이미지는 시각적인 것뿐만 아니라 소리와 냄새 등을 포함하는 넓은 의미의 이미지를 말한다. 다이어그램도 이미지와 이런 특성을 공유하지만 무엇보다도 시공간의 물리적 닮음을 중요시 한다. 예를 들어 망고와 사탕이 닮았다면, 우선 달다는 맛의 측면에서는 이미지에 해당하고 둥글다는 물리적 측면에서는 다이어그램에 해당한다. 은유는 이미지와 다이어그램을 포함하거나 그것들이 결합된 상위의 범주로 본다. 들뢰즈와 가따리는 퍼스가 다이어그램을 관계들의 유사함(즉 관계의 도상)으로 본다고 지적하고 유사함을 벗어난, 또는 유사함을 생산하는 기계적 다이어그램 개념을 제안한다.

59. [옮긴이] 프랑스어판에서 사용된 démultipliant는 '감속하다'는 뜻과 '확대하다'는 뜻을 같이 가진다. 영어판에서는 전자로 옮겼지만 문맥상 후자로 옮긴다.

기표적 번역가능성을 작동시킨다. "그 상황을 모델링하는 과정에서 다이어그램은 새로운 시나리오를 상상하게 해준다." 다이어그램은 행동과 창조의 새로운 가능성을 상상하게 만든다.[60]

또한 "다이어그램"은 푸코가 파놉티콘에 부여한 이름이다. 그것은 "권력을 자율화하고 탈개체화하는 기계" 또는 "기구"machi-nery[61]를 가리킨다. "비대칭, 불균형, 차이"는 인간의 [힘으로] 지탱되는 것이 아니라, 개체들을 자신의 부품으로 포함하는 기계들에 의해 보장된다.[62] 다이어그램과 비기표적 기호계가 어떻게 작동하는지 이해하기 위해서, 사람들은 다음과 같은 근본 요소를 반드시 살펴야 한다. 그것은 배치의 종류(경제적, 사회적, 원자적, 화학적, 미학적 등)와 상관없이, 표현과 내용이 탈영토화 과정에 끊임없이 종

---

60. "우리는 하나의 종이 표면에 ─ 동질적인 그래픽 언어를 매개로 조합되는 ─ 매우 다양한 원천을 결합한다." 여기서 그래픽 언어는 다이어그램과 같은 뜻이다. Bruno Latour, *Pandora's Hope : Essay on the Reality of Science Studies* (Cambridge, Mass. : Harvard University Press, 1999), 66. 라투르는 "우리가 근대에 머문 적이 없었다"고 조급하게 결론을 내린다. [그러나] 이런 주장은 기계적 예속의 관점에서만 진실이다. 사회적 복종의 관점에서 우리는 실제로 근대적이었고 심지어는 초근대적(hyper-modern)이었다. 자본주의의 탈영토화는 "인간"을 토대로, 그리고 주체, 개체, 호모에코노미쿠스 등의 "개체주의"를 토대로 자기 자신을 끝없이 재영토화한다. [그러나] 개체주의는 체계적 실패를 반복하고 민족주의, 인종주의, 파시즘, 나치즘, 기계주의(machinism), 계급착취 등의 "집단주의"로 후퇴하게 된다. 예속과 복종의 관계를 간과함으로써 라투르는 커다란 정치적 위험을 떠안게 된다. 왜냐하면 그는 자본주의가 체계적으로 치닫는 극적인 종말을 설명할 수 없기 때문이다. "우리가 근대인이었던 적이 없다"고 말하는 것은, 복종만 이해하는 사람들(랑시에르, 바디우)과 정반대에 위치할 뿐, 그들과 비슷한 오류를 반복하는 것이다.

61. 파놉티콘은 "이상적 형태로 환원된 권력 메커니즘의 다이어그램이다. … 실제로 그것은 어떤 구체적인 사용에서도 분리될 수 있고 또 그래야만 하는 정치적 테크놀로지의 형상이다."(Foucault, *Discipline and Punish*, 202, 205. [푸코, 『감시와 처벌』.])

62. 같은 책, 202.

속된다는 사실이다. 그리고 비기표적 기호계와 기계들이 탈영토화 과정을 생산하는 동시에 구속하고 통제한다는 사실이다.

다이어그램(방정식, 디자인, 그래프, 기구, 기계 등)은 언어로는 이해하기 어려운 탈영토화 과정을 가속하거나 감속하며, 파괴하거나 안정시킨다.[63] 만일 우리가 다이어그램적 기계와 기호를 고려하지 않는다면, 그것들이 가능하게 만드는 시뮬레이션과 사전-제작을 감안하지 않는다면, 따라서 비인간적 현상과 관계들을 포획하는 비기표적 기호 시스템을 염두에 두지 않는다면, 탈영토화에 관한 우리의 그림은 "극단적으로 근시안적이고 제한적"인 상태에 머물 것이다.

비기표적 기호계를 통해서 기계는 [자기 스스로] "말하고", "자기 자신을 표현하며", 인간과 다른 기계, "실재" 현상과 "소통한다." "힘-기호"를 통해서 기계는 물질의 원자적·화학적 지층, 살아 있는 존재의 생물학적 지층, 세계의 우주적 지층과 관련된 표현 및 내용과 상호작용한다. 따라서 기계들과 마찬가지로 원자적, 생물학적, 화학적, 경제적, 미학적 지층도 "존재를 생산하는" 행위자, 즉 부분적 "담론성"의 화자이자 행위자인 것이다. 기계들과 비기표적 기호계는 이런 지층들을 "보고", "듣고", "냄새 맡고", 기록하고, 질서 짓고, 옮겨 적을 수 있다. 인간의 언어와 의미로는 도저히 할 수 없는 것 말이다. 이런 지층들은 너무 작은 동시에 너무 크기 때문에, 또 너무 빠

---

63. "우리가 어떤 함수를 'x = … 의 함수다'라고 적을 때, 그것은 마치 정태적인 것으로 보인다. 하지만 그것은 일련의 [동태적] 과정, 즉 시간과 운동의 실제 질서를 이해하고 설명하려는 기호들이다."(Guattari, *Chimères 23* (Summer 1994): 43.)

르고 너무 느리기 때문에 우리의 지각과 언어 시스템이 따라갈 수 없는 것이다.

비기표적 기호계와 기계들은 인간 주체성의 전前언어적 세계와 동일한 방식으로 작동한다. 그곳에는 비언어적 기호계, 정동, 시간성, 강도, 운동, 속도, 비인격적 관계들이 거주하기 때문에, 우리는 이런 세계 역시 언어를 통해서 파악할 수 없다.

기계 중심적 세계에서 실재에 대한 작용은 인공물을 요구하며, 그것도 점점 더 추상적인 인공물을 요구한다. 기계, 기구, 다이어그램, 방정식, 비기표적 기호계가 없다면 아마도 인간은 탈영토화 과정들을 이해하고 그것에 개입할 수 없는 "실어증자"가 될 것이다. 즉 그들은 이런 [기계 중심적] 세계들에 대해서 "말할" 수 없을 것이다. 기계 중심적 세계에서 말하고, 보고, 냄새 맡고, 행동하기 위해서 우리는 기계들과 같은 편이 되어야 하며 비기표적 기호계와 같은 종류가 되어야 한다. 바로 이런 의미에서 비기표적 기호계가 언표행위의 초점을 구성하고 주체화의 벡터를 구성하는 것이다.

자본주의의 동력은 모든 종류의 — 예컨대 인간과 비인간, 미시 물리적이고 우주적인 것, 물질적이고 비실체적인 것에 속한 — 표현 기능과 내용 기능을 결합하는 각종 기계와 기호 시스템을 착취하는 것에 달려 있다.

이런 기능들이 "움직이는" 비기표적 기호계와 기계들(경제적, 과학적 등)은 주체성과 의식에 연결된다. 하지만 이것은 단순히 반성적 의식이나 인간 주체성에 관한 문제가 아니다. 오히려 그것들과 대체로 무관한 것이다. 비기표적 기호계와 기계들은 무엇보다도 모듈식의 부분적 주체성, 비-반성적 의식을 동원하고, 개체화된 주체에서 비롯하지 않는 언표행위의 양식을 소집한다. 기계적 배치 안에서 주체성과 의식이 어떻게 작동하는지 설명하기 위해서, 가따리는 언제나 자동차 운전을 사례로 사용한다.

자동차를 움직일 때 우리는 주체성을 이용하기도 하지만, 이와 동시에 자동차의 기술적 메커니즘과 연결된 다양한 부분적 의식을 활성화한다. 운전 중에는 "이 버튼을 누르세요", "이 페달을 밟으세요"라고 말하는 "개체화된 주체"가 존재하지 않는다. 운전하는 법을 알고 있다면, 사람들은 그것을 생각하지 않고 그냥 행동으로 옮긴다. 여기에는 반성하는 의식이 개입하지 않으며 행동에 대한 명령이나 재현도 존재하지 않는다. 우리는 자동차의 기계적 배치에 따라 움직인다. 우리의 행동과 주관적 요소(기억, 주의, 지각 등)는 기계적·유압적·전자적 장치 등의 일부로 "자동화되고", (비인간적) 기계의 부품들과 마찬가지로 배치의 구성요소가 된다. 게다가 운전은 [단일한 의식이 아니라] 다양한 의식화 과정을 동원한다. 하나의 과정이 다음 과정으로 이어지고 다른 과정 위로 포개지며, 사건에 따라서 서로 연결되기도 하고 분리되기도 한다. 운전 중에 우리는 가끔 "백일몽 상태", 또는 "유사 수면"에 빠져든다. "이것은 의식의 몇몇 시스템을 동시에 작동시킨다. 그중 일부는 전조등과 비슷해지고 다른 일부는 전경으로 이동한다."[64]

개체화된 주체의 사유와 의식은 장애, 방해, 또는 "사건"이 발생

---

64. Guattari, *Schizoanalytic Cartographies*, 22. 번역 수정.

할 때 활동하기 시작한다. 그 이후 주체, 의식, 재현이 소집되어 자동차 "기계"의 인간·비인간 요소들의 피드백 관계를 수정하고, 자동화된 메커니즘과 기계적 작동을 원상태로 돌린다.

두 말할 필요도 없이, 바로 이런 작동 장치에서 우리는 주체성의 이중화 과정(탈주체화와 주체화, 자동적 기능과 개체화된 주체의 행동, 틀에 박힌 것과 혁신)을 최초로 경험한다. 그러나 가따리가 주장하듯이, 근대의 자본주의에서 이중화 과정은 모든 기구와 제도가 작동하는 방식이다.

기표와 기의의 형식화는 오직 하나의 주체, 하나의 의식, 하나의 무의식, 하나의 현실, 하나의 실존만 허용한다. 반면에 기계적 예속은 다양한 주체화 양식, 다양한 의식 상태, 다양한 무의식, 다양한 현실, 다양한 실존 양식, 다양한 언어와 기호 시스템에 관여한다.

바디우와 랑시에르의 이론처럼 사람들이 "기계", 기계적 예속, 비기표적 기호계, 다이어그램적 기호계의 흔적을 발견하지 못한다면, 우리는 그런 이론들이 다른 점에 있어서는 흥미로울지 몰라도 자본주의의 본질에 관해서는 아무것도 말하지 않는다고 확신할 수 있다. 왜냐하면 간단히 말해 "기계"들이 없다면, 비기표적 기호계가 없다면, 그래서 다이어그램이 없다면, 자본주의 자체가 존재할 수 없기 때문이다. [그들이 주장하듯이] 이런 경우에도 지배, 권력, 복종의 관계는 분명히 존재할 것이다. 그러나 그것은 자본주의적 지배, 권력, 복종의 관계가 아닐 것이다. 그보다 심각한 문제는 다음과 같은 것이다. 즉 만일 기계적 배치가 없다면, 그것의 분자적이고 미시 물리적인 작동이 없다면, 그래서 그것의 비인간적 차원들이 없다면, "감각적인 것의 분배", "주체", "정치적 주체화"는 최종적으로 "주체"의 관념론이나 실현할 수 없는 "순수" 정치로 귀착될 것이다.

인지자본주의를 주장하는 동료들은 다른 종류의 문제를 노출한다. 그들은 특정 유형의 맑스와 마찬가지로 의인론의 한계를 반복하는 것 같다. [그들에게] 인지 "노동"은 두뇌에 의한 도구의 통합을 뜻하는데, 그들이 하고 있는 것은 인간이 기계의 지식을 전유하는 방식에 불과하다(사실 이것은 믿기 힘들 정도로 낡아빠진 기계의 자격박탈이다).

만일 기계가 보철이나 기관이 아니라면, 도구-연상 모델이 그렇게 하듯이 인간들-기계들은 **내적 통합**incorporation 관계로 환원되거나, **외적 분리**exteriorization의 관계로 환원되지 않는다. 인간들-기계들의 관계는 언제나 결합, 배치, 마주침, 연결, 포획의 질서에 위치할 것이다. 이탈리아의 활동가 세대들이 읽고 자란 맑스의 『그룬트리세』는 원래 제목 대신에 『기계에 관한 단편』으로 이탈리아에 소개되었다. 이와 달리 오늘날 비판이론에서는 기계를 사소한 문제로 다룬다.

맑스가 살았던 시대에는 공장이라는 내부만 존재했다(오늘날 기업에 비해서는 그 집중과 강도가 상당히 낮았다). 그리고 철도를 위시한 소수의 장치들apparatus이 외부를 구성했다. [그러나] 오늘날 장치들은 모든 곳에 존재한다. 비판이론만 예외로 한다면 말이다. 그것들은 모든 곳에 존재하고 무엇보다도 우리의 일상에 존재한다.

나는 아침에 일어나 전등을 켠다. 나는 전력망을 "켜는" 촉매가 된다. 만일 우리가 거대한 전력망을 따라 전류를 쫓아간다면, 결국

독일 켐니츠의 작센 마쉬는파브릭(Sächsische Maschinenfabrik) 공장, 1868년

에는 핵발전소에 이르게 될 것이다. 아침식사를 준비하면서 나는
일련의 기계를 작동시킨다(레인지, 냉장고 등). 경우에 따라서는 그
것들이 가사노동을 벗어나게 해준다. 적어도 가사노동의 효율이 좋
아진다. 여전히 몽롱한 상태에서, 나는 라디오 스위치를 올린다. 라
디오는 말과 음성voice을 "기계적" 변환에 완전히 종속시킨다. 그 결
과 소리sound의 일상적인 시공간 차원이 중단된다. 소리 지각의 중
추를 이루는 인간의 감각-운동 도식이 무력화된다. 말, 음성, 소리
는 탈영토화된다. 왜냐하면 그것들이 신체, 장소, 영토, 상황과의
모든 관계를 상실하기 때문이다.[65]

---

65. 라디오 방송은 언표행위의 "공간적 방향, 한계, 구조"가 아니라 소리(sound)의 강도
적 관계들만 제공한다. 라디오는 "소리의 파편을 대상과 연결된 감각적 자질보다는
일련의 무한한 정동 양식으로 사용하고, 일련의 무한한 수동적이고 능동적인 힘들

집을 나서기 전에는 전화를 건다. 이 대화는 어떤 시공간에서 일어나는 것인가? 외출한 다음에는 현금인출기에서 돈을 찾는다. 현금인출기는 명령을 하달한다(비밀번호를 입력하세요. 카드를 받으세요. 돈을 받으세요!). 내가 실수를 하면 기계는 지불을 거부한다. 그것은 카드를 "먹어버린다." 지하철을 타기 위해서 나는 다른 자동장치, 즉 티켓 발매기의 명령을 따라야 한다. 그것은 매표소에서 직원들을 아예 치워버렸다.

인터넷 신문을 읽을 시간이 없어도, 나는 "말"을 느끼기 위해서, 특히 정치적 발언을 느끼기 위해서 신문을 구독한다. 아렌트의 주장과 달리, 말은 목소리를 통해서가 아니라 "사물과 물질"을 통해서 자기 자신을 표현한다. 다시 말해 라디오의 경우와 마찬가지로 말은 더 이상 로고스중심적인 것이 아니라 기계중심적인 것이다.[66]

로 사용한다." "소리는 기초적인 힘들(세기, 높이, 간격, 리듬, 템포)을 전달하며, 이 힘들은 단어의 의미 대신에 사람들에게 직접적으로 영향을 미치며, 전자음악/무선통신(radiophonic)의 예술적 기초를 이룬다."(Serge Cardinal, "La radio, modulateur de l'audible," *Chimères* 53 (2004) : 51~52.) 카디날은 다음 글을 인용하고 있다. Rudolf Arnheim, *Radio : An Art of Sound* (Salem, Massachusetts : Ayer Company Publishers, 1986), 28~29. 텔레비전과 컴퓨터가 등장하면서 언어(speech)는 언제나 "기계적으로 가공된다."

66. 그리스의 정치에서 웅변가는 "사람의 육성이 들릴 수 있는 매우 제한된 공간에서, 그것도 매우 짧은 시간 동안만 [사람들에게] 연설(speech)"을 전할 수 있었다. 그들의 청중은 "[소음이나 간섭 등] 다른 모든 지배적 영향력에서 순간적으로 자유로운" 소수의 제한된 사람들이다. 그리스 웅변가들의 연설은 이와 같은 풍토(spirit)에서 작성되었다. [반면에] "신문은 비록 흩어져 있지만 개인들로 구성된 보다 거대한 청중을 대상으로 계획된다. 사람들은 신문 기사를 읽는 동안 주변의 온갖 흥밋거리에 신경을 빼앗긴다. 그들은 카페에 앉아 친구들이나 다른 사람들이 웅성거리는 대화를 엿듣고 저자와 상반되는 의견에 귀를 기울인다." 라디오 청취자와 마찬가지로 신문의 독자들은 저자/화자를 직접 보지 못하고 그들의 제스처, 움직임, 표정을 알지 못한다. 심지어 그들은 라디오와 달리 저자/화자의 음성이나 억양을 듣지 못한다. 웅변

만일 실업이나 복지수급에 문제가 생긴다면, 나는 콜센터에 전화를 건다. 그러면 매번 안내 멘트가 1, 2, 3번을 누르라고 요청한다. 전기회사에 예약을 잡거나 인터넷 서비스에 가입하거나 은행 잔고를 조회할 때도 비슷한 일이 반복해서 일어난다. 이런 통신망 상에서는 실제 사람을 만날 수 없기 때문에, 비록 시간을 허비하더라도 나는 모든 문제를 혼자서 해결해야만 한다. 반면에 회사와 기관은 내가 낭비한 시간만큼 이윤을 남길 수 있다. 심지어 나는 기쁜 마음으로 내 시간을 헌정한다.

나는 위성에 연결된 휴대폰으로 통화도 하고 문자도 보낸다. 내가 탄 택시는 내비게이션GPS의 비인간적 목소리와 지능의 도움으로 길을 찾는다. "팔백 미터 앞에서 좌회전하세요. 그다음에는 우회전하세요."

오후에는 온라인으로 책을 주문하고 브라질 친구와 스카이프Skype로 전화하고 전자메일로 답장을 보낸다. 나는 정치, 문화 등에 관한 다양한 정보 네트워크에 접속한다. 그리고 컴퓨터의 메신저로 대화를 나눈다.

가는 오직 자신의 연설만으로 청중들에게 영향을 미친다. 반면에 신문에서는 여러 기사가 있어야 동일한 효과가 일어날 수 있다. 왜냐하면 각각의 "기사는 흔히 보도국에 소속된 다양한 기자들이 생산하는 일련의 기사 중에 하나에 불과하기" 때문이다. 신문은 웅변가의 수사학처럼 일관된 주장을 펼침으로써 일련의 응집된 관념을 표현할 수 없다. "신문의 화제는 매일 아침 도착하는 수많은 화제로 구성된다. 당일이나 전날의 사건들이 끝없이 도착한다. 마치 이것은 필리페에 반대하는 데모스테네스(Demosthenes)가 열변을 토하는 와중에도, 최신 소식을 물고 전령들이 매 순간 도착하는 것과 같은 일이다. 게다가 이 모든 [새로운] 정보의 내용과 해석이 매 순간 그의 연설 내용을 변화시키는 것과 같은 일이다."(Gabriel Tarde, *Les Transformations du pouvoir* (Paris : Les Empêcheures de penser en rond, 2003), 256~258.)

슈퍼마켓에서는 시간을 줄여준다는 자동계산기 앞에서 진땀을 흘린다. 이것은 시간제로 일하는 종업원 대신에 그들의 노동을 내가 공짜로 하는 것이다. 마찬가지로 매표소까지 가지 않아도, 항공권이나 기차표를 얼마든지 살 수 있다. 그 대신 공짜 "노동"을 회사에 제공해야 한다. 내키지 않아도 말이다. 이것은 항공사와 철도사의 생산성을 높여줄 것이다. 세계에 대한 내 지각은 텔레비전(하루 평균 3시간 30분), 영화, 인터넷 등을 통해서 굴절된다. 우리가 듣는 음악의 99.9%는 다양한 형태의 기계를 통해 녹음되고 배포된다. 이제는 지역 도서관에서 인간이 아니라 기계가 "대출과 반납"을 처리한다. 인간은 [기계의] 고장을 처리하기 위해서 존재한다. 여기서 알 수 있듯이 인간은 정확히 배치의 구성요소로 기능한다.

기계는 일상의 미세한 활동에서도 우리를 "촉진하고 보조한다." 그렇기 때문에 우리는 기계들과 우리가 맺게 되는 관계를 한없이 나열할 수 있다. 기계와의 관계는 문제적일 수도 있고 그저 그럴 수도 있고 심지어 즐거움을 줄 수도 있다. 인지자본주의 이론가들이 주장하듯이, 오늘날 우리는 자본주의 안에서 "인간에 의한 인간"의 생산이라는 경제적, 사회적, 정치적 모델과 그저 단순히 대립하지 않는다. 우리는 거대한 기계적 계통과 마주한다. 그것은 이런 저런 방식으로 우리에게 작용하고 로고스중심주의를 넘어서 우리를 데려간다.

우리에게 주어진 과제는 지배적 또는 헤게모니적 "지식", 인지노동, "감각적인 것의 분배"를 넘어서 그 한계를 극복하는 것이다. 우리는 1차 산업혁명이 **노동, 언어, 생명** 속에 구속한 인간과 비인간의 힘들을 해방해야 한다. 그것은 "기원적" 주체성을 발견하는 문제가 아니라 노동·언어·생명의 탈영토화를 하나의 기회로 포착함으로써, 주체성을 생산하는 이질적 과정을 개방하고 활성화하는 것이다. 가따리가 특별히 주목했듯이 기계와 비기표적 기호계는 노동, 언어, (생명정치적) 생명에 기초한 삶의 방식과 주체화 대신에, 그것을 극복할 수 있는 집합적 행동의 가능성을 제공한다. 비기표적 기호계와 탈영토화의 기술적·과학적·예술적·혁명적 과정은 인간적·가족적·인칭논리적 재현 양식, 또는 주체화의 민족적·인종적·계급적 양식 대신에, 즉 자본을 영토화하고 개체화된 주체를 소외시키는 그런 양식 대신에, 그것에서 벗어날 수 있는 유리한 조건을 창출한다. 분석철학과 정신분석에 쏠리는 의구심은 그들이 수행하는 역할을 놓고 볼 때 어쩌면 당연한 것이다. 그들은 자본주의적 탈영토화를 유지하는 동시에 안정화한다. 한편에서는 기계적 예속이 개체·개인·"자아"ego의 탈주체화를 촉진하고, 다른 한편에서는 분석철학과 정신분석이 그것을 재영토화하는 범주와 방법을 제공한다. 여기서 언어는 기호공학을 위한 소재로 기능한다. 기호공학은 지배적 의미작용에 순응하도록 개체화된 주체를 제작한다. 그것은 개체화된 주체들에게 사회적 분업에 기초한 역할, 정체성, 기능을 할당한다.

3장   혼합적 기호계

주체적 사실은 언제나 이질적인 기호들이
배치되면서 생겨나는 것입니다.

— 펠릭스 가따리, 「배치, 변이, 지속」, 1981년 12월 12일 세미나

분석적 목적을 위해서는 상이한 기호계가 구분될 수 있지만, 표현의 양식은 언제나 그렇듯 "혼합적 기호계"의 산물이다. 혼합적 기호계는 기표적인 동시에 상징적이고 비기표적이다. 여기서 우리는 주식시장이 어떻게 혼합적인 기호계의 배치에 따라 작동하는지 묘사할 것이다. 또한 우리는 영화와 같은 미디어, 유아의 "주체성", 서비스 부문의 노동 조직이 어떻게 혼합적인 기호계의 배치에 따라 작동하는지 묘사할 것이다. 우리가 강조해야 하는 것은 이 모든 경우에 있어서 언어적, 인지적, 소통적 기호계가 언제나 주도적 역할을 하는 것이 아니란 사실이다. 혼합적 기호계를 설명하는 것은 언표행위에 관한 우리의 관념을 완전히 바꾸는 일이다. 왜냐하면 언어뿐만 아니라 이 모든 기호계가 언표행위의 원천과 주체화의 초점을 구성하기 때문이다. 이런 다양한 사례를 분석하면, 우리는 가따리의 이론에 주목할 뿐만 아니라 자본주의 메커니즘이 수행하는 [주체의] 변형, 즉 개체화된 주체에서 주체화로의 이행에도 크게 주목하게 될 것이다.

1. 주식딜러의 기계적 주체성

호모 에코노미쿠스는 [경제적] "주체"에 관한 소묘에 불과하지만, 아마도 가장 널리 퍼진 형상 중에 하나일 것이다. 이런 주체는 자신의 선택과 행동을 합리적으로 통제할 수 있는 주권적 능력을 지닌다. 이런 주체의 가장 구체적인 모델로 금융 딜러trader가 꼽힌다. 그

러나 딜러의 주체성은 합리적인 것도 아니고 주권적인 것도 아니다.

금융은 다이어그램적 기호계의 탁월한 사례이다. 여기서 기호는 자신이 지칭하는 "대상"의 자리에서 그것을 대신해 작동한다. 기호의 흐름은 컴퓨터에서 컴퓨터로 실시간으로 이동하며, 물질적 흐름과 마찬가지로 객관적인 현실을 구성한다. 기호의 흐름은 주체성에 영향을 미치고 — 주식가격을 결정하고 "실물" 경제에 직접적으로 작용하는 — 시스템의 기능적 연결에 영향을 미친다.

트레이딩 룸에 존재하는 것은 오직 다이어그램뿐이다. 그곳에는 전 지구의 컴퓨터 연결망이 추적하는 그래프만 존재한다. 그것은 아래위로 움직이는 주식가격을 표시한다. 이미 여기서 몇 가지 기호계가 동원된다. 한편에는 "힘없는 기호"들이 존재하는데, 이들은 가격의 지나간 추이를 재현하는 데 한정된다. 다른 한편에는 "힘-기호", "소립자-기호", "기호-점"들이 존재하며 이들은 가격을 촉진하고 예상하고 실현한다. 간단히 말해 이들 기호는 "실재"를 변형시키는 다이어그램적 기호들이다. [언어의] 지시 기능과 달리 여기서는 단일한 현실이 아니라 이질적인 현실의 다양체가 존재한다. 즉 "실물" 경제도 하나의 현실이고 경제에 대한 예측도 하나의 현실이다. 주식가격도 하나의 현실이고 주식가격의 등락을 기대하는 것도 하나의 현실이다. "주식시장"은 단일한 현실을 지시하지 않는다.

딜러의 "인간적" 주체성은 두 가지 차이와 관련해 원-언표행위의 초점focal point을 구성한다. 그중에 하나는 자산 가격의 (보다 높고, 보다 낮은) 차이를 말하고, 다른 하나는 기계들의 계산이 예측한 "실물" 경제의 생산성 차이를 말한다. 이런 차이들이 원-주체화의 교점交點, node을 마련하고, 이런 교점에서 인간 주체성(정확히는 주체성의 구성요소들, 예컨대 이해, 기억, 주의, 지각 등)이 기계적 원-주체성과 접속하고 결합하는 것이다.

다이어그램, 그래프, 데이터는 그 자체로 "말하고" "표현하며" "소통한다." 왜냐하면 그것들은 매우 다양한 정보의 흐름을 가시화하고 비교하며 조작함으로써(기계적 번역가능성), 의사결정과 가격결정에 실질적으로 기여하기 때문이다. 다이어그램은 원-주체성의 각종 문턱을 생산하고, 이런 복수의 조건 아래 인간 주체성이 무언가를 선택할지 결정한다. 각각의 문턱을 가로질러 인간 주체성은 의사결정을 내리고 평가를 표현하고 가격을 제시한다. 그러나 정확히 말해서 주체성은 기계, 비기표적 쓰기 시스템, 수학적 도구들이 코드화하고 생산한 정보를 선택하지 못한다. 오히려 그것들에 의존한다.

만일 이런 쓰기의 기호적 양식들이 없다면, 그리고 기계들이 없다면 언표행위는 지금과 완전히 다른 모습일 것이다. 오늘날 탈영토

화의 조건을 고려할 때, 그리고 처리해야 할 정보의 엄청난 축적을
고려할 때, [그런 기호 양식들과 기계들이 없다면] 언표행위는 간단히
말해 불가능할 것이다. 그래프, 다이어그램, 기계들은 언표행위, 또
는 부분적 주체화의 "비인간적" 장소들에 필수적인 구성요소이다.

기호들(기계, 대상, 다이어그램 등)이 원-언표행위와 원-주체성
의 초점을 구성한다고 하는 것은 무엇을 뜻하는가? 그것은 기호들
이 특정한 행동, 사유, 정동을 제시하고 가능하게 하고 부추기고 격려하
며 예방할 뿐만 아니라, 그밖에 또 다른 무엇을 촉진한다는 뜻이다. [그
러니까] 기계, 대상, 기호는 특정한 행동, 사유, 정동에 영향을 미치
는 것에 그치지 않는다. 비기표적 기호계를 통해서 기계는 다른 기
계들과 직접적으로 소통하며, 이것은 종종 실재에 대한 예측도 계
산도 할 수 없는 다이어그램적 효과를 수반한다.[1]

---

1. 2010년 5월 월스트리트를 강타한 "사고"는 컴퓨터와 전산처리 기계에서 시작되었다
(14초 동안에 27,000번의 주식거래가 일어났다. 주식가격이 갑자기 10% 폭락했고 불
과 몇 초 만에 수십억 달러가 공중에서 사라졌다). 딜러들(operators)이 주인공에서
관찰자로 전락한 것은 미국의 주식시장에서 기술적·구조적 혁명이 일어났기 때문이
다. 보다 강력한 컴퓨터의 개발은 투자자들이 시장과 상호작용하는 방식을 변화시
켰다. 오늘날 뉴욕증권거래소의 주문 가운데 90% 이상이 자동화되었다. 대규모 정
보와 그 순환 속도에 비해서 인간의 계산 및 개입 속도가 너무 느리기 때문에, 월스
트리트는 대부분의 거래를 인간의 개입 없이 자동적으로 처리한다. "컴퓨터들이 주
식시장의 거래를 완전히 담당하기 때문에, 속도는 관찰자들의 최후의 무기가 된다.
초스피드로 움직이는 거래 소프트웨어는 오늘날 핵심적인 도구가 된다. 이런 소프트
웨어는 매우 복잡한 알고리즘을 바탕으로 보다 강력한 컴퓨터 장비에 장착된다. 딜
러들 사이에서 매우 치열한 군비확장 경쟁이 전개 중이다. … 대기시간(주문을 넣고
체결될 때까지 걸리는 시간)은 백만분의 1초에 불과한데, 이로부터 매년 수십억 달
러에 이르는 수익이 발생한다. 슈퍼컴퓨터는 시장의 추세를 감지하기 위해 수많은 거
래를 탐하고 빛의 속도로 순식간에 주문을 넣는다. 반면에 전통적인 투자자는 느린
속도 때문에 점점 더 도태된다. 한편 슈퍼컴퓨터는 구매자들이 설정한 최고가격(주
식을 매수할 의향이 있는 가격상한선)을 감지하기도 한다. 주식가격이 상한선에 도

개체적인 경제적 주체의 자유, 독립, 자율은 그들과 매우 이질적인 힘들에 의해 침해된다. 이런 힘들은 그런 주체에게 영향을 미치고 반드시 의식에 접속하지 않아도 그들을 행동하게 만들고 결정하게 만든다. 그렇다면 어떤 종류의 주체성과 기호계가 다이어그램, 컴퓨터 등이 결정하는 원-주체화의 장소들에서 동원되는가? 원시인, 광인, 아동들이 그런 것처럼, 이런 주체성은 무엇보다도 개체 사이를 횡단하고 타자에 의해 움직이며[타동적]transitivist 기호 상징적인 것이다.

자산의 가격결정에 관여하는 주체의 행위를 설명하기 위해서 **협약 이론**convention theory과 인지자본주의 이론은 행위자들의 모방 행위를 전제한다. 이들에 따르면 모방적 관계의 상호주관성, 언어, 소통이 합리성과 주권성에 기초한 호모 에코노미쿠스의 방법론적 개체주의를 대체한다. 그러나 불행하게도 모방 행위는 언어적·인지

달하는 순간, 현실의 [인간] 구매자들이 개입할 일말의 여지도 없이 컴퓨터는 자신이 구입할 수 있는 모든 주식을 순식간에 매수한 다음 이익을 남기고 순식간에 팔아치운다. 컴퓨터에 의한 거래는 최대한 높은 가격에서 일어난다. 달리 말해 최고가격보다 1센트 모자란 선에서 거래가 일어난다. [다른 한편]…속도의 극대화를 추구하기 위해 [기존의 주식시장 외부에] 소규모 거래 시스템이 등장했다. 이런 [대체] 거래소는 불과 수십 명의 노동자들에 의해 운영된다. 그들은 월스트리트에서 멀리 떨어진 곳에서 일한다. 그곳은 저렴한 가격에 사무실을 운영할 수 있다. 이런 거래소 가운데 일부는 전통적인 주식시장과 치열하게 경쟁하고 있다. 2009년 7월 현재, 뉴욕 주식거래소가 처리하는 물량은 미국의 주식거래 가운데 단지 20%에 불과하며 나스닥은 전체 물량의 21%를 차지했다. 많은 사람들이 존재조차 모르고 있는 두 회사가 미국의 주식거래 시장에서 세 번째 자리를 놓고 치열하게 다투고 있다. 미주리주 캔자스시티에 위치한 BATS거래소는 집계 가능한 주식거래 중 10%를 처리했으며, 뉴저지주 저지시티에 위치한 다이렉트에지(Direct Edge) 거래소는 전체 물량의 12%를 처리했다."(Yves Eudes, "Les 'Geeks' à la conquête de Wall Street," *Le Monde*, September 2, 2009.)

적·소통적 상호주관성으로 환원되지 않는다.

금융 행위를 모방 행위로 간주하는 통상의 철학이론에 연연하는 대신에, 우리는 이런 통념의 창시자인 르네 지라르가 언급한 사실에 착목해야 한다. 그에 따르면 모방적 경쟁은 무엇보다도 욕망의 경쟁이다. 사람들은 존재의 방식을 모방하지 않는다. 그들은 관념이나 "타자"의 "인지적 기초"를 모방하지도 않는다. 대신에 그들은 욕망을 모방한다. 그런데 모방mimesis이 욕망의 경쟁을 뜻한다면, 그것의 실행과 전파/순환은 소통·언어·인지를 통해서 설명될 수 없을 것이다. 왜냐하면 정동이 소통적·정보적·언어적·인지적 모델을 침식하기 때문이다.

"모방의 합리성"은 언어적-인지적이지 않다. 오히려 그 반대에 가깝다. 왜냐하면 정동이 화자/청자라는 발화행위의 이분법을 중단하기 때문이다. "정동은 주체성에 들러붙어" 있지만, 그것은 수신자의 주체성뿐만 아니라 발화자의 주체성에 대해서도 똑같이 그렇게 한다. 가따리가 언급하듯이 스피노자는 정동의 이런 타동적 성격에 대해서 정확히 이해했다. "('우리는 자기 자신을 어떤 감정에 의해 영향을 받는 사물로 간주한다. 바로 이런 관점에서 우리는 좋은 감정에 의해 좌우되는 [사물이다].') … . 따라서 정동은 본질적으로 전前개인적인 범주이며, 정체성들로 포위되기 '이전에' 들어서는 것이고, 정확한 위치를 확정할 수 없는 — 목적뿐만 아니라 기원에 관해서도 위치를 지정할 수 없는 — 전이transference를 통해서 나타난다."[2]

---

2. Félix Guattari, "Ritornellos and Existential Affects," trans. Juliana Schiesari

가따리가 말하듯이 정동은 "대기 중에 흐릿하게" 머문다. 달리 말해 정동은 언어적·소통적·인지적 모델이 그렇듯이 명확한 대립으로 구성된 시스템에 기초하지 않는다. 따라서 모방 행위를 언어적·소통적·인지적 합리성에 따라 설명하는 것은 지극히 환원적인 접근이다. 애니미즘, 즉 물환론을 믿는 사회에서 "마나"mana가 순환하는 것과 똑같은 방식으로, 어떤 곳에서는 하강하는 경향이 존재하고 다른 곳에서는 상승하는 경향이 존재한다. 모방적 소통은 인지가 아니라 전염을 통해서 전개된다.

"자유"의 선택·결정·실행이 문제가 될 때, 딜러의 인간적 주체성·언어·기표적 기호계·인지적 역량은 기계들·힘-기호들·상징적 기호계·정동들을 극복하는 것이 아니라, 오히려 그것들과 함께 작동하며 그 일부를 이룬다. 개체의 "자유"와 마찬가지로, 기계들과 힘-기호들은 개체의 의사결정, 선택, 대자적 자아pour-soi를 구성한다.

딜러의 주체성은 의심할 바 없이 "기계적 주체성"이며 그 작동은 인간-기계들의 기능적 전체를 통해서, 오직 그것을 통해서 결정될 수 있다. 수학 시스템, 데이터 뱅크, 컴퓨터 연결망, 전화 네트워크 등이 금융업자의 주체성을 형성한다. 또한 그를 통해서 각종 집단과 압력단체, 경제적·정치적 이해당사자, 학파 등이 영향력을 행사하고 자기 의견을 표현한다. 금융업자의 언표행위는 모방적 행동

and Georges Van Den Abbeele, *The Guattari Reader*, ed. Gary Genosko (Cambridge : Blackwell Publishers, 1996), 158.

에 의존할 뿐만 아니라 특정한 활동을 허용하고 다른 활동을 금지하는 법률과 규제에 의존한다. 보다 정확히 말해서 그들의 언표행위는 지난 사십 년 동안 국가가 추진한 법률과 규제의 완화에 의존한다. 호모 에코노미쿠스는 정보와 자신의 선택을 통제하는 합리적 주체가 아니라 비기표적·상징적·기표적 기호계의 단순한 단말장치에 불과하며, 자신의 지각능력awareness을 대부분 벗어나는 비-언어적 구성요소들의 단말장치에 불과하다. 우리는 호모 에코노미쿠스의 개체주의와 합리성을 넘어선 존재이지만, 그뿐만 아니라 "인지자본주의"를 훨씬 초과한 존재이다.

이런 맥락에서 기표적 기호학, 담론, 인지적 활동이 자기 고유의 기능을 수행한다. 그것들은 다이어그램적 기호계와 상징적 기호학이 도입하는 탈영토화와 탈주체화를 통제한다. 주식시장의 실제적 작동으로 붕괴되는 개체적 주체, 그들의 주권성과 합리적 행위는 기표적 기호학, 소통, 인지를 통해서 문자 그대로 재구축되고 재조립되어야 한다. 경제학자, 미디어, 전문가, 판사들의 담론에서 행동의 주체는 개체화된 주체들이며, 바로 그렇기 때문에 결과에 대한 대가도 그들의 책임이라는 신념이 창조된다.[3] 의미작용의 기호들이 생산한 기사, 정보, 논평에서는 이런 "개체화된 주체들"(딜러)의 기능과 역할이 여론으로 형성되고 정당화된다.

기표적 기호학들은 "이데올로기"로 환원될 수 없다.[4] 호모 에코

---

3. 예를 들어 제롬 케르비엘(Jérôme Kerviel)의 공판을 참고할 수 있다. 소시에테 제네랄(Société Générale)의 딜러로 일하면서 그는 50억 달러에 달하는 손실을 기록했지만 "단독" 범행으로 기소되었다.

노미쿠스, 기업가의 자유, 시장의 자기 조절력 등을 주장하는 내러티브와 담론은 상부구조로 기능하지 않는다. 왜냐하면 기호 기계들이 [하부구조의 기능과 마찬가지로] 구체적이고 근본적인 하나의 상품, 즉 개체화된 주체를 생산하기 때문이다. 기표적 기호학들의 "이데올로기적 힘"은 그것이 우리의 사유를 정지시키고 단순히 조작한다는 점에서 나오지 않는다(물론 그렇게 할 수 있다). 기표적 기호학들의 "이데올로기적 힘"은 주체성을 변이할 수 있는 자신의 능력에서 나온다. 바로 그 점에서 신자유주의적 후렴구들(가치 있는 자산이 되어라, 자기 스스로 주도해라, 부유해져라 등)이 주체성의 변이를 보증하는 것이다. 이런 후렴구는 우리에게 어떤 현실도 은폐하지 않는다. 대신에 그것은 특정한 세계의 어딘가로 우리를 데려간다. 그곳에는 자본주의적 탈영토화가 생산하는 모든 주체성이 기업가, 개인의 성공, 경쟁, 사회진화론 등으로 환원된다. 이런 후렴구는 우리에게 시간과 공간, 타자와의 관계를 [변형하고] 부과한다.

---

4. 이와 달리 『서발턴은 말할 수 있는가?』(*Can the Subaltern Speak?*)에서 가야트리 스피박은 "이데올로기 이론"으로 돌아가자고 주장한다. 이 글은 들뢰즈·가따리와 푸코의 작업에 대한 수많은 오해와 오독으로 점철되어 있기 때문에 여러모로 충격적이다. 수많은 문제 가운데 임의로 선택한 다음과 같은 주장은 궁지에 몰린 저자의 입장을 드러낸다. "푸코와 들뢰즈의 대화에서 쟁점이 되는 것은 재현이 존재하지 않는다, 또는 기표가 존재하지 않는다는 주장으로 보인다(이것은 기표가 이미 죽었다고 전제하는 것인가? 그렇다면 경험에 작용하는 기호-구조가 없다는 것인가? 따라서 기호계가 폐지될 수 있다는 것인가?)."(*Colonial Discourse and Post-Colonial Theory*, eds. Patrick Williams and Laura Chrisman (New York : Columbia University Press, 1994), 74.) 프랑스의 출판사에 따르면 이 글은 "출판계의 진정한 사건"으로 지칭된다. 그러나 사람들이 이런 "멍청한" 잡동사니를 둘러싸고 논쟁한다는 사실 자체가 내게는 신기할 따름이다.

2. "인간"의 혼합적 기호계

한쪽에는 충동-욕망, 무질서-욕망, 죽음-욕망, 공격성-욕망이 있고 다른 한쪽에는 상징적[5] 상호작용이 있습니다. … 이런 대립은 순전히 반동적인 좌표계(reference)로 볼 수 있습니다.
─ 펠릭스 가따리, 『브라질에서의 분자혁명』

생애의 마지막 몇 년 동안 가따리는 다니엘 스턴이 저술한 『유아 세계의 대인관계』[6]를 자주 인용했다. 그것은 주체성 생산에 기여하는 기호적, 정동적, 실존적 요소를 하나의 지도로 제작하려는 시도였다. 스턴의 책에서는 전前언어적 주체성이 비기표적인 상징적 기호계를 통해서 표현되며, 언어적인 "사회적 기계"와는 문제적 관계를 이룬다고 설명된다. 가따리에 따르면 언어 이론과 분석 철학은 이런 전前개체적 주체성, 즉 모든 주체화 양식의 뿌리에 존재하는 주체성을 체계적으로 무시하거나 어물쩍 다루고 넘어간다.

스턴은 자신의 책에서 주체를 구성하는 "자아들", 기호계들, 관계들, 정동들, 특히 전前언어적 정동들의 다양성을 열거하면서 주체의 통일성을 붕괴시킨다. 이런 접근은 가따리의 주체성 이론에서 그 핵심적인 부분, 즉 실존적이고 자기-지시적인self-referential 차원을 설명하려고 할 때 특히 계몽적일 수 있다. 자아에 대한 관계는

---

5. [옮긴이] 영어판에서는 '상징적'이란 표현이 빠져있다. 프랑스어 원고와 일본어판에 따라서 추가했다.

6. Daniel N. Stern, *The Interpersonal World of the Infant* (London : Karnac Books, 1998).

다니엘 스턴(Daniel Stern, 1934~2012)

언어, 인지, 소통만을 경유하지 않는다. 오히려 그것은 자기-위치 정하기를 전제한다. 자기-위치 정하기는 언어적, 또는 인지적이기 이전에 실존적, 감응적 pathic, 정동적이다. 주체의 변이는 일차적으로 담론에 의존하지 않는다. 왜냐하면 변이의 차원이 주체성의 중핵에 존재하는 (실존적인) 비담론성의 초점에 위치하기 때문이다. 이런 실존적 차원에서 주체가 변화하기 시작한다. 바로 그곳에서 주체성이 출현하고 발달하며 일관성을 획득한다. 의미작용, 언어, 내러티브는 비기표적이고 명명할 수 없으며 소통할 수 없는 이런 핵심이 없다면 실제로 존재할 수 없을 것이다. 이런 주장에는 중요한 정치적 함의가 들어 있다. 왜냐하면 자본주의의 기계적 예속이 이와 동일한 전前개체적 주체화를 포획하고, 바로 그렇게 함으로써 정동들, 리듬들, 운동들, 지속들, 강도들, 비기표적 기호들을 착취하기 때문이다.

1. 발현적 자아와 비기표적 기호계

언어를 습득하기 이전에 유아는 매우 풍부하고 다양한differentiated 비언어적 기호화를 통해 자아와 세계를 감지하고 소통하며 경험하는 양식들을 능동적으로 구성한다. 스턴이 자신의 책에서 강조하듯이 유아는 아직까지 자아와 타자의 감각[의미]sense를 구분할 수 없지만 그들의 초기 경험에는 처음부터 주체-횡단적인 성격이 존재한다.

스턴은 "언어적 자아 감각"에 선행하는 세 개의 "자아 감각"을 구분한다(발현적 자아 감각, 핵심적 자아 감각, 주체적 자아 감각). 이런 최초의 단계에서 "자아의 감각"은 언어, 의식, 재현을 거치지 않는다. 따라서 이런 경험은 자아에 대한 "개념", "지식", "인식"awareness7을 뜻하지 않는다.

가따리에 따르면 자아의 언어적 감각에 선행하는 자아의 다양한 감각은 프로이트가 제안한 [발달] 단계가 아니라 "주체화의 심급들", 즉 주체화의 비언어적 초점과 벡터들이며, 이것들은 [주체의] 생애에 걸쳐 언표speech와 의식 옆에서 자기 자신을 나란히 드러낸다. 언어적 감각에 선행하는 이런 세 가지 감각은 혼합적 기호계, 즉 비기표적이고 상징적인 기호계를 통해서 표현된다.

출생과 생후 두 달 사이에 유아는 "대인관계의 발현적 연결"이 "발생하는" 경험을 하게 된다. 스턴은 이런 발생을 가리켜 "발현적 자아의 감각"이라고 부른다. 유아는 이런 감각을 세 가지 방식으로 경험한다. 비양식적[추상적]amodal 지각, 범주적 정동, 활력적vitality 정동이 바로 그것이다. 가장 먼저 유아는 자신에게 일어난 일과 관련해 그것이 지닌 일반적이고 추상적인 특징을 선택하고 조직할 수 있는 놀라운 능력을 가진다. 강도, 박자, 리듬, 운동은 모든 감각적

7. 같은 책, 71.

형식의 공통적 특징을 이루며 유아는 이런 특징을 어렵지 않게 파악할 수 있다. 그로부터 유아는 이런 특징을 하나의 감각에서 다른 감각으로, 예를 들어 시각에서 촉각으로 또는 촉각에서 청각으로 변환할 수 있다.

다른 한편, 유아는 두 가지 상이한 정동적 과정을 통해 자신에게 일어난 어떤 사건의 추상적이고 비양식적 특징을 이해하게 된다. 첫째, 범주적 정동은 분노, 놀람, 즐거움, 슬픔 등을 표현한다. 둘째, 활력적 정동은 심리mental 상태의 변화를 표현하고 유아의 감각 방식과 관련된 강도의 문턱들을 표현한다. 활력적 정동은 "역동적이고 활동적인 용어로 포착된다. 여기에는 '밀려오는', '사라지는', '순식간에', '폭발적인', '점점 강하게', '점점 약하게', '순간적인', '길어지는' 등이 해당한다."[8] 스턴에 따르면 춤과 음악은 물론이고 비디오-영화 이미지의 상영도 이런 강도들, 즉 "느끼는 방식"을 가장 적절히 포착하는 실체들realities이다.

이와 같이 전반적global이고 주체적인 세계에서 주체와 대상은 아직까지 분할되지 않는다. 또한 자아와 타자도 구별되지 않으며 소통은 전염에 의해서 전개된다. 스턴과 가따리에 따르면 이런 주체적 세계는 "인간 주체성의 기초 영역으로 존재할 뿐만 아니라 영원히 사라지지 않는다." 이런 주체적 세계는 의식의 바깥에서 작동하는 경험들의 "모체"matrix(스턴), 또는 "실존적 중핵"(가따리)을 구성한다. 이런 모체에서 "사유, 지각의 양식, 인식 가능한 행동, 말로 표

---

8. 같은 책, 54.

현된 느낌이 나중에 발생한다. … 그것은 궁극적으로 모든 창조적 경험이 담겨 있는 거대한 저수지와 같다."[9] 모든 학습, 그리고 모든 창조적 행동이 발현적 자아의 이런 감각에 의존한다. "이런 경험의 영역"은 학습과 창조 과정이 전개되는 나중의 시기뿐만 아니라, "자아의 감각 영역들이 형성되는 각각의 순차적 시기마다 능동적 상태를 유지한다."

우리는 유아기의 이런 기호화 양식을 정신이상, 약물복용, 의식의 일정한 변성 상태[10]를 통해서, 그리고 예술적 창조, 사랑의 매혹, 정치적 열정, 실존적 위기를 통해서 접근할 수 있으며, 비록 담론적이긴 하지만 철학을 통해서도 접근할 수 있다.[11]

2. "핵심적 자아"의 감각, "주체적 자아"의 감각, 그리고 상징적 기호계

"핵심적 자아"의 감각(타자에 대립하는 자아이자 타자와 함께하는 자아)은 자아와 타자를 "물리적 현존, 행동, 정동, 연속성"을 가진 "통합적 존재"로 경험하게 해준다. 핵심적 자아의 감각은 "대인

---

9. 같은 책, 67~68.

10. [옮긴이] 이것은 예를 들어 최면 상태를 가리킨다.

11. "또한 "발현적 자아의 감각"은 19세기 후반 이래 차이의 철학자들(베르그손, 윌리엄 제임스, 타르드)이 검토했던 것이다. 제임스가 "삶의 직접적 흐름"이라고 부른 "순수한 경험은 질료(material)들로 가득 차 있다. 나중에 우리의 반성적 활동이 작용해 개념적 범주를 산출하는 질료 말이다." 우리는 사후적 반성으로 질료를 주체와 대상, 자아와 타자, 시공간에 있는 모습 등으로 분할한다. 나아가 제임스는 "갓난아이, 또는 수면·약물·질병 때문에 반혼수 상태에 있는 사람"이 순수경험을 가르쳐준다고 말한다. 이런 상태는 발현적 자아와 그것의 조직화 과정을 느끼게 하거나 제공해 준다.("A Pluralistic Universe," *Williams James : Writings 1902-1910* (New York : Library of America, 1987), 782.)

관계의 수많은 능력"에 의존한다.[12] 이런 감각은 여전히 인지적 구성물이 아니며(의식의 바깥에서 일어나기 때문이다), 정확히는 경험을 통합한 것이고 "언어 밖에 있는 기억"이다. 그리고 이 기억은 자아의 보다 복잡한 감각을 위한 기초를 제공한다.

스턴에 따르면 생후 두 달에서 여섯 달 사이에, 유아는 아마도 자신의 삶에서 가장 강렬하고 절대적인 사회적 시기를 경험하게 될 것이다(사회적 미소, 다른 사람을 향한 발성, 상호 간의 응시 등).[13]

주체적 자아의 감각은 유아가 다음과 같은 일련의 사실을 발견할 때 발생한다. 즉 유아는 자신이 "마음"을 갖고 있으며 다른 사람들도 그렇다는 사실을 발견한다. 그리고 유아는 경험, 만족, 정동, 감정을 공유할 수 있으며(또는 공유할 수 없으며), 언어가 없어도 소통할 수 있다는 사실을 발견한다. 왜냐하면 아직까지 언어를 사용할 수 없기 때문이다. 자아와 타자는 더 이상 물리적 현존, 행동, 정동, 연속성을 가진 핵심적 통합체가 아니다. 이제 그들은 "내적이고 주관적인 상태"를 장착한 통합적 존재가 된다.

우리는 언어를 사용하지 않고 어떻게 타자의 주관적 경험과 연결될 수 있는가? 어떻게 타자의 정동을 공유할 수 있는가? 가타리와 시몽동(또는 스피노자)이 주장하듯이 우리는 "타자에 의해 작동하는" 주체성을 통해서, "주체들 사이를 횡단하는" 주체성을 통해서 그렇게 할 수 있다.

---

12. Stern, *The Interpersonal World of the Infant*, 27.
13. 같은 책, 72.

아홉 달에서 열두 달 사이에 유아는 자신의 "심리 상태", 예를 들어 "상호 주목"joint attention, "의도", "정서affective 상태"를 조정할 수 있다. 활력적(역동적이고 활동적인) 정동과 범주적 정동(기쁨, 슬픔)은 유아의 [상호] "조율"과 공유를 가능하게 하는 재료가 되는데, 이것은 의미작용의 "공유된 틀"이 있으며, "전前언어적" 소통(몸짓, 포즈, 표정, 음성 표현 등)의 도구가 있다는 사실을 전제한다.[14] 정동은 "어머니와 소통하는 지배적인 양식이자 재료substance이다." 다른 사람들 - 또는 몸짓, 자세, 비언어적 행동, 발성과 연결된 정동들 - 은 언어의 출현과 그것을 획득하는 "가장 직접적인 원천"이며 원-언어적인 조건이다.[15] 가따리가 언급하듯이, "바로 이런 원-사회적이고 아직까지는 전前언어적인 우주의 중심에서 "가족적, 종족적, 도시적 등의 특성들이 전파된다(그 우주를 문화적 무의식이라고 부르자)."[16]

3. "언어적 자아"의 감각과 기표적 기호계

자아의 네 번째 감각, 즉 언어적 자아의 감각은 주체성의 언어적 부분과 비언어적 부분 사이에, 비기표적인 상징적 기호계와 기표적 기호학들 사이에 **접합**과 **이접**[17], 또는 **상보성**과 **간격**과 관련된다. 그것은 언어의 출현이 "체험된" 경험과 "재현된" 경험 사이에 분열을

---

14. 같은 책, 128, 124.

15. 같은 책, 133.

16. Guattari, *Chaosmosis*, 67. [가타리, 『카오스모제』.]

17. [옮긴이] 참고로 일본어판에서는 '접속과 분리'로 옮겼다.

초래하기 때문이다.

언어의 의미작용이 한편에서는 우리의 경험을 타자와 보다 손쉽게 공유하게 할 수 있다면, 다른 한편에서는 우리의 경험 중 특정한 부분을 우리 자신에게 은폐하고 타자들이 접근할 수 없는 것으로 만든다. [그럼에도 불구하고] 경험의 비언어적이고 "전반적인" 부분은 언어로 전환된 경험과 충분히 공존할 수 있다. 달리 말해 언어적 부분은 체험된 (정동적) 경험을 조화롭게 확장하고 풍부하게 할 수 있다. 그렇지만 체험된 경험은 언어에 의해 느슨하게 번역됨으로써 분열될 수 있다. 그 결과 [체험된] 경험은 지하로 추방된다(억압). 어른의 말, 예컨대 "아, 노란 햇빛을 봐!"는 유아들이 겪는 태양광선의 비양식적 경험을 명시하는 동시에 분리하고 파열시킨다.

"언어는 그 자신을 초월하는 경험을 촉진할 수 있다. 이런 역설은 언어가 지닌 힘에 대해서 아마도 최고의 찬사일 것이다. 그러나 이것은 시적으로 사용된 언어에 해당한다. 우리가 일상에서 사용하는 언어는 대부분 그것과는 반대로 작용하며 비양식의 전반적 경험을 파열하거나 [무의식의] 지하로 내려 보낸다."[18] 전前언어적인 자아의 세 가지 감각은 언어적 자아의 형성에 개입하지 않는다. 그것들은 기호적·주체적 "생산"에서 독립적인 중심으로 남아 있으며, 자기 자신의 "자율성"과 기호계를 포기하지 않은 채 [언어적 자아 옆에서] 지속적으로 작동한다.

가따리에 따르면 언어학과 정신분석에서 언어적 기호계와 비언

---

18. Stern, *The Interpersonal World of the Infant*, 176~177.

어적 기호계의 관계가 이
해되는 방식은 [경험의 분열
과 억압뿐만 아니라] 마찬가
지로 정치적 문제를 일으
킨다. 이런 이론들의 특징
은 일련의 대립쌍에 기초
한 모델에서 발견된다. 한
편에는 욕망, 충동, 본능,

주디스 버틀러(1956~)

동물성, 자발성의 원초적 세계가 존재하고, 다른 한편에는 언어와
기표적 기호계로 표현되는 사회적 질서, 상징적인 것, 법, 금지의 세
계가 존재한다. 기호-언어적 모델은 사실상 정치적 모델이다. 달리
말해, 이것은 아직 분화되지 않는 욕망의 경제에서 구조가 발생하
기 위해서는 의미작용signifying, 상징적 기호계, 법, 금지가 반드시 필
요하듯이, 우리 역시 정치적 주체화의 과정에서 주체성들의 자발성
을 조직하고 훈련하기 위해서 이른바 정당과 그것의 "민주집중제"
를 피할 수 없다는 것이다.

버틀러는 언어와 사회의 생산에서 "상징적 거세"와 "법"의 모델
이 반드시 필요할 뿐만 아니라 불가피한 것이라고 생각한다. 그녀에
따르면 "리비도의 전前담론적 다양체가 있으며, 그것이 실제로 '법
이전'의 섹슈얼리티를 전제한다"[19]는 주장은, 비록 그것이 푸코의

19. Judith Butler, *Gender Trouble* (New York : Routledge, 1999), 103. [주디스 버틀러,
『젠더 트러블 ― 페미니즘과 정체성의 전복』, 조현준 옮김, 문학동네, 2008.] 버틀러
는 푸코의 사유에 존재하는 결정적 곤란을 강화할 뿐 아니라 심지어 악화시킨다. 그

생각일지 몰라도 주체성의 "낭만주의적 환상"에 불과하다. 왜냐하면 언어, 법, 상징적인 것, 금지보다 선행하는 현실에 대해서, 우리는 스턴의 증명에도 불구하고 아무것도 말할 수 없고 아무것도 행할 수 없기 때문이다. 반대로 말해, 버틀러의 관점에서 우리는 오직 상징적인 것, 법, 금지, 기표의 "매개"를 통해서만 분화되지 않는 "실재"에 접근할 수 있다.

[정신분석에서는] 욕망이 꿈, 환상, 재현을 수반하기 때문에, 그곳에는 언제나 "쾌락 원칙"과 "현실 원칙" 사이에서 선택이 행해진다. 베르나르 스티글러에 따르면 동물성에 가장 가까운 "충동"은 상징적 "승화"의 과정을 반드시 거쳐야 한다. 그렇게 하지 않으면 자본주의가 파괴한 "초자아"와 "법"의 필수적 기능이 재건될 수 없다. 비르노 역시 자신의 입장에서 "충동"을 "언어"speech로 대체하는 후기 비트겐슈타인식 아포리즘을 따른다. "충동을 전반적으로 주조함으로써" 언어는 충동의 세계를 완전히 변형한다. 왜냐하면 우리는 언어가 없다면, 특히 말words과 문법이 없다면 정동의 상태가 어떤지를

녀에 따르면 권력 장치들의 생산성을 강조하는 것, 구체적으로는 권력 장치들이 주체성과 젠더 등을 구성한다고 강조하는 것은 권력 장치들이 선차적이란 뜻이며, 권력 장치가 기원적이란 뜻이다. 그런데 권력의 장치들이 권력에 대한 사법적 이해와 달리 권력의 "생산" 개념을 새롭게 제공한다면, 푸코 자신이 인정했듯이 권력의 장치들이 이 새로운 이론마저 권력의 망 속으로 끌어들일 수 있다. 들뢰즈와 가타리는 이런 교착상태에서 벗어날 수 있는 방법을 제시한다. "물론 욕망의 배치는 권력의 배치를 포함한다. … 그러니까 권력의 배치는 [욕망의] 배치를 구성하는 다양한 요소들 중에 하나로 들어가야 한다." 간단히 말해 "권력 장치들은 아무것도 배치하거나 구성하지 않는다. 오히려 욕망의 배치들이 자신의 차원 중에 하나를 따라 권력 구성체들(power formations)을 확산시킨다."(Gilles Deleuze, *Two Regimes of Madness*, trans. Ames Hodges and Mike Taormina [Los Angeles : Semiotext(e), 2006], 125.) 번역 수정.

표현할 수 없기 때문이다. 바디우의 정당 없는 맑스-레닌주의에서 동물과 인간의 대립은 "욕망의 자발성"과 "조직"의 대립으로 전환된다. [반면에] 가따리는 다음과 같은 점들에 근거해서 그 모델에 도전한다. 앞에서 살펴봤듯이 주체성의 비언어적 기호계는 "그 자신에 대해서 미분화된 상태로 존재하지 않는다." 정반대로 비언어적 기호계는 "그 기호계를 해석하고 지도하며 규칙화하고 정돈하는 메타언어와 초코드화의 존재를 반드시 수반하지 않아도, 그 나름의 배치, 통사론, 기호화 양식들의 매우 정교한 작동을 수반한다."[20] 주체성의 비언어적 기호계는 언어보다 넘치지도 않지만 모자란 것도 아니다. 양자는 단지 다를 뿐이다.

중요한 것은 언어와 기표적 기호계를 폄하하는 것이 아니라, 언어학이나 분석철학이 하는 것과 반대로, 우리 자신을 담론적인 것과 비담론적인 것 사이에 위치시키는 것이다. 그렇게 함으로써 우리는 언표행위와 주체화를 "그 중간에서 도출하게 될 것이다."

3. 영화의 혼합적 기호계

우리는 일상적인 소통방식을 잠시 중단하기 위해서 영화를 보러 간다.
— 펠릭스 가따리, 『가난한 자의 카우치』

---

20. Félix Guattari, *Molecular Revolution in Brazil*, trans. Karel Clapshow and Brian Holmes (Los Angeles : Semiotext(e), 2007), 316.

영화 이미지의 "비–인간적" 기호계는 개체화된 주체에게 주체화 및 탈주체화의 효과를 생산한다. 이런 효과를 통제하기 위해서 영화를 둘러싼 정치적 투쟁이 전개되었고 그것은 여전히 지속 중이다. 영화의 메커니즘은 전^前언어적인 자아의 세 가지 감각, 언어적인 자아의 감각, 그리고 기호계(비기표적, 상징적, 기표적인 것)를 동시에 동원하며, 이미지와 지각("필름–시선"film-eye)을 탈영토화함으로써 주체의 통일성을 자신만의 방식으로 과감히 해체한다.

영화를 통해서 우리는 기표적 기계들이 지배적 의미작용을 초과하는 상징적·비기표적 기호계의 활동을 어떻게 무효화하고 질서지우고 규범화하는지에 관해서 교과서적인 사례를 만나게 된다. 기표적 기호계를 매개로 영화산업은 상징적·비기표적 기호계를 위계화하는데, 그 과정에서 일종의 집단적 정신분석(가따리)으로 작용한다. 그러니까 영화산업은 개체화된 주체의 역할과 기능을 구성하기도 하지만, 무엇보다도 개체화된 주체와 그의 무의식을 조직하는데 결정적으로 기여한다.

가따리는 영화에서 작동하는 기호계의 목록을 명확히 제시하고 있다.

─ 구어를 뜻하는 표현의 음성적 조직(기표적 기호학)
─ 도구적 음악을 뜻하는 음성을 제외한 소리의 조직(비기표적 기호계)
─ 배경을 뜻하는 시각적 조직(상징적인 동시에 비기표적인 기호계)
─ 인체의 몸짓과 움직임 등(상징적 기호학)

— 비기표적 "강도"를 구성하는 지속, 운동, 시공간의 단절, 중단 gap, 시퀀스 등.[21]

영화의 효과는 무엇보다도 영화가 지닌 비기표적 기호계("시각적 이미지, 색채, 소리, 리듬, 몸짓, 말 등의 결합 또는 내적 움직임"[22])에서 비롯한다. 영화는 잠시 동안이지만 기표적 기호학을 넘어설 가능성, 즉 인칭논리적 개체화를 우회할 가능성을 제시하고 지배적 주체화에 아직 각인되지 않는 다양한 가능성을 개방했다.

영화의 이미지는 통합체와 계열체에 따라 직접적으로 코드화되거나 유표화되지 않으며 틀이 잡히지도 않는다. 언어에서와 마찬가지로 통합체와 계열체는 의미의 상대적 안정성과 불변성을 확보하려고 한다. 그러나 영화를 통해서 우리는 후post-기표적 세계를 살아가는 전前기표적 기호계의 양상을 또다시 확인할 수 있다. 영화는 표현의 두 가지 요소(기표/기의)가 아니라 원시 사회와 마찬가지로 "n"개의 요소를 작동시킨다. 그곳에는 이미지, 소리, 구어, 문어(텍스트), 운동, 위치, 색채, 리듬 등이 움직인다. 이런 다양한 요소에 의존하기 때문에 영화를 보고 해석하는 상이한 양식이 가능한 것이다. "영화의 색채나 리듬을 통해서, 그것의 이미지를 통해서, 영화가 창출하는 정동의 연쇄를 통해서 우리는 영화를 이해할 수 있다. 영화 속에는 기표적 연쇄와 기의적 내용 사이에 어떠한

21. Félix Guattari, *Chaosophy*, trans. David L. Sweet, Jarred Becker, and Taylor Adkins (Los Angeles : Semiotext(e), 2009), 243.
22. 같은 책, 242.

일의적 관계도 없으며 필연적이고 자동적인unmotivated 관계도 존재하지 않는다."23

원시 사회와 마찬가지로 이미지(상징적 기호계)와 강도, 운동, 간격, 시간, 속도(비기표적 기호계)는 지시작용과 의미작용 속으로 모호성, 불확실성, 불안정을 다시 도입한다. 표현은 다시 한번 다성적이고 다차원적이며 다지시적으로 변한다. "영화의 기호적 요소들은 서로를 향해 미끄러져 들어가며, 잠재적 내용들의 심층적인 통사구조에 따라, 또는 표층의 명시적 내용들을 생성하는 변형 체계transformational system에 따라, 자기 자신을 고정하거나 안정화시키기 않는다."24

빠졸리니 역시 영화 언어의 형식화가 불가능하다고 분석한다. 이 이탈리아 시인에 따르면 영화는 인간의 현실이나 사물 그 자체의 중요한 부분이 그렇듯이 기호들의 시스템을 통해서 표현되며, 보다 정확히는 비언어적 "언어들"(이미지 또는 "이미지-기호들")과 비인간적인 "언어들"에 의해서 표현된다. 기억과 꿈속에서의 이미지들은 영화 시퀀스와 유사한 특징을 지니며, "전前인간적 사건들에 가까운 것이고 인간 존재의 경계에 위치한 것들이다. 어쨌든 이들 이미지는 전前문법적이고 심지어는 전前형태론적이다(연상과정과 마찬가지로 꿈은 무의식 수준에서 발생한다)."25

23. Félix Guattari, "Agencements. Transistance, Persistances," Seminar of December 8, 1981. http://www.revue-chimeres.fr/drupal_chimeres/files/811208.pdf.
24. Guattari, Chaosmosis, 263~264. [가타리, 『카오스모제』.] 번역 수정.
25. Pasolini, Heretical Empiricism, 169.

영화는 "근본적으로 꿈을 꾸는" 동시에 "최면에 걸린 기괴한 것이다." 영화 언어에서 "비합리적" 요소들, 즉 "야만적이고, 비정상적이고, 공격적이고, 환상적인" 요소는 제거될 수 없다. 따라서 "제도화된 영화 언어"[26]의 도입은 사실상 불가능에 가깝다. 실제로 빠졸리니가 "비합리적"으로 묘사한 이런 특징들은 정동, 강도, 속도 등을 표현하는 양식들을 구성하며, 이런 양식들은 개체화된 주체의 합리성이 아니라 전혀 다른 논리에 의존한다.

따라서 영화는 비록 순간에 불과하지만 우리를 "고아"로 만든다. 다시 말해 영화는 "단독적이고 기억상실에 걸린 상태, 또는 무의식적이고 무시간적인eternal 상태"로 우리를 데려간다. 영화는 각자의 역할, 기능, 의미를 지정해주는 노동의 사회적 분업에서 우리를 벗어나게 한다.[27]

영화 이미지의 강도, 운동, 지속은 탈주체화와 탈개체화disindividuation의 효과를 생산할 수 있다. 이것은 아동기, 약물, 꿈, 열정, 창조, 광기 등이 주체 자신의 정체성과 사회적 기능을 해체하는 것과 동일한 것이다. 영화는 지각과 시각의 습관적 좌표를 중단시키며 감각운동 시스템을 기능부전 상태에 빠뜨린다. 이미지와 운동은 더 이상 대상의 운동이나 두뇌에 의존하지 않는다. 대신에 이미지와 운동은 기계 장치들의 자동적 작동이 생산한다. 그래서 몽타주는 시공간의 상이한 블록들로 우리를 데려가고, 그렇게 함으로

---

26. 같은 책, 172.
27. Guattari, *Chaosmosis*, 266. [가타리, 『카오스모제』.]

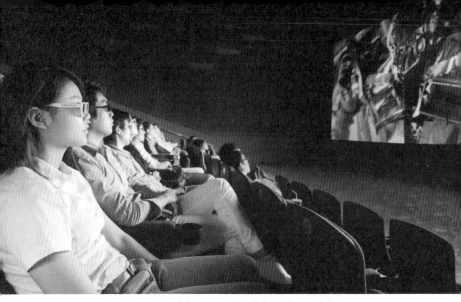

서울 강남구 삼성동 코엑스 메가박스 3D 영화관에서 영화를 보는 관객들

써 상황, 이미지, 운동 사이의 일상적 연결을 전복시킨다.

그러나 지배적 주체화를 좌절시키는 대신에, 영화 이미지는 우리를 지배적 주체화와 연결할 수도 있다. 영화 이미지는 주체화의 초점을 구성할 뿐이다. 주체화의 벡터로서, 영화 이미지는 이질발생 heterogenesis의 과정(이질성의 생산이자 과정적 발생)을 단지 촉발하고 자극하고 개방할 뿐이다. 주체적 이질성의 일관성은 수많은 힘, 장치, 테크닉의 상호작용에 의존하며, 최종적으로 정치와 미학에 의존한다. 이런 이질성의 초점을 둘러싸고 미국의 문화 산업이 대대적으로 승리한, 윤리-정치적 전투가 벌어졌다. [미국의] 산업은 정신분석과 마찬가지로 인칭논리적이고 가족주의적인 기표를 활용함으로써 이질성을 무력화하고 억제했다.

영화는 자신의 비기표적 기호계와 상징적 기호계를 자본주의의 주체성 모델로 환원함으로써, 자신의 다원적이고 다의적인 기호계를 지배적 가치로 변형하고 "꿈을 꾸는 괴물"과 그것의 "비합리적 요소들"을 길들였다.

상업 영화는 "명백히 가족주의적이고 오이디푸스적이며 반동적이다. … 그것의 '임무'는 대량소비가 요구하는 모델에 사람들을 적응시키는 것이다."[28] 비록 언어처럼 안정적이고 불변적인 의미작용을 확립할 수 없지만, 상업 영화는 물리적 현존을 눈앞에 제시함으로써 일종의 본보기 효과를 생산한다. 그것은 주체성의 [행위] 모델로 기능한다. 비기표적·상징적 기호계를 동원함으로써 영화는 우리의 주체성에 행위 모델과 정체성을 제공한다. 이를 통해서 영화는 주체성의 심층에 도달하고 작용할 수 있다. 이런 식으로 영화는 "집단의 정신분석"처럼 작동한다. 그것은 강도들을 규범화하고 기호작용semiotics 사이에 위계를 도입하고 그것들을 개체화된 주체 내부로 한정한다.

무의식에 대한 상업 영화의 효과는 정신분석의 효과보다 훨씬 더 강력하다. 왜냐하면 "카우보이, 인디언, 경찰, 강도로 가득한" 상업 영화의 무의식(달리 말해 비-오이디푸스적 의식, 혹은 우리를 둘러싼 세계와 동일한 무의식)과, 그것에 의해 작동하는 일련의 기호 메커니즘이 "관객들의 기호화 과정과 곧바로 연결되기"[29] 때문이다.

상업 영화, 그리고 나중에는 텔레비전이 생산하는 효과는 이데올로기와 아무런 관련이 없는 것이다. 왜냐하면 그 효과가 반성적

---

28. Guattari, *Chaosmosis*, 267. [가타리, 『카오스모제』.]
29. 같은 책, 265, 267.

의식 및 재현과 거리가 있기 때문이다.

"그것의 모든 비합리적, 기초적, 몽상적, 야만적 요소는 의식의 수준보다 아래로 던져졌다." 대신에 문화 산업과 산업 일반은 "이런 요소를 충격과 설득의 잠재의식적 도구로 활용했다."[30]

따라서 의식의 각성consciousness-raising은 [이런 산업에 맞서는] 충분한 대응이 될 수 없다. 왜냐하면 [언어가 아니라] 이미지들이 우리에게 작용하고 감응하기 때문이다. 그리고 이미지는 언어적 자아에 선행하는 세 가지 "자아들"과 직접적 관계를 형성하기 때문이다. 비기표적·상징적 기호계는 의식에 작용하는 것이 아니라, "잠재적이고 현재적인 행동의 연속적 변이와 힘"에 직접적으로 작용한다.

여기서 주체성은 알튀세르가 언급하는 이데올로기적 장치와 무관한 것이다. 왜냐하면 주체성과 특히 그것의 요소들이 하나의 전체로 생산되고, 따라서 시간, 리듬, 공간, 신체, 색채, 섹슈얼리티와의 관계에서 토대로 작용하는 것, 즉 내가 비기표적 요소라고 부른 것들과 분리될 수 없기 때문이다.[31]

4. 노동 분업에서 기표적 기호계와 비기표적 기호계

사실은 두 가지 공리가 서양의 문명화를 처음부터 주도한 것으로 보인다.

---

30. Pasolini, *Heretical Empiricism*, 172.
31. Guattari, *Les Années d'hiver : 1980-1985*, 129. [가타리, 『인동의 세월』.]

첫 번째는 국가의 보호막 아래 참된 사회가 전개된다는 주장이다.

두 번째는 인간이라면 일을 해야 한다는 정언 명령이다.

— 피에르 클라스트르, 『국가에 대항하는 사회』

우리가 묘사했듯이 주체와 연루된 모든 기호계와 양식은 모든 종류의 노동 분업과 관련된다. 기표적 기호계와 사회적 복종은 이런 식으로 분석되고 이해된다. 그러나 비기표적·상징적 기호계의 과정과 기계적 예속의 과정은 노동 사회학(그리고 "산업심리학")에서 거의 인식되지 않는다. 이런 과정들이 자본주의 노동 분업의 종별성을 이룬다는 사실을 감안할 때, 이 같은 현실은 매우 충격적인 일이다.

이와 마찬가지로 마리–안느 뒤자리에의 연구는 "로고스중심주의"의 한계 때문에 사람들의 관심에서 벗어나 있다. 그렇지 않았다면 놀라운 평가를 받았을 그녀의 분석은 "대량 서비스"의 생산 조직(요양병원, 레스토랑 체인)을 대상으로 했으며, 언어를 노동 분업과 "생산력"의 구성요소로 간주했다.[32]

"서비스 노동은 관계적이기 때문에" 그녀가 주장하듯이 "언어를 동원한다. 심지어는 대부분의 작업이 말하기라고 할 수 있을 정도다."[33] 그러나 이와 함께, 그녀는 말로 환원될 수 없는 비기표적 기호계의 엄청난 다양성과 집중적 사용을 열거한다. [조직의] 위계적

32. Marie-Anne Dujarier, *L'idéal du travail* (Paris : Presses Universitaires de France, 2006).

33. 같은 책, 28.

위치에 상관없이 비기표의 상징적 기호계는 기표적 기호계와 동시에 작동한다. 하지만 각각의 상대적 가중치는 두 기호계가 작동하는 위계상의 위치에 따라 달라진다.

이사회는 "정치적 역할을 수행한다. 그것은 필요한 자원("자본과 예산, 그것들의 할당")을 제공함으로써 조직의 전략과 목표를 설정한다."[34] 이사회의 "명령"은 조직의 위계를 따라 전달되고 매우 다양한 비기표적 교환을 이용한다. 언표는 생산 "과정(프로세스)"을 조직할 정도로 충분치 않으며 주체성을 명령하고 작동시킬 정도로 강력하지도 않다.

"최고경영자"는 이사회가 공표하는 포괄적 목표를 가장 먼저 구체화한다. 이런 "구체적인 형태에는 '개발 계획', '윤리 헌장', '품질 정책', '비용절감 조치', '승인 절차', '경영 관리', '디지털화', '마케팅 전략', 'IT 시스템', '광고 캠페인' 등이 속한다."[35] "예산 제약" 역시 조직의 비기표적 요소들, 예를 들어 "예산", "인적자원 정책", "투자 계획" 등으로 전환된다.

최고경영자 아래에는 "관리 전문직"이 위치하는데, 고위 경영진은 그들에게 명령과 그것의 실행을 위탁한다. 관리 전문직은 "'총체적 품질', '안락함', '매력', '융통성', '윤리' 등의 추상적 요구를 '구체적인 조직적 요건'으로 전환한다. 최고경영자의 선택은 비담론적 형태로 번역된다. 노동자들은 메네니우스 아그리파가 평민들에게

---

34. 같은 책, 50, 108.
35. 같은 책, 112.

했던 방식으로 명령받지 않는다. 아그리파는 수사학이라는 무기를 사용했으며 결국에는 평민들의 복종을 끌어낼 수 있었다(랑시에르는 언어 고유의 평등주의적 역할을 증명하기 위해 이 사례를 모델로 제시한다). [그러나] 자본주의적 노동 조직에서는 아그리파의 방식대로 명령이 전달되지 않는다. 명령은 단지(또는 '주로'라고 말해도 좋다) "상호주관적으로" 작동하지 않는다. 명령은 담론을 통해서가 아니라, 비기표적 기호계를 사용하는 장치들을 통해서 일차적으로 집행된다. 만일 우리가 뒤자리에 자신의 설명을 그대로 따른다면, 기표적 기호계는 부가적 담론으로 한정되지 않는다. 심지어 그것은 담론에 전혀 의존하지 않는다. 즉 "명령은 조직도, 계획, 프로젝트, 매뉴얼, 규약, 헌장, 지표, 절차, 과정, 생산·관리 프로그램을 통해서 집행된다."[36]

　　노동의 조직은 무엇보다도 다이어그램적 화용론에 관한 문제이다. 만일 말하는 것이 아니라 기능하는 비기표적 기호계(다이어그램, 프로그램, 예산, 경영 지표, 회계 숫자 등)가 돕지 않는다면, 언어적 명령[37]("해야 한다")이나 권고("하는 게 좋다"), 회의, "이데올로기적" 발화 등과 같은 것이 주체성에 영향을 미치기 어려울 것이다. 비기표적 기호계는 무엇보다도 "노동을 파는" 개체들에게 "나"라는 호칭을 부여하지 않는다. 비기표적 기호계는 의식과 재현을 우회하지

---

36. 같은 책, 115.
37. 알튀세르의 호명은 주체를 구성한다. 즉 주체는 권력의 부름을 받는다("어이, 거기 너!"). 그러나 비기표적 기호계의 작동이 없다면, 호명 역시 아무런 효력을 발휘하지 못할 것이다.

"전화기를 내려놓고 숨 쉴 틈을!"
2012년 9월 18일 〈콜센터 노동자 노동인권 보장을 위한 공동캠페인단〉이 출범했다.

만 그럼에도 불구하고 효과적으로 작동한다. 비기표적 기호계는 인간-기계, 인간-조직, 인간-과정 시스템 속에서 "물리적" 바퀴처럼 작동한다. 비기표적 기호계는 독자, 해석자, 촉진자를 구성하지만 이런 독자는 틀림없이 재현과 무관할 것이다. 그들은 기계, 소프트웨어, 절차 등의 형태로 존재하는 인간이라고 할 수 있다.

어떤 경우(콜센터)에는 기업들이 언어조차 다이어그램적으로 사용한다. 거기서 기표적 기호계는 일종의 신호 장치로 환원된다. 그것은 사전에 제작된 안내-반응 절차를 단순히 반복한다. 종업원과 고객 간에는 음성 언어를 교환하는 대화적 사건이 일어나지 않는다. 단어와 명제는 서비스 관계에 특화된 예속 기계의 "투입"과 "산출"이 된다. 알랭 핑켈크로트와 같이 얼빠진 인간만이 언어의 "추락"에 대한 책임을 가난한 초등학생, 이주민 자녀, 청년 등에게 돌린다. 그러나 이미 1960년대에 빠졸리니가 언급했듯이 언어는 민간 기업과 마케팅 때문에 추락한 것이다.

고객과의 대화는 재빨리 '각본'으로 돌아가야 한다. 그런 다음 교환원이 주어진 대본을 문자 그대로 읽어갈 것이다. 각본을 "벗어날" 경우 그는 불이익을 받을 수 있다. 심지어 그는 고객들에게 지적이고 공감적으로 반응해야 한다. 따라서 "시나리오", 질문에 대한 답변, 공손한 태도 등은 대화가 일어나기 전에 미리 준비된다. 대화는 고객들의 태도와 질문에 따라 [기계적으로] "작동한다." 결국 각본은 대화를 "테일러주의" 형태로 만드는 기법이다. 대화는 기본 단위들로 분할되며 수행될 과업으로 세분화된다. 대화의 각본을 구성하는 미리 제작된 문구들은 그것을 말하지 않은 사람들[경영진]이 구성하고, 그것을 구성하지 않는 사람들[노동자]이 말로 표현하는 것이다.[38]

모든 구어적 교환을 활성화하는 정동, 강도, "감정"들은 동일한 기호적 조련에 굴복한다. 물론 이런 조련의 목적은 행위를 프로그램하고 통제하는 것이다. "감정은 그 자체로 하나의 과업으로 간주되고, 감정이 발생하기 이전에 설계된다. 감정은 노동자나 고객이 느끼는 것과 독립적으로 그들에게 미리 규정될 수 있다. 노무 관리는 노동자들에게 특정한 행위를 주입하는 제도를 도입한다. 그들은 검표원이든, 청년대표든, 계산원이든, 승무원이든, 미용사든, 버스기사든, 박물관 안내원이든지 간에 쾌활하고 자신감 있으며 침착하고 행복하며 즐겁게 행동해야 한다."[39]

　이사진이 아니라 노동자의 관점에서 고객관계 서비스의 기호계 사용을 분석한 결과, 뒤자리에는 "언어가 점점 더 추상적으로 변한

---

38. 같은 책, 27.
39. 같은 책.

다"고 주장한다. 노인들의 침대 옆이든 고객들의 식탁에서든 서비스가 수행될 때, "언어는 고객과 노동자의 상호작용에 맞추어 각 화자가 참고할 수 있는 언어적 각본reference에 따라 구성된다."[40] 이런 "직업적 언어"는 동료(노동자) 사이에 통일성을 부과하지만, 그뿐만 아니라 우리에게는 "실제 노동이 어떤지를 알려주고, 따라서 그것을 검토할" 수 있게 해준다.

"고위직일수록 명령과 통제의 어휘, 즉 '경영' [또는 '관리']의 언어를 구사한다." "고위층이 사용하는 절차, 계획, 경영·경제 지표들에서 의미론적 지시는 기본적으로 행동('이것을 하시오')과 측정('성과를 내기 위해서')의 언어로 구성된다."[41]

그런데 "경영 언어보다 높은 곳에서 우리는 방법과 절차를 다루는 언어", 즉 "**담론에 대한 담론**"을 생산하는 "전문가들"의 언어를 발견한다. 왜냐하면 전문가 언어의 대상이 바로 경영 담론이기 때문이다. 그보다 조금 더 높은 수준에서 "정치적 담론"이 결과와 절차의 평가에 영향을 미친다. 이런 담론을 가리켜 뒤자리에는 "**담론에 대한 담론에 대한 담론**", 즉 전문가 담론에 대한 담론이라고 부른다.

자본주의적 명령은 추상화를 점점 더 높이는 방향으로 움직인다. 그런데 이런 운동은 언제나 언어의 관점에서 해석된다("담론에 대한 담론", "담론에 대한 담론에 대한 담론"). 이런 [언어적] 추상화에

---

40. 같은 책, 160.
41. 같은 책, 161.

주목하는 대신에, 우리는 상층부로 올라갈수록 점점 더 증가하는 비기표적 기호계의 사용에 초점을 맞출 필요가 있다. 고위층이 아래쪽에 행사하는 영향력은 메타언어의 활용에서 생기는 것이 아니라 비기표적 기호계의 활용에서 가능한 것이다.

감시와 통제monitoring는 조직 상층부가 수행하는 이차적 기능이다. 앞에서 언급한 동일한 기호계와 메커니즘이 여기서는 명령의 전달 통로로 기능한다. 통제는 "주요 지표들, 또는 전반적 등수화"를 촉진하면서 진행된다. 통제는 "메커니즘의 추적 기능을 통해서 실행되고", 자동적인 메커니즘과 비기표적 평정치의 "비인격성"을 우선시한다. 실제로 기능적 통제는 규율적·담론적 통제와 동시에 이용될 수 있지만 언제나 다른 것을 누르고 승리한다.[42]

"자아의 통제"는 "나"에 대한, 노동자의 "주체적" 투자를 조절하는 것이다. 이런 측면에서 자아 통제, 즉 자기의 관리는 사회적 복종의 한 가지 형태이다. 따라서 자아의 통제는 "경영도구(등수화, 성과보고 등)에 의해서 촉진될 수 있다." 서비스 산업에서는 노동자가 수행하는 많은 일들이 평가하기, 등수화하기, 분류하기와 관련된다("우리는 절차를 따르고 메모를 남겨야 한다. 또 우리는 지표들을 작성하고 확인하고 추적해야… 한다. 직원들은 모든 것을 평가하고 심지어는 자기 자신에 대해서도 철저하게 평가한다").[43] 등수화는 기계들이 비기표적 기호계를 통해서 처리하는 추적 [시스템]

---

42. "단일한 공식적인 목소리는 더 이상 존재하지 않는다. 그 대신 서로 독립적인 다양한 기능적 측정수단이 위계적 서열화를 위해서 활용된다."(같은 책, 212.)

43. 같은 책, 164.

을 가능하게 만든다. 이런 관점에서는 "자아 통제"를 통해서 작동하는 경영도구도 기계 장치에 속한 것이다. 그것은 일종의 쓰기장치 hypomnemata로서 노동의 조직을 가능하게 한다.[44] 사회적 복종 중에 있는 "나"는 오직 추상화를 통해서 기술적 기계들, 조직적 기계들, 과정들과 분리될 수 있다.

상징적 기호계는 고객과의 상업적 소통에서 핵심적 역할을 수행하며, 이를 통해서 서비스 관계에 결정적 영향을 미친다. 특히 광고를 수단으로 상징적 기호계는 노동 조직의 경영 기법에 철저히 통합된다. 상징적 기호계가 주입하는 기업의 (끔찍한) 문화, 마케팅 문화는 대중/소비자의 주체성을 조형할 뿐만 아니라 노동자의 주체성을 직접적으로 겨냥한다. 노동자에게 "광고 커뮤니케이션은 [단순한 허구가 아니라 그들이] '실제로' 생산해야 하는 것이다 … . 한편으로 〔노동자들은〕 회사가 공언한 약속을 고객들이 믿고 있으며, 그들 자신도 이런 사실을 믿고 있는 것처럼 작업장에서 행동한다. 다른 한편에서는 노동자들이 그런 약속을 지키는 것이 매우 중요하다고 믿는 것처럼 작업장에서 행동한다. 이런 상호작용 속에서 소비자에게 약속된 이상은 반드시 생산해야 하는 것, 즉 규범이 된다."[45]

---

44. 그리스어 '하이폼네마타'(hypomnemata)는 간단히 "기억을 돕는 것"으로 옮길 수 있다. 우리는 이 용어의 재발견과 용법을 푸코에게 빚지고 있다. "후폼네마타 (Hupomnēmata)는 기술적 의미에서 출납부, 공적 기록, 기억을 돕는 개인의 노트를 뜻한다."(Michel Foucault, "Self Writing," *Ethics : Subjectivity and Truth,* trans. Robert Hurley (New York : The New Press, 1997), 209.) 하이폼네마타는 그것이 자기 쓰기의 행위인 한에서 자아를 구성하는 한 가지 방법이다.

45. Marie-Anne Dujarier, *L'idéal du travail,* 166.

뒤자리에는 자신의 연구에서 다양한 기호계를 구분한다. 그녀는 영리하게도 그것을 "파이처럼 켜켜이 쌓인 기호계"라고 부른다. 서비스 관계에서는 "신체적 언어"(상징적 기호계), "기술적 언어"(비기표적 기호계), "사회적 언어"(기표적 기호계)가 동시에 동원된다.[46] 여기서 빠뜨린 것은 기계적 예속의 적용이다. 이것은 경험적 자료의 부족이 아니라 개념의 부족에서 생긴 문제이다. 왜냐하면 [그녀의] 텍스트 속에는 기계적 예속이 수없이 등장하기 때문이다. 또한 그녀가 인터뷰했던 관리자들, 즉 "프로세스"란 이름으로 기업의 명령기능을 수행하는 자들도 기계적 예속의 사례를 분명히 언급하기 때문이다.

고위층에서는 "전문가의 언어, 즉 이론적 언어가 영어식으로 한껏 치장되는데 …, 그것은 더 이상 노동"이 아니라 "프로세스를 다룬다." "경영자들"은 특정한 거래에 누가 관련되는지, 그것이 합당한 거래인지에 대해서 관심을 갖지 않는다. 그들의 관심은 "과정들"의 조직과 통제에 있으며, 이런 과정은 기본적으로 방법들의 적용, 지표들의 관찰, 절차들의 일관성 점검, 회의들의 조직에 관한 것이다.

최고경영자와 전문가는 "자기 자신을 '노동'이 아니라 '과정', '테크닉', '도구'에 대한 전문가로 제시하고 실제로 그렇게 여긴다. 과정들이 수행하는 결정적 역할은 통제 절차에서도 확인된다."[47] 통제

---

46. 같은 책, 29.
47. "이제는 과정들이 평가 작업의 주된 대상이 될 것이다. 심지어는 과정들에 대한 평가가 노동 그 자체보다 우선시 될 것이다."(같은 책, 164.)

와 평가가 필요한 가장 중요한 대상은 인간들-기계들의 시스템이며, "과정들"을 결합하는 혼합적 기호계(기표적, 비기표적, 상징적)들이다.

"노동"이 "과정"으로 이동하면서, 또는 복종이 예속으로 이행하면서 질적 도약이 일어났다. 그런데 사회학과 산업심리학에서는 이런 도약을 개념적으로 파악하는 데 무력하다. 조직 상층부에 위치한 사람들은 더 이상 노동이 아니라 "과정"을 다루며, 이제 과정은 노동을 자신의 구성요소 중 "하나"로 통합한다. 그들은 기계적 예속(과정)을 조직하는데, 이런 과정 속에서 노동은 기계, 기호계, 절차, 광고, 소통과 구분할 수 없을 정도로 통합된다. 특히 인간-기반 서비스에서는 기계들의 비중이 다른 산업에 비해서 적기 때문에, 과정의 조직에서 다이어그램, 도식, 지표, 예산 항목 등이 기계의 자리를 대신한다.

노동의 사회학(과 심리학)은 사회학의 다른 영역과 마찬가지로 의인론적 사고에 갇혀 있다. 이런 사고에서 "행위자"는 종업원으로서의 "나"인 동시에 노동자 "집단"의 상호주관성이다. 그것은 노동의 조직을 사회적 복종의 논리로 환원함으로써 우리에게 정치적 한계를 부과한다. 들뢰즈와 가따리의 반反사회학은 이런 한계에서 우리를 벗어나게 해준다.

가치에 관한 맑스와 맑스주의 이론은 사회학과 산업심리학의 "진보적" 부분에 직접적이든 간접적이든 영감을 주기도 했지만, 이런 의인론적 패러다임의 탈출에 있어서는 실제로 도움을 주지 못한다. "산 노동"과 "죽은 노동"을 구분함으로써, 이들의 가치 이론은 모든 창조성과 생산성을 산 노동에 귀속시키고 죽은 노동에는 단지 재생산 기능만 부여한다. [그러나] 산 노동과 죽은 노동의 구별은 오직 사회적 복종의 관점에서만 타당한 것이다. 기계적 예속의 관점에서 생산성의 장소들, 언표행위의 벡터들, "자기"pour soi와 "타자"pour l'autre의 지향성은 인간에게만 배타적으로 적용되지 않는다. 기계, 대상, 절차, 다이어그램, 지도 등은 산 노동의 "성스러운"biblical 정신이 생명과 이동성, 창조성을 불어넣기를 기다리지 않는다. 기계적 예속의 관점에서 비기표적 기호계, 대상, 다이어그램, 프로그램 등은 "사람들"이 행하는 것과 똑같이 생산, 창조, 혁신에 기여한다. 기계와 마찬가지로 인간 역시 "죽은 노동"과 "산 노동"의 잡종이다.

기계적 예속(또는 과정들)은 주체와 대상에 선행하며 사회적 복종의 의인론적 구별을 넘어선다. 삶과 죽음, 또는 주체와 대상의 의인론적 구별은 "인간"과 "노동"에 초점을 맞춘 재영토화 과정의 산물이다. 사회학과 산업심리학은 인간주의적 재영토화, 즉 노동의 "인간화"를 수행한다. 이런 "인간화"는 노동의 진보와 아무런 관련이 없으며, 오히려 그것이 정당화하는 사회적 복종과 동일한 것이다. 지위, 역할, 기능, 직업의 자본주의적 분할은 권력의 작동으로 간주되는 것이 아니라 인간의 해방 자체와 동일한 것으로 생각된다. [그러나] "신분과 사회적 지위를…" 할당함으로써, "[노동은] 정체성 구성에 결정적으로 기여한다… 거기서 사람들은 세계와 타자, 자기 자신에게 변화를 가할 수 있다."[48]

---

48. 같은 책, 6.

사회학과 산업심리학은 그저 "노동"을 분간하고 승인할 뿐("노동의 분배", "노동의 완수", "노동 경력" 등), 그것이 언제나 "자본주의적 노동"이란 사실을 완전히 무시한다. 실제로 노동은 자본주의 사회 안에서만 타당한 개념이다. 그러나 사회학과 산업심리학은 "노동"을 모든 역사에 존재하는 "보편자"로 만듦으로써 "노동"이란 범주를 과거와 미래로 투사한다.

[오늘날] "노동"의 조직[49]에서는 정치적 차원이 망각되고 그 자리에 자아실현에 관한 분석이 들어선다.[50] 이제 "노동은 인간이 자기 행동에 관한 한계와 불확실성을 깨닫는 육체적이고 실존적인 경험이다…. 우리가 (박탈당하거나) 수행하는 노동은 각 개인의 심리적·육체적 사유에 심대한 영향을 미친다."[51]

사회학과 산업심리학은 "노동"과 "정치 프로그램"을 혼동한다. "임금 노예제"에 반대하면서 노동운동이 창출한 프로그램 말이다. 노동은 그 자체로 해방을 보장하지 않았다. 노동을 통한 자아실현, 정체성 형성, 사회적 인정은 자본주의 ─ 그리고 사회주의 ─ 의 기

---

49. [옮긴이] 영어판에서는 distribution(분할)이지만 프랑스 원고에서는 organisation이다. 여기서는 프랑스어본을 따른다.

50. 벤야민은 노동을 찬양하는 사회민주주의를 격렬하게 비판하면서 맑스를 인용하고 있다. 맑스가 언급하듯이 "자신의 노동력 말고는 아무것도 소유하지 못한 자들은 자기 자신을 소유자로 내세우는 다른 사람들의 노예" 상태로 전락하게 될 것이다. Walter Benjamin, "Theses on the Philosophy of History," *Illuminations*, trans. Harry Zohn (New York : Harcourt Brace, 1968), 259. [발터 벤야민, 「역사의 개념에 대하여」, 『역사의 개념에 대하여 / 폭력비판을 위하여 / 초현실주의 외』, 최성만 옮김, 길, 2008.]

51. Christophe Dejours, "La critique du travail entre vulnérabilité et domination," in *Travail et santé* (Toulouse : Erès, 2010).

획 속에서 언제나 핵심적 요소로 존재했다. 프랑스의 전직 대통령이 표현한 노동에 대한 숭배와 찬양은 단순한 이데올로기 효과도 아니고 기회주의의 산물도 아니다.[52] 거기서 우리는 "실질적 완전고용", 진정한 "노동의 가치"가 아니라 전혀 다른 것에 주목해야 한다. 왜냐하면 노동과 연계된 사회민주적 기능 ─ 소득보장, 사회적 인정과 이동성, 미래에 대한 가치와 확신 등 ─ 이 노동이나 고용을 통해서 더 이상 유지될 수 없기 때문이다. [대신에] 우리는 기계적 예속에서 출발함으로써 "노동=가치"가 아니라 전혀 다른 결론에 이르는 재영토화를 상상해야 한다. 우리는 기계적 예속이 개방하는 탈주체화의 기회를 포착해야 한다. 만일 우리가 새로운 정치적 주체화를 발명하려고 한다면, 이것은 우리에게 요청되는 가장 시급한 과제 중에 하나일 것이다. 그렇지 않을 경우 우리는 생산자, 노동자, 종업원이라는 신화적-관념적 내러티브로 퇴보하게 될 것이다.

5. 주체성의 이중적 기능과 가공

권력은 기표적 기호계를 활용하지만 그 속에서 완전히 길을 잃지는 않는다.
권력이 자신의 기표적 실천이나 이데올로기에 사로잡힐 수 있다는 생각은 오해에 불과하다.
─ 펠릭스 가따리, 『분자혁명』

---

52. 2007년의 한 연설에서 전직 대통령 니콜라 사르코지(Nicolas Sarkozy)는 이렇게 말한 적이 있다. "저는 다음과 같은 선택을 다수당에게 제안하고 있습니다. 사회정책, 노동, 교육정책, 노동, 경제정책, 노동, 재정정책, 노동, 경영정책, 노동, 이민정책, 노동, 통화정책, 노동, 예산정책, 노동을 말입니다." "저는 여러분이 자신의 정책을 행하라고 요구하는 겁니다."

자본주의의 권력 행사에서 기표적 기호계와 의미작용 기호학은 어떤 관계에 있는가? 그들은 서로 연합하거나 보완하면서 작동한다. 복종과 의미작용은 각각의 개인에게 자신이 찾아갈 위치를 정해주고(당신은 남성이다, 당신은 여성이다, 당신은 노동자다, 당신은 사장이다 등), 행위할 방식과 충족시킬 기능을 할당하며(당신은 자기 자신, 자신의 가족, 국가 등을 위해서 노동에 종사해야 한다), 사유하고 표현하는 방식을 알려준다. 이런 복종과 의미작용이 생산되지 않는다면, 경제권력과 정치권력은 상상의 산물에 불과할 것이다. 만일 국가가 원하는 대로, 그리고 시장이 원하는 대로 우리가 생각하고 행동하지 않는다면, 이런 의미작용이 우리의 사유와 행동을 반드시 조정할 것이다. 우리의 사유화 행동은 이런 의미작용에 맞추어 반드시 수정될 것이다.

권력 구성체가 우리를 포위하지 못하는 그런 순간은 존재하지 않는다. 우리 사회에서는 사람들이 과도한 제스처를 삼가야 한다. 우리는 각자 정해진 위치에 머물러야 하고, 주어진 서명란에 서명을 해야 하며, 우리에게 보내는 신호를 알아채야 한다. 그렇지 않을 경우 우리는 교도소나 병원으로 실려갈지 모른다.[53]

푸코가 환기하듯이 권력은 행위에 대한 행위로 간단히 규정된다. 그것은 복수의 가능성possibility, 개연성probability, 잠재력potentiality,

---

53. 같은 글, 172.

잠재성virtuality을 한정한다. 이런 복수의 역량은 지속적으로 영토화되고 제도와 의미작용의 몰적 차원으로 통합되며, 결국에는 개체화된 주체의 역할과 행위들로 구체화된다.

예를 들어 화폐는 그 자체로 한정될 수 없는 탈영토화 효과를 창출한다. 이런 효과에서 촉발된 경제적 명령(이를테면 부채를 줄이고, 정부재정을 정비하며, 피지배층에게 "희생"을 강요하는 것 등)은 미디어, 정당, 노동조합, 전문가, 정부 관료들에 의해서 담론, 사유, 행동으로 해석되고 번역되어야 한다. 그것은 여론으로 전달되어 각각의 사회집단과 모든 개인에게 공유되어야 한다. 이런 맥락에서 국가, 미디어, 전문가들이 내러티브, 이야기, 보고서를 끊임없이 생산하는 것이다. 이런 담론들이 없다면 신용화폐의 비기표적 작동이 그 의미를 주체하지 못하고 끊임없이 증식할 것이다. 거기서 신용화폐는 그 자체로 고유한 기능(다이어그램적, 비기표적)을 지니며, 그것은 주체나 대상, 또는 사람이나 사물을 필요로 하지 않는다. 요컨대 (맑스에 따르면) 화폐와 이윤은 오직 추상적이고 탈영토화된 주체성만 인식하며, 마찬가지로 오직 탈영토화된 추상적 대상만을 인식한다. 어떤 주체성이든, 그리고 어떤 종류의 대상이든 그것은 영토, 실존, [고유한] 주체성[54]을 필요로 하지 않는다. 복종은 이런 탈영토화된 주체성에 역할과 기능을 부과한다. 그 결과 개체들이 소외상태로 접어든다.

---

54. [옮긴이] 영어판에서는 subjectivity이지만 프랑스 원고에는 de subjectivité singulières으로 표기되어 있다.

그렇지만 만일 우리가 사회적 복종과 의미작용의 수준에 멈추게 된다면, 권력은 관찰 가능한 재현, 도상, 이미지로 축소될 것이다(사실 이런 권력에 대해서 우리는 거의 속지 않는다).

담론, 내러티브, 의미작용은 주체성을 재현, 의식, 이미지, 의미작용의 수준에서만 포획할 뿐이다. [그러나] 주체성을 확립하고, 주체성에 작용하고, 주체성에 작용하는 시점과 지점을 결정하기 위해서는 또 다른 유형의 과정이 필요하다. 그것이 바로 주체성의 분자적 과정이다. 주체성의 분자적 과정은 재현, 의식, 의미작용을 피해가는 기계적 예속을 통해서 작동한다. 개인 이하의 층위에 개입할 뿐 아니라 개인 이상의 층위에 개입하기 때문에, 예속은 개인과 개체화된 주체보다 적은 것을 동원할 뿐만 아니라 많은 것을 동원한다.

두 가지 양식[기표적 기호계와 의미작용의 기호학] 사이에는 상호 결합과 보완이 일어난다. 기표적 기호계는 주체성의 몰적인 공정 processing을 가동한다. 몰적 공정은 의식, 재현, 개체화된 주체를 겨냥하고 요청하고 호명한다. 반면에 비기표적 기호계는 동일한 주체성의 **분자적** 가공을 유발한다. 분자적 과정은 부분적 주체성들, 비반성적 의식상태, 지각 시스템 등을 동원한다. 여기서 우리는 다음과 같은 사실을 다시 한번 강조하고 넘어가야 한다. 즉 자본주의적 탈영토화는 주체와 그것의 기호학을 궁핍하게 만들지만, "그럼에도 불구하고 인간적 기호계를 무효로 만들지 않는다." 자본주의적 탈영토화가 "인간적" 기호계에 의존하는 것은 분명한 목적이 있기 때문이다. 그것은 과학-기술 시스템의 비기표적 기호계, 경제 상태, 국

1910년 전후 여성 노동조합 연맹 뉴욕지부. 1일 8시간으로의 근로시간 단축을 요구하고 있다.

가의 집합적 자원들에 의해 실현되고 보장되는 [자본주의의] 탈영토화와 재영토화의 과정들을 통제하고 조정하는 것이다. 그렇게 하지 않으면 기존의 실존적 영토들, 그것들의 가치와 삶의 방식이 아무런 안전장치 없이 파괴될 것이다.

기표적 기호계의 비반동적 사용은 노동자 운동에서 전형적으로 발견된다. 19세기에 노동자 운동은 혁명적인 재영토화를 발명할 수 있었다. 혁명적 재영토화는 자본이 파괴하려는 노동자 운동의 방어에 그치지 않았다. 그것은 자본주의적 탈영토화를 넘어섰다. 즉 프롤레타리아의 국제주의, 상호부조, 초국가 단위의transnational 계급적 연대는 단수형의 인간[적 세계]를 넘어섰다.

탈영토화와 재영토화의 이런 이중 운동은 오늘날과 같이 거대한 변화의 시기에 우리가 경험할 수 있는 모호함, 불확실성, 격변을 어느 정도 설명해준다. 가따리가 사용하는 맑스주의 용어 가운데, 이른바 "노동자"는 비기표적 기호계를 통해서 "생산" 안에서 탈영토화된다. 바로 그렇기 때문에 "노동자"는 반동적 재영토화의 행위자만이 아니라 혁명적 단절의 행위자가 될 수 있는 것이다.

자본주의는 위기를 생산한다. 자본주의는 인간[적 세계]를 향해 극적으로 퇴행하기도 하지만, 이와 동시에 탈인간적post-human 세계를 향해 동시다발적이고 무차별적으로 전진한다. 자본주의는 "인간을 초월하는" 세계로 이행하기도 하지만, 이와 동시에 "인간"의 가장 하찮고 천박하며 비열한 부분(인종주의, 광적인 애국심, 착취, 전쟁 등)에 맞추어 자기 자신을 재영토화해야 한다. 이렇게 (일말의 인간주의적 가치도 없이) "인간"으로 끝없이 복귀하는 것은, 인간을 넘어선 정치가 실현될 수 있다는 강박적 공포에 의해서 정당화된다. 그것은 탈영토화와 비기표적 기호계를 통해서, 그것들에 반대하는 동시에 그것들을 이용함으로써, 인간 이후의 정치가 실현될 수 있다는 [자본주의의 "인간"적] 공포를 말한다. 이런 정치가 가능할 때 우리는 착취, 인종주의, 전쟁, 식민주의를 극복하고, 여성에 대한 남성의 지배를 끝장내며, 모든 존재자(생물이든 무생물이든)에 대한 인간의 지배를 벗어나게 될 것이다.

6. 빠졸리니와 새로운 자본주의의 내재적 기호계

한편으로 우리는 표현의 양식과 세계와의 관계를 표준화하고 동질화함으로써

주체성의 생산물을 유아화(infantilization)하고,
그와 함께 다른 한편으로 언어의 비-지시적 기능을 기하급수적으로 팽창시킨다.
어린이와 청소년은 기표적 담론만 갖고서는 자신의 발달을 적어도 대부분 이해하지 못한다.
그들은 온갖 종류의 기계적 시스템에 의존할 뿐 아니라, 내가 비기표적 담론성이라고
부르는 형태(음악, 복장, 신체, 인지를 암시하는 행위 등)에 의존한다.
— 펠릭스 가따리, 『분자혁명』

인간의 언어가 아니라 생산과 소비의 이런 언어는 무자비할 정도로 결정론적이다.
그것은 오직 기능적으로 소통하려고 한다.
그것은 광고 슬로건이 그렇듯이 열변을 토하거나 칭찬하거나 설득하려고 하지 않는다.
— 삐에르 빠올로 빠졸리니, 『이단적 경험주의』

    빠졸리니는 "새로운 자본주의"의 기호 시스템이 지닌 특성과 기능을 이해한 최초의 저자 중에 한 사람이다. 19세기와 20세기를 거치면서 언어학과 기호학은 발전을 거듭했지만 그만큼 한계를 드러냈는데, 이런 한계에서 빠졸리니가 벗어난 경로는 많은 지점에서 가따리의 작업과 교차한다.

    근대성은 모든 주체성을 주체에게 집중시키고 모든 표현 능력을 대상에게서 박탈함으로써 자연과 문화의 연속성을 파괴했다. 빠졸리니가 정교하게 가공하려는 "일반 기호학"은 자연과 문화의 연속성을 인정하는 것이다. 영화에 대한 자신의 [제작] 경험을 바탕으로, 그리고 퍼스의 사례를 본받아 그는 이미지에 대한 물음에서 출발하는 새로운 기호학을 창조했다. 빠졸리니는 이미지를 두뇌의 생산물이나 지각 시스템의 결과물로 간주하지 않는다. 이를 통해 그는 이미지와 사물, 또는 의식과 대상의 이분법을 극복할 수 있었다. 제리 말라가의 머리카락 숏이나 움베르토 에코의 "실제

적"real 시선은 세계 — 따라서 영화 그 자체, 자연 그대로의 영화, 메타영화 — 를 구성하는 이미지들과 분리된 것이 아니라 연속적인 것이다. 베르그손의 『물질과 기억』 첫 번째 장에서 그런 것처럼 시선은 사물 그 자체이다. 사물은 자신을 비추는 의식의 도움 없이 자기 스스로 빛난다.

시선을 사물의 자리에 위치시킴으로써, 영화는 표현과 행위의 의인론적 관념을 해체한다. 사물은 스스로 자기 자신을 표현한다. 달리 말해 시선은 주체화의 초점들을 구성한다. 사물은 표현의 역량, "광도", 원-언표행위의 능력, 그 자신만의 기능action을 지니며, 인간에게는 조금도 의존하지 않는다.

1. 소비와 생산의 언어

빠졸리니의 "일반 기호론"에서 흥미로운 지점은 사물의 언어가 어떻게 "비언어적 담론"으로 작동하는지, 어떻게 현실 그 자체의 원-언표행위의 힘으로 작동하는지, 따라서 사물의 언어가 어떻게 주체화의 장소로 작용하는지에 놓여 있다. 가따리와 마찬가지로, 표현은 단지 언어적 기호로 흡수되지 않는다. 반대로 자본주의 안에서 표현과 언표행위는 일차적으로 비기표적·상징적 기호계에 속한다.

빠졸리니에게 언어는 "수많은 기호 시스템 가운데 가능한 하나"이며 "그 자체로 특권적인 시스템"이 아니다.[55] 행동, 행위, 물리적 현존 역시 의미론적 장이며 비언어적 소통의 장소이다. 가따리와 마

---

55. Pasolini, *Hermetic Empiricism*, 265.

찬가지로 로마 또는 볼로냐의 쇠락한 교외, 그것의 건축물은 물리적 현존 그 자체로 "말을 건다." 그것들은 주체화의 벡터로 기능한다. 사물은 언표행위의 벡터로 작용하는 담론성의 원천이다. 다만 사물은 "과묵하고 물질적이며 객관적인 불활성의 상태로 그곳에 있을 뿐이다."[56]

사물은 무언가를 소통하거나 표현하는 "도상적 기호", 또는 이미지들이다. 사물의 언어에 대한 이런 감각은 작가로서의 경험보다는 영화제작자로 활약한 빠졸리니의 작업에서 나온다. 카메라의 응시 덕분에 그는 영화 숏에 포함된 모든 사물을 주목하고 그 세부 항목을 기록하게 된다. 작가는 사물을 낱말, 즉 상징 또는 언어 시스템의 기호들로 전환한다. 이런 기호들은 "상징적이고 관습적이지만, 영화 시스템의 '기호'는 사물 그 이하도 그 이상도 아니다. 그것은 물질성과 현실성을 있는 그대로 제시한다."[57] 영화감독의 입장에서 빠졸리니는 사물이라는 "표현적 존재"의 직접성과 대면하려고 했다.

비언어적 담론은 "언어가 소유하지 못하는 설득력을 지니고 있

---

56. Pier Paolo Pasolini, *Lutheran Letters*, trans. Stuart Hood (New York : Carcanet Press, 1987), 26. 예전에는 "도시 변두리에 사는 사람들이 자신만의 코드로 이렇게 말하곤 했다. 여기는 가난한 사람들이 사는 곳입니다. 여기서 산다고 하는 것은 가난하다는 뜻입니다. 그런데 가난한 사람은 노동자들입니다. 그리고 노동자들은 당신네 중산층 사람들과 다릅니다." 오늘날 똑같은 장소에서 "변두리 사람들은 자신만의 코드로 이렇게 말할 것이다. '여기에는 더 이상 민중(popular)의 정신이 없습니다.' 농민과 노동자들은 여전히 그곳에서 존재할지 몰라도 그들의 [정신]은 '다른 어딘가로 사라진다.'"(같은 책, 35~36.)

57. 같은 책, 31.

다."[58] 우리는 말을 통해 배운 것을 망각할지 몰라도, 사물을 통해 배운 것은 절대로 잊지 못하다.

빠졸리니의 삶에서 최초의 이미지는 하얀색 커튼이다. 이런 이미지는 그에게 "객관적으로" 말을 걸었고 부르주아적 아동기의 세계, 즉 자신이 살고 있는 우주를 전달했다. 또한 우리는 비록 "붉은색"이긴 하지만 가따리가 언급한 커튼도 알고 있다. 이 역시 무언가를 말하고 소통하고 표현한다.

> 내 커튼의 어두운 붉은색은 해 질 녘, 그러니까 황혼의 실존적 성좌constellation 속으로 들어간다. 거기서 기묘한 효과가 발생한다. [사물의] 자명함과 집요함이 대수롭지 않게 변한다. 바로 직전까지도 그렇게 생생했지만, 이제 세계는 돌이킬 수 없을 정도로 분명한 공백 속으로 침잠한다.[59]

여기서 가따리는 색채의 표현 양식을 구체적으로 설명한다. 달리 말해 그는 하나의 사물이 어떻게 주체화의 초점이나 벡터로 기능할 수 있는지에 관해서 묘사한다. 비록 우리가 붉은색이 "말한다"고 주장할 수는 없지만, 그럼에도 불구하고 붉은색은 인간적 요소(지각, 기억)와 비인간적 요소(커튼, 황혼)를 배열함으로써 모든 표현과 발화의 실존적 기초를 구성한다. "커튼과 관련된 것, 황혼과

---

58. 같은 책, 37.
59. Guattari, "Ritornellos and Existential Affects," *The Guattari Reader*, 160.

관련된 것, 내 기억과 관련된 것들이 **언표행위의 핵으로 주어진다.** 그러나 이것은 재현이 관여한다는 의미가 아니다. 재현은 실존적 기능의 단지 일부로 존재할 뿐이다. … 실존적 기능은 지시작용과 의미작용과는 완전히 다른 식으로 조직된다."[60]

특정한 배치(색채, 커튼, 저녁, 기억, 지각 등)는 실존적 요소들의 집합이나 응축을 가져온다. 그것은 비록 비담론적이긴 하지만 언표행위의 기초를 이룬다.

가따리가 쓰고 있듯이 사물의 언어는 불변적이고 안정적인 의미작용을 확립할 수 없지만, 그럼에도 불구하고 행위 모델을 창출할 수 있다. 그것은 본보기 효과와 물리적 현존의 자명함을 제시한다. 비구어적 기호계, 비기표적 기호계(산업에서 이용되는 과학-기술적 언어들), 상징적 기호학은 1960~70년대를 거치면서 이탈리아 사람들의 주체성을 급격하게 변화시켰다. 새로운 자본주의는 "문화로 코드를 창출하고 행동을 조절하는 부르주아 혁명의 두 번째이자 최종 판본이다."[61] 이런 코드는 무엇보다도 언어를 매개로 작동하지 않으며, 재현과 지시작용, 의미작용이라는 언어의 기능을 통해서 작동하지 않는다. 새로운 자본주의의 문화는 욕망의 모델을 퍼뜨리고 복종의 모델을 부과한다(어린이, 아버지, 어머니의 모델 등). "이런 문화는 자동차 산업이 새로운 모델을 출시하듯이 (주체

---

60. Félix Guattari, "Ritournelles et affects existentiels (Discussion)," Seminar of September 15, 1987. http://www.revue-chimeres.fr/drupal_chimeres/files/870915b.pdf.

61. Pasolini, *Lutheran Letters*, 39.

성) 모델을 출시한다."[62] 자본주의는 개체를 제작하고 그의 신체와 정신psyche을 조형한다. 또한 자본주의는 개체에게 지각 양식, 기호화, 무의식을 주입하고 "모든 노동자를 유산 계급의 소유자"로 만들려고 시도한다.

1960년대 이후 자본주의는 "탈영토화된 노동자, 즉 자신의 직업적 전문능력을 초월한 사람들"을 요구했다. "이들은 기술혁신을 추구하고 심지어는 일정 정도의 창조성과 열정을 계발한다. 게다가 자본주의는 시장 발전에 적응할 수 있는 소비자를 요구한다."[63] 빠졸리니는 가따리가 제시한 새로운 노동자 형상의 실존적 판본을 제공한다. "권력은 색다른 종류의 주체를 요구한다." 권력은 빠졸리니의 용어로 "실존적 유연성"을 요구한다. 실존적 유연성이란 노동시장의 경제적 유연성에 대응하는 개념이며, "모든 사람의 '실존'이 절대적으로 탄력적인 상태를 말한다. 이것의 목적은 모든 사람을 양질의 소비자로 만드는 것이다."[64]

이탈리아 사람들은 (그리고 세계의 다른 지역에 사는 사람들은) 그들에게 제시된 특정한 문화 모델에 순응해야 한다(옷을 입는 방식, 신을 신는 방식, 헤어스타일, 행동과 몸짓 등). 이런 모델은 주체성의 인지적 차원과 재현을 우회함으로써 그들의 실존에 곧바로 작용한다.

---

62. Guattari, *La Révolution moléculaire* (Union générale d'éditions, 1977), 95. [가따리, 『분자혁명』.]

63. Guattari, *La Révolution moléculaire* (Recherches, 1977), 217.

64. Pier Paolo Pasolini, *Écrits corsaires*, trans. Philippe Guilhon (Paris : Flammarion, 1976), 256.

"무엇보다도 체험된 경험, 즉 실존을 통해서 우리는 그런 [문화적] 모델을 따르게 된다. 따라서 신체와 행위를 통해서 우리는 순응하게 된다."[65] 비언어적 담론의 기호적 효력은 저항할 수 없을 정도로 강력한 것이다. 왜냐하면 그런 담론이 조련의 효과를 통해서 실존의 기능에 영향을 미치기 때문이다(가따리). "육체 자체는 교육받아야 한다. 즉 조형되어야 한다. 육체는 정신의 주형틀이다."

품행conduct과 주체화의 이런 모델은 "물리적 언어", 또는 "행위언어"를 통해서 부과된다. 이들 언어는 비언어적이기 때문에 "더 이상 인간주의적 의미에서 수사학적이지 않다. 그것들은 미국적인 의미에서 실용적인 것이다."[66]

새로운 자본주의는 명확성, 정확성, 기능성, 도구적·실용적 효율성에 관한 언어들을 우선적으로 강조한다. 게다가 새로운 자본주의는 이런 언어들에서 인간주의적 언어의 표현적 차원을 제거한다. 역사적 관점에서 언어적 언어들이 완전히 공허해지고 관습적으로 변한다. 즉 언어적 언어들이 하부구조 언어들의 번역가능성, 중앙집중화, 제한된 등가물에 종속된다. 이런 시기에는 "물리적 언어, 신체gestural 언어가 무엇보다도 중요해진다."[67]

하부구조(학교, 법률, 대학 등)의 언어들이 지배하기 시작하면서 기호계의 위계는 역전된다. 그러나 이런 역전에도 불구하고, 새로운 자본주의는 언제나 "혼합된 기호계"를 통해서 작동하고 그 자

65. 같은 책, 86.
66. 같은 책, 82.
67. 같은 책, 79.

신을 표현한다.

이탈리아와 같은 국가의 문화는 무엇보다도 행위 언어나 신체 언어를 통해서 표현된다. 거기에 언어적 언어가 약간씩 부가되지만, 그것은 철저히 관습적이고 완전히 공허한 것으로 변한다.

지시작용을 벗어난 언어의 확산은 모방적 전염, 즉 정동을 통해서 작동한다. 그뿐만 아니라 이런 언어는 "테크닉"을 매개로 주조된다. "기술적 현상이 마치 새로운 영성처럼 언어에 스며든다. 그것은 언어의 뿌리에서 모든 말단까지, 모든 구절까지, 모든 요소들까지 침투한다."[68]

국어가 등장하면서 유일하고 단일한 기표적 실질이 부과된다. 이 과정에서 교육 시스템과 텔레비전이 특히 중요한 역할을 수행한다. 국가의 집합적 기구들과 대중 매체는 새로운 이미지 문화를 매개로 상징적 기호계의 중앙집권화를 촉진한다. 그 과정에서 가공할 만한 새로운 "표현 능력"이 역설적으로 등장한다. 이제 주체성은 말과 언어, 재현, 이데올로기, 의식보다는 생산과 소비의 언어(경제의 비기표적 기호계, 소비의 상징적 기호계)에 의해서 지배된다.

2. 비관용과 이탈리아의 "문화적 대학살"

새로운 자본주의의 발전 단계에서 "혁명적" 언표행위의 집합적

---

68. Pasolini, *Heretical Empiricism*, xix.

배치가 펼쳐지지 못한다면, 하부구조(산업, 미디어, 관료제 등)의 언어들이 파괴적인 효과를 초래할 것이다. 왜냐하면 이런 언어들이 이탈리아 인문을 인간학적 변이의 제물로 만들기 때문이다. 심지어 빠졸리니는 맑스의『공산당 선언』을 좇아서 "문화적 대학살"을 주장한다.

민중문화popular culture를 박탈당한 "새로운 빈곤층"은 자신의 경제적 상태와 새로운 자본주의의 문화, 즉 대량 소비 사이의 불균형을 경험한다. 그들은 대량 소비가 눈앞에 전시하는 것들을 절대로 얻을 수 없다. 왜냐하면 "가난이 여전히 남아 있기 때문이다. 생활표준의 거짓된 개선이 가난을 은폐할 뿐이다." 한편에서는 민중문화의 전통적 모델이 사라지고, 다른 한편에서는 사회경제적 불평등이 지속된다. 이런 상황에서 불만, 폭력, 비행, 공격성이 표출되고, 빠졸리니는 이런 현상을 특히 청년들의 신체적 행위와 모습에서 발견한다.

새로운 자본주의가 사회를 총체적으로 통합하고 지배한 것은 비교적 최근의 일이다. 그전에는 가난한 사람들이 [문화적 학살보다는] "사회적 분리와 주변화"를 경험했다. 이런 차별과 주변화 때문에 그들은 자신만의 표현 양식과 문화를 보존하고 재생산하고 재발명할 수 있었다. 1950년대의 룸펜 프롤레타리아트는 이름만 다를 뿐이지 "흑인"의 처지와 다를 바 없었다. 그들을 통제하기 위해서 부르주아는 "교화" 수단을 고려하는 대신에 경찰의 억압적 수단을 동원했다. 달리 말해 부르주아는 빈곤층을 대상으로 주체화 모델이나 문화적 모델을 부과하려고 시도하지 않았다. 이런 관점에서 선진

자본주의 세계는 여전히 파시즘의 자장 안에 있었다. 보다 정확히는 파시즘이 낡은 자본주의와 새로운 자본주의의 교차점, 또는 문턱에 위치했다. [반면에] 생산과 소비의 언어는 파시즘 독재가 수행한 수많은 내부 혁명을 대체한다.

많은 사람들이 간과하고 있지만 파시즘은 반동의 기념비적 모델을 제공했다. [파시즘 아래] (농민, 룸펜 프롤레타리아, 노동자들의) 다양한 문화는 사실상의 제약 없이 자신만의 모델을 보존했다. 억압은 그들의 입을 닫게 하는 데 한정되었기 때문이다.[69]

[그러나] 새로운 자본주의는 "하부구조의 언어들"을 통해 실존의 뿌리를 타격한다. 그것은 단순한 복종이나 순종을 요구할 뿐만 아니라 개체의 주체성과 삶을 형성하고 조정하려고 한다. 나중에 푸코가 언급하듯이 통치는 "영혼"의 통치인 것이다.

파시즘의 다양한 형태는 그들[농민 등]을 꼭두각시, 복무자, 진실한 신봉자로 변화시켰다. 그러나 실제로 파시즘은 그들의 정신, 즉 존재 방식의 심층에까지 도달하지 못했다. [반면에] 소비는 그들의 가장 내밀한 자아에 접근했으며 그들에게 다른 감정feeling, 다르게 생각하고 살아가는 방식, 다른 양식의 문화 모델을 주입했다. 무솔리니의 지배와 달리 소비에서는 원근 도법의 피상적 통

---

69. Pasolini, *Écrits corsairs*, 49.

1922년 로마 진군 당시 베니토 무솔리니. 콰드룸비리 네 명 중 세 명과 함께 있다.

제가 아니라, 그들의 정신을 변경하고 강탈하는 실제적 통제가
가능했다.[70]

전통적으로 파시즘은 영웅주의, 애국주의, 가족과 같은 수사학
적 가치를 활용했다. 반면에 "새로운 파시즘은… 사회 전체에 질
병을 주입하는 실용주의에 가깝다. 대중majority이라는 국가적 종
양 말이다."[71]

---

70. 같은 책, 269.

문화, 광고, 대량 소비로 구성된 새로운 파시즘은 "거짓된 관용"을 생산하는 "인종주의와 다를 바 없는 것이다." 그것은 가족중심 familialist의 생활양식과 섹슈얼리티를 주입할 뿐이다. 소비, 광고, 대중문화의 "새로운 관용"은 매우 불온한 새로운 "비관용" 상태로 언제든지 전환될 수 있다.

"새로운 관용", 그러니까 오늘날의 "정치적 올바름"은 역설적 효과를 생산한다. 그것은 다음과 같은 이유 때문이다. 새로운 자본주의에 국한된 문제일 수 있지만, "한편에서는 엘리트들이 그 어느 때보다 성적 소수자들에게 관용적인 태도를 취해가지만, 다른 한편에서는 그에 대한 반동이 폭발한다. 다수의 대중들이 이탈리아 역사상 전례가 없을 정도로 극단적인 폭력과 혐오, 비관용 상태로 접어들었다."[72]

빠졸리니가 사망한 직후 이런 비관용은 미시 파시즘의 종양처럼 순식간에 확산되었다. 마침내 그것은 북부동맹[73]을 비롯한 거시 정치적 표현을 발견했다. 북부동맹은 온갖 종류의 비관용과 반동적 재영토화로 채색된 정당이다.

분명히 빠졸리니는 생산과 소비의 언어들이 지닌 힘 — 특히 텔레비전을 통해 표현된 힘 — 을 이해한 최초의 인물이었다(실제로 그

---

71. Pier Paolo Pasolini, *Entretiens avec Jean Duflot* (Paris : Editions Gutenberg, 2007), 182.

72. Pasolini, *Écrits corsairs*, 147.

73. [옮긴이] 북부동맹(Lega Nord)은 1991년에 설립된 이탈리아의 극우파 정당이다. 이탈리아 북부의 분리 독립을 주장하는 민족주의와 배타적 지역주의 색채를 지니며, 우파연합 정권 등에 참여했다.

는 텔레비전을 일시적으로 정지하자고 요구했다). 이런 힘은 "빈민", 노동자, 프롤레타리아가 누리던 전통적 자유freedom를 파괴했으며, "자유liberty에 대한 요구, 이렇게 말할 수 있다면 진보적이고 해방적인liberal 자유에 대한 요구"를 전유함으로써, 게다가 "그것을 자기 것으로 만들고 그 본질을 변화시켜 가치를 박탈함으로써"[74] 애초의 자유와 동떨어진 무엇을 창출했다.

삶의 방식과 행위에 대한 규범화, 표준화, 평준화는 더 이상 규율과 감금에 의해 배타적으로 생기지 않는다([빠졸리니가 주목한] 로마의 "빈민촌"borgate은 규율과 감금의 반대 사례이다). 오히려 규범화, 표준화, 평준화는 기호계들이 실제로 의존하는 "매우 교묘하고 정교하며 복잡한" 권력의 테크놀로지들에 의해서 생산된다. 이런 테크놀로지는 소비 사회의 "대량 쾌락주의"를 전달하고 조직한다. 빠졸리니에 따르면 대중의 쾌락주의는 외견상 더 관용적이고 자유로운 힘처럼 보이지만 실제로는 파시즘보다도 비관용적이고 파괴적인 것이다.

3. 신성한 것의 죽음과 기계적 물활론

빠졸리니는 자본주의가 창출하는 역설적 상황을 매우 민감하게 인식한다. 한편으로 자본주의는 민중문화를 파괴할 뿐만 아니라 그것이 지닌 자연, 사물, 우주에 대한 "물활론"animist의 신성한 관념을 파괴한다. 다른 한편으로 자본주의는 기계적 배치를 통해

---

74. 같은 책, 145.

주체와 대상, 자연과 문화 사이에 새로운 연속성이 창출될 가능성을 제공한다. 가따리와 마찬가지로 빠졸리니는 이런 경향들의 모순을 다음과 같이 요약한다. 첫째, 자연과 우주의 대상화, 그리고 완전한 합리화는 자연과 우주의 착취를 가능하게 한다. 반면에 둘째, 기계적 물활론의 가능성은 자연과 우주의 신성함을 회복하거나(빠졸리니) "재주술화"를 가져올 수 있다(가따리).

빠졸리니는 영화제작자로 활동하면서 놀라운 이론적 통찰력을 얻었다. "민중" 문화는 자본주의가 팽창하면서 사라질 운명에 처했지만, 역설적으로 자본주의적 기계화, 특히 영화의 기계장치와 어울리는 지식을 얻는다. "현실의 언어"는 그것이 "자연적"인 것이 되기 전에는, 그리고 영화의 장치들이 장악하기 전에는 우리의 의식이 미치는 범위를 넘어서 있었다. 그런데 영화는 물활론의 전통과 마찬가지로, 자연을 문명화하고 생기 있게 만들고animation[75] "주체화"한다. 그 결과 자연과 문화는 서로 구분할 수 없을 정도로 뒤엉킨다.

자본주의는 피지배 계급의 "구술" 문화를 파괴함으로써 주체성을 결정적으로 변화시킨다. 특히 상징적 기호계는 사라질 위기에 처한다. 그것은 과거 원시 사회에서 사용되었고 근대에 들어서도 이탈리아의 농민·프롤레타리아 사회에서 대부분 살아남았다. 1차 산업혁명 시기까지 상징적 기호계는 자본주의와 이질적인 세계, 가

75. 세르게이 에이젠슈타인은 디즈니 만화에 등장하는 물활론에 관해 놀라운 텍스트를 저술했다. 다음 글을 참조하라. *Eisenstein on Disney*, ed. Jay Leyda (London : Methuen, 1988).

치, 삶의 방식을 구체적으로 표현했다.[76] [그러나] 하부구조의 문화와 언어("생산-소비"의 언어)들이 다른 종류의 문화적·언어적 지층들과 중첩되면서, 자본주의와 양립할 수 없는 세계, 가치, 삶의 방식들이 변형되고 심지어는 완전히 제거된다. "서발턴 계급의 문화는 더 이상〔거의〕존재하지 않는다. 서발턴 계급의 경제만이 존재할 뿐이다."[77] 빠졸리니의 관점에서, 사라지고 있는 문화는 농민(그리고 "룸펜 프롤레타리아")의 문화였다. 농민의 문화는 초민족적·초시간적 문화였으며 역사의 심층에서(보다 정확히는 역사가 없는 상태에서) 출현했다. 그러나 [산업혁명 이후에는] 서양의 촌락 인구가 급격히 줄어들었다. 만일 자본주의의 탈영토화가 무엇을 뜻했는지 알고 싶다면, 우리는 바로 이런 사실에 주목할 필요가 있다.[78] 이런 대탈출 추세는 세계의 다른 곳으로 급격히 확산되었고, 이것은 신석기 시대에 시작된 하나의 단계가 종말을 고했다는 뜻이다.

농민의 감소는 기독교가 수행한 축재capitalization와 징발expropriation에도 불구하고 [농민들 사이에서] 살아남았던 주체화 과정들의 소멸과 동시에 나타났으며 물활론적·다신론적 믿음의 종말과 동시에 진행되었다. 그러나 시인 빠졸리니를 뒤흔든 것은 무엇보다도 "신성한" 것의 소멸에 있었다. 그것은 물활적 세계관이 뒷받침하는 세계 및 타자에 대한 태도의 상실이었다.

---

76. 맑스주의자들은 쉽게 잊었을지 몰라도, 우리는 E. P. 톰슨의 『영국노동계급의 형성』(창비, 2000)에서 "구술" 문화가 수행한 결정적 역할을 또 다시 발견할 수 있다.

77. Pasolini, *Écrits corsairs*, 110.

78. 20세기 초에는 농민이 60~65%에 달했지만 2000년에는 1.8%에 불과했다.

"농민 문화들의 고유한 특징은 그들이 자연을 '자연적'으로 수용하지 않는다는 사실이다."[79] 그들은 자연을 "혼이 깃든 것으로", 주체화된 것으로, 신성한 것으로 간주한다. 자본주의가 사물과 인간의 탈주술화를 추구하는 곳에서, 사물과 인간을 측정하고 교환하고 자본화할 수 있는 대상으로 만드는 곳에서, 빠졸리니는 "인간과 사물을 다시금 신성하게 만들려고" 시도한다. 자본주의적 과정은 사물의 "탈혼적이고 기계적인" 외양만을 인정하도록 요구하고 현실에 관한 "객관적이고 과학적인" 개념을 촉구하지만, 빠졸리니는 동일한 현실에서 "주체적" 일관성을 포착한다.[80]

이런 "신앙" 중 일부는 그의 "기호론"으로 이어진다. 가따리와 마찬가지로 거기에는 기호와 현실, 내용과 표현, 문화와 자연 사이에 단절, 균열, 심연이 존재하지 않는다. 기호가 실재에 내재하기 때문에, 빠졸리니의 물활론은 일종의 표현주의를 뜻한다. 움베르토 에코를 격렬하게 비판하면서 빠졸리니는 자신의 기호론이 문화적 코드를 자연화한 것이 아니라고 주장했다. 오히려 자신의 기호론은 "자연을 문화적 현상으로 전환한다. 그것은 모든 생명을 언어speech로 변형한다."[81]

문화로서의 자연은 표현적 자연이다. 자연은 그 자신에게 말을 건다. 왜냐하면 "참나무"를 말하는 사람과 참나무 사이에는 "연속성의 아무런 해체 없이 하나의 연속체"가 존재하기 때문이다. 참나

---

79. Pasolini, *Entretiens avec Jean Duflot*, 105.

79. Pasolini, *Entretiens avec Jean Duflot*, 105.
80. 같은 책, 36.
81. Pasolini, *Heretical Empiricism*, 283.

무는 기호 "참나무"의 지시대상이 아니라 그 자체로 하나의 기호, 또는 도상적 기호이다. 이것은 마치 살아 있는 사람이 기호 "사람"의 지시대상이 아니라 그 자체로 "살아 있는 도상적" 기호인 것과 같은 것이다. 사람과 참나무는 오직 영화를 통해서만 재생될 수 있는 현실의 "비–기호들im-signs, 즉 내재–기호들"[82]이다.

주체화된 자연, 또는 물활론적 문화는 빠졸리니의 용어로 "베다–스피노자"[범신론]Vedic-Spinozan의 신이다. 이런 신은 자기 자신과 이야기를 나눈다. 식물이든 바위든 존재하는 모든 것은 이런 내재적 "신"의 영광을 표현하고 노래한다.[83]

다른 모든 존재에게 없는 것, 즉 언표행위와 표현의 역량이 인간에게 있다고 말하는 것은 일종의 "제국주의적" 주장이다. 그러나 이런 "제국주의적" 역량이 사라진다고 해도 인간에게는 "또 다른 표현 수단이 존재한다. 비언어적 수단 말이다." 언어적인 언어의 기호들은 비언어적 언어의 기호들, 특히 행동 언어를 번역한 것에 지나지 않는다.

이런 비의인론적 문화와 종교가 사라지면서 우리는 많은 것을 잃어버렸다. 그러나 우리는 자본주의의 비의인론적 기계장치와 더불어 우리가 잃어버린 것을 다시 발명할 수 있다.

영화는 현실이 "사물"이 아니라 "행동"의 집합이라는 사실을 드러낸다. 행동(빠졸리니가 언급하듯이 레닌의 행동뿐만 아니라 피아

---

82. [옮긴이] 일본어판에서는 im-signs를 '내재기호'로 옮겼다.
83. 같은 책, 279.

트Fiat의 평범한 노동자들이 보여준 행동)은 인간과 사물이 행하는 최초의 근본적인 언어이며, 다른 모든 표현 형식의 원천이다. 이미지는 실재와 주체성을 재현할 뿐만 아니라 실재와 주체성에 직접적으로 작용한다. 이미지는 "인간"과 "인간적" 주체성이 보고 행하지 못하는 것을 볼 수 있게 하고 그것에 개입하고 영향을 미치는 것이다.

과학, 산업, 예술은 오랫동안 이미지를 "다이어그램적으로" 사용해왔다. 예를 들어 컴퓨터의 도움을 받은 이미지는 역학적 다이어그램과 마찬가지로 어떤 상황이나 시스템의 기능적 표현articulation을 그 자체로 포착한다. 그리고 이런 이미지를 통해서 사람들은 그런 상황이나 시스템을 예측하고 전망하며 최종적으로 그것에 개입할 수 있다. [바로 이런 식으로] 이미지는 자신의 "대상"을 생산할 때 그 과정에 직접 관여한다. 고다르 같은 영화감독 역시 이미지의 이런 기능, 즉 가능성들을 기록하는 동시에 창조하는 도상적 지도제작을 발견한다. 고다르는 영화산업이 이런 기능을 제거하는 방식을 비판한다. 과학은 무한히 작은 것을 "관찰하기" 위해서 다이어그램과 현미경을 사용하고, 인간과 그의 언어를 벗어나는 무한히 큰 것을 "관찰하기" 위해서 망원경을 사용한다. 사회 역시 과학과 마찬가지로 영화와 그것의 이미지를 하나의 다이어그램으로 사용할 수 있다. 그것은 행동의 가능성을 배가하는 "도상적 지도제작"을 가능하게 한다. 영화는 운동하고 있는 다이어그램과 같은 것이다. 영화 자체가 보고 결정하며 선택하고 행동한다.

영화적 기계장치와 그것의 "물활론"에 직면하고 매력을 느낀 다음, 빠졸리니는 우리에게 "다이어그램적" 행동과 그 가능성들에 관한 정치적 독해를 제안한다. "인간주의의 고전적 이념형에서 탈피하는" 과정에서, 또한 빠졸리니의 용어로 하부구조 언어들의 "프라그마pragma, 즉 행위"에 빠져드는 과정에서, 이미지의 활동은 의심할 바 없이 "기계적"(또는 다이어그램적)인 것이다. 다른 시청각 테크닉과 마찬가지로 영화 역시 이런 행위로 간주될 수 있다. 영화는 겉으로 보기에 자본주의적 탈영토화와 완전히 조화롭게 작동할 수 있다. 그러나 영화는 구원의 기회, 즉 진로를 바꿀 수 있는 가능성을 동시에 내포한다. 정확히 그것은 영화가 이런 프라그마를 표현하기 때문이다. 달리 말해 "영화가 그 내부에서 자기 자신을 표현하기" 때문이다. 이것은 영화가 "자기 자신을 생산하고, 자기 자신을 자신의 출발점으로 데려가고, 자기 자신을 재생산한다"는 뜻이다.[84] 영화 기계는 전적으로 실재의 내부에 존재한다. 만일 우리가 기계적 배치의 본질을 이해한다면, 따라서 비판적 사유에 깊숙이 침투해 있는 의인론적·인간주의적 관점을 포기한다면, 영화를 복종과 예속의 장치로 만드는 바로 그것이 주체화의 새로운 과정으로 전환될 수 있을 것이다.

비-기호들의 내재적 힘은 텔레비전과 같은 시청각 기계들의 거대한 정치적 역량을 눈앞에 제시한다. 기호들은 상부구조의 세계에 존재하는 것이 아니라 작동적인 기호계, 또는 힘-기호들을 구성한다. 이런 기호들은 실재와 동시에 주체성에 영향을 미친다.

행동-이미지는 [빠졸리니의 영화] 〈매와 참새〉에 나오는 작은

---

84. 같은 책, 133.

새처럼 "구세주"의 영광을 찬미할 수 있다. 달리 말해 행동-이미지는 새로운 정치적 주체성의 출현을 환호할 수 있지만, 그와 마찬가지로 자본의 영광, 예컨대 베를루스코니의 기계적 이미지가 지닌 천박함, 오만함, 거세된 힘을 찬미할 수 있다. 이런 관점에서 빠졸리니는 베를루스코니의 성공을 놀랍도록 명석하게 예견했다.

빠졸리니의 〈매와 참새〉 포스터

4장

갈등과 기호 체계

내일 상파울루에 외계인이 착륙한다고 합시다.
그러면 전문가, 언론인, 온갖 종류의 권위자들이 몰려와서
분명히 이렇게 설명할 겁니다. 실제로 이것은 놀라운 사건도 아니고
그럴 가능성도 이미 계산에 있었다고 말입니다.
그리고 이 문제에 관한 특별 위원회가 오래전부터 활동 중이고,
무엇보다도 당국이 현재 상황을 통제하고 있기 때문에
여러분은 안심하라고 말입니다.

— 펠릭스 가따리, 『브라질에서의 분자혁명』

정치적 갈등에서 어떤 기호론이 활용되는가? 언론인, 전문가, 학자들은 어떤 의미, 스토리, 기호들을 생산하는가? 이것은 이데올로기 투쟁인가? 이런 질문들을 문제화하기 위해서, 우리는 하나의 특수한 사례에서 출발하려고 한다. 그것은 불안정 고용에 시달리는 프랑스의 문화 노동자, 즉 "엥떼르미땅 노동자들"[1]이 전개한 2003년의 노동쟁의를 말한다.

"우리는 전문가다!" 이것은 〈엥떼르미땅과 불안정노동자를 위한 협회〉(이하 〈협회〉)가[2] 최근에 내건 모토이다. 이것은 두 가지 종류의 질문을 동시에 제기한다. 그중에 하나는 전문가 또는 권위자들specialist의 본질과 기능에 관한 것이다. 이것은 "전문가란 무엇인가?", "권위자들이 알고 있는 것은 무엇인가? 그들이 할 수 있는 것

1. [영역자] "엥떼르미땅"(intermittent du spectacle)은 예술 노동자, 즉 영화, 텔레비전, 연극 등의 분야에 고용된 비정규직 예술인이나 기술자를 말한다. 프랑스에서는 이 용어에 법적인 의미가 들어 있다. 이 분야에서 일 년 동안 일한 시간이 일정 수준을 넘을 경우, 해당 노동자는 "엥떼르미땅" 지위를 획득한다. 그들은 기초실업보험을 약간 상회하는 공적 급여를 수령할 수 있다. 프랑스에서는 이 특수한 유형의 노동자를 표현하기 위해 "엥떼르미땅"이란 용어가 줄곧 사용 중이다. [이 용어의 문자적인 번역은 '단속적 노동자'에 해당한다. 즉 고용기간이 상시적이지 않고 단속적이란 뜻이다. 프랑스에서는 유연성이 높고 프로젝트형 노동에 종사하는 문화 노동자들이 엥떼르미땅 지위에 속한다. 엥떼르미땅 신분을 인정받은 노동자는 실직 기간 중 새로운 직무교육 등을 받는 대가로 기초실업급여보다 약간 유리한 수당을 받을 수 있다. 이 책에서는 주로 엥떼르미땅 노동자로 옮겼으며 문맥에 따라서는 비정규 노동자, 또는 단속적 노동자라고 옮겼다. ― 옮긴이]

2. [영역자] 〈엥떼르미땅과 불안정노동자를 위한 협회〉(Coordination des Intermittents et Précaires, 이하 〈협회〉)는 엥떼르미땅 노동자들이 실업보험을 수령할 권리를 보호할 목적으로 2003년에 설립했다. [프랑스의 경영자 조직인] 〈전국상공업고용연합〉(UNEDIC)은 이들에게 제공되는 실업보험을 폐지하겠다고 위협했다. 〈협회〉는 엥떼르미땅의 권리를 방어하고 노동자의 불안정화 추세에 반대하는 조치를 행동으로 옮기고 있다. 다음 사이트를 참조하기 바란다. http://www.cip-idf.org/

2017년 6월 23일 오후 2시 파리 라 빌레트 공원에 〈엥떼르미땅과 불안정노동자를 위한 협회〉 회원들이 내건 플래카드

은 무엇인가?"에 관한 것이다. 이것은 한편에서는 전문지식, 연구, 데이터, 통계자료가 점점 더 쌓이고 다른 한편에서는 이런 추세를 둘러싼 갈등이 점점 더 증가하는 상황에서, 엥떼르미땅 노동자들이 스스로 제기한 이중의 질문이다. 첫째, 그들은 전문가들이 어떤 특별한 경험과 정당성을 가지고 자신의 실천과 관련된 지식을 개발하고 창조하는지에 관해서 의문을 제기했다. 둘째, 엥떼르미땅 노동자들은 전문가들이 "할 수 있는" 것이 무엇인지에 관해서 의문을 제기했다. 그들은 전문가들이 어떤 방식으로 노동, 고용, 실업상태를 결정하는지, 그리고 사회경제적 선택에 관여하는지에 관해서 문제를 제기했다.

이런 모토["우리는 전문가다!"]가 제기한 두 번째 종류의 질문은 〈협회〉 자신의 실천을 반영한다. 그것은 이렇게 요약할 수 있다. "우리는 무엇을 알고 있는가?" 그리고 "우리는 무엇을 할 수 있는가?" 달리 말해 우리들에 관한 지식의 생산과 순환에서, 우리 자신의 경험과 언어는 어떤 가치와 의미를 갖고 있는가? "권위자들"의 지식은 "객관성"과 "보편성"을 획득한 반면에, 우리의 지식과 언어는 어떤 이유로 특수하고 나이브하며 자격이 없단 말인가? 우리는 하나의 집단, 집합체, 결사체로서, 우리 자신과 관련된 결정에 참가할 수 있는가? 이를 위해서 우리는 어떤 역량을 갖고 있는가? 제도권에서는 어떤 이유로 우리의 말과 언어를 "비정치적인" 것으로 치부하는가?

간단히 말해 "우리는 전문가다!"라는 모토는 "지식"know을 둘러싼 배치의 구성과 정당성을 문제 삼는 것이다. 마찬가지로 그것은 "결정"을 둘러싼 배치의 구성과 정당성을 문제 삼는 것이다. 그것은 이렇게 고쳐 쓸 수 있다. "우리는 어떤 이유로 자신의 노동, 고용, 실업이 제기하는 가능성들을 문제화하고 탐구하는 집합적 배치에 스스로 참여할 권리를 갖지 못하는가? 그리고 어떤 사람들이 우리의 삶을 결정할 권리와 정당성을 가져야 하는가?"

내가 볼 때 엥떼르미땅 노동자들의 동원에는 "소수자"minority 투쟁에서 나타나는 전형적인 두 가지 경로가 나타난다. 소수자들의 투쟁은 민주주의의 생산 절차에도 문제를 제기하지만 지식의 생산 절차도 문제 삼는다. 한편으로 문화-노동 시장의 개혁을 둘러싼 투쟁은 지식의 생산을 비판한다. 그것은 제도적 장치들(국가, 노동조합, 기업집단, 미디어, 사회과학 등)이 생산하는 지식을 비판한다. 제도적 장치들은 경제, 문화, 사회적 권리와 관련해 기존에 인정된 "진실"과 "거짓"을 변호할 뿐이다. 다른 한편으로 이런 투쟁은 [반민주적] 절차를 비판한다. 그것은 실업보험을 통제하는 제도적 장치들이 문제를 정의하고 해결책을 도출하고 결정을 내리는 절차를 문제 삼는다.

〈협회〉의 투쟁은 지식의 생산 장치, 민주주의의 생산 장치, 소통communication의 생산 장치를 가로지르는 세 가지 횡단적 실천, 즉 분할, 위임, 독점이 존재한다는 사실을 전면적으로 강조하고 그것에 도전한다. 분할이란 인구를 전문가와 비전문가로 분할하고, 대표자와 피대표자로 분할하며, 소통 전문가와 공중the public으로 분할한다는 것이다. 그리고 분할은 한편으로 위임을 수반한다. 그것은 지식, 권력, 발언speech을 전문가, 대표자, 소통 관련 직업으로 위임한다. 다른 한편으로 분할은 실험실과 싱크탱크에서 진행되는 지식 생산의 독점과 집중화centralization를 보장하고, 제도적 장치 내에서 이루어지는 정치적 결정의 집중화를 지탱하며, 미디어 뉴스룸 안에서 행해지는 공적 발언의 집권적 생산을 옹호한다. 여기서 지식의 생산은 비밀리에 이루어지는 전문가 사이의 합의를 통해서 정당성을 획득한다. 정치적 대표제는 의사결정의 독점과 집중화를 수반한다. 그 결과 정치적 배치는 소수의 사람들 사이에서 좌우된다. 마찬가지 방식으로 소수의 언론인이 다양한 매체에서 무엇이 언급될지, 어떤 정보가 노출될지에 관해서 독점권을 행사한다. 행위 통제의 테크닉과 복종의 테크놀로지를 구성하는 이런 세 가지 주요 실천들이 우리 사회의 역할과 기능, 권리와 의무, 자유와 구속을 분배한다.

엥떼르미땅 노동자들은 발언, 범주, 담론을 둘러싸고 싸우고 있지만, 그들의 전투는 새로운 전략과 기호론적 테크닉에 직면한다. 그것은 비전문가, "시민", 대중들이 스스로 말하게 함으로써 그들에게 침묵을 강요하고 그들을 참여하게 함으로써 그들을 배제하는 전략이다. 마찬가지로 새로운 전략과 테크닉은 언론인, 전문가, 연구자로 구성된 군대를 동원해 대중들의 고충을 들어주고 조언을 제공함으로써, 오히려 그들에게 거리를 유지한다. 우리는 마케팅, 광고, 소비, 텔레비전, 인터넷의 기호계가 설계한 "공통 세계"common world에 살고 있다. 이런 공유된 기호계는 우리의 접근을 차단하는 것이 아니라 오히려 강요한다. 우리는 그것에 참여할 뿐 아니라 적극적으로 가담해야 한다. 피통치자들을 배제하는 것, 그리고 그들의 고유한 말하기를 무효화하는 것은 피통치자들의 표현 양식을 기존의 공통된 기호 공간 내부로 포섭할 때 발생한다. 감시사회에서 문제가 되는 것은 발언의 부족이 아니라 정확히는 발언의 과잉이다. 다시 말해 발언의 순환이 전제하고 생산하는 합의와 순응이다.

공적 공간은 기호·이미지·발언의 순환으로, 그리고 복종 메커니즘의 증식으로 포화 상태에 처해 있다. 복종의 메커니즘은 발언과 표현을 조장하고 요청하는 동시에, 특이한 표현을 방지하고 이질적인 주체화 과정을 무효로 만든다. 특이한 발언이 가능하기 위해서는 [기존의] 공통된shared 소통이 가장 먼저 중단되어야 한다. 우리는 합의를 조장하는 미디어의 끝없는 수다를 벗어나야 한다. 그것은 공적 공간 내부에 단절을 도입하는 것이다. 그것은 무엇을 [제대로] "보기" 위해서 우리가 시각적 상투어의 쉴 새 없는 폭격에서 벗어나야 하는 것과 정확히 같은 것이다. 달리 말해 정치적으로 존재하기 위해서, 심지어는 존재하기 위해서 우리는 기존의 공통 세계로 진입하는 대신에 그 세계를 반드시 특이화해야 한다. 우리는 새로운 분열, 즉 새로운 분할을 창출함으로써 실존적이고 정치적인 차이를 도입해야 한다. [오늘날] "정보와 사회적 참여의 평준화 효과가 일상적으로 증가하고 있다. 이런 시점에서는"[3] 무엇보다도 공통 세계의 종별성, 특이성, 차이를 주장해야 한다. 특이성, 균열, 차이는 미리 주어지지 않는다. 그것은 발명되고 구축되어야 한다.

기호론 체제는 이런 [여론을 통한] 공통 세계의 구축에서 전략적 역할을 수행한다. [푸코에 따르면] 규율사회에서는 기호론 체제가 그와 동일한 공통 세계를 구축하지 않았거나, 전혀 다른 방식으로 구축했다.『지식의 고고학』이후 푸코는 언표의 생산에 관심을 한동안 끊었다가 말년의 강의들에서 재차 관심을 기울였다. 콜레쥬 드 프랑스의 강의에서[4] 그는 경제적 통제와 여론의 통제 사이의 관계에 대해서 간략히 검토한다. 사회의 자유주의적 통치는 인구의 이중적인 측면을 고려해야 한다. 첫째, 그것은 인간 종種의 "생물학적" 재생산과 관련된 문제들을 통치한다(출생과 사망의 조절, 인구의 통계적 관리, 생산과 위험risk의 조절 등). 둘째, 그것은 여론을 통해 공중the public[5]을 통치한다. 푸코가 지적하듯이 경제학자와 광고업자는 동일한 시기에 출현했다. 18세기 이래 사회의 통치는 경제만이 아니라 여론에 관한 것이다. 이런 식으로 통치 행위는 종 차원의

3. Michel de Certeau, *Culture in the Plural*, trans. Tom Conley (Minneapolis : University of Minnesota Press, 1977), 111.

4. Michel Foucault, *Security, Territory, Population : Lectures at the Collège de France 1977-1978*, trans. Graham Burchell (New York : Picador, 2009). [미셸 푸코, 『안전, 영토, 인구 ─ 콜레주드프랑스 강의 1977~78년』, 오트르망 옮김, 난장, 2011.]

5. [옮긴이] 일본어판에서는 '공중'을 '대중'으로 옮겼다.

생물학적 기원에서 "공중"이 창출한 표면까지 확장되었다. 종에서 공중까지, 바로 그 속에서 우리는 새로운 현실들의 전체 장을 발견하고, 바로 거기서 행위와 의견에 개입하는 새로운 방식을 만나게 된다. 피통치자들의 말과 행동을 수정하는 새로운 양식 말이다.

오늘날의 기호론적 통치성은 공중에 대한 차별적 관리에 의존한다(그것은 공중을 수용자audience로 변형한다). 그것은 규율사회에서 유행한 의견의 헤게모니적 관리를 대체한다. "기호계적" 차이들의 최적화는 주체성의 동질성을 목표로 한다(그것은 인간 역사상 유래가 없을 정도로 이질성을 평준화한다).[6] 게다가 그것은 차이에 대한 새로운 순응주의, 즉 다양성plurality에 대한 새로운 합의라는 형태로 자신을 드러낸다.

바로 이런 맥락에서 엠떼르미땅 노동자들이 투쟁을 전개하기 시작했다. 언론인, 전문가, 연구자들의 기호론 체계가 점령한 공통

---

6. 1980년대 이후 소비와 대중매체, 대중문화는 "특이성"을 통합하고 선별적으로 포섭(co-opting)하는 과정으로 편입되었다. 여기서 쟁점이 되는 것은 특이성, 차이, 소수자들이 어떻게 자본주의적 가치평가와 축적을 위한 표준화·평준화 체계로 통합될 수 있는가 하는 것이다. "기업의 경영진은 생산의 벡터 안에서 적어도 일정한 특이화가 발생하도록 그에 적합한 조건을 마련하려고 한다. 이것이 뜻하는 바는, [자본의] 이런 충화된 조직들 내에서, [특이성을 선별하고 포섭하는] 과정들이 일어날 수 있도록 충분한 여백을 창출하려는 시도가 있다는 뜻이다. 물론 이런 과정들을 포섭할 수 있는 [자본의] 시스템이 절대적으로 유지되는 한에서 말이다."(Guattari, *Molecular Revolution in Brazil*, 70.) 우리가 직면하고 있는 것은 특정한 문제를 둘러싼 다양한 선택지, 옵션, 가능성이다. 그것에 의해 특정한 문제틀이 규정되고 봉합되고 재통합된다. 바로 이것이 가따리가 "특이성"보다는 "특이화 과정들"을 선호했던 이유이다. "결국 문제의 관건은 특이화 과정들의 차단과 무효화를 목적으로 하는 특이성의 선별적 포섭과 통합이다."(Félix Guattari, *Chaosmose* (Paris : Galilée, 1992), 183. [펠릭스 가타리, 『카오스모제』, 윤수종 옮김, 동문선, 2003.])

의 공적 공간에서, 노동자들이 전개한 투쟁은 실업, 고용, 노동이란 범주들의 언표와 의미에 초점을 맞추었다. 실업, 고용, 노동에 관한 범주들은 우리의 행동과 사고를 조절하고 제약하는 수많은 선전구호(슬로건)와 진부한 문구로 작동한다. 대학 실험실, 컨설팅 회사, 공적democracy 제도, 미디어 기관의 거대한 배치는 비정규직들이 부딪치는 진정한 기호론적 장애로 작동한다.

이런 갈등의 국면에서 의식과 재현을 동원하는 기표적 기호계는 다양한 수준에서 작동하기 시작한다. 가장 먼저 기표적 기호계는 문제들의 담론화를 시도한다. 그것은 특정한 사회와 시대의 중심 문제를 일정한 선전구호로 집약하고 그것을 의미의 세계와 영역universe 속에 배치한다. 그런 다음, 기표적 기호계는 점점 더 차별화된 공중을 대상으로 이런 선전구호와 의미 세계를 해석하고 전파한다. 이 과정에서 기표적 기호계는 피통치자들에게 말할 권리를 부여하는 동시에 그것을 박탈한다. 마지막으로 기표적 기호계는 일련의 선전구호와 의미 세계를 개체들의 복종을 위한 조건, 즉 그들을 주체로 생산하는 조건으로 전환한다.

문제화

"적절한" 질문을 던질 때 우리는 적절한 해결책에 도달한다. 푸코와 들뢰즈는 문제 설정을 정치의 주된 목표 중에 하나로 꼽는다. 지배적인 언표, 재현, 의미는 우리가 지각하고 느끼고 이해하

〈엥떼르미땅과 불안정노동자를 위한 협회〉홈페이지. 2017년 7월 8일자 포스팅 속 사진은 함부르크 G20 정상회담 반대 시위 "함부르크 도시 파업 : 자본의 로지스틱스를 중단시키자."

는 방식에 작용하는 "격자"로 기능한다. 이런 언설과 의미의 격자는 우리가 세계를 해석하고 표현하는 지평을 형성한다. 게다가 발생하는 모든 것, 우리가 행하고 생각하는 모든 것, 사회경제적 장 내부에서 우리가 생각하고 행하는 모든 것이 이런 격자를 거쳐 간다. [예를 들어] 고용과 실업이 연령에 관한 "문제"라고 말하는 것은 가능성의 한계를 설정하는 틀을 규정하는 것이며, 무엇이 중요한지, 또 무엇이 인식가능한지를 명시하는 것이다. 또한 고용과 실업을 연령의 "문제"로 말하는 것은 무엇이 합법적이고 무엇이 그렇지 않은지를 정의하는 것이며, 정치적 행동과 정치적 발언을 제한하는 것이다. 바로 이런 점에서 푸코는 문제를 생산할 수 있는 역량이 정치화의 역량이라고 주장했다. 정치화의 역량은 새로운 대상과 주체를 정치의 공간에 도입하고 그것을 논쟁과 투쟁의 초점으로 만든다.7 문제화는

---

7. "문제화는… 어떤 것을 진실과 거짓의 놀이로 가져와서 사유의 대상으로 구성하는 담

공적 공간으로 새로운 대상과 주체를 도입하는 것에 그치지 않는다. 그것은 "행동 규칙, 자기와 관계 맺는 방식"[8], 달리 말해 주체화의 가능한 양식을 도입한다. 엥떼르미땅 운동은 노동조합, 고용주, 국가 간의 제도적 합의라는 개념적 틀을 깨뜨리고 새로운 문제와 질문을 도입했다. 따라서 그것은 완전히 새로운 생각과 행동을 개방했다. "노동할 권리" 대신에 "새로운 사회적 권리"를 강조함으로써, 엥떼르미땅 운동은 문제화에 대한 "독점" 상황을 직접적으로 타격했다.

고용과 실업을 문제화할 권리는 "사회적 파트너"(고용주와 노동자의 "공동결정")에 속해야 비로소 보장된다. 다른 영역과 마찬가지로 여기서도 결정은 제도적 장치 내부로 한정된다. 물론 이런 장치는 정치적 분열과 대결이 일어나는 공적 공간을 오래전에 배제했다. 적자, 비용, 투자에 대한 평가와 측정 방식은 그 취지와 목적에 관한 질문과 마찬가지로 모든 공적 문제, 또는 모든 논쟁에서 사라진다. 그것은 전문가들(경제적 이익집단, 전문직, 연구자, 국가 관료 등)의 손에 맡겨진다. 상호부조와 연대를 위한 제도적 장치들은 처음에는 노동자들의 투쟁에서 탄생했고, 그 이후에는 (고용주와 노동자) 대표들이 관리하거나 공동으로 관리했다. 그러나 이런 장치들은 "노동의 민주주의", 또는 "생산의 민주주의"를 진작부터 촉진

론 및 비담론적 실천의 총체이다."(Michel Foucault, "The Concern for Truth," trans. Alan Sheridan, *Politics, Philosophy, Culture* (New York : Routledge, 1988), 257.)

8. Michel Foucault, "What IS Enlightenment?" trans. Paul Rabinow, *The Foucault Reader* (New York : Pantheon Books, 1984), 49.

하지 못했다. 노동과 생산의 민주주의는 일부 노동조합과 경영단체의 "과점적" 권력으로 변질되었다. [예컨대] 프랑스의 의료보험 공동결정제도는 포드주의 노사관계 모델에 기초한다. 따라서 그것은 새로운 주체들(실업자, 불안정 노동자, 여성, 환자, 장애인, 학생 등)의 "이해관계"를 고려하지 못한다. 이 제도는 1970년대 후반 이래로 신자유주의적 차별화가 만들어낸 새로운 사회적·정치적 분할을 도외시한다.

엥떼르미땅 노동자 운동이 촉발한 권력투쟁은 문제화에 관한 이런 독점적 상황을 순식간에 침식하고 그것을 뒤집었다.

게다가 "직업"과 "실업"의 "위기"가 점점 더 심해질수록, 이런 용어들은 자신의 지시 기능을 역설적으로 점점 더 상실했다. "직업", "실업", "위기" 등은 검토할 만한 현실 대상을 상실한 채 사고와 행동에 대한 진부한 표현으로 조금씩 변해갔다. 결국 이런 용어들은 합의라는 상투적 관념을 산출하는 데 기여할 뿐이다. 오늘날 합의는 사람들이 믿어야 하는 "진실"(자유주의의 진실)로 통한다. 예를 들어 많은 사람들이 고용을 올바른 질문으로 간주하기 때문에, 그것은 만장일치의 해결책이 되는 것이다. 이로써 고용수준을 높이려면 기업에 부과되는 세금이 줄어야 하고, 노동시장의 유연성을 높이려면 사회보장 수준이 하락해야 한다. 이런 식의 "진실"에서 우리는 그 어떤 것도 증명한 적이 없다. 왜냐하면 단순히 그것을 입증할 수 없기 때문이다.

고용과 실업에 관한 선전구호들은 명명할 수 없고 형언할 수 없는 초점들을 구성하고, 이런 초점들에서 권력의 내러티브와 담론들이 출현하고 지배자들의 발화 가능성과 지식들이 탄생한다. 이들 선전구호는 담론 실천들이 지시하거나 분절할 수 없는 조건들(언표행위의 비담론적 초점들)을 가리킨다. 실업보험의 "개혁" 담론들에서 알 수 있듯이, 경제 담론은 무엇보다도 권력 관계, 부에 대한 욕망, 불평등, 착취 등을 반영하는 비담론적 현실들에 의해 구조화된다.

기표적 기호계에 의해 작동하는 문제와 해결책의 이런 제도화와 선택은 통치와 피통치자 사이에 근본적인 분열을 초래한다. 통치자들은 문제(그들이 "가능성"이라고 부르는 것)를 정의하고 질문을 만들어낼 수 있는 역량을 갖고 있다. 이를 통해 그들은 무엇이 주목할 만한 가치가 있는지, 무엇이 중요하고 적합한 것인지, 무엇이 실현될 수 있는지, 무엇이 행동하고 말할 가치가 있는지를 확립한다. 반면에 피통치자들의 표현의 자유는 이미 코드화된 "말"과 "행동"의 한계 안에서 행사된다. 통치자들의 문제와 해결책이 피통치자들의 "말"과 "행동"을 미리 점유한 것이다.

들뢰즈와 가따리가 환기하듯이 문제와 의미작용은 언제나 지배적인 현실의 문제와 의미작용이다. 기표적 기호계의 소통 기계는 이런 자명함을 생산하고 반복하기 위해서 존재할 뿐이다. 지배적인 언표와 의미작용의 문제와 틀은 엥떼르미땅 노동운동이 마주친 실제적인 기호론적 장애를 형성한다. 어떤 현상이 고용과 실업에 관한 합의주의 규칙을 벗어나면, 사건의 본질과 상관없이 언론인, 전문가, 연구자는 무조건 소통하고 전달할 수 없는 것으로 현상을 취급한다. 그러나 많은 사람들이 〈협회〉의 투쟁에서 쉽게 알 수 있듯이, 문제는 인지적인 것이 아니라 윤리-정치적인 것이다. 언론에 종사하는 사람들은 그것을 알아채지 못했다. 그들은 대부분 불성실하고 지적으로 빈곤하다. 심지어 매우 개방적이고 사정에 밝은 사람들도 〈협회〉의 투쟁에서 무엇이 진행되고 있는지에 관해서 이해하지 못했다. 왜냐하면 〈협회〉의 말을 이해하기 위해서는 그보다 먼저 문제 자체를 전치시키고 수정해야 하기 때문이다.

선전구호의 해석과 전파

 "고용"과 "실업", 그에 따른 합의라는 선전구호와 더불어 언론인, 전문가, 연구자들의 기호계는 강력한 복종의 기계뿐만 아니라 거대한 해석 및 서사 기계를 작동시킨다. 바로 거기서 자유주의에 관한 의미작용과 감각들의 세계가 출현한다. 과거에는 문제를 명시하고 결정하는 것, 말과 행동에 한계를 부여하는 것, 그러니까 발언권이 정치가에 속하는 배타적 권리였다.[그러나] 오늘날 이런 특권은 시장의 비담론적 실천들이 언표들의 배치와 교차하는 곳에서 출현한다. 게다가 언표들의 배치는 조금의 과장도 없이 전문가, 학자, 언론인들의 배치로 환원된다. 그들은 오늘날 자본주의와 관련된 문제와 언표를 주어진 "격자"(일자리, 성장, 시장, 경쟁 등)에 따라 이미 발생한 것, 지금 발생한 것, 앞으로 발생할 것으로 남김없이 해석한다.

 그런데 왜 우리의 안전 국가에서 언론인, 전문가, 학자들의 배치가 정치가를 대체하고 있는가? 왜 그들의 전문성이 서로 다른 관점이 충돌하는 정치 공간을 대체하고 있는가? 그것은 오늘날 민주주의 시스템이 어떠한 분쟁이나 반대도 없이 사회적 합의가 가능하다는 암묵적 전제에 따라 작동하기 때문이다. 예컨대 고용이 사회의 근본 문제로 간주되고 이에 대한 사회적 합의가 있다면, 그다음부터는 전문가들이 (비경영층의 권리를 보장하는) 노동조합과 ("인적 자본"의 특권을 보장하는) 경영층 사이에서 의견 차이를 손쉽게 해결할 수 있을 것이다. 전문가들의 중재와 해석이 있다면 많은 문제들이 스스로 풀릴 것이다.

이런 타협 장치는 정치인, 전문가, 학자, 언론인 사이에 각자의 역할과 기능을 분배한다. 이것은 엥떼르미땅 노동자들의 투쟁에서 드러났듯이 (고용에 대한) 합의가 거부될 때, 오직 그런 경우에만 붕괴될 수 있다. 달리 말해 어떤 정치 세력(결사체들)이 지배적인 슬로건, 언표들에 의해 전달되는 암묵적인 전제들에 더 이상 동의하지 않을 때, 그들이 "언표행위의 또 다른 집합적 배치"를 생산하고 거기서 특이한 발화를 전개할 수 있을 때, 이런 타협의 장치가 붕괴될 수 있다. 그렇게 하기 위해서는 권력의 장치에서 언표를 "해방하는" 것으로 충분하지 않다. 그뿐만 아니라 말을 구성해야 한다. 바로 그때 권력의 네트워크는 완전히 새로운 상황과 직면하게 될 것이다.

미셸 드 세르토의 작업에서 자유롭게 얻은 영감을 바탕으로, 우리는 전문가, 연구자, 언론인들의 배치가 선전구호를 어떻게 제작, 해석, 전파하는지에 관해서 이렇게 묘사할 수 있다. 우선 연구자는 무엇이 사회에 가치가 있는지, 무엇이 중요한지를 표시하는 언표들, 즉 선전구호에 관해서 해석을 가하고 필요한 경우에는 자신의 전문

지식을 활용해 설명을 제공한다. 전문가는 이런 전공지식을 정치, 경제, 국가행정에 관한 결정권자들의 언어로 번역하고 중개한다. 이어서 미디어는 연구자와 전문가의 언표를 선별하고 해석하며 전파한다. 미디어는 이런 언표를 여론의 언어로 재구성하고 다양한 수용자들이 공유하는 기호론적 공간 내부에 유통시킨다. 고용, 실업, 노동에 관한 담론은 그것의 발화자, 해석자, 번역자뿐만 아니라 이처럼 "변환자"shifter도 갖고 있는데, 이를 통해 상이한 유형의 언표들(학자의 개념, 전문가의 판단, 언론인의 의견) 사이에, 그리고 언표의 생산 장치들(대학, 미디어, 싱크 탱크 등) 사이에 일관성이 확보된다.

드 세르토의 이론을 약간 조정해서 우리는 언론인, 학자, 전문가 사이에 권력 균형이 첫 번째 항으로 크게 기운다고 주장할 수 있다. 왜냐하면 오늘날 미디어에서 외부(전문가, 지식인)의 분석이 점점 더 줄어들기 때문이다. 오히려 전문가와 학자들은 대중매체의 [지배적] "규범에 종속된다. 그들 스스로 언론인과 동일한 역할을 수행하게 된다."9 학자, 전문가, 언론인의 배치와 더불어 우리는 해석과 소통의 탁월한 "기호 체제"를 갖게 된다. 이런 체제는 다음과 같은 몇 가지 조건을 수반한다. 첫째, 기호는 [다른] 기호를 무한하게 참조한다. 왜냐하면 생산된 담론이 전적으로 동어 반복적이고 자의적이기 때문이다. 둘째, 다양한 범주의 권위자들(연구자, 전문가, 언론인)이 존재한다. 그들의 "임무는 이런 기호를 순환시키고 그것이

---

9. Deleuze, *Two Regimes of Madness*, 143.

의미하는 바가 무엇인지를 말해주는 것이며, 다양한 기호를 해석해서 단일한 기표로 응결시키는 것"이다. 셋째, "메시지를 수령하고 해석을 경청하며 그에 복종하는 주체들, [즉 다양한 수용자들]이 언제나 존재해야 한다."[10] 쉽게 짐작할 수 있듯이, 이런 배치를 통해서 우리가 묘사하고 있는 것은 "사목적 권력"의 변형태, 즉 새로운 "사제"와 "양 떼"라고 할 수 있다. 학자, 전문가, 언론인의 배치는 "영혼을 통치하는" 기호론적 기술을 활용해 공중을 돌보려고 한다.

갈등에 개입하는 학자

피에르-미셀 멩거는 국립과학원의 연구원장, 사회고등연구원의 연구책임자, 예술사회학센터의 책임자를 맡고 있으며 노동 및 예술 사회학의 "권위자"를 자처하고 있다. 그의 활동은 앞에서 묘사한 배치들이 어떻게 작동하는지를 정확히 보여준다. 왜냐하면 그의 작업이 제공하는 언표들이 미디어의 구미에 맞추어 미리 제작하기 때문이다. 미디어는 이렇게 제작된 언표를 대중에게 전달한다. 이런 언표는 여론을 통제함으로써 "개혁"을 성공적으로 보장하는 "효과적인 어구들"이다. 한편으로 그것들은 엥떼르미땅 고용을 "노동시장의 예외"로 규정하고, 다른 한편으로 그것들은 엥떼르미땅 노동자를 조절하는 필수적인 조치, 또는 수단으로 정규직 고용을 제시

---

10. 같은 책, 15.

윌리엄 호가스, 〈강의에 참석한 학자들〉, 1736

한다. 문화생산을 질식시킬 정도로 비정규 고용이 "너무 많기" 때문이다. 정규직 고용이란 범주를 사회·경제적 활동의 목표이자 본질로 만듦으로써, 멩거는 문화 노동시장에서 합리적이고 가능한 활동들의 한계를 부과한다 (그의 틀을 벗어난 모든 것은 순진하고 비합리적이며 공상적인 것 등으로 폄하된다). 이 학자가 제안하는 문화 부분의 고용정책에서 우리는 감시사회에서 규율장치가 어떻게 작동하는지에 관한 뿌리 깊은 강조를 발견한다. 그가 최근에 펴낸 책의 제목, 『엥떼르미땅 노동자 : 예외의 사회학』[11]이 증명하듯이, 분명히 그의 작업은 정상(표준적 고용과 실업)과 비정상(임시직 고용과 실업) 간의 규율적 구별에 전적으로 기초한다.

멩거에 따르면 "우리가 다루고 있는 것은 전형적인 실업이 아니다. 이런 직업들이 표준적인 형태가 아니기 때문이다…. 엥떼르미땅 노동자들의 실업을 통제하기 위해서는 이례적으로 높은 비전형

11. Pierre-Michel Menger, *Les Intermittents du spectacle : sociologie d'une exception* (Paris : Editions de l'EHAESS, 2005).

적 위험에서 그들을 보호해야 한다. 그렇지 않으면 예외적 유연성이 심각한 결과를 초래할 것이다."[12] 이례적 실업과 고용, 비전형적 위험과 그것에 대한 보호, 예외적 유연성, 이 모든 것은 규율에서 벗어난 "예외"를 뜻하는 언어이다. 멩거는 문화 영역과 비정규직에 관한 자신의 주장을 학문적인 형식주의로 포장하지만, 실제로는 엥떼르미땅 운동이 제기한 각종 쟁점을 비정상적인 것, 예외적인 것, 비전형적인 것이라는 불안 제거용 틀로 환원하고 제한하려고 한다. [그에 따르면] 앞으로 시행될 고용 정책은 예외적인 것을 근절하고 노동시장의 정상적 기능을 복구해야 한다. 이 정책이 추구하는 것은 기업가의 기능(자율성)을 복원하는 동시에 노동자들의 기능(복종)을 재부과하는 것이다. 그렇게 한다면 노동자들은 노동 분업 상에서 자신에게 어울리는 자리(정치인과 학계의 용어로 "그들의 권리이자 의무")를 찾을 수 있을 것이다. 뒤르켐식으로 표현하자면 "상하관계로 조직된 계층"이 노동시장에 재구축되어야 한다. 왜냐하면 자본-노동의 정상적 관계를 벗어난 행위들이 노동시장을 통제할 수 없는 상태로 만들었기 때문이다. 그런데 우리가 알다시피 노동시장의 정상적 작동이란 "자연적인" 것이 아니다. 그것은 고용 정책의 지속적 개입을 통해서 생산되고 재생산되어야 한다. 바로 이것이 "개혁"이 의도하는 것이다.

이런 역설을 무시한 채, 심지어 멩거는 신자유주의 정책의 책임

12. Pierre-Michel Menger, *Profession artiste : extension du domaine de la création* (Paris : Textuel, 2005), 45.

을 엥떼르미땅 체제에 전가한다. 그에 따르면 "엥떼르미땅 고용 시스템이 그 자체로 불안정을 창출함에도 이를 깨닫지 못한다면, 광범위한 직업 불안정을 우리가 아무리 규탄해도 그것은 쓸모가 없을 것이다. … 노동시장의 실패는 엥떼르미땅 노동의 원리 자체가 된다."[13] 이런 주장에서 간과하고 있는 것은 지난 30년 동안 [문화영역뿐만 아니라] 다른 모든 경제 영역에서 불안정이 확산되었다는 사실이다. 어쨌든 문화 영역에 속한 노동자들의 현실이 그의 주장을 반박해준다. 엥떼르미땅 노동자를 위한 실업복지는 전체 문화 노동자를 보호할 정도로 충분하지 못하다.[14]

---

13. 같은 책, 59.

14. 2005년 문화부에서 실시한 조사에 따르면, 〈예술가협회〉(Maison des Artistes, "시각 및 그래픽아트 분야에 속한 예술가들의 사회보장체계를 관리하고 책임지는 협회")에 소속된 예술가들의 절반이 연간 소득 기준으로 8,290유로 이하를 번다고 신고했다. [그러나] 〈국립통계연구소〉(INSEE)에서 택하는 빈곤기준 중 하나(화폐적 빈곤)를 적용할 경우, 이들 예술가의 절반 정도가 빈곤선 이하의 수입을 올리고 있다. 〈예술가협회〉에 소속된 예술가들은 엥떼르미땅 노동시장에서 나타난 것과 동일히지만 그보다 훨씬 더 심각한 구조를 보여준다. "예술 전문직들은 광범위한 특징을 공유하고" 있지만, 소득의 측면에서는 불평등이 심각한 것으로 나타난다. 예술가들의 절반이 이 분야에 할당된 총수입 가운데 10%를 약간 상회하는 몫을 나누어 가진다. 반대로 가장 높은 소득을 올리는 10%의 예술가들이 총 할당액의 약 45%를 가져간다. 동일한 조사에서 문화부는 〈작가사회보장관리협회〉(AGESSA, "예술가들의 사회보장제도를 관리하고 책임지는 협회")에 등록된 "창작자"를 대상으로 3개 년(1993년, 2000년, 2005년)의 소득 변화를 조사했다. 이에 따르면 "모든 범주에서 예술가들의 처지가 열악해졌다. 심지어 회원 자격을 유지할 수 없을 정도로 소득 수준이 하락했다." 사진작가의 30%, 소프트웨어 디자이너의 28%, 극작가의 30%가 회원 신분을 유지할 수 없었다. Départment des Études, de la Prospective et des Statistiques(DEPS), "Peintres, graphistes, sculptures … les artistes auteurs affiliés à la Maison des artistes en 2005," *Culture Chiffres, activité, emploi, travail* (2007-6), www2.culture.gouv.fr/deps. 또한 우리는 순수 미술 분야의 예술가만이 아니라 일련의 새로운 직업이 〈예술가협회〉에 포함된다는 사실에 주목해야 한다(화가, 그래픽 디자이너, 조각가, 일러스트레이터, 만화가, 섬유디자이너, 판화가, 도예가,

수많은 직업에서 [엥떼르미땅 노동자와] 동일한 형태의 (심지어 더 심각한) 실업과 불안정이 출현했지만, 대부분의 종사자들이 엥떼르미땅 노동이 제공하는 권리를 보장받지 못한다. 엥떼르미땅 노동자와 동일한 보상 제도가 없기 때문에, 그들은 기초 복지혜택에 의지하거나 몇 개의 일자리를 가져야만 생존이 가능하다. 여기서 우리는 멩거의 관점을 완전히 뒤집어 이렇게 말할 수 있을 것이다. 문화 영역의 노동시장에서 (그리고 단속적 고용이 존재하는 모든 영역에서) 불평등이 갈수록 첨예해진다면, 그것은 유연화된 경제 아래 고용의 불연속성을 반영하고 노동과 훈련 방식을 고려하는 보상체계가 전무하기 때문이다. 빈곤, 불완전 고용, 극심한 소득격차는 엥떼르미땅 고용체제의 함수가 아니다. 그것은 문화산업의 유연조직화, 그리고 문화산업의 노동시장이 작동하는 방식에서 영향을 받는다.

여기서 진행 중인 것은 지난 30년 이상 다른 경제 부분에서 이미 일어난 일이다. 이를테면 완전고용정책(안정적인 정규직 일자리, "진짜" 직업을 늘리는 것)은 생산의 현실적 조건을 무시할 뿐만 아니라 소득격차를 확장함으로써 노동시장을 점점 더 분할하고 파편화한다. 완전고용정책은 불평등을 보다 차별화하고 증폭하는데, 이를 통해 노동시장의 신자유주의적 통제를 가져오는 이상적인 지형을 창출하고 이런 통제 방식이 안정적으로 자리 잡고 세력을 확장하도록 부추긴다. [간단히 말해] 고용정책은 자유주의 논리에 종

스테인드글라스 작가, 장식예술가, 인테리어 디자이너 등). 이것은 예술가와 창작자의 변화 양상을 분명히 보여준다.

속된다. 그 이유는 노동정책이 "보장된" 노동과 "보장되지 않는" 노동, 안정적인 고용과 불안정한 고용을 분할하고 결국에는 양자 간에 차별화와 경쟁을 촉진하기 때문이다. 바로 이런 식으로 고용정책은 노동시장에서 "차이를 최적화하고" 불평등을 관리하며 행위를 통제할 수 있다.

실업과 비가시적인 노동

"실업"은 신자유주의의 의미작용과 내러티브에서 전략적인 역할을 수행한다. 앞에서 살펴봤듯이 신자유주의적 분석은 정상(전후에 제도화된 것으로서 실업복지)과 비정상(비정규 노동자들에 의해 이용, 남용, 전유되는 실업복지)을 규율하는 차별화로 귀결된다. 이런 점에서 멩거는 문화 영역의 통상적인 고용 전문가와 그리 다르지 않다. 그에 따르면 엥떼르미땅 노동은 실업복지의 본래 용도를 왜곡한다(왜냐하면 비정규 노동자의 생계만이 아니라 문화예술 활동에도 복지수당이 지급되기 때문이다). 그렇기 때문에 멩거는 이런 왜곡된 실업복지를 원래의 취지대로 실직 위험에 대비한 이른바 자연적 기능으로 돌려놓고 싶어 한다. 반면에 멩거는 대부분의 전문가와 마찬가지로 실업의 기능과 의미가 "유연축적" 체제 내에서 변한다는 사실을 고려하지 않는다. 예전에는 고용과 실업(고용의 이면)이 완전히 다른 축적 체제(생산의 표준화와 연속성, 그에 따른 고용의 안정성과 연속성) 속에서 분명하게 구별되었다. 그러나 이런 뚜렷한 차이는 노동, 고용, 훈련기간의 보다 짧아진 중첩구조로 대체되었다.

우리가 문화 부문을 살펴볼 때, 가장 눈에 띄는 것은 고용과 노동의 불일치 현상이다. 고용의 지속기간은 실제 노동기간 중 단지 일부에 불과하다. 엥떼르미땅 노동(교육, 도제수련, 지식과 노하우의 전달, 협력방식 등)에는 고용도 아니고 실업도 아닌, 그 어느 쪽에도 속하지 않는 시간이 존재한다.[15] 고용된 시간은 엥떼르미땅 노동자들이 수행하는 노동, 교육, 협력적 실천을 단지 일부만 반영한다. 이것은 최근의 현상이 아니라 1980년대로 거슬러 올라간다. 따라서 실업은 노동 활동이 없는 기간으로 단순히 환원될 수 없다. 실업복지는 실직의 위험을 보호할 뿐만 아니라 소득의 연속성을 보장하는 것이며, 이런 모든 실천과 시간의 중첩구조를 생산하고 재생산하는 데 도움을 준다. 왜냐하면 노동자 개인은 다른 부문과 마찬가지로 이런 중첩구조를 혼자서 감당할 수 없기 때문이다.

("문화") 고용에 대한 멩거의 초점과 그가 주장하는 해결책은 오늘날 우리가 겪고 있는 경제적 변화를 오해하게 만든다. 엥떼르미땅 노동자의 상황을 고려할 때 CERC(고용과 소득, 사회연대를 위한 위원회)의 고용 안정에 관한 보고서는 전적으로 타당해 보인다.[16] 왜냐하면 이 보고서는 엥떼르미땅 노동에서 우리가 관찰한

---

15. 멩거는 30년 동안 이 분야를 연구했다고 자랑하지만 노동과 고용을 체계적인 구별 없이 혼동한다. 그의 분석과 제안을 전체적으로 고려할 때 그는 노동을 배제한 채 오직 고용에만 초점을 맞춘다.

16. CERC, "La sécurité de l'emploi face aux défis des transformation économiques" (Paris : La Documentation française, 2005), http://www.ladocumentationfran-

현상을 예외나 비정상이 아니라 규칙 또는 정상으로 간주하기 때문이다. "고용과 실업, 월급제 노동과 프리랜서 노동은 더 이상 뚜렷이 구분되지 않는다. 대신에 유동적 지위, 또는 고용의 '후광' 같은 것이 들어섰다. 예컨대 월급을 받지만 고용 상태는 아니고 프리랜서인데 월급을 받는 식이다. 이와 동시에 노동계약도 다양한 형태로 변화했다(정규 단기계약, 단속적 계약, 임시직 계약 등)."[17] 엥떼르미땅 노동이라는 "예외"는 1992년 이래 비정규직 조직들이 주장하듯이 임금보상체계의 표준이 되었다. 멩거는 "전형적"이거나 "전통적인" 범주를 통해서 엥떼르미땅 고용 체계를 개선하려고 하지만, 이런 범주는 "정상적인" 경제 부문에서도 제대로 기능하지 않는다. 그가 주장하는 것과 달리 [문화 부문의] 단속적 실업과 다른 경제 부분의 실업 사이에는 유형상의 차이가 아니라 정도상의 차이만 존재할 뿐이다.

이처럼 실업(또는 완전고용)이라는 "거대 서사"는 두 개의 비모순적인 담론 논리에 따라서 해석되고 말해지고 상연된다. 그중 하나는 장기 고용된 월급제 노동자의 보호를 뜻하고, 다른 하나는 기업가와 사업의 보호를 말한다. 이들 담론이 서로 충돌하지 않는 것은 각자가 서로 다른 이유에서 엥떼르미땅 고용 체제를 비판하기 때문이다. 한편에서는 신자유주의자들의 비판이 존재하는데, 그들은 엥떼르미땅 체제의 가변성과 유연성을 이용하는 대신에 실업보

---

caise.fr/var/storage/rapportspublics/054000141/0000.pdf.
17. 같은 글, 38.

험 등 그것이 유발하는 비용을 회피하려고 한다(예를 들어 "실업보험이 경쟁을 죽인다", "그것은 사람들을 게으르게 만든다"). 다른 한편에서는 정규직 노동조합과 좌파 진영의 우려가 존재한다. 엥떼르미땅 노동은 불안정한 고용임에도 불구하고 소득과 권리의 연속성을 (부분적으로) 보장받는데, 그들은 불안정성이 증가하는 추세 속에서 엥떼르미땅의 [불완전

6.30 사회적 총파업 지금당장! 올리자! 최저임금! 없애자! 비정규직!

한] 권리가 불안정 노동의 다른 영역으로 확장될 수 있다고 비판한다. 이런 관점에서 [정규직] 노동조합과 좌파 진영은 엥떼르미땅 운동과 가능하면 거리를 두려고 한다. 왜냐하면 그들의 목표는 완전고용, 즉 "진짜 예술가"와 "진짜 전문가"를 위한 "실질적 일자리"에 있기 때문이다(그들은 전문가를 방기하고 있지만 목표상으로는 그렇다). 그들에게 엥떼르미땅 노동은 임시적 방편에 불과하다. 그것은 노동조합이 보다 손쉽게 다룰 수 있는 "안정적 고용"으로 대체되어야 한다.

우리는 담론과 기호를 둘러싼 전투에서 멩거가 수행한 "학자"의 역할이 무엇인지 어렵지 않게 이해할 수 있다. 미디어는 갈등에

관해 그가 전개한 이론적 개념과 해석을 전격적으로 채택했다. 왜냐하면 그가 제시한 담론들 — 문화 부문의 고용, 적자, 규제의 필요성, "과도한" 표준화 등 — 이 엥떼르미땅 투쟁의 결정적 순간에 때마침 등장했기 때문이다. 게다가 그가 제기한 담론들이 언론인, 전문가, 정치인, 노조지도자 등이 제시한 해석틀과 완전히 일치했기 때문이다. 그의 개념들은 미디어를 순환하는 선전구호가 되었고, 이런 순환을 매개로 개념의 정확성과 지구력을 강화하고 타당하게 만들었다.

신문, 특히 라디오와 텔레비전은 이런 해석을 제도적·사회적 네트워크 속에서 순환하는 담론과 발언으로 전달한다. 이런 미디어는 전문가의 언표와 그 내용을 선택하고 대중을 위한 언어로 그것을 번역한다. 즉 미디어는 모든 사람이 사건을 주목하고 이해할 수 있도록 정보를 가공한다. 이런 점에 있어서 미디어는 정보를 전유하고 변형하는 능동적인 행위자로 기능한다. 엥떼르미땅 투쟁이 한창일 때 미디어는 사신이 선택한 언표를 사회관계망, 여론, 일상 언어로 연결하고 전파하고 정박시켰다. 이런 언표는 (놀랄 것도 없이) 고용, 수요와 공급의 법칙, 사업과 관련된 언표를 [시장의] 관점에서 번역한다. 거기서 "너무 많은 것"은 "필연적"으로 조절되고 그것은 "불가피"하다.

다른 한편 미디어는 엥떼르미땅 운동에서도 언표를 선택한다. 그것은 앞에서 우리가 언급한 진정한 "기호론적" 장애로 〈협회〉의 요구를 포위한다. 예컨대 미디어는 〈협회〉의 요구를 "예술가들"만 적용받는 실업보험에 대한 보장으로 축소한다. 엥떼르미땅 노동자들이 〈전국상공업고용연합〉의 본부 건물에서 일주일 동안 고공 농성을 했지만, 대다수 미디어는 이런 "극적인" 투쟁을 다루지 않았다. 그 이유는 〈협회〉의 노동자들이 지붕에 올라가서 주장한 내용 때문이었다. 그들은 고용과 관련된 국가기관[18]의 전면적 검토를 요구했으며, 특히 실업 체계와 관련해서는 엥떼르미땅 노동을 넘어서는 급진적 조사를 요구했다. 이런 요구는 언론인들이 엥떼르미땅 투쟁을 한정하고 싶었던 문화·예술의 예외라는 맥락을 가볍게 초과했다. 어쩌다가 우리는 미디어에서 과거의 유산determination과 대립하는 이런 "예술가들"에 대한 약간의 동정과 관심을 발견할 수 있다. 그러나 똑같은 미디어에서 우리는 예술과 예술가의 사회적 기능, 또는 역할에 대한 주장 말고는 아무것도 만날 수 없다. 수많은 "평범한" 목소리가 투쟁의 전 기간에 걸쳐 분출했지만, 주요 매체들은 이런 목소리를 중요하게 다루지 않았다. 그들은 이런 목소리를 기껏해야 시중의 잡다한 여론으로 치부했을 뿐이다. 미디어에서 그보다 중요한 것은 합법적이고 전문적인 목소리였으며, 이런 목소리는 무식한 소란꾼들, 즉 노동시장이 조절된다면 그것 자체로 좋다는 사실을 알지 못하는 '무식쟁이'를 효과적으로 침묵시켰다.

기표적 기호계의 내러티브 기능

---

18. UNEDIC, 전국상공업고용연합.

미디어는 선전구호를 전달하는 것보다 훨씬 많은 일을 한다. 미디어는 이미지, 말, 기호의 세계와 우주 속에서 이야기와 내러티브를 매개로 선전구호를 현실화하고 배치한다. 그리고 이야기와 내러티브는 실재를 묘사하는 대신에 오히려 구성한다. 드 세르토는 기표적 기호계의 이런 새로운 내러티브-기능을 효과적으로 종합한다. 그에 따르면 "미디어는 사물들의 무거운 침묵을 그 대립물로 변형시킨다. 예전에는 비밀이었던 실재가 이제는 끊임없이 말을 한다. 뉴스보도, 정보, 통계치, 서베이는 모든 곳에 존재한다. 현대 세계에서는 그 어느 때보다 많은 이야기가 말해지고 제공된다. … 실제 사건에 대한 이야기는 우리의 종교적 신념이 된다. 숫자를 둘러싼 토론이 우리의 종교 전쟁이 된다. 전투원들은 사실, 자료, 사건으로 자신을 위장한 채 전진한다. 그들은 자신을 '현실'의 메신저로 제시한다. … 그러나 사실 그들은 〔현실〕을 조작하고 시연하며simulate, 현실을 가면으로 사용하고 현실을 수단으로 자신에게 권위를 부여하며, 결국에는 자신의 법칙이 통용되는 무대를 창출한다."[19] 숫자, 통계치, 손실 등의 비기표적 기호계가 명령을 전달한다. 그리고 그것은 "정숙!"하라는 담론적 명령으로 번역된다. 그러니까 함부로 떠들지 말고 경청하라는 뜻이다. 이것이 바로 경영자, 신문기자, 방송진행자, 정치가들이 통계와 서베이를 동원해 암묵적으로 전달하는 것이다. 예컨대 이런 식이다. "바로 '이것이 사실입니다. 여기 자료가

---

19. Michel de Certeau, *The Practice of Everyday Life*, trans. Steven Rendell (Berkeley: University of California Press, 1984), 185~186.

있습니다. 상황이 이렇습니다. 따라서 여러분은 이렇게 해야 합니다….' 서사화된 현실은 우리가 무엇을 믿어야 할지, 그리고 무엇을 해야 할지에 관해서 우리 옆에서 끝없이 속삭인다."[20]

이야기와 내러티브는 고용과 실업을 담론과 의미의 세계 또는 우주 속에서 현실로 만든다. 한편으로 실업은 고용을 통해서 치유되어야 하는 사회체의 질병으로 해석되고 말해진다. 다른 한편으로 실업은 안전 사회들의 사건으로 해석되고 말해진다. 통계와 숫자는 이런 사건을 끝없이 환기시키고 무대에 올리며, 학자와 전문가뿐만 아니라 실업자들의 말을 수집하고 또한 그것에 호소한다. 이 모두는 홍보기계를 통해서 무엇보다도 불평등을 내면화한다. 경제적 영역이 날로 강화하는 불평등 말이다. 달리 말해 공식적인 고용정책과 노동시장의 분단 전략이 [노동자들 사이에] 차별적 신분을 도입한다면, 그리고 이런 식의 노동 분할이 "이접-분리"를 창출하고 강화한다면, "내러티브"는 이런 경향을 상쇄하기 때문에 일종의 통접-접속 기능을 수행한다. 실업에 관한 담론은 공포를 전달하는 동시에 대중을 동원하려는 기획을 작동시킨다. 기표적 기호계는 고용 [담론]을 통해 "차이"(신분, 소득, 보험혜택 등의 불평등)의 증식에 필요한 공통의 준거틀을 제공하며 이를 통해 의미의 수렴점restorative을 확보한다. 공통의 준거는 다양한 차이를 하나로 묶어 공통의 목표를 마련해준다. 고용을 위한 전투에서 담론, 이야기, 내러티브는 그 자체로 조화로운 현실을 가능하게 만든다. 그것들은 (사회적 갈

---

20. 같은 책, 186.

등과 대비되는) 재발견된 사회 통합의 이미지, 공포를 없애주는 (고용) 안정의 상상계를 제공한다.

결국 실업은 내러티브의 끝없는 반복에 의존한다. 한편에서는 개인들이 시장과 전 지구화의 희생양으로 말해지고(정치적이고 좌파적인 노동조합의 판본), 다른 한편에서는 개인들이 자신의 상황을 스스로 책임져야 한다고 말해진다. 그들이 그 상황을 만들었기 때문이다(신자유주의 우파의 판본). 하지만 고용이라는 "거대 서사"는 "국가"nation나 "진보"라는 이야기와 달리 강력한 복종과 내면화의 힘을 발휘하지 못한다. 그것은 기껏해야 실업의 미세한 변화를 위해서 전체 사회의 동원을 요구하는 안전이라는 작은 "꿈"에 불과하다. 그것도 상상할 수 있는 온갖 조작에 노출된 실업 통계를 통해서 말이다.

복종 기계

여러분, 누군가가 자기 이름으로 말하지 못하게 하려면 어떻게 해야 할까요?
혹시 아시나요? 그 사람이 "나"라고 말하게 하면 됩니다.
— 질 들뢰즈, 『광기의 두 체제』

나는 빈민가(tavela)의 사람들이 성신분석학, 프로이트, 라캉에 대해 진혀 관심이 없다는 사실을 잘 알고 있습니다. 그러나 미디어, 잡지, 영화 등에서 정신분석학이 생산한 주체화의 추상기계는 빈민가에서 일어나고 있는 일에도 분명히 현존하고 있습니다.
— 펠릭스 가따리, 『브라질에서의 분자혁명』

기표적 기호계의 기능 중에서 마지막 기능을 살펴보자. 기표적 기호계의 기능은 선전구호의 구성, 해석, 전파에 그치지 않는다. 선전구호를 해석하고 전파하는 기호 기계의 작용은 복종 기계의 기능과 구별되지 않는다. 심지어 우리는 해석과 전파의 목적이 복종의 생산에 있다고 말할 수 있다.

안전 사회에서는 복수의 기호체제가 공존한다. 우리는 이미 그것들 중 하나인 "언표-선전구호"의 순환과 전파를 분석했다. 또 다른 기호체제는 복종 과정을 말한다. 여기서 기호들은 더 이상 자폐적인 원환 내부의 기호들에 준거하지 않는다. 대신에 기호들은 주체들에 준거한다. 기호, 의미작용, 언표는 자기 자신의 재생산이 아니라 주체의 언어 사용이 촉발하는 순환의 한계에 의존한다. 그러니까 주체는 기호·의미작용·언표를 통해서 자기 자신에게 자기 스스로 개입하는데, 바로 이때 기호·의미작용·언표의 [폐쇄적] 순환이 깨어진다. 탈근대 소통이론들(보드리야르, 비릴리오 등)의 결정적 결함은 그들이 "주체성의 생산" 과정과 자기에 대한 관계의 종별적 특성을 무시하고, 오직 첫 번째 [언표적] 기호체제에만 관심을 가진다는 사실이다. 주체성의 생산과 자기에 대한 관계는 새로운 지배 형태의 원천이 될 수도 있지만, 안전 사회의 권력·지식 관계와 보다 급진적으로 단절할 수 있는 하나의 기회가 될 수도 있다. 두 번째 [복종의] 기호체제에서 기호와 그 기능은 주체성을 생산하는 과정에서 단지 하나의 조건을 이룰 뿐이다.

정신분석에 대한 들뢰즈와 가따리의 분석은 기호론의 복종 기계가 어떻게 작동하는지를 이해하는 데 도움을 줄 수 있다. [그들에

1885년 개원한 미국의 성 엘리자베스 정신병원에 수용된 한 환자가 자신의 병실 벽에 그린 그림. 20세기 초에 그려진 것으로 추정된다.

따르면] 정신분석은 일종의 규율적 복종 과정이다. 정신분석은 [분석자의] 말하기를 유도하기 때문에, 한편으로는 주체-기능을 개체의 신체로 "고정하는" 장치로 기능하고 다른 한편으로는 특이한 언표들의 출현을 방지하는 장치로 기능할 수 있다. 정신분석은 규율사회가 통제사회로 변형되는 시점에 출현했으며 그 이후 발전을 거듭했다. 이를테면 정신병원이 폐쇄된 공간에서 치료요법을 통해서 환자의 신체와 심리적 현실에 개입하는 규율장치라고 한다면, 정신분석은 개방된 공간에서 말하기를 수단으로 "환자"의 신체와 심리적 현실에 권력을 행사하는 안전장치라고 할 수 있다.

『안티 오이디푸스』에서 분석하듯이, 정신분석은 주체를 구성하는 두 가지 전략을 발명하고 활용했다. 그중에 하나는 해석을 통해서 개체의 특이한 말하기를 "불신하는" 것이며, 다른 하나는 일단 불신된 그 말을 "가족" 내 주체들의 행위 모델에 맞추어 "문명화된" 주체의 발화로 재구성하는 것이다. "환자"가 말하는 모든 것은 특이한 말하기의 억압된 의미를 폭로하는 특정한 틀, 또는 소수의 언표(아빠, 엄마, 남근, 거세. 이보다 탈영토화된 라캉주의 판본에서는 기표, 상징계, 결여)를 통해서 해석된다. '불신하기'의 해석은 언표의 기원과 의미를 가족 삼각형 또는 기표 내부로 이동시킨다. 이런 해석에서 출발함으로써, 그리고 환자의 언표행위 속에 자신의 근거를 마련함으로써, 정신분석은 주체들이 자본주의 사회(가족)의 지배적인 개체화 모델 및 그 심적 장치(이드, 자아, 초자아)에, 자기 스스로 동의하고 적응하며 동일시할 수 있도록 그들을 개체화하고 재사회화한다.

들뢰즈와 가타리의 작업에서 흥미로운 사실은 완전히 발달한 안전 사회에서는 정신분석이 아니라 "사목적인" 소통과 복지국가의 테크닉이 이런 주체의 생산 장치를 일반화한다는 점이다. (『안티 오이디푸스』에서 묘사하듯이) 정신분석이 보장하는 언표행위의 통제와 표준화 기능, 그리고 복종의 기능은 물질적 장치로서 매스컴을 통해서, 그리고 (『천 개의 고원』에서 부분적으로 다루어진) 이론적 장치로서 언어학과 분석철학을 통해서 선별되고 통합되며 일반화된다. 정신분석은 "주체를 구성하는" 일련의 "테크놀로지"를 최종적으로 손질했다. 그 이후 동일한 기술이 사회과학 영역으로 확산되었고 오늘날에 와서는 미디어의 작동 방식을 단순하고도 빈약한 형태로 전환한다.[21] 텔레비전 사례를 통해서 우리는 이런 복종의 안

---

21. "사회과학은 자신이 대담하게 주장하는 의미가 어딘가에 감춰져 있으며 그 의미를 복원할 수 있는 능력이 자신에게 있으며 그 의미를 밝혀내는 것이 자신의 임무라고 언제나 자임해왔다. 이 전선의 첨병에 위치한 정신과 의사는 다른 누군가를 침묵시키지 않는다. 오히려 그들은 자신의 임무를 달성하기 위해서 경찰, 판사, 사회복지사로 구성된 군대를 동원한다. 그들은 말하기의 기원을 변경하고 그것을 비합리

전장치가 어떻게 작동하는지에 관해서 간단히 그려볼 수 있다. 이 장치는 공중을 "벙어리"로 만들고 소통의 공통 공간이 지닌 규칙에 따라서 말하게 만든다. 그렇게 함으로써 그것은 말을 통해서 말에 영향을 미친다.

정신분석과 마찬가지로 텔레비전은 지배적 현실을 표상하는 이미 코드화된 소수의 언표(그것의 "격자")를 바탕으로 작동한다(우리의 사례에서 그것은 시장, 경쟁, 고용/실업과 같은 경제적 언표를 말한다). 그리고 이런 언표들이 개체적 주체의 다양한 진술을 형성하게 된다.

소통과 언어에서 주체-기능은 결코 자연적인 것이 아니다. 오히려 주체-기능은 구축되고 부과되어야 한다. 들뢰즈와 가따리에 따르면 개체화된 주체는 언어의 조건도 아니고 언표의 원인도 아니다. 실제로 언표는 [독립된] 주체로서 우리 자신이 생산하는 것이 아니다. 언표를 생산하는 것은 우리와 전혀 다른 어떤 것이다. 간단히 말해 그것은 "다양체, 대중, 군중, 인민, 부족, 집합적 배치들이다. 이런 것들이 우리를 가로지르고, 우리 내부에 들어와 있으며, 우리에게 미지의 것으로 남아 있다."[22] 바로 이런 다양체, 개체를 초월하는 그 무엇이 우리를 말하게 만든다. 이런 다양체 속에서 우리의 언표

적 공포로 귀속시킨다. 그들은 공포의 극복이 아니라 수용의 관점에서 그것을 설명하려고 한다."(Michel Callon, Pierre Lascumes, and Yannick Barthe, *Agir dans un monde incertain. Essai sur la démocratie technique* (Paris : Seuil, 2001), 158.)

22. Gilles Deleuze, "Five Propositions on Psychoanalysis," trans. Alexander Hickox, *Desert Islands and Other Texts* (Los Angeles : Semiotext(e), 2004), 275~276. 영역자 수정.

생산이 가능해진다. 주체는 언표를 생산하지 않는다. 언표행위의 집합적 배치만이 언표를 생산한다. "언표는 언제나 집합적이다. 예술가의 언표처럼 고독한 특이성이 발산하는 것 같아도, 그것은 언제나 집합적이다."[23]

텔레비전 기계는 이런 집합적 배치에서, 그리고 배치를 횡단하고 구성하는 언어적이고 비언어적인 기호계의 다양체에서 언표행위의 주체를 추출한다. 언표행위의 주체는 자기 자신을 언표의 주체, 달리 말해 텔레비전의 "현실"과 상응하는 언표들에 사로잡힌 주체로 구성해야 하고, 자기 자신을 미리 제조된 언표행위들의 고정된 틀에 적응시켜야 한다. 텔레비전은 마치 우리가 언표행위의 주체처럼 말하게 만든다. 그렇게 함으로써 우리는 우리가 말하는 언표의 기원이자 원인이 된다. 그러나 우리는 [우리 자신이 아니라] 소통 기계에 의해서 말하게 된다. 언표의 주체로서 우리는 소통 기계의 일개 효과에 지나지 않는다.[24]

---

23. Gilles Deleuze and Félix Guattari, *Kafka : Toward a Minor Literature* (Minneapolis : University of Minnesota Press, 1986), 83. [질 들뢰즈·펠릭스 가타리, 『카프카 ─ 소수적인 문학을 위하여』, 이진경 옮김, 동문선, 2001.] 영역자 수정.

24. 들뢰즈에 따르면 이런 발화의 생산 장치(정신분석, 미디어, 마케팅)는 매번 상이한 방식으로 "코기토"(cogito)를 현실화하는 "기이한 발명품"이다. 이들 장치는 주체를 구성하는 동시에 분열시킨다. 이것은 "마치 이중화된 주체가 한 형태에서는 언표의 원인이지만, 다른 형태에서는 그 언표[즉 효과에 속하는 것]"과 같다. Deleuze and Guattari, *A Thousand Plateaus*, 130. [들뢰즈·가타리, 『천 개의 고원』.] [이중화된] 두 주체는 서로에 상응하면서 서로를 전제한다. 코기토 또는 주체의 이중화는 초재적(transcendent) 권력과 무관한 의미작용과 주체화 양식의 발명을 뜻한다. 그것은 초재적 권력에 의존하지 않아도 스스로 작동한다. 사람들이 복종하는 이유는 외부의 권위 때문이 아니라 자기 자신에게 복종하기 때문이다. 따라서 복종, 또는 종속시키는 권력은 주체 자신에게서 기원하는 내재적 권력이 된다.

예를 들어, 만일 당신이 텔레비전에서 인터뷰 대상자로 등장한다면, (그것이 문학방송이든 토크쇼든 리얼리티 방송이든지 간에) 당신은 언표행위의 주체로 설정되고 나아가 하나의 기계에 종속된다. 그것은 당신의 발언을 넘겨받아 당신의 특이한 표현을 기호계를 통해서 원격 조정하고 당신을 지배적 언표에 연결한다. 정신분석과 마찬가지로 텔레비전은 해석(불신하기)과 복종의 기계를 활용함으로써, 자본주의의 지배적 현실과 조응하는 일련의 언표를 마치 개체들 자신의 것인 양 가장할 수 있다.

텔레비전은 언표행위의 모든 구성요소, 즉 언어적인 것과 비언어적인 것, 말로 하는 것과 말로 하지 않는 것을 이용한다. 무엇보다도 당신은 말을 시작하기도 전에 자신의 태도, 움직임, 표현을 해석하고 선택하며 표준화하는 비담론적 기계의 통제 아래 들어간다. 텔레비전은 미리 제작된 소수의 언표를 바탕으로 작동할 뿐만 아니라 비언어적 기호계(특정한 억양, 발언의 특정한 길이와 운율, 특정한 행위, 특정한 리듬, 특정한 제스처, 특정한 옷차림, 디자인의 특정한 색채, "분장", 당신이 말하는 공간의 배치, 이미지의 특정한 프레임 등)의 선택과 부과를 기초로 작동한다. 언표행위의 주체로서 당신은 미리 제조된 시청각적 기호계에 따라 조정된다. 당신의 목소리, 제스처, 억양은 코드화된 표현 장치들에 어느 정도 유순하게 순응한다.[25] 당신이 입을 여는 순간 당신은 담론 기계들의 해석

---

25. 리얼리티 방송은 이와 동일한 테크닉을 또 다른 규모로 활용한다(예컨대 대규모 오디션은 "스타" 탄생을 추종하는 대중들 앞에서 전국적 규모로 진행된다). 실제로 리얼리티 방송은 "강사"를 통해 몸짓, 표정, 목소리, 창법을 정형화한다(춤, 노래 등). 강

을 거치게 된다. 언론인은 단지 하나의 단말기에 불과하다. 그들은 해석기계의 다른 난말기(선문가와 권위자)의 도움을 받아서 당신의 언표행위, 당신의 주체화, 당신의 의미작용이 당신에게서 기대되는 언표, 주체화, 의미작용과 얼마나 달라도 되는지를 결정할 것이다. 텔레비전에서는 기대를 벗어나는 일이 절대로 일어나지 않는다. 만약 그런 일이 발생하고 조금이라도 상황을 벗어나면, 그것은 [인터뷰 도중 당신에게] 즉각적으로 지적될 것이다. 달리 말해 방송에서는 모든 것이 철저히 코드화된다. 인터뷰 말미에 이르면 당신은 [자신도 모르게] 언표의 주체가 될 것이다. 당신의 주체적 언표는 텔레비전의 시청각televisual 논리, 즉 해석 기계의 기호계 효과를 따르고 있을 것이다. 당신의 경험은 언표행위의 주체, 또는 말해진 것의 절대적 기원이자 원인의 경험이 될 것이다.

정신분석에 관해서 들뢰즈는 이미 존재하는 코드가 "언표행위를 분쇄한다"고 주장한다. 이런 코드는 [주체를] 억압하듯이 부정적으로 다가오지 않는다. 오히려 그것은 말하기를 촉진함으로써, 또는 자기 자신을 표현하도록 자극함으로써 [주체에게] 긍정적으로 느껴진다. 따라서 주체는 "자신이 말한다는 인상을 가지게 된다. … 그러나 그는 자신이 실제로 말하고자 했던 것에 절대로 도달할 수 없다." 주체가 아무리 노력해도 해석과 주체화의 전체 기계들이 "실제의 표현 조건을 억압하기 위해서 존재한다."[26] 따라서 당신이 자기

사는 개인의 표현을 문화 산업이 생산하는 "스타" 모델에 맞추어 조형하려고 한다.

26. Gilles Deleuze, *Desert Islands and Other Texts*, trans. Michael Taormina et al. (Los Angeles : Semiotext(e), 2004), 274.

자신을 표현하면 할수록, 당신이 더 많은 말을 할수록, 당신이 소통 기계와 상호작용을 하면 할수록, 당신은 자신이 말해야 하는 것을 더 많이 포기할 것이다. 왜냐하면 소통 장치가 당신 자신의 집합적 언표행위의 배치에서 당신을 잘라낸 다음 다른 집합적 배치(텔레비전)에 접속시키기 때문이다. 후자의 집합적 배치는 당신을 분열된 주체, 이중화된 주체, 즉 언표의 원인이자 효과로 개체화한다.

정신분석은 주체성을 통제하고 생산하는 테크닉을 실험한다. 이런 테크닉은 언표가 아니라 언표행위에 초점을 맞추며 다른 영역, 특히 미디어, 경영관리, 실업자와 복지수급자의 개별 통제 등으로 이전된다. "종교는 직접적인 조언을 통해서, 즉 표준화된 재현과 언표의 각인을 통해서 자신의 목적을 달성한다. 반면에 적어도 정신분석과 함께 시작된 것은 개체들의 표현에 완전한 자유를 부여한다. … 굳이 이야기하자면 종교는 주체성을 공공연하게 구속한다. 반면에 정신분석은 언표의 각인을 어느 정도 들어내고 언표행위의 개조에 노력을 십중한다. … [이른바] '사유로운 해석'이 기호계의 냉혹한 원격조정을 통해서 [다른 영역으로] 급속히 확산된다."[27]

드 세르토 역시 동일한 결론에 도달한다. 그에 따르면 언표, 메시지, 기호들의 확산은 특이한 언표행위의 조건들이 출현할 수 없도록 그것을 방해한다. 표준화된 기호의 공통 세계에서 말과 기호가 끝없이 쏟아진다. 그것은 쉴 새 없이 윙윙된다. 이런 말과 기호의 순환이 "[특이한] 말의 부재를 창출한다." 기호, 소통, 담론 장치로

27. Guattari, *Schizoanalytic Cartographies*, 43~44.

포화된 공적 공간에서 사람들은 자기 것이라고 할 수 있는 언표행위를 수행할 수 없다.[28] [그럼에도 불구하고] "공유된 기호계"는 새로운 균열, 즉 우리 자신을 표현할 수 있는 "논쟁적" 관점을 창출할 수 있으며, "실제"의 언표행위를 통해서 우리는 이런 공유된 기호계를 재차 특이화할 수 있다. "실제"의 언표행위를 실천하기 위해서 우리는 "모든 사람을 위한다고 하지만 실은 그 누구도 위하지 않는" 언어, 기호, 미디어 기호계의 순환에 개입해야 한다.

우리의 안전국가에 존재하는 언표행위의 모든 장치들(서베이, 마케팅, 선거, 노동조합, 정치적 대표 등)은 한편에서는 "개체화된 주체"("인적 자본")가 생산하는 자율적이고 책임감 있는 발언을 어느 정도 정교하게 변형하고, 다른 한편에서는 그런 주체의 "표현의 자유"free speech를 창조/파괴하는 과정을 재편한다. 유권자로서 당신은 자신의 의견을 표현하도록, 그리고 언표행위의 주체로서 선택의 자유를 행사하도록 요청받는다. 하지만 이와 동시에 당신은 언표의 주체로서 이미 대변된 상태에 놓여 있다. 왜냐하면 당신은 이미 다른 사람들이 코드화한 가능성들 사이에서, 그리고 당신의 문제화 역량이 발휘될 수 없도록 방해하는 ("우파"와 "좌파"의) 대안들 사이에서, 자신의 자유로운 표현을 선택하는 것이기 때문이다. 예를 들어, 내가 답하고 있는 질문이 올바른 질문인가? 그것이 나와 무슨 상관이 있는가? 그것이 정말로 나에게 중요한 것인가? 지금까지 오랫동안 유권자들은 "아니요"라고 답해왔다. [그러나 주어진

---

28. de Certeau, *Culture in the Plural*, 137.

선택지가 이것밖에 없기 때문에] 사람들은 기권을 택하거나 다른 사람들이 이미 선택한 것 중에서 최악을 피하려고 투표장에 나간다. 게다가 당신의 언표행위가 당신에게 기대되는 언표행위와 조금이라도 어긋난다면, 그때에는 여론조사가 당신을 올바른 방향으로 인도할 것이다.[29]

여론조사가 폭발하면서 당신의 투표결정은 (선거를 치르는 동안) 즉흥적으로 이루어지는 것이 아니라, 오랜 시간에 걸쳐 미리 제작된 틀에 들어맞도록 조정될 것이다. 마케팅과 광고는 똑같은 방식으로 우리를 매일같이 훈련시킨다. 그 결과 우리는 시장과 기업이 제공하고 설정한 대안들 중에서 선택하게 된다. 선거, 마케팅, 광고는 서로를 반영하면서 강화한다.[30] 여론조사, 마케팅, 노동조합, 정

---

29. 그러나 이런 동학은 일방적으로 진행되지 않는다. "공중은 더 이상 거기에 [고정된 채로] 존재하지 않는다. 그들은 이와 같은 이미지 속에서 순환되지 않는다. 그들은 이미지의 덫에 걸려들지도 않는다. 대신에 공중은 모든 곳에 존재한다. 그들은 우리가 알 수 없는 무대 뒤편에서 흥겨운 표정으로 관심을 갖거나, 혹은 지루해하는 수신자의 위치를 점한다. … 연쇄적 메시지의 수신자들이 어떤 모습으로 있는지, 그들이 무엇을 생각하는지, 그들이 무엇을 욕망하는지를 알기 위해서 여론조사가 폭증하기 시작한다. 그러나 이런 종류의 시장조사는 질문 문항, [즉 각본을] '연기하는' 응답자들의 답변만 가져온다. 여론조사에서는 주어진 역할을 수행하는 연극화의 파편들만 추출된다. 따라서 여론조사는 '공중'의 '반응' 저편에 있는 미지의 영역으로 슬그머니 사라진 사람들에게는 영향력을 미치지 못한다. 그들은 전 국민이 참여하는 코메디아 델라르테[commedia dell'arte, 정형화된 등장인물이 나오는 이탈리아 전통극―옮긴이]의 무대로 가끔씩 호출될 뿐이다."(같은 책, 136~137.)

30. "한편 사회과학과 미디어의 공모는 엥떼르미땅 노동자와 관련해서 우리가 살펴본 사실보다는 조금 더 간접적이고 점진적인 수준에서 발생한다. 사회과학은 미디어가 전유하고 재구성한 일련의 전체 테크닉을 발명했다. 사회과학은 "설문지의 문구를 조정하는 등 여론조사에서 '올바른' 답변을 얻을 수 있는 '올바른' 질문 방법을 실험하고 원주민에 대한 민속지 연구를 수행했다. 사회과학의 놀라운 능력은 그것의 엄청난 가변성에서 나온다. 사회과학은 한편으로 사람들의 입을 막을 수도 있지만,

치적 대표와 마찬가지로 선거는 문제와 쟁점이 어긋나지 않도록 사전의 합의와 일치를 전제한다. 이런 관점에서 우리는 왜 소통 기계가 거대한 집합적 정신분석으로 기능할 수 있는지 이해할 수 있다. 소통 기계는 당신이 말한 것을 다른 언어로 번역한다. 소통 기계는 당신이 말한 것의 기원과 의미를 변조한 다음, 그것의 진정한 언표와 실제 욕망들이 무엇인지에 관해서 (그것들에 목소리를 부여함으로써) 당신에게 설명해준다. 이를 통해서 기업은 당신의 언표와 욕망들에 접속할 수 있다.

텔레비전은 (언론과 표현의) "자유"를 생산함으로써 영혼에 대한 통치성을 보장한다. 따라서 텔레비전은 푸코가 묘사한 대로 권력의 안전장치가 어떻게 작동하는지 보여주는 완벽한 사례이다. 표현의 자유는 천부적으로 주어진 것이 아니라 존중받아야 하고 보호되어야 하는 것이다. 그것은 생산되고 재생산되어야 하는 권력 장치와 무관한 것이 아니다. 통치술은 "자유를 생산하고 자유에 혼을 불어넣고 자유를 증진하는 기능을" 갖고 있지만, "보다 많은 통제와 개입을 통해서" 그렇게 한다.[31] 푸코가 말하듯이 "자유의 생산"은 필연적인 것이지만, "이런 실천 자체에는 단속, 통제, 강제, 위협에 의존하는 책무의 확립이 수반된다."[32] 안전장치는 자유를 생

다른 한편으로 사람들의 입을 열게 할 수도 있다."(Callon, Lascumes, and Barthe, *Agir dans un monde incertain. Essai sur la démocratie technique*, 158.)

31. Michel Foucault, *The Birth of Biopolitics*, trans. Graham Burchell (New York : Palgrave Macmillan, 2008), 67. [미셸 푸코, 『생명관리정치의 탄생 — 콜레주 드프랑스 강의 1978~79년』, 오트르망 옮김, 난장, 2012.]
32. 같은 책, 64.

산하는 동시에 파괴한다. 안전장치가 생산한 자유는 미디어에 의해 코드화되고 동질화된 언표행위와 표현의 자유를 뜻한다. 안전장치가 파괴한 자유는 특이한 종류의 말과 표현을 발명하고 창조하며 실험할 자유를 말한다.

흔한 일은 아니지만 활동가 집단이 텔레비전 토론에 초청될 경우가 있다. 거기서 우리는 복종 기계가 어떻게 작동하는지에 관해서 확인할 수 있다. 이른바 표현과 "언론의 자유"는 엄격하게 코드화된 한계와 조건들 내에서 행사된다. 따라서 표현의 자유는 미리 제작된 소통 모델에 따라 발언하라는 명령으로 변형된다. 이런 명령은 활동가의 언표를 견본 모델, 즉 언론인과 그들이 자주 대면하는 전문가의 언표나 사고 양식에 따라 변조한다.

미디어가 작동하기 위해서는 개체들이 능동적 또는 수동적으로 미디어의 암묵적 전제, 언표행위의 형태, 표현 코드를 반드시 수용해야 한다. 만일 그것이 어긋날 경우, 〈협회〉의 노동자와 생방송으로 인터뷰한 프랑스 방송에서 그랬듯이, 인터뷰 진행자는 타자성의 위협을 즉각적으로 감지한 채 갑자기 얼어붙는다. 물론 진행자는 시청각적 언표행위의 암묵적 전제를 수용하는 출연자에게는 대체로 침착하고 교양 있게 대응한다. 그러나 정반대 상황이 벌어지면 진행자는 예측을 벗어난 방송 때문에 공포에 빠지고 공격적 언어와 폭력으로 대응한다. 왜냐하면 미디어 종사자들이 두려워하는 것은 그들이 창조하지 않은 사건에 있기 때문이다. 그들은 모든 사건을 자신만의 어휘로 즉각적으로 번역해야 한다. 그렇기 때문에 엥떼르미땅 운동과 같은 "실제" 사건에 부딪혔을 때, 미디어의 최우선적 목표가 발언자를 그의 집합적 배치(집회, 집단행동, 〈협회〉)에서, 또는 집합적 배치의 연결들에서 분리해서 그를 대변인·대표자·리더로 만드는 데 있는 것이다. 미디어는 발언자를 미디어의 코드, 시간성, 통사론적·어휘적 제약에 따라 자기 자신을 표현하거나 다른 사람을 대변하는 사람으로 변형한다(이제 그들은 언론인에 의해 공중으로 "이해된다"). 미디어를 구성하는 장치들은 어떤 사건이 벌어지든지 간에, 그리고 그것이 어디에서 일어나든지 간에, 그것을 민주적 화법과 표현의 "공통 세계" 안에서 언제나 "편안하게" 수용하고 조직하려고 한다. 엥떼르미땅 노동자들이 집단행동을 전개했을 때, 예를 들어 그들이 텔레비전 뉴스를 점령했을 때, 그들은 의사소통에서 "실수할 권리"를 요구했다. 달리 말해 그들은 발언과 표현을 지배하는 미디어 코드를 거부하고 복종 장치에 갇히기를 거부했다. 그들은 자기 자신의 배치에서 분리되기를 원하지 않았다. 이런 식으로 그들은 특이한 발언이 가능한 조건들이 무엇인지를 폭로했다.

따라서 소통 기계는 선택 기계의 일종이다. 그것은 공동결정제도와 동일한 규칙을 암묵적으로 따른다. 그것은 [합법성의 이름으로] 정치적 대표와 노동조합 대표를 제한하고 합법적인 말하기의 한계를 도입한다. 흔히 미디어는 지극히 평범한 사람들을 동원해 자신의 명백한 "현실성" 결여를 은폐한다. 만일 우리가 "합법적인" 대표와 평범한 사람들 사이에 빈틈을 열고자 한다면, 우리는 엄청난 소음을 일으키거나 "비이성적으로" 행동해야 한다. 그렇게 할 때 겨우 우리는 뉴스에 등장해서 자신을 알릴 수 있다. 그러나 이것은 여전

2010년 4월 21일 〈협회〉 활동가들이 프랑스 2채널 토론 프로그램을 점거했다. 청중석에 있던 이들은 피켓을 펼치고 "실업자와 불안정 노동자들의 파업을 발명하자"고 주장하는 글을 낭독했다.

히 충분한 대응이 될 수 없다. 왜냐하면 미디어는 자신이 미리 선점한 "쟁점들"의 한계 안에서 소통하려고 하기 때문이다.

우리 앞에 놓여 있는 정치적 과제는 [사람들의] 집합적 논리를 발견하여 그것을 발전시키고, 그것에 일관성을 부여하는 일이다. 그러니까 우리의 정치적 과제는 우리 안에 있으며, 우리를 말하게 만들고, 우리의 언표생산을 가능하게 하는 사람들 속에서 그들의 일관성을 발견하고 발전시키고 부여하는 것이다.

바로 이것이 정신분석과 전통적인 정치조직에 반대하면서, "모든 영역에서 실험하기, 개인적이고 집단적으로 실험하기"를 주장했을 때 들뢰즈와 가따리가 마음에 품었던 것이다.[33]

---

33. Deleuze, "Five Propositions on Psychoanalysis," *Desert Islands and Other Texts*, 276.

5장   "쓰레기"[1]와 수행성 비판

우리는 일련의 다양한 전술을 동원해
대화의 상대방을 지배하려고 한다.

― 미셸 푸코, 『말해진 것과 쓰인 것』 4권

대화 중에 행해지는 반응,
예를 들어 질문-대답, 주장-반대, 긍정-동의,
제안-수용, 명령-실행과 같은 것은
언어 단위들 사이에서 존재할 수 없는 관계이다.

― 미하일 바흐친, 『발화 장르와 후기의 여러 에세이들』

사회 기계는 담론 기계와 어떤 관계에 있는가? 우리는 이 관계를 2005년 프랑스 대선 과정에서 나타난 특정한 맥락, 즉 그때까지는 내무부장관이었던 니콜라 사르코지가 비공식적으로 전개한 선거운동이라는 맥락에서 검토할 것이다. 우리의 가설은 다음과 같이 요약할 수 있다. 즉 담론 기계는 언어〔언어체계[랑그]langue 또는 언어활동[랑가쥬]langange〕과 구별되는 어떤 것이다. 왜냐하면 담론 기계는 기표적·비기표적 기호계, 테크놀로지, 기능 등으로 구성된 다양체를 수반하기 때문이다. 이런 다양체는 수행성 논리를 따르는 것이 아니라 전혀 다른 사용역[2] 속에서 작동한다. 담론 기계는 ─ "행위에 대한 행위"라는 사건─창출적 동학 아래 작동하는 ─ 품행을 통치하는 전략의 일부로서 사회적인 것에 개입한다.

언어의 정치적 기능을 설명하기 위해서 미국의 일부 여성주의 이론과 유럽의 자율주의post-operaist 이론은 분석철학과 특히 수행문[3]에 공통적으로 의존한다. 이런 관점에서는 내가 볼 때 언어적 작인, 즉 언어활동의 역량을 제대로 이해할 수 없다. 그럼에도 불구하

---

1. [영역자] "쓰레기"(scum)란 말은 프랑스어 라카이유(racaille, 불량배, 하층민)를 영어로 번역한 것이다. 2005년 파리의 교외 지역에서 두 명의 십 대 청소년이 사망한 사건이 발생했고 그 직후 많은 곳에서 일련의 봉기가 일어났다. "쓰레기"는 전직 대통령 니콜라 사르코지가 사용한 표현이다. 그 당시 내무부장관이었던 사르코지는 파리 교외의 빈민 지역에 사는 젊은이를 이렇게 불렀다. 생방송 연설이 있고 나서 이 모욕적인 표현은 다양한 미디어에서 연일 중계되었고 곧이어 격렬한 논쟁을 야기했다.

2. [옮긴이] register. 일어판에서는 '사용역' 대신에 '유통회로'로 옮겼다.

3. [옮긴이] 여기서 수행문은 프랑스어 performatif, 영어 performative를 옮긴 말이다. 이번 장에서는 문맥에서 따라 이 용어를 수행적, 수행문, 수행성, 수행적 발화로 옮긴다. 오스틴의 언어이론을 다룰 때는 주로 수행문으로 옮겼고 버틀러의 수행성 이론을 다룰 때는 주로 수행성, 수행적 발화로 옮겼다.

고 1990년대 중반을 지나면서 분석철학과 소쉬르식 언어학이 다시금 힘을 얻고 있다. 그 당시 이것은 많은 사람들의 예측을 벗어난 사건으로 보였다. 왜냐하면 이미 1960~70년대를 거치면서 후기구조주의 비판이 전개되었고 권력의 기호론에 대한 정치적 비판이 가해졌기 때문이다.

1. "절대적" 수행문

이탈리아의 후기-노동자주의 이론 — 빠올로 비르노[4], 크리스티안 마라찌[5], 이들에 비해서는 정도가 덜하지만 네그리와 하트[6] — 이 수행적 발화로 관심을 전환한 것은 매우 놀라운 일이다. 그 이유는 이런 전환이 수행문의 규정에 대한 잘못된 이해에서 출발하기 때문이다. 이를테면 자율주의 이론은 "절대적 수행문"이라는 범주(비르노)를 도입하여 수행문 이론을 급진화하려고 시도한다. 그런데 이런 시도는 오스틴이 정의한 내용 가운데 그 일부만 보존한다. 그것은 언표행위가 행동에 대한 기술記述이 아니라 수행이란 내용만 가

---

4. Paolo Virno, *Quando il verbo si fa carne : linguaggio e natura umana* (Torino : Bollati Boringhieri, 2003)

5. Christian Marazzi, *Capital and Language*, trans. Gregory Conti (Los Angeles : Semiotext(e), 2008. [크리스티안 마라찌, 『자본과 언어 — 신경제에서 전쟁경제로』, 서창현 옮김, 갈무리, 2013.]

6. Michael Hart and Antonio Negri, *Multitude* (New York : The Penguin Press, 2004). [안토니오 네그리·마이클 하트, 『다중 — 제국이 지배하는 시대의 전쟁과 민주주의』, 조정환·정남영·서창현 옮김, 세종서적, 2008.]

5장 "쓰레기"와 수행성 비판   249

크리스티안 마라찌(Christian Marazzi, 1951~)

져온다.7 [예를 들어] "이로써 개정을 선언합니다", "나는 그대에게 인민의 이름으로 명령하니…", "나는 당신에게 약속하는바 … "라고 말할 때, 우리는 어떤 상황이나 사태를 관찰하는 것이 아니라 우리가 말한 바를 행한다는 것이다.

[이것이 수행문의 첫 번째 조건이다. 그런데] 오스틴의 이론에 따르면 수행문의 힘은 그것이 "사회적 의무"를 수반하는 데 있다(약속의 경우에는 그것을 말하는 사람이 "체면"을 손상할 위험을 기꺼이 져야 한다. 질문의 경우에는 질문을 받는 사람이 대화가 중단될 위험을 무릅쓰고 답해야 한다). 수행적 발화를 완수하기 위해서, 화자는 자기 자신에게 하나의 역할을 부여하고 청자에게는 그에 상보적인 역할을 할당한다. [달리 말해] 수행문의 힘은 화자들 사이에 "권리"를 분배하는 것에 존재한다. 수행문은 의무를 지정함으로써 언어를 일종의 광범위한 제도로 기능하게 만든다. 이 제도는 "사회적으로 인정된 화행speech acts의 범위에 상응하는 일련의 관습적 역할

7. J. L. Austin, *How to Do Things with Words* (Oxford : Oxford University Press, 1976)을 참조하시오. [오스틴이 정의하는 발화행위(locutionary act), 발화수반행위(illocutionary act), 발화효과행위(perlocutionary act)의 수행에 대해서는 이번 장의 각주 43번을 참조하기 바란다. ─ 옮긴이]

을 포괄한다."[8]

여기서 특히 강조되는 것은 사회적 의무를 재생산하는 언어의 "관습적인" 기능, 즉 이미 제도화된 사회적 관계를 재생산하는 언어의 기능이다.

이것이 수행문의 두 번째 근본 조건이라 할 수 있는데, 후기-노동자주의 언어 이론에서는 납득 가능한 설명 없이 이것을 폐기한다. 그 결과 수행문이라고 할 수 없는 발화[9], 즉 "나는 말한다"I speak가 "절대적 수행문"으로 변모한다. 이런 식의 발화는 비르노에 따르면 "상층에서 하층까지 오늘날의 소통 사회"를 특징 짓는다.

그러나 사실 "나는 말한다"는 수행문이 될 수가 없다. 왜냐하면 그 발화의 효과가 단순한 정보에 불과하기 때문이다. 그것은 어떤 "의무"도 수반하지 않는다. 그것은 어떤 "권리"도, 어떤 역할도, 어떤 권력의 분배도 도입하지 않는다.[10] 설사 그 발화가 자신이 표명한 것을 완수할지 몰라도, 그것은 절대로 수행문이 될 수 없다. "나는

---

8. François Recanati, *Meaning and Force* (New York : Cambridge University Press, 1987), 9.

9. [옮긴이] 이번 장에서 발화라고 옮긴 utterance는 프랑스판에서는 énoncé(발화, 언표, 진술, 언술, 서술 등)를 뜻한다. 영어판에서는 문맥에 따라 énoncé를 발화(utterance), 진술/언술(statement) 등으로 옮기고 있다. 여기서는 오스틴의 언어이론에 따라 발화라고 옮겼지만, 들뢰즈·가타리, 푸코의 용법에 따라 언표라고 이해할 필요가 있다.

10. "따라서 '나는 당신에게 말한다'(I speak to you)는 비록 그것의 언표가 말한다는 사실을 포함하고 있지만 수행적 발화는 아닌 것이다."(Oswald Ducrot, "De Saussure à la philosophie du langage" (introduction to the French edition of John Searle's *Speech Acts*), *Les actes de langage* (Paris : Hermann, 1972).)

말한다"는 어떤 것을 소통하는 발화이지만 "타인"에게 어떤 작용을 가하는 것은 아니다. 그것은 대화상대자 편에서 새로운 상황을 창출하지 않는다. 거기서 상대방은 그 발화가 자신에게 전달되었다는 사실을 고려하고 그것에 반응해야 한다는 의무를 지지 않는다(예를 들어, 대답하기, 복종하기, 복종하지 않기, 약속을 지키기, 약속을 지키지 않기).

만일 우리가 오스틴의 이론을 고수하려고 한다면, "나는 말한다"를 수행문으로 간주할 수 있는 경우란 내가 볼 때 거의 없을 것이다.

"절대적 수행문"은 의무(사람들이 말한다는 사실, 서로 간섭한다는 사실, 상호주관적 관계를 설정한다는 사실)를 도입하는 대신에 "언어적 사건"만 강조하는 단순한 기능으로 축소된다. 따라서 "절대적 수행문"에 관한 규정은 오스틴 이론의 함의와 가치를 완전히 무효로 만든다.

수행문 이론은 언어학의 범주뿐만 아니라 오스틴의 [초기] 이론 자체를 전복시켰다. 우리는 창안자 자신이 그 이론을 비판하고 극복했다는 사실을 기억해야 한다. 처음에 오스틴은 수행문(말을 할 때 행하는 것)과 진위문constatives(사태에 대한 기술)을 구분했지만, 시간이 지나서는 양자 사이의 대립을 포기했다. 오스틴에 따르면 모든 발화는 수행문이다. 왜냐하면 심지어 진위문도 화행의 완수에 기여하기 때문이다.

조금 주저한 끝에 오스틴은 수행문을 언어학적 예외로 보는 관점에 반대하고 새로운 범주인 발화수반행위illocutionary act를 도입한다. 발화수반행위는 수행문을 하나의 특수한 사례로 포함한다. 이

두 번째 해석에 따르면 (수행적 발화만이 아니라) 우리의 모든 발화가 특정한 사회적 행위를 수행하는 것이다. 그것은 어떤 의무를 수반한다.

언어학은 첫 번째 해석을 수용했지만 두 번째 해석을 기각했다. 특히 방브니스트와 같은 학자들이 그랬다. 두 번째 해석이 언어학에 근본적인 문제를 제기하기 때문에, 언어학은 그것의 가능성을 활용하는 데 대체로 실패했다. 우리는 언어학이 실패한 지점에서 출발하려고 한다.

2. 수행성을 통한 해방

주디스 버틀러는 비르노가 무시한 것, 즉 수행문이 화자에게 할당하는 역할과 지위를 분명히 강조한다.

미국에서는 포르노그래피와 인종주의적 "혐오발화"hate speech에 반대하는 활동가들이 "수행성" 개념을 적극적으로 활용한다. 오스틴의 범주는 캠퍼스의 케케묵은 교실을 떠나 법정으로 출두한다. 여성의 권리와 윤리적 소수자를 옹호하는 사람들은 포르노그래피와 혐오발화를 일종의 수행적 발화로 간주한다. 왜냐하면 그 발화들이 단순히 어떤 관점이나 의견을 표현하는 것이 아니기 때문이다 (따라서 미국헌법 수정1조에 따라 보호받을 수 없는 것이다). 그것들은 어떤 상황에 대한 묘사를 넘어선다. 그 발화들은 청자들에게 영향력을 행사한다. 그것들은 표적이 되는 사람을 피지배자로 만든다. 그 발화들은 사회의 지배 관계를 단순히 반영하지도 않는다. 그것들은 말이 갖고 있는 고유한 힘을 통해서 기존의 권력 구조를 묘사하고 설정하며 재설정한다. 여성과 소수자들에게 특정한 역할을 할당함으로써, 수행적 발화는 그 대상이 되는 사람들의 행위자성agency을 박탈하는 소송action과 유사하다. 그들은 마치 판사 앞에 끌려 나간 사람들처럼 자신의 행위자성을 빼앗긴다.

버틀러의 정치-언어적 기획은 "해방에 대한 정치적 약속"을 전유하기 위해 수행적 발화를 재사유한다. 그러나 이 기획은 그 취지와 달리 문제의 소지가 없지 않다.

수행적 발화의 부흥과 그것이 약속하는 해방에 관해, 일단 우리는 푸코의 작업을 발판으로 비판을 가하려고 한다. 1982~83년에 진행된 [콜레주 드 프랑스] 강의는 『자기에 대한 통치와 타자에 대한 통치』로 출간되었다. 여기서 푸코는 수행적 발화를 정치적 단절의 "반증 사례"로 간주했다. 정치적 단절은 "진실을 말하기"dire vrai 위해서 어떤 사람이 집회, 또는 모임에서 분연히 일어날 때 촉발된다. 반면에 수행적 발화는 "파르헤지아parrhēsia와 정확히 반대되는 언표 행위의 양식"을 가리킨다.[11]

파르헤지아는 지배적인 의미작용과 단절하는 것이며 ― 새로운 가능성을 창출하는 동시에 "위험의 장"을 개방함으로써 ― "균열"을 창출하는 "침입적 사건"이다. 반면에 수행적 발화는 언제나 얼마간의

---

11. Michel Foucault, *The Government of Self and Others,* trans. Graham Burchell (New York : Palgrave Macmillan, 2010), 61.

엄격한 제도화를 수반한다. 즉 그것의 "효과"뿐만 아니라 "조건"도 "이미 알려져 있다." 이런 식으로 역할이 할당되고 (말할) 권리가 배분된다면, 그런 경우에는 어떤 종류의 단절이든 생산될 수 없을 것이다. 진실한 담론의 침입은 "개방된 상황을 도입한다. 정확히 그것은 상황을 열어젖혀서 우리가 모르는 효과를 가능하게 만든다." 반대로 수행적 언표행위의 조건과 효과는 "코드화되어" 있다. "파르헤지아는 코드화된 효과를 생산하지 않는다. 그것은 식별할 수 없는 위험을 열어젖힌다."[12]

수행적 발화는 한편으로 언표행위와 언표, 그것들의 효과를 코드화하고, 다른 한편으로 이와 마찬가지로 화자와 청자, 그들 각각의 역할과 지위를 제도화하고 그들의 행위가 전개되는 공적 공간을 제도화한다. 그곳에서 출현하는 "주체들"은 위험을 스스로 감당하지 않으며 자기 자신과 "직접적으로"personally 관계 맺지 않는다. 그들은 자신의 발화와 주체성을 기존에 확립된 언어적 관습에 맞출 뿐이다.

수행적 발화를 완수하려면 "주체의 신분"이 반드시 필요하다. 예컨대 내가 누군가에게 세례를 해줄 때, 나에게 "사제 기능"이 없다면 그것을 수행할 수 없을 것이다. 거기서 내가 신을 믿는지 아닌지는 중요한 문제가 아니다. 마찬가지로 "실례합니다"를 수행문으로 만드는 것은 내가 하는 말이다. 내가 진심인지 아닌지는 중요한 문제가 아니다.

---

12. 같은 책, 63, 62.

다시 말해 수행적 "의례"는 주체의 관여나 투심을 반드시 요구하지 않는다. 반면에 진실 말하기는 "말하는 주체가" 청자뿐만 아니라 "자기 자신과 협약"을 맺도록 만든다. "그는 자기가 하는 말이 진실이라고 여기면서 그것을 진심으로 주장한다. 그렇게 함으로써 그는" 언표행위라는 행동에 대해서도 "자기 자신을 구속하지만" 언표의 내용에 대해서도 똑같이 자기 자신을 구속한다. 그 결과 그는 그렇게 행동하는 것에 대한 모든 위험과 결과를 떠안는 것이다.[13]

진실 말하기의 언표행위는 타자에 대한 효과를 생산할 뿐만 아니라, 무엇보다도 자신이 처한 조건을 변형함으로써 ─ 가따리의 경우에는 실존적 변형을 생산함으로써 ─ 언표행위를 행하는 주체 자신에게 영향력을 행사한다. [푸코에 따르면] "내 생각에 이것은 언표라는 사건이 주체의 존재양식에 영향을 미치는 소급작용이라고 할 수 있다.… 바로 이런 소급작용이 화용론에서 다루는 것과는 완전히 다른 종류의 담론적 현실fact을 특징짓는다."[14] [반면에] 수행적 발화를 통해서는 주체의 발명이나 변형이 절대로 일어나지 않는다.

주체화는 자기 자신을 스스로 변용affection할 수 있는 역량이다. 그것은 그 자체로 언어적인 것이 아니다. 주체화는 자기-위치정하기, (가따리의 용어로) 자기-실존화를 도입한다. 그것은 비록 말과 언어적 명제를 이용하긴 하지만, 우리에게서 언어학과 화용론의 법칙을 근본적으로 제거한다. 분명히 푸코는 이렇게 언급한다. "파르

---

13. 같은 책, 64~65.
14. 같은 책, 68.

헤지아를 통해서 우리가 보고 있는 것은 담론의 화용론이라 불리는 것과… 거의 상반된 현실의 출현이다. 거기서 우리는 화용론과 완전히 상이한 일련의 담론적 현실을 발견한다."[15]

자기에 대한 관계의 존재론적 결과는 버틀러에 의해 완전히 홀대 받지만, 푸코로 하여금 구조주의 언어학과 권력의 논리에서 벗어나게 해주고 (심지어는 "성"에 관한 자신의 작업에서) 비켜나게 해준다. 우리가 해방의 정치를 찾고자 한다면, 그것은 수행성의 전복과 전유가 아니라 바로 이곳에서 찾아야 할 것이다.

전직 내무부장관 사르코지가 파리 교외의 청년을 "쓰레기"로 규정했을 때("이 쓰레기들 진절머리가 나지 않습니까? 그래서 저는 쓰레기를 제거하려고 합니다. 여러분을 위해서 말입니다!"), 그것은 말의 힘을 설명하기 위해서 "수행성" 이론에 호소하는 이론들이 얼마나 오류에 빠져 있는지를 정확히 보여준다. 마찬가지로 이 사례는 언어의 정치적 "힘"을 설명하는 데 있어서 그 이론들이 얼마나 무능한지를 정당하게 증명한다.

당시 내무부를 책임진 사르코지가 방송 카메라 앞에서 쏟아낸 "혐오발화"는 어떤 효과를 유발했는가? "쓰레기"란 표현은 프랑스 교외 주민들의 행위자성을 박탈하지 않았다. 오히려 그 말은 언표행위 이전에는 상상도 할 수 없었던 거대한 행위자성을 촉진했다. 사르코지의 언표행위는 교외 빈민층의 젊은이를 피지배자로 구성하는 대신에, 그들을 불복종과 반항적인 상태로 결집시켰다. 이

---

15. 같은 책, 68.

것은 정확히 그들에게 부과된 "쓰레기"란 [존재를] 그들 스스로 거부했기 때문에 가능했다. 봉기의 힘은 버틀러가 주장하듯이 "또 다른 종류의 수행적 발화"나 그것의 전유가 아니라 실존적 긍정(가따리)에 따라 좌우되었다. 실존적 긍정은 무엇보다도 지배적 의미와 사회적 기능이 중단될 때 발생했다. 그것은 자기에 대한 관계(푸코), 달리 말해 언어학 또는 화용론의 틀을 초월하는 [주체의] 행위를 수반한 것이었다.

마찬가지로 우리는 왜 버틀러가 로자 파크스의 행동을 수행적 사례로 보는지에 관해서 선뜻 이해하기 힘들다. 이제는 많이 알려졌듯이 그녀는 백인 남성에게 자리를 양보하지 않았는데, 이런 거부에는 수행적 요소가 전혀 존재하지 않는다. 만일 그런 것이 있다면, 그때는 그 용어의 의미를 바꾸는 것이 좋을 것이다. 그녀의 행동은 [수행적 발화가 아니라] 저항의 **행동**이고 자기-위치정하기, 즉 [실존적] 긍정의 행동이다. 그것은 말없이 거부하는 **몸짓** 속에서 드러나는 행동이다. 이런 행동은 사고나 말에 선행하는 것이다. 그것은 지배적인 의미 속에서 단절점을 형성하고 역할과 사회적 기능의 분배를 부정하는 것이다.

주체의 변이는 일차적으로 담론적인 것이 아니다. 왜냐하면 그것이 주체성 속에 있는 비담론적인 것의 초점을 건드리기 때문이다. 게다가 그 초점은 한번 건드리면 다시는 되돌릴 수 없는 것이다. 바로 이런 실존적 차원에서 주체성이 출현하며, 그것의 일관성은 언어, 신화, 내러티브를 포함한 다양한 기호계를 통해서 오직 이차적 형태로 들어선다. 반대로 말해 비기표적이고 명명할 수 없으며 형언할 수 없는 차원에서 출발하기 때문에 의미, 언어, 내러티브가 비로소 가능한 것이다.

이런 사실에도 불구하고 수행성 이론은 언어학 내부의 혁신에 여전히 집착한다. 소쉬르식 주장에 따르면 랑그[언어체계]는 모든 형태의 사행[use]보다 앞서 의미를 확정하고, 파롤[언어활동, 말]은 화자가 자신의 의도에 따라 정해진 의미를 소통하는 것이다. 이와 달리 우리는 더 이상 랑그와 파롤의 구분을 그대로 고수할 수 없다. 우리는 더 이상 언어에 대한 규정을 단순한 소통 수단이나 정보 교환으로 간주할 수 없다.

비록 가는 길은 달랐지만 비르노와 버틀러는 오스틴이 개시한 움직임을 끝까지 유지하지 못한다. 대신에 그들은 언어체계에서 언표행위를 고립시킨다. 그들은 마치 언어체계[랑그]가 자율적으로 존재할 수 있으며, 통사적·음성적·문법적 구조를 통해서 의미를 산출할 수 있다고 간주한다. 그들은 마치 언어체계가 타자에게 작용하는 힘을 생산할 수 있으며, 언어활동[랑가주]과 기호의 변형적 힘을 설명할 수 있다고 생각한다. 그들이 신뢰하고 있는 것은 오스틴 자신이 포기한 초기 단계의 수행성 이론이다.

3. 바흐친과 최초의 언표행위 이론

인생은 사건을 통해서만 이해될 수 있다.
― 미하일 바흐친, 『발화 장르와 후기의 여러 에세이들』

미하일 바흐친
(Михаил Михайлович Бахтин, 1895~1975)

수행성에 대한 우리의 두 번째 비판 계열은 가따리와 바흐친의 작업에 주로 의존할 것이다. 실제로 많은 사람들이 언어체계(랑그)의 관점에서 언표행위에 접근했지만, 그 과정에서 중대한 난관에 봉착하거나 타당성 논란에 휩싸였다. 이런 접근들과 달리 가따리와 바흐친은 언표행위에 초점을 맞춘다. 그들은 언표행위가 언어의 "후미진 외곽"에 위치하듯이, 언어학이 외면한 후미진 방향으로 나아가다. 그들에 따르면 언표행위의 화용론이 음운론, 통사론, 의미론에 선행하는 것이다. 가따리가 보기에 언표행위, 특히 언표행위의 **비담론적** 요소는 언어적이고 기호적인 창조성의 "능동적 핵"을 가리키고, 바흐친의 접근에서는 언표행위가 비언어적 요소를 사실상 포괄할 수 있다.[16] 가따리가 주장하듯이 주체성의 생산을 사고하기 위해서 우리는 "의미작용meaning과 의미sense

<hr />

16. "언어학의 대상은 언어적(speech) 소통 자체도 아니고, 발화의 본질도 아니며, 발화들 사이의 (대화적(dialogic)) 관계도 아니고, 언어적 소통의 형식이나 발화 장르(speech genres)도 아니다. 언어학의 대상은 오직 그 질료, 언어적 소통의 수단들일 뿐이다. 언어학은 발화들 사이의 관계, 발화와 현실 사이의 관계, 발화와 화자 사이의 관계를 연구하지 않는다. 언어학은 오직 언어체계 내의 요소들 사이의 관계만 연구한다."(Mikhail Bakhtin, *Speech Genres and Other Late Essays*, trans. Vern W. McGee [Austin, Texas : University of Texas Press, 1986], 118.)

의 생산"을 "실존의 생산"과 근본적으로 구분해야 한다.

수행성에 대한 비판자로 바흐친에 주목하는 것은 많은 사람들에게 역설적으로 보일지 모른다. 왜냐하면 언표행위에 관한 그의 이론이 러시아 혁명 직후에 발달했기 때문이다. 따라서 수행문 이론이 발명되기 훨씬 이전에 그의 이론적 특징이 등장했기 때문이다. 게다가 수행적 발화는 바흐친의 이론에서 독립적 형태로 존재할 수 없는데, 이 또한 역설적으로 보일지 모른다. 그에 따르면 오스틴의 후기 작업에서와 마찬가지로, 수행적 발화뿐만 아니라 "모든 발화행위"가 화자에게 영향을 미치고 의무를 창출하며 역할을 할당하는 "사회적 행동"이다.

오스틴과 바흐친 사이에는 그들이 사용하는 용어의 동형성에도 불구하고 주목할 만한 이론적 차이들이 존재한다. 무엇보다도 바흐친은 언어·문법과 언표행위 사이에 종별적 차이를 도입하고, 단어·언어적 명제와 발화 사이에, 그리고 (언어학적) 의미작용과 (언표행위의) 의미 사이에 종별적 차이를 설정한다.

그는 새로운 "존재 영역", 또는 "대화적인"dialogic 것을 찾아낸다. 이것은 언어학과 언어철학을 통해서는 알 수 없는 것이고 대화의 화자들 사이에 단순한 응답으로 환원되지 않는다. 대화적 관계는 시공간상으로 분리된 텍스트, 과학 이론, 예술 작품들 사이에서 똑같이 출현할 수 있다.

대화적 영역에서 관계들은 언어와 기호를 통해서 표현되지만, 그것들로 환원될 수 없는 의미의 관계들이다. 대화적 관계는 소쉬르나 라캉식 구조주의와 달리 논리체계나 언어체계에 속한 것이 아니라 그 자체로 특유한 관계이다. 그뿐만 아니라 대화적 관계는 [독립된] 심리체계의 일부도 아니다. 왜냐하면 대화적 관계가 화자 개인의 주관적 의식과 분리될 수 없기 때문이다. 대화적 관계는 언어(그리고 논리, 기호계, 심리작용)를 전제하지만, 언어체계(또는 논리체계, 기호semantic 체계, 심리작용) 내부에 존재하는 것이 아니다.

언어[랑가주]의 힘, 표현성, 행위력agency은 랑그, 또는 언어의 문법구조에서 나오는 것이 아니다. 그것들은 [언어체계 내부의] 차이들이나 기표들의 조합이 아니라 대화적 관계에서 발현한다. 이런 관계에서 언어는 필요한 요소이지만 충분한 요소가 아니다.

단어, 명제, 문법 규칙이 온전한 언표행위, 즉 "화행"을 구성하기 위해서는 하나의 **"보충적 요소"**가 반드시 필요하다(그것은 윤리-정치적 요소이며, 보다 구체적이고 급진적으로 말해서 실존적 요소를 말한다. 또한 그것은 가따리가 말하는 **"실존적 기능"**이다). 이런 요소는 "그것이 무엇이건 간에 모든 언어학적 분류와 결정을 벗어나 있다."

언표행위("화행")에서 분리된 단어, 문법형식, 명제는 "기술적 기호", 또는 "재료"에 불과하며 잠재적 의미 생산에 봉사할 수 있는 단순한 "가능성"에 불과하다.

이런 언어의 잠재력이 개체화, 특이화, 현실화를 거칠 때, 단어와 명제는 비로소 완전한 언표행위, 하나의 "전체"로 전환될 수 있다. 이런 개별화, 특이화, 현실화는 전前개체인 정동의 힘을 통해서, 그리고 후post개체적인 윤리-정치적·사회적 힘을 통해서 실현될 수 있다. 무엇보다도 이런 힘들은 언어에는 외재하지만 언표행위에는 내재하는 것이다.

따라서 수행문과 같은 범주를 별도로 분리하는 것은 있을 수 없는 일이다. 왜냐하면 모든 화행이 특정한 누군가, 또는 무엇을 향해 전달되고, 그 누군가와 무엇에 반응하기 때문이다. 또한 모든 화행이 어떤 "의무"를 수반하고, 어떤 "반응"(또는 "반응적 태도")을 전제하기 때문이다. "반응"(예를 들어 "사람들은 언표에 동의하거나 반대할 수 있으며, 그것을 실행하거나 평가할 수 있다")은 발화의 내재적 구성요소이다. 언표행위에 있어서 "반응이 없는 것보다 끔찍한 사태는 없을 것이다."[17]

버틀러는 수행적 명령과, 코드화되지 않고 예측할 수 없는 반응·반작용reaction의 가능성을 대립시키려고 한다.[18] 하지만 이것은 여전히 충분한 접근이 아니다. 왜냐하면 "반응"의 문제, 즉 어떤 발화에 대해 다르게 행동할 가능성은 수행적 발화만이 아니라 모든 언표행위와 관련된 문제이기 때문이다(이것은 일부 결과를 무시한다면 오스틴이 내린 결론과 동일한 것이다). 버틀러의 주장과 달리 수행적 명령은 다른 종류의 수행적 행위가 아니라 대화적 관계를 통해서만 반박될 수 있다. 대화적 관계는 수행적 발화든 아니든 간에 모든 언어학적 범주를 초과하기 [때문이다.]

---

17. 같은 책, 68, 127.

18. "위협은 반응의 기회를 제거하거나 공포를 가하여 수신자를 마비시킬 수 있다. 그러나 똑같은 위협이 전혀 다른 수행적 행위를 촉발해 반박될 수 있다 …."(Judith Butler, *Excitable Speech: A Politics of the Performative* (New York: Routledge, 1997), 12. [주디스 버틀러, 『혐오 발언 — 너와 나를 격분시키는 말 그리고 수행성의 정치학』, 유민석 옮김, 알렙, 2016.])

반응의 구문, 문법은 언어의 "구조"에 등록되어 있지만, 그럼에도 언어가 아니라 타자와의 대화적 관계를 통해서 생산된다. 발화의 "종결", 즉 요청을 들어주거나 명령을 실행하는 등 발화의 실현 (완수)은 그것이 수행문이건 아니건 간에 대화적 관계 속에서 주어지는 것이지 언어의 형식에 따라 주어지는 것이 아니다.

발화의 완결을 판단하는 가장 중요한 첫 번째 기준은 발화에 대한 반응 가능성이며, 보다 정확히 포괄적으로 말해서 발화에 대한 반응적 태도(예컨대 명령의 실행)를 취할 수 있는가 하는 것이다. 이 기준은 일상의 간단한 질문에서 찾을 수 있다. 예를 들어 "몇 시죠?"라고 물으면 누군가는 그것에 응답할 수 있을 것이다. 우리는 일상의 요청에 대해서 그것을 수용하거나 거부할 수 있으며, 과학적 진술에 대해서 그것을 (부분적으로 또는 전체적으로) 동의하거나 반박할 수 있다. 마찬가지로 소설에 대해서도 우리는 그것을 총괄적으로 평가할 수 있다.[19]

분명 언어적 명제는 문법적 "종결"과 "완결"을 통해서 인지될 수 있다. 그러나 문법의 인지가능성은 말하기 교환에서 필요한 것이지만 충분한 조건이 아니다. 언어학적 질서 안에서 인지가능하고 유효한 언어적 명제는 "반응적 행동을 촉발할 수 없는 것이다."[20]

---

19. Bakhtin, *Speech Genres and Other Late Essays*, 76.
20. 같은 책.

언어적 명제가 아니라 오직 화행만이 언표행위를 완결할 권리를 갖는다. 왜냐하면 반응의 주고받음을 통해서 "언표행위는 특정한 상황, 타자, 발화에 대해서, 특히 '진실, 정의, 아름다움'을 지칭하는 발화에 대해서 가치, 견해, 감정, 정동, 공감, 반감을 표현하기" 때문이다.

반응은 언제나 자기-위치정하기, 자기-긍정이다. 바로 이런 위치잡기를 통해서 우리는 말하고 반응하고 자기 자신을 표현한다.

모든 화행은 윤리-정치적인 행위이다. 왜냐하면 화행이 "합의"와 "불화"로 향하기 때문이다. 모든 화행은 자기 자신과 타자, 세계를 향한 일종의 "질문"이다. 바흐친의 언표행위이론에서 세계는 언제나 종결되지 않는 어떤 것, 따라서 문제와 사건에 관계한다. 이 점에서 그의 이론은 수행문과 발화수반행위에 관한 오스틴의 이론과 구별된다. 오스틴은 세계를 관습들의 집합, 또는 제도로 파악하고 재생산이 필요한 권력, 권리, 의무의 배분으로 간주한다. [오스틴의 주장과 달리] 수행적 발화뿐만 아니라 모든 화행은 그 본질상 행동의 가능성을 재편함으로써 타자에게 영향을 미친다.[21] 화행은 "바로 지금" 발생 중인 특이한 관계 속에 화자들이 "주관적으로" 관여할 수 있는 어떤 가능성을 도입한다. 이런 관점에서 화행은 불확

---

21. 오스발드 뒤크로가 규정하듯이 우리가 모든 언표행위, 모든 화행을 대화적 관계로 이해한다면, 수행문의 힘이란 사실상 모든 언표행위, 모든 화행에 속하는 힘이 될 것이다. 대화적 영역은 화자들 사이에서 사건과 전략을 창출하는 가능성을 개방한다. "언표행위의 수신자 입장에서, 바로 이런 식으로 행동의 가능한 장이 갑자기 재편된다. 거기서 행동의 새로운 척도를 제시하는 새로운 차원이 출현한다. 이런 재조직화는 경험적 사실이 아니라 발화로 인해 발생하는 사건이다."(Ducrot, "De Saussure à la philosophie du langage," *Les actes de langage*, 22.)

정성을 창출하는 사건이다. 모든 언표행위는 그것이 "아무리 작아도" 하나의 역사적 사건이다.[22]

언표행위는 화자들 사이에 "미시-정치적"이고/이거나 "미시-물리적" 관계를 보여준다. 이런 측면에서 언표행위는 구조주의 이론이나 오스틴의 화행이론과 구분된다. 특히 구조주의는 언표행위를 언어 규칙들의 조합으로 제한하려고 시도한다. [그러나] 언표행위는 언어학적 모델에 따라 생산되지 않는다. 그것은 화자의 능동적 발화과정과 청자의 수동적 지각·이해과정을 거치지 않는다. 이와 달리 청자는 행위의 완결에 전적으로 참여한다. 말년의 푸코가 자신의 권력관계 이론에서 주장하듯이 타자는 "능동적"이고 "자유롭다."[23] 언표행위라는 사건에서 타자는 그것에 역동성을 도입하고 그것의 현실화를 촉진한다. 언표행위는 언어의 잠재성, 가치의 세계, 그리고 양자가 전개되는 실존적 영토를 논쟁적이고/이거나 **협력적**으로 공동-현실화하는 공동-생산인 것이다.

---

22. "실제로 현실에서의 상호교류는 아무리 느리고 폭이 좁더라도 지속적인 생성 과정에 속한다. 화자들 사이의 상호관계는 변화의 정도를 알아채기 힘들지 몰라도 끊임없이 변화한다. 이런 생성과정에서는 생성되는 내용이 [또 다른 무언가를] 생성한다. 현실에서의 상호교환은 사건의 성격을 지니고 있으며, 심지어 가장 사소한 언어학적 교환도 이런 사건의 지속적인 생성에 관여한다."(Mikhail Bakhtin, Paul Medvedev, *The Formal Method in Literary Scholarship*, trans. Albert J. Wehrle (Cambridge : Harvard University Press, 1985), 95.)

23. (단순한 폭력이 아니라) 권력관계가 존재하려면, " '타자'(권력행사의 대상이 되는 사람)는 무엇보다도 행동하는 사람으로 인식되어야 하고 끝까지 그렇게 유지되어야 한다. 그리고 타자가 권력관계와 마주했을 때 그것에 대한 반응, 반작용, 성과, 가능한 발명들의 전체 장이 개방될 수 있어야 한다."(Michel Foucault, "The Subject and Power," in Hubert Dreyfus and Paul Rabinow, *Beyond Structuralism and Hermeneutics* (Chicago : The University of Chicago Press, 1983), 220.)

푸코가 제시하는 권력의 전략적 관계와 마찬가지로, 언표행위의 대화적 관계는 반응/반작용들의 가능성이 전개되는 어떤 장을 개방한다. 그리고 이 장은 언표행위라는 "행위" 속에서, 오직 그것을 통해서만 결정될 수 있고 현실화될 수 있다.

여기서 쉽게 알 수 있듯이 언표행위의 본질은 수행적인 것이 아니라 대화적이고 전략적이며 사건 창출적인 것이다. 푸코와 마찬가지로 바흐친 역시 언표행위에 대한 "갈등적이고", "논쟁적인" 관점을 제시한다. 언표행위는 화자들 사이의 "전투"[24]와 닮아 있으며, 보다 정확히는 일련의 다양한 테크닉과 언어적·기호론적 전술을 통해서 구현되는 타자의 행위를 통치하는 "전략"으로 기능한다.

앞에서 언급했듯이 푸코는 대화의 흐름과 통치기법 사이에 평행론을 설정하는데, 이 관계는 언표행위의 동학을 묘사하는 바흐친의 주장에서 완벽한 형태로 나타난다. 바흐친에 따르면 언표행위는 수행문이 수반하는 제도화나 역할의 할당과는 무관한 것이다.

말을 구상하는 단계에서 나는 [청자의] 이런 반응을 능동적으로

---

24. "이것은 무엇보다도 담론이 권력, 통제, 예속, 자격부여, 자격박탈을 위한 무기이기 때문이다. [담론은] 전쟁 담론과 비성찰적 담론[이다]···. 담론은 말한다는 단순한 사실이며, 그것은 말을 이용한다는 것, 타자들의 말을 (그것이 그들을 배반할지 몰라도) 사용한다는 것, 타자들이 이해하고 수용하는 말을 (아마도 그들에 반대하기 위해서) 이용한다는 뜻이다. 이런 사실 자체가 [담론이 지닌] 힘이다. 담론은 힘들의 관계와 관련해서 무언가가 새겨지는 표면인 동시에 그 자체가 효과를 발휘한다."(Michel Foucault, *Dits et écrits*, vol.3 (Paris : Gallimard, 1994), 124.)

결정하려고 시도한다. 게다가 나는 내가 기대하는 [상대의] 반응에 따라 행동을 조정하려고 시도한다. 거기서 예측된 반응은 나의 발화에 능동적 영향을 미친다(예를 들어 나는 예견된 반대를 피하려 하거나 온갖 종류의 단서를 달 것이다). 말을 하는 도중에도 나는 언제나 수신자의 통각적 배경을 고려한다. 통각적 배경은 수신자의 지각에 작용한다. 그러니까 나는 그가 이 상황에 어느 정도 친숙한지, 그가 소통의 주어진 문화적 영역에 특별한 지식을 갖고 있는지, 그의 견해와 신념, 또는 (내 관점에서) 그가 가진 편견은 무엇인지, 그의 동정심과 혐오감은 어떤지를 살핀다. 왜냐하면 이 모든 것이 내 발화의 이해와 관련된 그의 능동적 반응을 결정하기 때문이다.[25]

4. 목소리와 제스처의 미시 정치

우리는 1930년대에 간행된 바흐친 서클의 첫 번째 논문집에서 이와 같은 언표행위의 미시-정치적(논쟁적이고/이거나 통치적인) 관계를 이미 발견한다. 언어학과 라캉식 구조주의가 기호, 또는 기

---

25. Bakhtin, *Speech Genres and Other Late Essays*, 95~96. 대화주의 이론(Dialogism)은 푸코가 행동을 묘사하는 방식에서 그 의미를 쉽게 이해할 수 있다. "어떤 게임에 참가한 사람은 자신이 생각하기에 타자들의 행동이 어떠해야 하는지, 그리고 타자들이 그 자신의 행동을 어떻게 생각하는지에 따라서 자신의 행동을 결정한다. 이것은 자신이 타인들에 비해 유리해지고자 하는 [행위] 방식이다."(Foucault, "The Subject and Power," *Beyond Structuralism and Hermeneutics*, 224.) 푸코에게서 "게임"은 비트겐슈타인이 언급하는 게임과 전혀 다른 것이다.

표들 사이에서 차이differential의 관계를 보는 곳에서, 바흐친은 예언가, 백치, 광인들과 마찬가지로 "목소리들과 그것의 대화적 관계", 자기 긍정과 실존적 영토들(가따리), 그것들을 지탱하는 가치들을 듣는다.

바흐친에 관해 길게 다룬 중요한 논문에서 가따리는 이렇게 주장한다. 즉 러시아 철학자[바흐친]의 이론에 따르면 각각의 언표행위 속에는 "전前개체적인 목소리들"이 들어 있으며, 이와 동시에 "사회적 목소리들", 또는 윤리–정치적 목소리들이 들어 있다. 전개체적 목소리는 "의지적–감정적" 평가들(가따리의 용어로 "감각적sensible 정동들")을 가리키고, 사회적 목소리는 미적인 것, 정의로운 것, 진실한 것(가따리의 용어로 "가치들"의 세계)을 가리킨다. 이런 복수의 목소리는 분절된 언어를 넘어서 확장된다. 아직 언어의 "음성적 추상화"에 포획되지 않은 목소리/억양은 언제나 "언어와 비언어, 말해진 것과 말해지지 않은 것 사이의 경계에서" 생산된다. 그리고 "그것은 언어적으로 안정된 모든 것들에 역사의 생생한 동력과 고유한 성격을 부여한다."[26] 바로 이런 목소리 덕분에 타자에 대한 말 걸기, 또는 발신address이 가능한 것이다. 그리고 이런 발신은 언어적이기 이전에 무엇보다도 정동적이고 윤리–정치적인 것이다. "억양이 울릴 때 그것은 화자의 주위 세계를 마치 생명력이 가득한 곳으로 만든다. 그것은 생명이 없는 사물과 현상을 위협하고 비난한다. 또는

---

26. V. N. Vološinov (Voloshinov), "Discourse in Life and Discourse in Art (Concerning Sociological Poetics),"trans. I. R. Titunik, *Freudianism: a Marxist Critique* (New York: Academic Press, 1976), 102, 106.

흠모하고 자상히 돌본다."[27]

가따리가 묘사하듯이 우리는 목소리에서 자연과 우주의 활력(물활론)을 발견한다. 언어학 및 언어철학의 주장과 달리 여기서는 기표화 이전의 신체적 기호계(제스처, 자세, 동작, 안면표정 등)가 결정적 역할을 수행한다. 왜냐하면 가치들이 신체를 통해서 가장 먼저 출현하기 때문이다. "억양과 제스처 사이의 밀접한 상호관계"는 신체에서 비롯한다. 여기서 신체는 "이런 가치들을 표현하는 원초적 재료"가 된다.[28] 제스처 개념은 "표정까지 포함한 넓은 의미의 몸짓으로" 간주되어야 한다.[29]

억양과 마찬가지로 제스처도 "언제나 그 속에 공격이나 방어, 위협이나 애정의 단초를 품고 있다." 바로 이것이 왜 모든 언표행위가 항상 화자에게 "지지자, 아니면 목격자의 역할"을 부과하는지, 또는 왜 모든 언표행위가 화자를 "친구, 아니면 적"으로 만드는지에 관한 이유인 것이다.[30]

목소리는 언어적, 기호론적 요소들과 함께 삭용하며 그것들을 활용하고 조직한다. 그런데 이것은 언어적, 기호적 요소들의 선택과 결합을 통해서도 전개되지만, 전략적인 것으로 규정될 수 있는 언어의 특이화를 통해서도 전개된다. 왜냐하면 목소리가 원-정치적 모델에 따라 화자들을 배분하고 "명명하기" 때문이다. 원-정치적 모

27. 같은 글, 104.
28. Tzvetan Todorov, *Mikhail Bakhtin, The Dialogical Principle*, trans. Wlad Godzich (Minneapolis : University of Minnesota Press, 1984), 46.
29. Voloshinov, *Freudianism*, 104.
30. 같은 책.

델에서는 화자들 사이의 권력관계에 따라, [따라서 전략적 관계에 따라] 말하기 공간이 구조화된다.

목소리는 수신자와 마주할 때 그 "공감적 분위기" 속에서, 또는 "공모", "대치", "불편함"의 분위기 속에서 자신을 표현하고 느끼고 진동한다.

각각의 목소리 속에는 두 개의 주소지가 존재한다. 목소리는 수신자뿐만 아니라 "언표행위의 대상"을 향한다. 언표행위의 대상은 언표행위의 제3의 요소로 작용하는데, 예컨대 수신자는 "판사이자 목격자"가 되거나, 따라서 "친구" 아니면 "적"이 되도록 요청받는다.

바흐친이 말하듯이 심지어 시인조차도 "그의 청자들의 공감이나 혐오, 합의 또는 불화가 없다면 작업을 이어갈" 수 없을 것이다.[31]

목소리가 단어와 명제를 관통하고 전유할 때, 오직 그런 경우에만 단어와 명제는 자신의 언어학적 잠재력을 상실하고 언표행위의 위험과 불확정성에 자기를 개방할 수 있다. 그렇게 함으로써 단어와 명제는 친구에게 호소하고 적을 물리치는 표현, 즉 위협하거나 아첨하는 표현, 격퇴하거나 알랑거리는 표현으로 전환될 수 있다.

5. 담론 전략들

---

31. 같은 책, 107.

이제 우리는 사르코지의 발화 사례("너희는 쓰레기다")에서, 왜 우리가 수행적 발화가 아니라 언표행위의 "전략적" 사용을 다루고 있는지에 관해서 보다 쉽게 이해할 수 있을 것이다. 이 발화를 통해 전직 장관은 기존의 권력 관계를 변화시켜 자신에게 유리한 상황을 조성하려고 시도했다. "혐오발화"는 미국 사람들이 생각하듯이 그것이 말한 바를 수행하는 힘이 아니라, 정확히는 "가능한 행동들에 대한 행동"으로 이해되어야 한다. 이런 행동은 타자(타자들)의 반응-반작용이 지닌 예측불가능성, 또는 불확정성에 열려 있는 것이다.

"너희는 쓰레기다!" 이 언표행위는 주어진 사회정치적 상황 속에서 그 상황을 재편할 목적으로 행해진다. "친구들"에게 호소하고 "적들"을 지정함으로써, 그 언표행위는 적들에게 위협을 가하는 동시에 친구들을 안심시키고 그들의 결속을 다지게 해준다. 동맹자를 확보하고 새로운 연합을 구축하기 위해서 그 언표행위는 이주민, 교외의 청년, "게으름뱅이", "실업자", "폭력배" 등을 적으로 호명한다. 그 언표행위는 정치 공간을 재구성하기 위해서 타자들로 하여금 "판사와 목격자"가 되도록 요청한다. 즉 그들 스스로 자신의 입장을 정하고 자신의 관점을 표명하며 가치판단을 하도록 강요한다. 이것은 언제나 정동적이면서 윤리-정치적인 것이다. 결국에 그 언표행위는 "타자"와의 우애보다 "타자"에 대한 공포가 지배하는 공적 공간을 구성하려고 한다.

언표행위가 개방한 시공간은 수행적 시공간이 아니다. 그것은 불확정성과 예측불가능성의 시공간이고 대화적 사건의 시공간이

2005년 10월 26일 사르코지가 방리유(대도시 외곽지역) 젊은이들을 '쓰레기'라고 불렀던 인터뷰

다. 그것은 타자들의 행동이 전개되는 장을 재편함으로써 타자들과 그들의 행위를 지배하려는 "전투 담론"의 시공간이다. 그 효과는 수행적 발화처럼 미리 결정되지 않는다. 수행적 발화에서는 화자, 청자, 발언이 미리 정해진다.

따라서 화자[사르코지]와 그의 텔레비전 "수용자들"은 사건의 생성에 열려 있다(우리는 텔레비전의 언표행위와 기계적 발언에 주목해야 한다). 모욕적인 언표행위 덕분에 사르코지는 대선에서 승리할 것인가? [아니면 실패할 것인가?][32] 그의 언표행위는 자신의 진영이나 반대 진영의 다른 후보를 물리칠 수 있는 전략인가? [아니면 패배할 수 있는 전략인가?][33] 사르코지는 외국인을 혐오하는 극우 유권자들의 표를 얻을 것인가? 그가 "좌파" 진영의 압박에 성공할 것

---

32. [옮긴이] 프랑스어본에 있는 표현을 살렸다. 이 글은 사르코지가 대통령이 되기 전에 작성되었다.
33. [옮긴이] 프랑스어본에 있는 표현을 살렸다.

인가? 그래서 그들이 안전에 관한 정치 토론을 수용하게 만들 것인가? 이 모든 것에 대해 그 자신은 확신하지 못했다(우리가 살고 있는 반동적이고 공포로 가득한 유럽에서, 비록 그 전략이 유효성을 분명히 입증했고 여전히 그렇지만 말이다).

어찌 되었든 "쓰레기"에 대한 "반응–반작용"은 모든 화행에 존재하는 대화적 성격을 드러낸다.

우리가 알다시피 모든 언표행위는 이해, "반응–반작용", "능동적 반응", "입장 정하기", "관점" 취하기, "평가적 반응"을 함축한다. 그리고 "쓰레기"란 발화는 화자^author의 의도를 가뿐히 넘어서 이 모두를 촉발했다.

봉기는 무엇보다도 비기표적이고 실존적인 결정화로 시작한다. 그것은 표현의 다양한 재료를 통해서 일관성을 획득하는 주체화의 초점들이 발현한 것이다. 반응의 결정화, 또는 '이해'^理解의 특이화는 단순히 언어적으로 발생하지 않는다. 그런 일은 결코 일어나지 않는다. 표현의 재료는 언어적 요소로 한정되지 않는다. 주체화의 벡터들, 언표행위의 초점들은 너무나 다양하다. 그것들은 랑시에르가 주장하듯이 언어와 언어적 대화로 국한되지 않는다.[34] 봉기는 그 자체로 힘의 기호이다. 그것은 지배적 의미작용을 중단시키고 유예할 수 있으며, 화자의 양식과 구별되는 새로운 양식의 "제스처", 행동, 기호, 심지어 단어를 창출할 수 있다. 바흐친이 알려주듯이 "묻

---

34. 랑시에르가 보기에 2005년 봉기는 정치적인 것이 아니다. 그 이유는 "청년들"이 대화를 위한 공간을 도입하지 못했기 때문이다.

기"와 "반응하기" 사이에는 존재론적 차이가 존재한다. 왜냐하면 양자는 절대로 환원될 수 없는 각자의 시공간 블록, 각자의 실존적 영토, 두 개의 전혀 다른 말하기 방식에 속하기 때문이다.

사르코지의 논평이 있기 훨씬 전부터 교외의 청년들은 권력이 발송한 "쓰레기"란 용어를 나름대로 전유했다. 그들은 버틀러가 희망했던 방식대로 "쓰레기"의 의미를 전복시켰다. 그들은 자신의 말하기 방식을 스스로 규정했는데, 자기 자신을 "카이예라^{caillera}를 말하는" 자들로 불렀다. 카이예라는 라카이유^{racaille}("쓰레기")를 뜻하는 교외 지역의 방언이다.[35] 그들은 모욕을 "비틀기" 위해서 사르코지의 발화를 기다릴 필요가 없었다. 이른바 수행적 발화 말이다.

그 언표행위가 개방한 정치 공간은 우리 모두의 바로 눈앞에서 변해갔다. 이 과정에서 몇 개의 전략들이 서로 충돌하고 경합했다. 한편에서는 "도시의 청년들"이 정치적 주체로 긍정되었고, 다른 한편에서는 대선 출마 전략이 버티고 있었다. 우리는 폭동의 리듬에

---

35. [옮긴이] 사르코지가 발언한 '라카이유'(racaille, 하층민, 불량배)란 말은 교외 지역에서 곧이곧대로 사용되지 않는다. 그곳의 청년들은 이 말을 자기 식으로 단어의 앞뒤를 바꾸어 '카이예라'(caillera)라고 부른다. 그 표현이 그들 자신을 일컫는 말인 줄 알기 때문이기도 하지만, 그렇게 취급받는 것이 싫었던 것이다. 그런데 그 말이 다른 사람도 아닌 현직 내무부장관의 입에서 나왔으니 그들의 심정이 어떠했겠는가? 지난 대선 때 시라크 대통령이 르펜을 물리치고 82%로 재선되었을 때 소외지역의 이민자들은 그 82%에 자신이 속해 있다고 믿었다. 그러나 이제 그들은 그 속에 자신이 속해 있지 않다는 사실을 깨닫게 되었다. 결국 소외지역의 젊은이는 자신의 존엄성을 지키고 싶었던 것이다. 가난하고 음침한 지역이지만 그들은 자신의 지역에 대해 애착을 지니고 있으며, 외지인의 시선을 못 견디는 것이다. 이런 시선의 문제에 대해 뮈리엘은 "그들은 그들만의 옷차림, 말투, 습관들이 있다. 그런데 외부인이 그것을 따라하거나 이야기하면 그것을 놀림으로 받아들인다"고 말했다.(『한겨레신문』, 파리/최정민 통신원, 2005년 11월 20일). 부분 수정.

따라서, 그리고 정치세력·전문가·노동조합·지식인들의 입장에 따라서, 그 언표행위가 어떤 효과를 미치는지 실시간으로 목격했다. 그리고 이 모든 사태는 미디어 기계에 의해서 조정되었다.

우리는 이 언표행위가 어떤 결과를 가져올지 미리 예측할 수 없다. 그것은 판사가 다음과 같이 선고할 때 나타날 수 있는 효과와 완전히 다른 것이다. "본인은 법의 이름으로 당신에게 유죄를 선고합니다." 그 언표행위는 사회적·정치적 신체를 끊임없이 수정한다. 이 작업은 청년들이 주도한 폭동이 진압되어도 여전히 진행 중이다. 이 작업은 매체들이 교외 지역에서 카메라와 마이크를 철수해도 사라지지 않는다. 2005년 11월 어둠 속에서 "비기표적인 실존의 긍정적 초점들"이 타올랐고, 그것이 무엇을 생산할지는 그 누구도 장담할 수 없을 것이다.

6. 재생할 수 있는 것과 재생할 수 없는 것

그럼에도 일단 우리는 수행성에 관한 문제로 돌아가 보자. 특히 데리다를 경유해 버틀러가 완수하려는 재평가 문제로 말이다. [그녀에 따르면] 기호는 단순한 반복 ─ 기호의 의미론적 반복이 아니라 표식mark으로서 기호의 실존적 반복 ─ 만 있어도 수행문이 도입하는 역할·기능·권리의 할당을 충분히 파괴할 수 있다. 기호-표식sign-mark이 자신을 반복하기 위해서는 [그것이 생성된] 맥락에서 분리되어야한다. 기호-표식은 자신이 만들어진 맥락에서 자율성을 가지며(바로 이것이 데리다와 설Searle의 논쟁에서 핵심적인 지점이다), 이를 통해서 "지배적 의미"와의 "단절점"을 결정할 수 있다. 형식적·추상적인 측면에서 볼 때 버틀러의 입장은 언어(소쉬르)와 기표(라캉)에 관한 차이의 논리와 크게 다르지 않다. 그녀는 단절과 반복이 어떻게 언어 속에서, 그리고 언어를 통해서 작동하는지를 잘못된 방식으로 묘사하고 있다.[36]

모든 언표행위에서 "단절점"은 표식의 자율성이나 독립성에서 출현하지 않는다. 오히려 "단절점"은 특이한 화행, 주체의 긍정, 그리고 그것의 토대가 되고 그것을 지탱해주는 윤리-정치적 위치 정하기에서 비롯한다.[37]

우리는 언표행위에서 재생할 수 있는 것reproducible(언어의 모든 요소, 즉 통사론적·의미론적 내용과 표식)과 재생할 수 없는 것(언표행위의 주체적 행위)을 구별할 수 있다.

이 두 개의 차원 – 재생할 수 있는 것, 재생할 수 없는 것 – 은 언표행위의 생성에서도 확인되지만 언표행위가 야기하는 반응에서도

---

36. "어떤 종류의 수행적인 힘은 관습적이지 않은 방식으로 관습적인 문구를 반복하는 것에서 발생한다. … 정형화된 문구는 그것의 기원적인 맥락과 단절할 수 있으며 원래는 의도하지 않았던 의미와 기능을 취할 수 있다."(Butler, *Excitable Speech*, 147. [버틀러, 『혐오 발언』.]) 자크 데리다는 수행적 발화의 힘을 기호의 구조적 특징과 동일시한다. 즉 모든 기호는 자신의 "반복가능성"(iterability)을 보존하기 위해서 자신의 사용 맥락에서 [구조적으로] 단절되어야 한다. 이런 점에서 사회적 관습은 오스틴의 주장과 달리 수행성의 "힘"이 아니라, 기호-표식(sign-mark)이라는 구조적 지위를 창출한다.

37. 또한 화행은 반복을 요구하지만, 그 반복은 언어적인 반복과 구별되어야 하는 존재론적인 반복이다. 그것은 곧 가따리가 말하는 실존적 화용론의 반복 기능을 말한다.

손쉽게 구별된다. 가따리가 주목했듯이 바흐친은 1924년에 발표한 텍스트에서 언표행위의 언어 외적인(재생할 수 없는) 요소와 다섯 개의 언어적인(재생할 수 있는) 요소를 구분했다.

(1) 말word의 음성적 측면, 보다 정확히는 음악적 구성요소, (2) 말의 지시적 의미(그것의 모든 미묘한 차이와 변이), (3) 구어적 연결의 구성요소(순수하게 구어적인 모든 관계와 상호관계), (4) 말의 억양적인(심리적인 수준에서는 감정적-의지적인) 구성요소. 화자의 다양한 가치론적 관계, 즉 윤리-정치적이고 보다 정확히는 사회적인 가치들(전前개체적인 목소리들, 그리고 탈개체적인 사회적 목소리들)을 표현하는 말의 가치론적 지향성. (5) 말하기 활동에 대한 느낌. 기표적인 소리(여기에는 발음, 제스처, 안면 표현 등 모든 운동 요소가 속하며, 자아personality의 내적 흥분 일반이 포함된다)를 능동적으로 창출하는 느낌.[38]

언표행위의 구성요소 중에서 앞의 세 가지는 언어적인 것과 기호적인 요소들이며 언표행위의 "재생 가능하고" 반복 가능한 부분이다. 반면에 나머지 두 가지는 재생할 수 없는 요소들이며 언표행위라는 행위를 통해서, 그리고 그 안에서 탄생하는 절대적으로 특이한 요소들이다. 특히 네 번째 구성요소는 대화적 요소에 해당한다.

---

38. Mikhail Bakhtin, *Art and Answerability*, trans. Vadim Liapunov (Austin, Texas : University of Texas Press, 1990), 308~309. 이에 대한 가따리의 언급은 다음을 참조하기 바란다. Guattari, *Chaosmosis*, 15~18. [가타리, 『카오스모제』.]

왜냐하면 그것이 정동적 평가("감정적-의지적")를 표현하는 동시에 사회적 평가(가치론적인 것)를 표현하기 때문이다.

마지막 구성요소인 말의 창조적 활동에 관한 느낌은 자기에 대한 관계, 또는 – 실존적 위치정하기를 통해 긍정되는 – 존재론적 힘을 뜻한다. 그것은 말의 물리적 실재를 창출하고 [말의] "의미와 평가"를 촉발하는 비담론적 요소를 말한다. 발화를 통해서 화자는 세계와 타자에 대한 능동적 입장을 취한다(가따리식으로 표현하면 화자는 실존의 자기-위치정하기를 실현한다). "다시 말해 그것은 [화자가] 전인적全人的 입장으로 움직여서 그것을 취하는 느낌이다. 그것은 유기체로 향해가는 동시에 의미-지향적 활동으로 움직이는 느낌이다. 왜냐하면 언어의 육체와 정신이 양자의 구체적 통일 속에서 동시에 일어나기 때문이다."[39]

이제 우리는 발신의 언어적·비언어적 기호 요소들의 "다성성"과 이질성에서, "이해"의 다성성과 이질성으로 옮겨갈 것이다. 이번에도 우리는 앞서 설명한 것과 동일한 재생할 수 있는 것과 재생할 수 없는 것의 다양한 특징을 마주치게 된다. 이런 식의 이해는 일종의 능동적인 "반응-반작용"이라고 할 수 있는데, 거기서 우리는 다음과 같은 일련의 요소, 즉 대화적 관계의 언어 외적 힘을 통해 실현되는 복수의 요소를 발견한다.

(1) 물리적 기호(말, 색채, 공간적 형태)를 심리생리학적으로 지각

---

39. Bakhtin, *Art and Answerability.*

하기. (2) 그 기호를 (친숙한 것 또는 생소한 것으로) 인식하기, 그 기호를 언어 내에서 재생 가능한 (일반적) 의미작용으로 이해하기. (3) 주어진 맥락(익숙함과 익숙하지 않음) 속에서 그 기호의 의미 significance를 이해하기. (4) 능동적이고 대화적으로 이해하기(합의 와 불화). 대화적 맥락 속에 [그 기호를] 포함시키기. 이해의 평가적 측면, 그리고 이해의 깊이와 보편성의 정도.[40]

여기서 가장 중요한 것은 대화적인 마지막 요소에 있다. 이 요소는 반응-반작용을 특이하게 만들고 그것에 "실존적" 일관성을 부여하기 때문이다. 이것이 없다면 사람들은 언표행위를 선택하고 배치하고 종결할 수 없다.

언어학적 이해는 대화적 이해와 같은 것이 아니다. 후자는 언제 나 대화 관계 속에서 입장 정하기, 판단하기, 행동-반응하기를 수반한다. 반응이란 "공감, 혐오", "합의, 공감, 실행, 반대 등"[41]을 포함한다. 모든 반응은 선행하는 발언을 "반박, 긍정, 보충하고" 그런 발화에 "의존한다."[42]

존 설Jonh Searle의 『화행』을 소개하는 글에서, 오스발드 뒤크로는 글을 닫으면서 이런 질문을 던진다. "언어적 요소는 그에 대한 논쟁적 가치에서 자유로운가? 그것은 가치에서 독립된 개념적(의미론적) 내용을 갖고 있는가? 언어 속에는 언표활동으로 환원될 수 없

40. Bakhtin, *Speech Genres and Other Late Essays*, 159.
41. 같은 책, 69.
42. 같은 책, 91.

는 의미라는 핵이 들어 있는가?"[43] 언표행위와 분리된 언어의 표현성이 존재할 수 있는가? 이에 대해 바흐친은 1920년대에 다음과 같이 언급했다. 그보다 먼저 퍼스가 답했듯이,[44] 언표행위는 논리적으로, 그리고 실제적으로 **언어체계[랑그]**에 선행한다.

7. "주체에 선행하고 주체를 초과하는" 언어

만일 우리가 언어에서 출발하는 대신에 언표행위에서 출발한다면, 만일 우리가 기표(또는 그것의 현대적 판본인 수행적 "힘")의 자율성, "외부성", "우월성"에서 출발하는 대신에 언어**행위**에서 출발한다면, 그래서 만일 우리가 언표행위의 재생할 수 있는 것과 재생할

---

43. Oswald Ducrot, "De Saussure à la philosophie du language," *Les actes de langage*, 34.

44. 언어학은 "발화행위"(locutionary act)와 "발화수반행위"(illocutionary act), 그리고 "발화효과행위"(perlocutionary act)를 구분한다. 발화행위는 음성적(특정한 규칙에 의한 특정한 소리의 조음), 문법적, 의미론적 활동에 해당되며, 발화수반행위는 "담화의 규칙"으로 정의된다(어떤 사람이 질문을 하거나 지시, 위협, 경고 등을 가할 때, 그것은 타자의 가능한 담화 행동을 재편하는 특정한 담화 행동을 동시에 부과한다). 그리고 발화효과행위는 담화의 범위를 넘어서, 그것이 청자에게 미치는 효과로 규정된다(담화는 청자의 느낌, 사고, 행동에 영향을 미친다). 일부 언어학자는 이런 효과를 비언어적인 것으로 보는데, 왜냐하면 그것을 언표행위를 보완하는 이차적·심리적·사회학적 결과로 간주하기 때문이다. 오직 바흐친과 가따리만이 이와 같은 언어학적 원리에 문제를 제기한다. 또한 기호론의 창시자로 여겨지는 이론가도 동일한 경로를 따른다. "퍼스 역시 발화효과행위의 효과(타인의 행위에 영향을 미치거나 그것을 형성한다는 사실)가 언표행위를 보충하는 것이 아니라, 오히려 언표행위의 본질적 부분이라고 주장한다. … 요컨대 퍼스는 존 설의 이론보다 훨씬 더 견고한 언어이론에 도달한다."(Christiane Chauviré, *Peirce et la signification* (Paris : Presses Universitaires de France, 1995), 148.)

루트비히 비트겐슈타인
(Ludwig Wittgenstein, 1889~1951)

수 없는 것에서 출발한다면, 우리는 언어 속에서 "주체에 선행하고 주체를 초과하는" 것이 무엇인지를 전혀 다른 식으로 설명할 수 있을 것이다.[45] [이와 달리] 버틀러에 따르면 언어는 오직 우리에 앞서고 우리를 넘어서는 초월적인 것으로 존재할 수 있다. 왜냐하면 주체가 되기 위해서 우리는 언어의 규범성에 진입하고 그 규칙에 따라야 하기 때문이다.

바흐친에 따르면 주체화·개체화 과정에 선행하는 언어적 요소들(음성적인 것, 문법적인 것, 통사적인 것 등)이 분명히 존재하며, 발화의 연쇄도 마찬가지로 주체화·개체화 과정에 선행한다. 그러나 버틀러와 달리 이들 요소와 연쇄가 주체화·개체화 과정을 초월해 있는 것이 아니다. 왜냐하면 언표행위의 실현은 문법 규칙(비트겐슈타인)이나 수행적 역할의 제도적 분배를 따른다고 해서 완수되는 것도 아니고, 기표들의 연쇄(라캉)를 통해서 해결될 문제도 아니기 때문이다. 오히려 언표행위의 실현은 사건-창출적인 동학을 통해서 완수될 수 있다. 우리를 "선

---

45. 이것은 나음 책에서 버틀러가 제시한 공식이다. *Excitable Speech*, 28. [버틀러, 『혐오 발언』.]

행하는" 것은 언제나, 그리고 반드시, 언표행위 속에서 활기를 띠고 화행이 "창출하는 것 속에서" 매 순간 "변모한다." 화행이 도입한 이런 대화적 관계에서 발화는 오직 실존적 긍정의 주체적 힘에 의해서 완수(종결)될 수 있다.

한편으로 발화는 자신의 외부에 이미 존재하는 어떤 것, 즉 불변하는 무언가의 반영이나 표현이 결코 아니다. 발화는 언제나 그 전에는 결코 존재하지 않는 것, 즉 전적으로 새롭고 반복할 수 없는 무언가를 창출한다. 게다가 발화는 언제나 가치(진실한 것, 선한 것, 아름다운 것 등)와 일정한 관계를 맺는다. 그러나 다른 한편 창조된 것은 언제나 주어진 것(언어, 현실의 관찰된 현상, 체험된 느낌, 말하는 주체 자신, 그의 세계관으로 굳어진 것 등) 속에서 창조된다. 주어진 것은 창조되는 것 속에서 완전히 변형된다.[46]

버틀러의 고집에도 불구하고 우리는 언어의 선재성을 "근본적이고 기원적인 조건dependency"으로 상정하지 않을 것이다. 그렇게 하지 않아도 우리는 "비본질주의적" 사유를 얼마든지 전개할 수 있다. 주체와 그의 표현수단, 그의 담론이 추구하는 목표, 타자들과 그들의 발화와 맺는 관계, 그리고 공적 공간에서 유통되는 언표들은 언표행위라는 사건 속에서, 그리고 그것을 통해서 발생하고 변해간다. 여기서는 기원적인 주체성이 존재하지 않는다. 왜냐하면 주체, 주체

---

46. Bakhtin, *Speech Genres and Other Late Essays*, 120.

화 과정의 지배적 관계는 언제나, 그리고 아직도 실현되고 전개되며 구성되는 과정에 있기 때문이다. 주체는 언어의 효과가 아니다. 언어는 주체의 원인이 아니다. 왜냐하면 주체는 선행하는 언어구조를 통해 구성되는 것이 아니라 말과 타자, 세계와 대면하는 자기-위치 정하기, 자기-긍정하기를 통해서 출현하기 때문이다.

> [시적] 대상이 이미 주어져 있고 그것을 묘사할 수 있는 언어적 수단도 이미 주어져 있다. 예술가 자신도 이미 주어져 있고 그의 세계관도 이미 주어져 있다. 그러니까 이미 주어진 시인이 이미 주어진 수단을 가지고 이미 주어진 세계관에 따라 이미 주어진 대상을 성찰하는 것이다. 그러나 사실 그 대상은, 시인 자신과 그의 세계관과 그의 표현수단과 마찬가지로, 창작 과정에서 창조되는 것이다.[47]

바흐친을 따라서 우리는 이런 비판을 좀 더 강하게 밀고 갈 수 있다. 실제로, 주체에 선행하는 것은 언어와 문법, 그것들의 규칙이 아

---

47. 같은 책. 일찍이 1928년 바흐친은 동일한 주장을 하면서 소통의 정태적 모형을 비판했다. "이 도식은 완전히 틀렸다. 실제로 A[발신자]와 R[수신자] 사이의 관계는 끊임없이 변화하고 발생적이며 소통 과정을 통해서 그 자체로 변화한다. 따라서 미리 완성된 소통, 또는 메시지 X는 존재하지 않는다. 그것은 A와 R의 상호작용을 통해서 창출된다. 더욱이 X는 한 사람에게서 다른 사람에게 전달되는 것이 아니다. X는 일종의 이데올로기적 교량으로서 그들 사이에서 구성된다. X는 그들의 상호작용 과정에서 구축된다."(*The Formal Method in Literary Scholarship*, 152.) 비판 이론이 특히 미국에서 수행성을 재발견한 이래로, 수행적 발화와 언어수행을 동일시하는 "수행성 연구"의 조류가 발전했다. 그러나 [화행 속에서 창조적인] 수행적 발화는 [주어진 언어능력을 실현하는] 언어수행과 완전히 상반된 것이다.

니라 바흐친이 "발화 장르"speech genres라고 부른 것이다. 우리는 오직 "발화의 구체적 연쇄"를 통해서 언어를 배울 수 있으며, 다양한 말하기 영역에서 이런 연쇄를 활용함으로써 [발화의] 비교적 안정된 유형, 즉 장르를 발전시킨다. 우리는 문법이나 통사구조를 통해서 말하는 법을 배우거나 "주체가 되는" 것이 아니라, 발화 장르들에 몰두함으로써 말을 배우고 주체가 된다. 그중에서 우리는 일상 담화colloquial discourse의 장르를 최초로 만난다.

발화 장르들은 언어 "구조"(재생할 수 있는 것)와 매번 특이한 언표행위(재생할 수 없는 것)가 교차하는 곳에서 작용한다. 발화 장르를 통해서 언어는 삶 속으로 들어가고 삶은 언어 속으로 들어간다.

발화 장르들의 "연쇄"는 라캉에게서 "기표들의 연쇄"가 작동하듯이, 어떤 구조나 목적인 제약으로 기능하지 않는다. 발화 장르들의 연쇄는 말하고 반응하고 반대하고 협력하는 다양한 형태로 구성된 일종의 배치처럼 기능한다. "발화의 연쇄"는 부분들이 전체와 동형적fractal이고 개방적이며 항상적으로 변화한다. 게다가 "발화의 연쇄"는 화자의 "의도"에 일정한 자유를 부여한다. 비록 언어처럼 규범과 지시의 성격을 갖고 있지만, 발화 장르는 그보다 훨씬 더 "가변적이고 유연하며 창조적이다."[48] 발화 장르들 속에서 화자는 자신

---

48. "그러므로 개별적 발화는 생각과는 달리, 그것의 개별성과 창조성에도 불구하고, 예컨대 소쉬르(와 그 이후 많은 언어학자)가 상상하듯이, 언어[랑기] 형태들의 완전히 자유로운 조합으로 볼 수 없다. 소쉬르는 발화(파롤)를 순수하게 개별적인 행위로 보고, [사회적 현상으로서 언어체계와─프랑스어판] 대립시켰다."(Bakhtin, *Speech Genres and Other Late Essays*, 81.) 한편으로 언어[랑기]의 조합이 존재한다면, 다

의 표현과 "의도"(발신address, 반응, 입장 등)를 어느 정도는 고정 관념에 따라, 또 어느 정도는 창조적인 방식에 따라 구성할 수 있는 가능성을 발견한다.

발화 장르들 사이에 구별은 무엇보다도 그것들이 화자들 사이에서 표준화를 얼마나 촉진하고 방해하는지, 반대로 창조를 얼마나 촉진하고 방해하는지에 달려 있다. 달리 말해 발화 장르의 구별은 화자들의 관계에서 그것들이 재생산, 또는 새로움을 얼마나 "자유롭게" 하는지, 혹은 "제약하는지"에 따라 좌우된다. 바흐친은 분석철학이 수행문으로 보는 것을 **가장 표준화된 발화 장르, 또는 가장 정형화된 발화 장르**로 분류한다. 그 이유는 그것들이 정치적 관계를 재생산하고 기존의 언어적 관습을 재생산하기 때문이다.

> 일상생활의 특정한 영역에서(여기서는 질문들이 사실에 입각하거나 그에 준하는 반응, 요청, 지시 등을 유발할 뿐이다), 그리고 특정한 비즈니스 집단에서, 군사적·산업적 명령과 지시의 영역에서, 우리가 마주치는 말하기 영역은 본질적으로 발화 장르들이 극도로 표준화된 것이다. 그곳에서 창조적 측면은 거의 완전히 제거된다.[49]

른 한편으로 발화 장르들의 조합, 발화 방식들의 조합이 존재한다.

49. 같은 책, 77. "특수한 일상적 장르(예컨대 군사적·산업적 명령과 지시)는 주변에서 쉽게 찾아볼 수 있다. 이런 장르에서 표현은 대체로 정해진(appropriate) 유형의 문장에 따라 실행된다. … 그러나 짐시 우리는 이런 유형의 문장들이 충칭적인(generic) 표현을 매우 안정적으로 조직하며, 개별적인 표현을 매우 쉽게 포획한다

이를테면 계급 관계는 화자들의 발신과 반응 사이에 결정적인 차이를 유발하지만, 그것은 여전히 언제나 관습(화자들의 위계적 위치, 사회적 지위, 서열, 부, 명성 등)을 통해서 식별될 수 있다. 그러나 언표행위와 창조적 표현을 위해서는 관습, 위계, 종속의 시공간이 아니라 다른 시공간이 필요하다. 그것은 공감, 신뢰, 상호이해가 지배하는 시공간이고, 그곳에서 우리는 타자를 친구로 인식하고 동등한 인간으로 느낀다.

물론 이런 표준화된 장르들 이외에, 보다 자유롭고 창조적인 구두 소통의 장르들이 존재했으며 여전히 존재한다. 예를 들어 일상적, 사회적, 미학적 주제와 기타 주제를 다루는 살롱의 대화 장르가 존재했다. 식탁에서 나누는 대화, 친구들 사이의 친밀한 대화, 가족들 사이의 일상적 대화도 마찬가지로 존재한다. … 이들 장르는 그 대부분이 (예술 장르와 마찬가지로 얼마간은, 아마도 상당한 정도로) 창조적인 개작에 자유롭게 열려 있다.[50]

창조성은 언어의 산물이 아니라 윤리-정치적 배치의 산물이다. 이

는 사실에 주목해야 한다. 그것은 이들 문장이 본질적으로 표현적이라는 환상을 강화할 뿐이다(강조는 인용자).(같은 책, 89~90.) 화행의 힘과 표현성은 방브니스트가 믿는 것처럼 통사적 형태, 또는 문법적 형태에서 도출되는 것이 아니다. 화행의 힘과 표현성은 오직 그 형태들을 지탱해주는 대화적이고 평가적인 관계에서 나온다. 명령이나 표현성은 추상적인 언어형태에서 비롯하는 것이 아니라, 오직 "대화적 화성학"을 통해서, 그리고 발화들을 횡단하고 "아름다운 것, 정의로운 것, 진실한 것"을 표현할 수 있는 다양한 목소리를 통해서 주어진다.

50. 같은 책, 80.

런 배치에서 언어는 하나의 구성요소에 불과하다. "자유"가 존재하기 위해서는 담론이 깊은 신뢰로 가득 차 있으며, 반응적 이해에서 나오는 공감, 박애, 감성으로 충만해야 한다. 달리 말해 담론은 표준화의 정치가 아니라 그것을 넘어서는 정치로 충전되어야 한다.

친밀한 일상의 대화 장르는 창조성을 고무하는 언어적 장치가 될 수 있다. 왜냐하면 화자와 수신자가 "정확히 동일한 방식으로 상대방을 인식하기 때문이다. 이를테면 양쪽 모두 사회적 위계와 관습의 틀에서 어느 정도 벗어나서, '서열과 관계없이' 서로를 인식하기 때문이다. 친밀한 대화에서는 발화상의 제약과 관습이 작용하지 않기 때문에, 사람들은 매우 비공식적으로 자신의 의지에 따라 현실에 접근할 수 있다. 친밀한 대화는 수신자와 그의 공감에 대한 깊은 신뢰로 가득 차 있다."51

언표행위의 창조성이나 단순 재생산은 위계관계와 종속, 공감과 "불쾌감", 우애와 적대, 신뢰와 불신이 존재하는지, 또는 부재하는지 여부에 달려 있다. 표준화 또는 창조적 차별화 역시 언어 구조나 수행문이 아니라 언표행위의 미시정치와 거시정치에 달려 있다.

8. 언어에서의 초월과 죄의식

51. 같은 책, 97.

수행성 이론의 새로운 "비판적" 판본들(지젝, 버틀러)에서 화자는 종교적 인간의 굴레에서 여전히 벗어나지 못한다. 화자는 초월성, 원죄error, 죄책감에 시달린다. 화자는 "근본적이고 기원적인 의존" 관계 속에서 자신을 발견한다. 물론 의존성은 더 이상 신이 아니라 "언어와의 관계에서 존재한다. 언어의 역사성은 모든 방면에서 발화 주체의 역사를 초월해 있으며,"[52] 우리의 행위 능력은 "역설적으로" 언어의 힘(그것의 외부성, 자율성 등)에서 발생한다.

[그들에 따르면] 한편으로 주체는 언어 속에서 그리고 언어를 통해서 발생하지만, 다른 한편으로 언어의 규칙은 우리를 초월해 있다. 이런 관점에서는 주체들이 언어에 종속될 때, 보다 일반적으로 말해서 이미 확립된 "권력과 지식"의 법칙에 종속될 때 주체의 발화가 가능한 것이다. 버틀러는 이런 견해를 푸코의 기여로 돌리는데, 그것은 이치에 맞지도 않고 납득할 수도 없는 생각이다. 오히려 이것은 문자 그대로 라캉을 반복한 것이다. 그는 주체의 "자유"가 "그의 노예의식servitude의 발달과 밀접히 관련된다"고 언급한다.[53] 라캉

---

52. Butler, *Excitable Speech*, 28. [버틀러, 『혐오 발언』.] 언어와 권력의 관계를 "비판"하거나 "혁명"하려는 독해들에서, 우리는 여전히 사목적인 "발화 장르"에 속하는 목소리를 들을 수 있다! 이제는 원죄를 통한 복종의 자리에 "법"과 "언어"〔랑그〕(라캉의 성숙기 이론에서는 거세, 억압, 결여)로의 근원적 복종이 들어선다. 욕망의 억압은 신을 배반한 오래된 범죄의 현대적 반복이 된다. 이제 원죄는 신성한 질서를 어기는 인류의 죄악이 아니라, 자본주의의 가부장제적 법과 질서를 어기는 "개인"의 범죄가 된다. 이런 헤겔-라캉적 전회는 교회의 성구실(聖具室)이 복귀한 것이다!

53. Jacques Lacan, *Écrits*, trans. Bruce Fink (New York : W.W. Norton, 2006), 148. 푸코는 언제나 권력을 "권력 관계"로 생각했으며, 이런 관계에서는 (전쟁, 교전, 통치 등 그 형태와 상관없이) 다르게 행동하는 것이 언제나 가능하다. [반면에] 헤겔-라캉적인 주인과 노예의 마술적 교환에서 우리는 권력의 통제에서 결코 벗어날 수 없다 (권력에 대한 종속이 해방의 필수적 조건이라면, 변증법을 벗어난 다른 해결책이 존

의 주장에서 "부정적인 것"(거세, 억압, 결여, 상실 등)은 권력관계의 우연성을 뜻하지 않는다. 오히려 그것은 인간 조건의 보편적 필연성, 즉 우리가 전제해야 하고 변증법적으로 극복해야 하는 우리의 존재 조건을 가리킨다.[54]

그러나 바흐친에 따르면 화자는 "노예" 상태로 언어를 경험하지 않는다. 왜냐하면 그는 생동감 있고 이질적인 세계 속에 몰입하기 때문이다. 이런 세계는 버틀러와 지젝이 묘사하는 세계와 완전히 다르다. 자신이 빠져드는 발화 속에서 화자는 규범성과 명령의 목소리를 듣지만, 이와 동시에 창조와 자유의 목소리를 듣는다. 그는 이질적인 관점, 판단, 가치들을 듣는다. 바로 이런 식으로 화자는 투쟁들을 이해하고, 그것들이 표출하는 공감과 혐오, 합의와 불화, 신뢰와 불신을 드러낸다.

> 언어 속에서 살아가는 모든 개인의 의식에 대해서, 언어는 규범적 형식들의 추상적인 체계가 아니라, 차라리 세계에 대한 이어적 heteroglot, 異語的인 구체적 개념이다. 모든 말에는 직업·장르·성향·당파에 관해서, 특정한 작업·특정한 개인·세대에 관해서, 또래 집단·날짜·시간에 관해서 [다양한] "감각"taste이 존재한다.[55]

재할 수 없는 것이다!). 오히려 우리는 "자기에 대한 관계"라는 존재론에서 권력을 벗어날 수 있다.

54. 라캉에게서 유형(幼形) 성숙[정상시기 이후에도 유생의 특성을 보유하거나 유생시기에 성체의 특성이 나타나는 현상 — 옮긴이] 개념은 어느 정도 반동적인 모든 사회과학과 마찬가지로 기원적 "결여", 구성적 부재, "불완전성," 남성적 "발달 지체"를 가리킨다. 이런 부재, 결여 등은 기표, 언어, 문화를 매개로 은폐되고 승화된다. 같은 책, 152.

화자는 **권력**으로 "포화된" 단일한 시공간 속에 자신이 던져져 있다고 여기지 않는다. 이런 시공간에 처해 있을 때 우리는 오직 부정적인 것의 변증법적 회전 운동을 통해서, 그런 권력에서 벗어날 수 있을 것이다. 그러나 실제로 화자는 다양한 **권력** 관계 속에서, 매우 다양한 시공간 블록 상에서 살아간다. 이런 시공간 블록에서는 표준화된 발화 장르들은 물론이고 "내밀하고 친숙한" 장르들의 목소리와 화성학이 울려 퍼지고, 언표들과의 관계 그리고 발화 장르들 사이의 관계들이 창조성을 촉진시킨다. 이종적인 시공간 블록은 언어(소쉬르)나 문법(비트겐슈타인), 수행성(버틀러와 지젝)에 의존해 발달하지 않는다. 그것은 언어의 미시정치와 거시정치 ─ 즉, 언어를 구성하는 원심력과 구심력(구조조의와 언어학은 이런 힘들의 일부에 불과하다) ─ 에 의존해 발달하며, 간단히 말해 미시정치와 거시정치 일반에 의존한다.

9. 변하는 것과 변하지 않는 것

발화들의 연쇄는 구조 내로 총체화할 수 없는 발화 장르들의 프랙털적fractal 다양성으로 구성되며, 따라서 일종의 진화하는 현실이라고 할 수 있다. 구어적 상호작용이 진행되는 현실에서 발화 장

---

55. Mikhail Bakhtin, *The Dialogic Imagination*, trans. Caryl Emerson and Michael Holquist (Austin, Texas : University of Texas Press, 1981), 293.

페르디낭 드 소쉬르
(Ferdinand de Saussure, 1857~1913)

르와 통사 형태는 문법이나 사전처럼 안정성을 갖지 못한다. 통사 형태와 발화 장르는 끊임없이 변화하며 언제나 생성 중이고 해체되는 과정에 있다.

어떤 형태는 문법화grammati-calization를 겪지만 다른 형태는 탈문법화를 겪는다. 언어학의 가장 큰 관심사는 사실 이렇게 경계가 애매하고 모호한 형태들이다. 바로 이곳에서 우리는 언어의 발전 경향을 식별할 수 있다.[56]

따라서 이들 [모호한] 관계를 언어 구조(소쉬르와 라캉의 구조주의, 비트겐슈타인의 "문법", 오스틴의 발화수반행위)로 한정하는 것은 불가능에 가깝다. 언어, 발화 장르, 발화 행위[화행] 사이의 유기적인 관계는 "어휘나 문법을 통해서는 안정될 수 없으며 동일하고 재생 가능한 형태로 고정되지도 않는다. 달리 말해 그 자체는 하나의 기호가 될 수 없고, 어느 기호의 불변적 요소가 될 수 없으며 문법화되지도 않는다."[57]

56. V. N. Voloshinov, *Marxism and the Philosophy of Language*, trans. Ladislav Matejka and I. R. Titunik (New York : Seminar Press, 1973), 126.

57. Bakhtin and Medvedev, *The Formal Method in Literary Scholarship*, 121.

언어학을 사로잡은 욕망은 언표행위의 사건-역량이 창출하는 불확정성, 위험, 불안정을 하나의 고정된 문법적·통사론적 구조로 환원하려고 한다. 또한 언어학의 욕망은 그런 불확정성, 위험, 불안정을 규범화된 언표행위로 되돌리고 공용어라는 불변자로 축소하려고 한다. 이와 달리 바흐친의 이론은 "특이성의 과학"을 요청한다. 특이성의 과학은 재생 가능한 것과 재생 불가능한 것, 언어적 요소와 비언어적 요소, 주어진 것과 창조된 것 사이의 유기적 관계를 자신의 대상으로 설정한다. 이런 관계는 "발화의 역사구체적인 행위 속에서 등장한다. 유기적 관계는 오직 주어진 발화에 대해서만 존재하고, 발화의 주어진 조건에서만 존재한다."[58]

들뢰즈, 가타리, 푸코에 앞서 바흐친은 변하지 않는 것에서 변하는 것으로, 즉 변이로 관심을 이동시켰다.[59] 푸코가 언급하듯이 우리는 "담론의 기능들에 초점을 맞출" 필요가 있다. "담론의 기능은 단순히 표현(이미 안정적으로 구성된 힘들의 관계)의 기능도 아니고 재생산(기존의 사회체계)의 기능도 아니다."[60] 변이와 불변을 강조하는 것은 언어적·문체적 유사성affinity뿐만 아니라, 무엇보다도

---

58. 같은 책. "여기서 제기되는 질문은 과학이 그처럼 절대적으로 반복 불가능한 발화의 개별성을 다룰 수 있는지, 혹은 발화의 개별성이 일반화를 추구하는 과학적 인식의 경계를 벗어나는 것인지에 관한 것이다. 이에 대해 우리는 이렇게 답할 수 있다. 물론 과학은 발화를 **취급할** 수 있다."(Bakhtin, *Speech Genres*, 108.)
59. "창조된 것을 연구하는 것보다, 창조된 것 안에서 기성의 것(예컨대 언어, 세계관을 구성하는 기존의 일반적 요소들, 현실을 반영한 현상 등)을 연구하는 것이 훨씬 쉬울 것이다. 흔히 과학적 분석 일반이 밝혀내는 것이란 미리 주어져 있는 것, 또는 작품이 존재하기도 전에 미리 주어진 기성의 모든 것이다(이런 관점에서 예술가는 작품을 창조하는 것이 아니라 발견하는 것이다)."(같은 책, 120.)
60. Foucault, *Dits et écrits*, vol. 3, 124.

정치적 운동에 주목한다는 뜻이다. 왜냐하면 언어와 문법은 일차적으로 구심력, 즉 중앙집권화 세력들이 전파하는 국가 정책이며, 이런 세력들이 언어를 정치적으로 편성하기 때문이다.

10. "쓰레기"에 더하여

우리는 이제 바흐친의 범주를 사용해서 사르코지가 행한 언표행위의 전략적·통치적 성격을 보다 분명히 설명할 수 있다. 그러니까 하나의 구체적이고 특이한 발화는 "언어 소통의 연쇄상에 있는 연결고리" 중에 하나이다. 이 고리에는 그 시대의 발화뿐만 아니라 과거와 미래의 발화들이 연결된다.

언어에는 기표의 **공시적**synchronic 차원도 존재하지만, 이와 마찬가지로 언표행위와 발화 장르들의 시간적 차원, 특히 **통시적**diachronic 차원이 존재한다. 한편으로 발화는 무엇보다도 선행하는 발화들에 대한 반응으로 간주되어야 한다. 그것이 앞선 발화들을 반박하고 긍정하며 보충할 뿐만 아니라 그 발화들에 준거하는 한에서 말이다. 또한 [현재의] 발화가 앞선 발화들을 인지하고 어떻게든 "그 발화들에 의존한다"고 가정하는 한에서 말이다. 다른 한편으로 발화는 앞으로 도래할 반응을 미리 기대하면서 구성된다. 발화행위는 이런 기대(지금 또는 먼 미래에 발생할 수 있는 반응)를 반드시 전제해야 한다.

이민에 대한 사르코지의 언표는 하늘에서 갑자기 떨어진 것이 아니다. 오히려 그것은 오랜 역사를 가진 발화들의 연쇄에 속한다. 그가 지칭한 표적(이주민, 외국인, 범죄자) 역시 새로운 것이 아니다. "이를테면 그 대상은 이미 오래전부터 다양한 방식으로 표현, 논쟁, 설명, 평가되었다. 그 속에서 다양한 관점, 세계관, 지향이 수렴하고 분기한다."[61]

사르코지의 언표가 속하는 [발화의] 연쇄는 좌우파가 공유하는 언어적 "유산"과 관련된다. 사르코지의 발화는 프랑스 공산당의 언표에 대한 반응, 의존, 보충이라고 할 수 있다(예를 들어 "프랑스를 건설하자!"는 슬로건은 프랑스제 불도저가 파리의 "붉은" 교외지역을 쓸어버릴 때 선언되었다. 그 지역에는 이주민들의 주택이 밀집해 있었다). 마찬가지로 사르코지의 발화는 [극우] 인민전선의 언표("프랑스 먼저!")만이 아니라 [중도] 사회당의 언표("우리는 지구촌의 가난한 사람들", "교외 거주민", "가출한 아이들의 집이 될 수 없습니다.")에 대한 반응, 의존, 보충이라고 할 수 있다. 그밖에도 우리는 19세기 부르주아들의 목소리를 아득한 메아리와 공명처럼 발견할 수 있다. 그들은 프롤레타리아를 지금의 교외 청년들과 똑같은 방식으로 규정했다. "쓰레기"로 말이다.

미래의 대통령이 행한 모욕적인 발화는 과거와 미래의 인종주의 언표와 연결되었다. "쓰레기"는 교외 단지의 젊은 이주민을 향한 수행적 명령이 아니다. 그것은 특정한 상황을 조직하고 "프랑스인"의 주체성을 구성하려는 화행이다. 즉 "프랑스 사람"은 그 발화와

---

61. Bakhtin, *Speech Genres*, 93.

관련해 자신의 입장을 정하도록 강요받는다.

그러나 애초 시작부터 발화의 구성은 반응적 반작용의 가능성을 고려한다. 즉 발화는 누구를 대상으로 삼을지 미리 고려한다. 주지하다시피 발화의 대상을 구성할 때 타자의 역할은 매우 중요하다. 앞에서 언급했듯이 이런 타자들은 수동적인 청자의 역할이 아니라 능동적인 참여자의 역할을 수행한다. 그들이 있기 때문에 나의 사유는 비로소 사유가 될 수 있다(마찬가지로 나의 자아도 실제로 자아가 된다). 애초 시작부터 화자는 타자가 보내는 반응, 즉 능동적인 반응적 이해를 기대한다. 이를테면 전체 발화는 이런 반응과의 마주침을 예상하면서 구성된다.[62]

언어의 역사성은 "모든 방면에서 발화 주체의 역사를 초월하는"(버틀러) 과거와 미래를 뜻하지 않는다. 문법규칙, 담화장르 등과 마찬가지로 이들 시간성은 언표행위라는 사건의 조건을 이룰 뿐이다. 그 사건의 현사실성the here and now 속에는 과거, 현재, 미래가 공존한다(아우구스티누스는 과거의 현재, 현재의 현재, 미래의 현재라고 불렀다). 시간성들은 언표행위라는 사건 속에서 서로 뒤엉키고 "변형된다." 역사와 그것의 시간성들, 언어와 그것의 시간성들은 사건에 의해 재편되는 조건일 뿐이다. 이런 사건에서 새로운 어떤 것이 창출된다.

---

62. 같은 책, 94.

전직 대통령의 언표행위는 그보다 앞선 언표들과 연속성을 가지면서도 동시에 단절되었다. 이런 측면에서 "쓰레기"는 이른바 힘power의 반복("후렴구"ritournelle)으로 기능한다. 후렴구는 실존의 (반동적) 긍정을 통해서 (언어적이고 언어 외적인) 복수의 이질적 요소를 결합한다. 실존의 (반동적) 긍정은 민족 속에서, 외국인에 대한 공포와 경멸 속에서, 노동과 권위, 질서 속에서 그 자신이 추구하는 가치들의 우주와 "실존적 영토들"을 발견한다.

요컨대 우리는 단순히 언어의 의미론적·음성적·문법적 구조 속에서 의미작용, 변형의 역량, 주체화를 발견할 수 없다.

언표행위를 실행하는 것은 언제나 언어 외적인 요소들에 힘을 발휘한다는 뜻이다. 한편으로 이런 구성요소는 신체적, 행동학적, 신화적, 제도적이며 다른 한편으로 경제적, 정치적, 미적인 것이다.

6장

주체성 생산에서 담론적인 것과 실존적인 것

> 그럼에도 불구하고 왜 그들은 이런 비합리적이고
> 종교적인 것들로 끝없이 복귀하는 것일까요? 왜 그럴까요?
> 주체성의 주어진 상태에서는 … 다른 길이 없기 때문입니다.
> 만일 우리가 존재하기 위해서 이런 것들에 의존해야 한다면,
> 그래서 다른 방도가 없다면, 머릿속으로는 부정할지 몰라도
> 사람들이 그 속에 빠져드는 것은 전혀 놀라운 일이 아닙니다.
> 몰적인 층들을 제거한다는 것은 있을 수 없습니다.
> 분열분석은 조직들을 대체할 수 없습니다.
>
> ─ 펠릭스 가따리, 「추상기계와 비담론적인 것의 장」,
>   1985년 3월 12일 세미나

1. 기계장치와 실존적인 것

오늘날 집단적 형태의 정치 동원은 그것이 도시 폭동이든 "노동조합" 투쟁이든, 평화적 형태든 폭력을 수반하든 간에 동일한 쟁점을 둘러싸고 전개된다. 간단히 말해 한편에서는 대표/재현representation 1에 대한 거부가 출현하고, 다른 한편에서는 근대의 정치적 전통과 단절하는 조직 및 표현 형태가 무엇인지에 관한 실험과 발명들이 존재한다. 우리가 알다시피 근대의 정치적 전통은 인민과 계급의 대표들에게 권력을 위임함으로써 성립된 것이다.

[그러나] 대의민주주의는 점차 국가의 [통치] 기제로 변형되었다. 지난 세기 내내 진행된 과정처럼 정당과 노동조합은 국가 제도의 일부로 통합되었다. 2007년에 발생한 위기는 서양 사회를 강타한 이후 정치적 민주주의와 사회적 민주주의를 급격히 변화시켰다. 한편으로 정치적 민주주의는 신자유주의 논리에 완전히 종속된다. 맑스의 주장, 즉 "국가는 부르주아지의 공동 사안을 관리하는 위원회에 불과하다"는 단언이 그동안은 많은 비웃음을 샀을지 몰라도 지금은 자신의 타당성을 또다시 입증하고 있다. 여기서 "부르주아지"를 "채권자"로 바꾸기만 해도, 우리는 오늘날 정치적 대의제가 어떻게 작동하는지에 관해서 한눈에 파악할 수 있다. 우리와 같은 정

---

1. [옮긴이] 이번 장에서 representation은 대의, 대표, 재현, 표상, 상연 등의 중의적 의미를 지닌다. 무엇보다 우리는 정치적 대표/대의제와 언어적 표상/재현의 중복 관계를 주목해야 한다. 여기서는 주로 대표, 재현, 대표/재현으로 옮겼지만 문맥에 따라서 여러 가지 의미로 번역했다.

"내가 군주다! 문제 있어?" 2011년 5월 21일 스페인 발렌시아 "지금 진짜 민주주의를"(Democracia Real Ya) 시위 현장에 걸린 피켓.

치적 민주주의는 실제로 사상누각에 불과하지만, 그것마저도 신자유주의자들이 볼 때는 지나칠 정도로 민주적이다. 다른 한편으로 사회적 민주주의는 사회의 정규직 계층, 특히 퇴직자 집단을 대표하고 방어할 뿐이다. 그러나 이것마저도 힘에 부친 것 같다.

전 세계 거의 모든 곳에서 저항운동이 폭발했으며, 이것은 대의민주주의 안에서 "가능한 대안이 없다"는 사실을 드러냈다. 바로 여기서 가따리는 대의 정치에 대한 비판과 언어의 재현 기능에 대한 비판을 결합함으로써 매우 풍성한 성찰적 경로를 제공한다. [그에 따르면] 기표적 기호론(언어와 글쓰기)은 비기표적인 표현의 양식(화폐, 과학 방식정 등)을 "대표/재현"할 뿐만 아니라, 전前기표적인 표현(신체적, 제스처, 도상적인 것)에 속하는 다른 모든 양식을 "대표/재현"한다고 주장한다. 이런 논리에 따르면 전기표적이고 비기표적인 표현의 양식은 오직 언어만이 제공할 수 있는 무언가를 결여한 것이며, 시민과 사회적인 것 역시 오직 정치적 대표/재현만이 제공할 수 있는 무언가를 결여한 것이다.

실제로 언어적 "대표/재현"은 정치적 "대표/재현"과 마찬가지로 다른 기호계와 표현양식을 초코드화하고 위계화하고 종속화하는 권력의 포획을 수반한다. 기호체제와 정치제도를 둘러싼 "대표/재현"의 형태는 서로 밀접히 관련되어 있는데, 만일 우리가 두 가지 형태를 동시에 극복하지 못한다면, 결국에 우리는 모든 정치적 단절에 실패하고 말 것이다.

만일 우리가 분석철학, 구조주의, 라캉학파의 주장을 논외로 한다면, 말과 기호는 어떤 조건에서 정치적·언어적 대표/재현을 거치지 않고 "자기의 구성"에 관여하는가?

담론적인 것과 실존적인 것의 관계를 검토하면서 가따리는 주체화 과정을 거시정치만이 아니라 미시정치적 수준에서 재규정한다. 그는 언표행위의 근본조건을 언어학이나 기호론이 아니라 "실존적"인 것에 둠으로써, 역설적으로 재현의 권력을 무력화하는 결정적 전위를 실행한다.

언표행위에 대한 바흐친의 개념화는 언어에 대한 모든 종류의 구조적 또는 결합적combinatory 형식화를 거부한다. 이런 개념화 덕분에 우리는 수행적인 것을 둘러싼 환상을 벗어날 수 있다. 나아가 가따리는 바흐친의 논의에서 충분하지 못한 것, 즉 언어적인 것과 언어 외적인 것의 관계를 검토함으로써, 언어학과 화용론에서 급진적으로 단절하려고 한다. 언어 외적인 것은 간주관성(바흐친)이나 사회적·경제적 토대로 환원될 수 없는데, 말년의 작업에서 가따리는 이것을 실존적 차원이라고 불렀다.

그에 따르면 우리는 언어학이 인식할 수도 대답할 수도 없는 삶, 사유에 도전하는 역설적 삶을 살아간다.

우리는 담론체계로 던져진 존재이지만, 이와 동시에 우리는 담론적이지 않은 것, 즉 실존적 긍정의 초점들과 관계한다 … 사랑기계 또는 공포기계가 활성화될 때, 그것은 담론적·인지적·연역적 언표의 효과로 소급되지 않는다. 그것은 즉각적으로 발생한다. 그리고 이런 기계에서 다양한 표현 수단이 점진적으로 발달한다.[2]

언표행위는 언어 능력에 기초하지 않는다. 언표행위의 기초는 자기와 세계에 대한 이해와 실존적 전유에서 비롯한다. 이런 실존적/정동적 전유가 있기 때문에 언어, 담론, 지식, 내러티브, 예술작품과 같은 것이 가능해진다.

따라서 발화는 이중적인 기능을 수행한다. 첫 번째 기능은 "정치적으로" 표현하고 소통하고 선언하는 것이다. 두 번째 기능은 "언표행위를 배치하는 것"인데, 특히 이것은 "실존적 주체화의 초점에서 특이성들을 포획하고 영토화하며 전개하고 그것들에 일관성과 지속성을 부여할 수 있다."

한편으로 주체화 과정들의 결정화는 "언어의 배타적인 특권에 의존하지 않는다. 거기에는 다른 모든 기호론적 요소들, 다른 모든 자연적·기계적 코드화의 절차들이 마찬가지로 작용한다."[3] 다른 한편으로 주체의 변이 역시 일차적으로 담론적인 것이 아니다. 담론의 영향 이전에 그것은 "주체성의 핵심에 있는 비담론성의 초점에 [먼저] 도달해야 한다. … 이야기를 만들기 위해서, 세계와 자신의 삶

---

2. Félix Guattari, "A propos des Machines," *Chimères* 19 (Spring 1993) : 94.

3. Félix Guattari, *Soft Subversions*, trans. Chet Wiener and Emily Wittman (Los Angeles : Semiotext(e), 2009), 299. 수정 번역.

을 묘사하기 위해서 우리는 이런 설명할 수 없는 점, 의미를 파괴하는 점, 절대적 비-서사의 점, 절대적 비-담론성의 점에서 출발해야 한다."4 가따리는 기표적이고 지시적인denotative 기능과 더불어 "실존적 기능"을 도입한다. 실존적 기능은 비담론적인 것이지만 언표행위의 창조적 힘으로 작용한다.

버틀러는 언어학적 전환과 라캉의 구조-언어적 정신분석을 쫓아 주체성을 기표작용의 산물로 환원한다. 이와 달리 가따리는 주체화의 다양한 구성요소를 그것들이 갖고 있는 근원적인 이질성에 따라 지도로 제작하려고 시도한다. 이를 위해 가따리는 "의미의 생산, 의미작용의 생산, 화용론적 생산, 마지막으로 주체성의 생산 사이에 근본적인 단절"을 도입한다.5

동일한 기호론적 결합이 "담론을 생산할" 수도 있지만, 마찬가지로 "실존을 생산할" 수도 있다.6 달리 말해 "꿈속의 어떤 것을 기

4. Guattari and Zahm, "Entretien avec Olivier Zahm," 58. 이번 장의 거의 모든 인용문은 가따리가 진행한 세미나의 녹취록에서 인용된 것이다. 『키메라』(Chimères)의 웹사이트(http://www.revue-chimeres.fr/drupal_chimeres/?q=taxonomy_menu/3/236)에서 해당 세미나의 녹취록을 확인할 수 있다. 이 세미나는 저자가 출판을 계획하지 않았던 비공식적인 토론이다. 이것은 그의 사유가 발전하는 과정을 어렴풋이 보여준다.

5. Félix Guattari, "Singularité et complexité," Seminar of January 22, 1985.

6. 바디우는 『의미의 논리』(Logic of Sense) 이후 들뢰즈가 "비철학자"인 가따리와 공동으로 저술한 것, 특히 가따리가 혼자서 저술한 작업을 보다 신중히 독해할 필요가 있었다. 만일 그랬다면 그는 다음과 같은 잘못된 주장을 하지 않았을 것이다. "'사건이 곧 의미'라는 들뢰즈의 공식은 돌이킬 수 없는 [오류]이다. 자기 책을 시작하면서 들뢰즈는 '의미-사건'이란 표현을 만들어 사용한다. 이것은 내가 볼 때 가공의 실체에 불과하고 일관성 없는 복합어에 불과하다. 심지어 이것은 그를 언어적 전환과 현대 궤변론의 위대한 계보로 데리고 간다. 그 자신이 원했던 것보다 훨씬 더 가깝게 말이다. 사건이 의미의 등록에 속한다고 주장하는 것은 전적으로 언어 쪽

표화하는 동일한 언표들이 주체적 배치 속에 들어갔을 때, 그것은 언표들에 의미를 부여하기보다는 실존적 효과 significance를 창출한다.[7] 그 언표들이 화자를 하나의 주체적 실체로 구성하는 것이다.

담론의 화용론과 달리, 실존적 화용론은 자기의 생산과 관계한다. 즉 실존적 화용론은 "자신을 스스로 전유하는 존재론적 특이성들, 또는 자의식 중에 있는 특이성들"과 관계한다.[8]

실존은 자기 위치정하기, 또는 자기 변용의 문제이다. 가따리의 경로는 푸코의 경로와 상당히 유사하다. 실제로 푸코는 거의 동시에 비슷한 결론에 도달한다. 그에 따르면 진실을 말하는 언표행위와 화용론의 언어학적 담론성 사이에는 종별적 차이가 존재한다. 전자는 "자기"에 대한 긍정을 수반하지만 후자는 수행적 발화의 화용론에 관계한다. 두 경우 모두 우리는 단어와 명제를 사용하고 언어를 사용한다. 그러나 근본적 논리는 전혀 다른 부류에 속한다.

자기의 구성은 지배적 의미와 단절할 수 있게 한다. 그것은 애초부터 기표, 담론, 의미를 동원하지 않는다. 대신에 자기의 구성은 자기 변용의 역량, 자기 자신과 힘들이 맺는 관계를 작동시킨다. 가따리에게서 자기의 긍정은 독특한 색조를 띤다. 왜냐하면 그가 사용

으로 넘어간다는 뜻이다."(Alain Badiou, *Logics of Worlds*, trans. Alberto Toscano [New York : Continuum, 2009], 386.) 가따리는 들뢰즈가 정신분석을 극복하는 데 도움을 주었을 뿐 아니라 구조주의를 극복하는 데 도움을 주었다. 푸코의 마지막 강의에 대해서도 바디우는 잘못된 비판을 계속한다. 그는 푸코가 "언어 인류학"을 체계화했다고 부당하게 비판한다.(같은 책, 35.)

7. Guattari, "La crise de production de subjectivité," Seminar of April 3, 1984.
8. Guattari, "Singularité et complexité."

하는 개념, 예컨대 "자기를 위한"pour soi, "타자를 위한"pour les autres, 언표행위의 초점들, 주체화의 벡터들이 인간의 독점적 전유물이 아니기 때문이다. 실존은 "기계적인 논리"를 따른다. 실존은 "어떤 경우라도 집합적 담론의 논리에 따라 작동하지 않는다. 그것은 내가 최근에 실존화의 논리라고 불렀던 것에 따라 작동한다."⁹

언어의 단어와 명제는 의미의 논리에 따라 기능하지만, 그와 마찬가지로 다이어그램적 논리에 따라 기능한다. 전자에서는 의미의 대상들 사이에 지시 관계가 존재한다면, 후자에서는 주체의 표상, 의식, "나"를 우회하는 다이어그램적 논리가 존재한다. 바흐친에 따르면 말은 인간의 삶에서 거의 모든 것을 차지하지만, 가따리는 이런 주장을 넘어서 실존화, 즉 행동을 촉발하고 조직할 수 있는 비인간적 기호론과 배치를 도입한다. "화행이 기본 매체이긴 하지만, 그것만이 유일한 것은 아니다. 이런 종류의 분석적 배치에는 의미작용의 단락선短絡線, 자세, 안면 특성, 공간적 배열, 리듬, 비기표적 기호의 생산(예컨대 화폐교환과 관련된 기호의 생산), 기계적 기호의 생산 등 모든 것이 포함될 수 있다. 화행 자체가 여기에 관여하는 것은, 그것이 실존적 반복구refrains의 지지물로 작동하는 한에서 그럴 뿐이다. 이것은 아무리 강조해도 지나치지 않을 것이다."¹⁰

기호계의 흐름은 물질적 흐름, 사회적·경제적 흐름 등과 똑같은 방식으로 시공간의 현재화된 좌표 내부에 존재한다. 반면에 "자기

---

9. Félix Guattari, "Machine abstraite et champ non-discursif," Seminar of March 12, 1985.

10. Guattari, *Chaosmosis*, 127~128. [가타리, 『카오스모제』.]

와의 관계", "실존적 영토", "가치의 세계"는 시공간의 일상적 좌표에 따르지 않는 배치들의 비실체적이고, 정동적이며, 강도적인 차원을 구성한다.

실존적인 것은 실체적physical 제약과 인과성을 벗어나며, 비에너지적이고 비정보적인 "기계장치"를 구성한다. 실존에서 일어나는 변형은 비실체적이며 과학이 탐구하는 변형과 달리 에너지와 정보전달 과정을 수반하지 않는다.

2. 담론적인 것과 실존적인 것의 이접과 통접

자기에 대한 관계는 비실체적인 실존적 초점, 또는 자기생산 autopoietic 기계를 가리킨다. 자기생산 기계의 일관성, 지속성, 발달은 그것이 횡단하고 재구성하는 현재화된 요소들(담론적인 것, 인지적인 것, 또한 각종 제도, 사회적인 것, 경제적 영역 등)의 다양체에 이차적으로 의존한다.

"실존화"의 "주체적 요소"는 담론적인 것을 이용한다. 이를 통해 주체적 요소는 "기관 없는 신체, 또는 유사 통일체로서, 그러나 전체ensembles의 논리에서 말하는 총체화는 결코 아닌 방식으로, 자기 자신을 발현하고 구체화한다."[11]

담론적인 것(그리고 개념적인 것)과 실존적인 것 사이에 종별적

---

11. Félix Guattari, "Substituer l'éconciation à l'expression," Seminar of April 25, 1984.

차이를 도입함으로써, 가따리는 두 가지 이질적인 논리, 즉 "기호론적 논리"와 "존재론적 화용론" 사이에 이접뿐만 아니라 통접을 동시에 사고한다.12

여기서 우리는 두 논리 사이의 "비대칭"을 간단히 살펴볼 것이다. 첫째, 담론적 기능과 실존적 기능은 이질적인 "지시 대상"에 기초한다. 기호론적 또는 담론적 차원은 "외재적인 준거13 체계에 속한다. 달리 말해 [이런 차원의] 모든 요소는 언제나 다른 요소들, 즉 자신의 지시 대상들과 관련해서 담론적 관계를 형성한다." 이것은 모든 요소의 "진실, 그것의 본질"이 자신의 실존에 외재한다는 뜻이다. 그러나 실존적 논리에 따르면 "특이한 요소는 스스로에 준거하며 자신만의 준거를 창출하고 자신만의 준거 세계를 촉발한다."14 실존적 화용론은 "자기 준거적이고 준거를 자기 스스로 생산한다."15 실존은 "그 자체의 운동 속에서 자기 자신을 생산한다."16

둘째, 담론적 논리는 선형적이다. 거기에는 하나의 요소가 존재하고, 그다음에 다른 요소가 존재한다. 담론적 논리는 "시간의 화살"로 표시되는 시간성에 따라 전개된다. 반면에 실존적 긍정

---

12. Guattari, Seminar of October 1, 1985.

13. [옮긴이] 이번 장에서 reference와 referent, self-reference는 기호학적인 지시관계, 지시대상, 자기-지시를 뜻하기도 하지만 실존적인 준거, 준거대상, 자기-준거를 뜻하기도 한다. 이번 장에서 '지시/준거'라고 표시한 것은 역자의 표기법이다.

14. Guattari, "Singularité et complexité."

15. Guattari, Seminar of October 1, 1985.

16. Guattari, "Singularité et complexité." 여기서 내용(content)과 의미(sense)는 이중화된다. 내용은 의미론적 내용일 뿐만 아니라 화용론적인 내용이며, 의미는 기호론적 의미일 뿐만 아니라 실존적인 의미를 뜻한다.

1920년 5월 1일 모스크바의 노동절 행사에서 연설하는 레닌

은 순환적이다. 그것은 계속해서 자기 자신으로 회귀한다. 그것은 실존을 강화하고 실존에 일관성을 부여한다. 반대로 그것은 특정한 문턱을 횡단할 수 없어서 소멸하기도 한다. 이와 같은 순환적 회귀, 응집작용agglomerations, 실존화의 초점 강화, 주체적 발현에서 출발하여, 실존적 긍정은 현실화된 (경제적, 정치적, 사회적, 언어적) 차원들을 다른 방식으로 재편하고 그렇게 함으로써 그것들을 횡단한다.

세 번째 비대칭성은 반복과 관련된다. 담론적 논리에서 반복은 언제나 담론, 또는 담론의 조합을 생산한다. 반면에 실존적 논리에서 반복("반복구"ritournelle)은 주체성을 주조하는 주관적 상태의 변화를 생산한다. 실존이 준거, 또는 지시 관계를 스스로 생산한다고 하는 것은, "준거 자체가 자기 자신을 반복적으로 참조한다"[17]는 뜻이다. 그러나 데리다와 버틀러의 주장과 달리, 즉 기호-표식의 형식적 반복과 달리 반복구("텅 빈 말")는 실존적 기능을 갖는다. 그것은 자기에 대한 관계에 일관성을 제공한다. 반복구-반복에서 중요한 것은 그것의 의미론적 내용이 아니라 반복 그 자체에 있다. 왜냐하면 그것이 주관적 상태에 변화를 촉발하기 때문이다. 기독교 또는 레닌주의 반복구[18]는 단순히 의미의 관점에서 도입되지 않는다. 이런 반복구는 자신이 촉발하는 주체성 내부의 변화, 일관성, 문턱의 횡단, 응집작용에 의해 규정되며, 자신이 가능하게 하고 촉발하는 주체성의 횡단을 통해 규정된다. 기독교 또는 레닌주의 반복구는 "집합적 수준의 주체성 생산에 상응하는", "일종의 세계universe, 무대, 틀"을 개시한다.[19] 요컨대 실존적 반복구는 의미론적 내용을 가지거나 표현 체계를 구성하기도 하지만, 이와 동시에 또 다른 종류의 세계를 구성하는 양식으로 기능할 수 있다. 바로 이런 세계에서 "가능성들의 잉여가치"가 생산될 수 있다.

네 번째 차이는 다음과 같다. 담론적 집합ensembles은 변별적distinctive 대립(화자/청자, 내용/표현, 주체/객체 등)과 인칭논리적 대립("나"/"당신")을 접합한다. 이것은 재현의 외연적 시공간 좌표 안

---

17. Guattari, Seminar of October 1, 1985.
18. "그래서 수십 년 동안 실존적 반복구(ritornello)〔후렴구〕들의 성좌(constellation)가 '레닌-언어'에 포함되었다. '레닌-언어'가 관여한 특정한 절차들은 수사학과 어휘뿐만 아니라 음성, 운율, 얼굴표정 등의 분명한 질서를 구축한다. 집단-주체로의 완전한 실존적 소속을 정당화하는 문턱 넘기, 또는 통과의례(initiation)는 〔성좌의〕 이런 요소들의 특정한 연결과 일관성 생성에 의존한다. 그렇게 함으로써 이들 요소는 리토르넬로가 된다."(Guattari, "Ritornellos and Existential Affects," *The Guattari Reader*, 165.)
19. Guattari, Seminar of October 1, 1985.

에서 전개된다. 반면에 실존적 집합은 강도와 정동의 논리를 따른다. 그것은 정체성, 인격person, 기능의 구별 이전에 들어선다. 정동은 기원과 목적의 관점에서 확정될 수 있는 것이 아니다(공포나 기쁨은 화자와 청자 양쪽에 작용하고 전이적 주체성을 구성한다).[20] 오히려 정동은 그 자신이 결정하는 일관성의 문턱에 기초해서 정확히 확정될 수 있다.

실존적 화용론은 담론 집합의 논리에 따라 완전히 포괄될 수 없다. 왜냐하면 표현과 내용이 가역적 성격을 보이기 때문이다. (실존적 화용론에서 표현은 배경과 분리될 수 없다. "무엇이든 내용이 될 수 있고 또 무엇이든 표현이 될 수 있다.") [실존적 화용론에서] 행위자들은 주체도 대상도 아니다. 그것들은 "주체적이면서 동시에 객관적"이며 돌연변이의 실체들이다. 그것들은 반半-대상, 반-주체로서 내부뿐만 아니라 외부도 갖지 않지만, 그럼에도 불구하고 내부성interiority과 외부성exteriority을 창출한다. "그것들은 되기로서, 차이를 만드는 핵으로 이해된다."[21] 실존적 집합의 고유한 특징은 주체와 대상, "나"와 "당신"이 아니라 복수의 문턱-횡단들, 또는 강도의 변화율gradients이다.

담론적 논리는 교환을 수반하지만 존재론적 화용론에서 실존은 교환될 수 없는 것이다. "실존은 전적으로 자신의 장소topos에 결

---

20. "언표행위의 집합적 배치의 주체성은 주관적 이행성(transitivism)을 특징으로 한다. 예를 들어 내가 넘어지면 [나뿐만 아니라 옆에 있는] 다른 사람이 [따라서] 운다. … 여기서는 원인과 효과를 따질 수 없다."(Guattari, "Substituer l'éconciation à l'expression.")

21. Guattari, *Chaosmosis*, 92. [가타리, 『카오스모제』.]

박되어 있다. 형식은 그것이 실존의 형식인 한에서 그곳에서 절대로 분리될 수 없다. 당신이 그곳에 존재하지 않는다면 그냥 존재하지 않는 것이다. … 거기에는 실존의 부정성이 존재하지 않는다. 실존은 그 자체로 모든 존재자일 뿐이다. 따라서 실존이 없다면, 그것에 대해 말할 것이 아무것도 없다면,[그냥 아무것도 없을 뿐이지] 비존재자로 불릴 수 있는 [존재자란] 없다는 것이다."[22]

존재론적 화용론 또는 실존적 화용론은 과정적이고 비가역적이며 특이하고 사건 생성적이다. 반면에 담론적 논리는 가역적이고 구조적이며 비역사적이고 보편적이다. 간단히 말해 두 가지 논리는 주체성의 비대칭적 기능이다. 이제 우리는 이질적인 두 계열 사이에서 통접 관계가 어떻게 발생하는지에 관해서 살펴볼 것이다.

3. 미적 패러다임

비담론적인 것은 형언할 수 없는 것, 말로 다 할 수 없는 것, 비합리적인 것의 무력함을 뜻하지 않는다. 원-언표행위들의 수많은 초점을 구성하는 것은 잠재적인 것, 비실체적인 것, 강도들, 정동들의 역량이다. 비담론적인 것은 차이화, 규율화, (라캉학파의) 언어와 "법"의 기표적 조직화 혹은 상징적 조직화를 기다리는 형식 없는 질료가 아니다. 또한 비담론적인 것은 비트겐슈타인에게서 찾을 수

---

22. Guattari, "Machine abstraite et champ non-discursif."

있는 수수께끼 같은 것도 아니다. 반면에 비담론적인 것은 매우 풍부한 기호론적·표현적 동력, 즉 정동들에 의해서 횡단된다. 그리고 정동들이 실존적 영토들, "발현적 자기들", 인간적·비인간적 변이의 주체화들, 원-언표행위의 초점들로 기능하고 다양한 자기생산 기계를 구성한다.

그렇다면 우리는 담론적인 것과 기계적-실존적인 것, 현실적인 것과 잠재적인 것, 가능적인 것과 실재적인 것 사이의 관계를 어떻게 접합해야 하는가? 두 가지 층위 사이에 우리는 "과학적", "인지적", 또는 "일대일" 관계를 설정할 수 없다. 왜냐하면 "담론적인 것"과 "실존적인 것" 사이에 근본적인 비대칭이 존재하기 때문이다. 우리는 이 둘의 관계를 가따리가 칭하는 "미적aesthetic 패러다임"을 통해서만 접근할 수 있다.

주체화 과정은 경제적, 성적, 언어적, 사회적 하부구조의 효과가 아니다(주체화 과정이 하부구조의 효과라면, 그것은 주체화 과정이 그 자신에 외재하는 준거점을 갖는다는 뜻이다). 그와 달리 자기 위치정하기, 자기 변용, 자기 지시성은 그 자체로 기원적이며 진행성processivité에 개방적이고, 가능한 것들을 창조하며 생성과 변이를 추동한다. 반면에 이런 자기생산의 초점들이 일관성을 띠려면, 그것은 이런 초점들이 "구조적인" 것으로 간주된 (경제적, 정치적, 사회적, 언어적, 성적, 과학적 등의) 모든 영역을 횡단하고 전위시키고 재편함으로써, 오직 [사후적으로] 가능한 것이다.

주체의 자기 준거들은 "분명히 그 자체로 유지될 수 없다. 왜냐하면 그것들이 외부의 준거대상을 갖지 않기 때문이고, 그것들이 외재적 준거에 영향을 받지 않기 때문이다…. 그것들은 혼자 힘으로는 유지될 수 없다. 그것들은 오직 담론성의 반복적인 개시reinitiation를 통해서만 유지될 수 있다."23 따라서 자기 자신을 지시/준거하는 언표행위와 그것을 뒷받침하는 실존적 영토들은 언제나 서사적 전환에 의존한다. 그러나 서사적 전환의 일차적 기능은 합리적, 인지적, 과학적 설명을 생산하는 것이 아니라, ("신화적-개념적, 환상적, 종교적, 소설적인") 복합적 반복구를 창출하는 것이다. 그리고 이런 반복구를 통해서 새로운 실천적 영토들의 발현이 일관성을 띠는 것이다.

이것은 비합리적인 것이나 신화의 시대로 복귀하자는 주장이 아니다. 정확히 말해 이것은 알튀세르를 포함하여 19세기와 20세기를 풍미했던 과학적 패러다임과 단절하는 문제이다. 가따리 같은 경우에는 미적 경험에 의지하는데, 그것은 예술 작품의 생산이 아니라 담론적인 것과 실존적인 것, 현실인 것과 잠재적인 것, 가능적인 것과 실재적인 것 사이의 관계를 다루는 화용론을 말한다.

미적 경험이 우리에게 끝없이 돌려주는 역설이 존재한다. 그것은 지시적indicative 특성과 묘사적 반복구들이 재현의 영역에서 정동들의 실존을 촉진하는 데 필요하긴 하지만, 그런 사실과 관계없이, 또 그런 사실에도 불구하고, 이런 정동들이 실존의 이해양식으로 돌연히, 별안간, 즉각적으로 주어진다는 사실이다.24

---

23. Guattari, Seminar of October 1, 1985.

실존적 영토들에 접근하는 것은 언제나 특정한 담론적, 또는 기호론적 국지화를 통해서 실현되지만, 그렇다고 해서 후자가 과학주의, 객관주의, 합리주의를 표방하는 것은 아니다. 정확히 말해 자기실존화를 통해서만 우리는 실존 자체에 접근할 수 있다. 이런 관점에서 실존에 대한 지식은 가따리가 비코Vico를 쫓아 "장소의 기예"라고 부른 것, 즉 지도제작법을 요구한다.

자기에 대한 자기의 관계, 자기 변용, 자기 위치정하기는 기호, 신화, 서사, 개념화를 바탕으로 도출된다. 여기서 기호, 신화, 서사, 개념화는 실존적인 것을 담론적인 것으로 번역하지 않는다(어떤 경우라도 이것은 가능하지 않다). 오히려 그것들은 실존적인 것을 탐지하는 지도제작에 도움을 주고 주체화 과정들과 실존적 영토들에 대한 접근을 가능하게 한다.

실존은 탐지되고localized 지도로 그려질 수 있다. 그리고 실존은 자신을 드러내고 탐지하고 생산하기 위해서, 객관주의 절차들의 담론적 과정과 철저히 대립하는 어떤 것을 반드시 필요로 한다.[25]

기표적 기호계는 메시지를 보내거나 전달하기 전, 즉 담론적 기능을 갖기 전에는 실존적 "반복구"처럼 작용한다. 이것은 언어, 개념, 개념적 추상화를 경시한다는 뜻이 아니다. 오히려 그 반대이다. 지

---

24. Guattari, *Chaosmosis*, 93. [가타리, 『카오스모제』.]
25. Guattari, "Singularité et complexité."

도제작이 **추상적**이면 추상적일수록, 그것은 담론적인 것과 비담론적인 것을 보다 다양한 방식으로 접합할 수 있다. 그리고 지도제작이 **자의적**이면 자의적일수록, 그것은 담론적인 것과 비담론적인 것을 보다 유리한 입장에서 접합할 수 있다.

가따리에 따르면 지도제작에는 두 가지 유형이 존재한다. [우선] "내가 실존화라고 부르는 것을 직접 생산하는 구체적인 지도제작이 존재한다. 이것은 지도제작을 수행하는 동시에 주관적 영토를 생성한다.〔이것은 개인, 집단, 심지어 민족이 행하는 실존적 지도제작이다〕. 이런 지도제작과 함께, 이차적 수준의 지도제작이 존재한다. 그것은 영토를 생산하지 않는 사변적 지도제작이다. 그것은 앞서 언급한 이질적인 두 가지 층위[담론적인 것과 비담론적인 것]의 관계를 사유하고 조직하고 접합하려고 한다."[26] 바로 이런 관점에서 신학적, 정치적, 철학적 토론이 근본적으로 중요한 것이다.

기독교의 탄생 시기에 전개된 신학적 논쟁에서, 또 1905년 전후로 전개된 볼셰비키들의 논쟁에서 토론 자체는 **진실한 언표들**의 확정이 아니라 지도제작의 구축에 도움을 주었다. 이런 토론은 실존적인 것과 담론적인 것을 접합할 수 있는 가능성을 개방했으며, 주체성을 포착한 다음 그것이 문턱을 가로질러 특정한 과정을 개시하도록 일련의 반복구를 발명할 수 있었다.

과학적 토대를 요구하는 맑스주의, 또는 프로이트학파는 자신의 이론적 담론에서 "사회적 타당성"을 강조하지만, 자기 스스로 이

---

26. 같은 글.

지그문트 프로이트
(Sigmund Freud, 1856~1939)

런 기준을 충족시킬 수 없었다. 왜냐하면 이런 담론들 자체가 발현 중인 돌연변이, 즉 자본주의적 "주체화의 초점들"을 결정화하고 그것들에 횡단적 일관성을 부여했기 때문이다.

맑스와 마찬가지로 프로이트 역시 새로운 과학(알튀세르)이 아니라 "신화–개념적인"27 탐지localization 도구를 발견했다. 맑스의 경우에는 이런 도구를 통해서 하나의 "무대"(계급투쟁의 역사를 뜻하는 인류의 역사)를 창조할 수 있었다. 그것은 1차 산업혁명기 동안의 특이한 주체성을 현실화하고 기호화할 수 있는 신화적이고 개념적인 배우들(임노동과 사회계급을 철폐하도록 운명 지어진 주체, 즉 프롤레타리아)을 위한 무대였다. 그러나 이런 주체성은 언제나 규정할 수 없는 점, 재현될 수 없는 비기표적 점에서 시작한다. 따라서 오직 무대만이 "이야기를 만들기" 위해서가 아니라 역사를 만들기 위해서 주체

---

27. "프로이트는 이런 연관들 속에서 다양한 고대 신화를 참조한다. 그럼에도 그는 자신의 작업을 과학적 설명이라고 주장한다. 그에 따르면 자신의 작업은 모든 사람이 어떻게 이런 신화를 생각하고 제시할 수 있는지를 [과학적으로] 설명한 것이다. 하지만 프로이트가 실제로 했던 것은 그런 것이 아니었다. 그는 고대 신화에 대한 과학적인 설명을 제시하지 않았다. 그가 한 일은 새로운 신화를 제안한 것이었다."(Ludwig Wittgenstein, *Lectures and Conversations on Aesthetics, Psychology, and Religious Belief*, ed. Cyril Barrett (Berkeley : University of California Press, 1967), 51. [루트비히 비트겐슈타인, 『미학, 종교적 믿음, 의지의 자유에 관한 강의와 프로이트에 관한 대화』, 이영철 옮김, 필로소픽, 2016.])

화의 메커니즘을 창출할 수 있는 것이다. 이런 틀 안에서 이야기, 개념, "신화"는 소통적, 간주관적, 인지적 기능이 아니라 "미적이고/실존적인" 기능을 갖는다.

이런 관계는 역설적이다("관계하지 않는다고 해서, 관계 자체가 없는 것은 아니다"). 왜냐하면 담론적 범주들의 특정한 사용을 통해서만, 우리는 실존적 효과와 변이들에 접근할 수 있기 때문이다.

> 여기서 우리는 터툴리안 역설Tertullian's paradox의 원천을 발견하게 된다. 거기서 죽은 아들[그리스도]이 무덤에서 부활하는 것은 있을 수 없는 사실이다. 그런데 그것이 정확히 불가능하기 때문에, 이 모든 것이 확실한 사실로 간주되어야 한다. [마찬가지로] 프로이트주의 이론은 수많은 측면에서 신화적이다. 그런데 그것이 정확히 신화적이기 때문에, 변이적 주체화의 반복구들을 촉발할 수 있는 것이다.[28]

사변적 지도제작은 수동적 탐지자localizer로 기능할 뿐 아니라, 주체화 과정의 능동적 촉발자로 기능한다. 이를테면 "나는 오직 신만 생각하기 때문에, 전쟁터로 나가서 용감히 죽을 수 있다…. 그러나 사변적 조작은 보다 추상적인 수준에서 작동할 수 있다(신만 해도 비교적 구체적이다!). …〔그것은〕행동, 실존화, 실존적 세계universe로 통하는 화용론적 길을 개방한다. 다시 말해 그것은 소박한 형태

---

28. Guattari, *Chaosmosis*, 65. [가타리, 『카오스모제』.]

의 경험주의적 요소들이 아니다."[29]

바로 이 지점에서 가따리는 기독교, 레닌주의, 드뷔시의 반복구로 돌아간다. 그 반복구는 "그게 뭐더라"thingamajigs〔거시기trucs〕(우리가 "발화행위"라고 부르는 것과 똑같은 방식의 "기호행위")를 뜻한다. 주체화 과정을 개시하는 "거시기"는 우리를 다른 준거/지시의 세계로 데려가고 우리의 행동에 힘을 싣는다. 담론적인 것은 그 자체로 주체성을 충분히 장악할 수 없으며, 주체성에 개입해 그것을 움직일 정도로 박차를 가할 수 없다. 그렇게 하기 위해서는 담론, 기호, 그리고 개념들이 새로운 세계로 통하는 접속점으로 기능하거나, 행동을 개시하는 "다이어그램적 촉발자"로 기능해야 한다.

행동의 차원은 분열분석schizoanalysis에서 중심적 역할을 차지한다. 행동은 담론적인 것과 실존적인 것 사이의 관계를 이해하는 데 도움을 준다. 그 이유는 행동의 표현이 "일종의 코기토"로 작용하기 때문이다. 행동의 표현은 재현에 앞설 뿐만 아니라 "스스로가 그 자신을 표현하는" 것이다. 행동이 자기 자신의 준거/지시를 생성하는 한에서, 행동에서 그 형식을 분리할 수 없는 한에서, 행동이 발현적 초점을 구성하는 한에서, 그리고 일단 시작하면 다시는 돌이킬 수 없는 진행성을 촉발하는 한에서, 행동의 표현은 일종의 코기토로 기능할 수 있다.

분열분석에서 행동은 무로부터 발생하는 것이 아니다. 그것은 "이항 논리를 따르지 않는다. 그것은 모든 것과 아무것도 아닌 것"

---

29. Guattari, "Machine abstraite et champ non-discursif."

사이의 변증법적인 이행이 아니라, 이질적 차원들 사이의 이행이다. 거기서 행동은 독립된 실체로 존재하지 않는다. 대신에 "행동의 실존과 관련된 일관성의 정도, 또는 행동과 관련된 실존의 문턱들"이 존재할 뿐이다.

행동의 조건들은 그 행동이 기원하는 배치의 잠재적인 집합만이 아니라 현실화된 집합으로 구성된다. 현실화된 집합을 이루는 "차원은 행위와 관련된 모든 종류의 지층, 구조, 체계, 절편에 행동을 연결한다." 현실화된 집합에서는 "행동이 언제나 이미 존재하는 것의 연장으로 출현하고, 이미 존재하는 것에 대한 특정한 재현의 연장으로 출현하며, 그 자체로 이미 재현된 것에 불과한 특정한 기획의 목적론적 관점 아래 출현한다." 그런데 비록 분석과정에서는 "모든 것이 해석되고, 모든 것이 명료해 보일지 몰라도 … 아무것도 변하지 않는다. 이런 재현에서는 아무것도 발생하지 않는다."[30]

행동이 발생하기 위해서는 또 다른 차원이 필요하다. 그것은 재현을 벗어나는 행동의 차원, "다이어그램적 차원", 기계적 차원을 말한다. 행동한다는 것은 결코 의식적으로 변하는 것, 어떤 것을 의식하는 것, 어떤 것에 대한 재현을 갖는 것[31]을 뜻하지 않는다.[32]

---

30. Félix Guattari, "L'acte et la singularité," Seminar of April 28, 1981.

31. "사태(things)가 전개되는 곳은 재현 밖입니다. 사태는 우연의 산물이 아니라 고도로 분화된 것입니다. 그것은 연속적인 선택의 경제 전체와 관련됩니다. 그리고 이런 사태 중에 최초의 것은 … 행동한다는 사실 자체입니다. 사실 여러분은 재현의 반복구를 갖고 있습니다. 예컨대 이렇게 말할 수 있습니다. '저기요, 이제 가보려고요.' 그런 다음 조금 있다가 떠납니다. 그러나 [이런 행동에는] 아무런 재현이 필요 없습니다. … 어딘가로 '내가 떠나는' 것은 재현의 체계와 분리되어 있습니다. 그럼에도 불구하고 그것은 재현과 관련되어 있습니다. 그러니까, 이런 관계는 두뇌가 제거된 개구

실존과 행동에 있어서 "우리는 더 이상" 재현의 논리, 의미작용의 논리에 따라 "숙고하지 않는다." 이제 "우리는 화용론적 관계에 들어간다. 우리는 그 관계를 분절하거나 종합한다. 그곳에서 행동하기, [행동으로의 이행le passage à l'acte]33이 일어난다. 즉 신호signalétique 체계들이 물질적 과정을 비롯해 사회적·경제적·주체적 변이들을 수반한다."34

선택과 행동은 주체의 자유를 뜻하거나, 필연과 우연의 변증법을 뜻하지 않는다. 왜냐하면 선택과 행동 모두 기계장치machinism에 속하기 때문이다. 가따리에게 "실존적인" 것은 기계적이고, 기계적인 것은 결코 기계학적인mechanical 결정론과 동의어가 아니다. 반면에 행동의 기계장치는 "그 과정, 즉 일련의 선택에 다가多價적인 미래를 촉발하는 조직화 양식, 수량화 양식을 생산한다. 다가적인 미래란 이미 코드화되고, 이미 예측되고 이미 가능한 연결이 아니라, 그것을 넘어서는 이질적인 연결들의 가능성을 말한다."35

선택지, 선택 문제, 가능성을 분비하는 것은 기계장치들이지 사람이 아니다. 이런 관점에서 우리는 행동이 의인화된 것도 아니고

리의 반사행동과 같지 않습니다.… 재현과 행동 사이에는 온갖 다양한 관계들이 존재할 수 있습니다!(같은 글.)

32. 혁명, 투쟁, 사회변화 등의 시기에 "그것이 작동할" 때, 우리가 일차적으로 다루고 있는 것은 "의식화"가 아니라 담론적인 요소들과 ― 다이어그램적 장치(register) 속에서 기능하고 순환하는 ― 비담론적 요소들의 배치이다. 우리가 다루고 있는 것은 혁명적인 "전쟁기계"이다.

33. [옮긴이] 프랑스어판의 표현을 추가했다.

34. Guattari, Seminar of October 1, 1985.

35. Félix Guattari, "L'acte et la singularité," Seminar of April 28, 1981.

재현적인 것도 아니란 사실을 언제나 명심해야 한다. 하지만 이것은 우리가 모든 책임에서 자유롭다는 뜻이 아니다. 책임, 또는 응답가 능성은 [인간이 아니라] 다른 사물들과 연결된다.

어떤 면에서는 [말벌이 난초를 선택하는 것이 아니라] 난초가 자신 의 재생산 과정에 말벌을 끌어들인다. 난초가 말벌을 '선택하며', 그렇게 함으로써 말벌은 난초의 세계의 일부가 된다. 그러나 이것 은 재현의 양식에서 일어나지 않는다. 말할 것도 없이 난초의 정 신 속에는 기억이나 표상의 기록이 존재하지 않는다. 난초에 두뇌 같은 것이 존재하지 않는다! 그렇지만 난초의 수준에서 다이어그 램적 표현이 작동한다. 그것은 말벌의 어떤 것을 자신에게 속하게 만든다. 그런데 그 어떤 것이란 무엇을 말하는가? 그것은 시공간 좌표 안에 위치시킬 수 없는 것이다. 그것은 운동의 양도 포함하 지 않는다. 그것은 비실체적이다. 난초-말벌의 결합은 비실체적인 것, 즉 특정한 기계적 선택을 발전시킨다 ⋯. 이런 기계적 선택이 있기 전에는 'n'개의 가능성이 존재했지만, 선택이 이루어진 순간 그곳에서 점진적 발달이 전개된다.[36]

선택과 행동은 기계장치들에 의존할 뿐만 아니라 배치들의 특정한 일관성에 의존한다. 가따리는 레닌의 사례를 자주 인용하는데, 이 를 통해 실존적(혁명적) 긍정이 집합적·사회적·정치적 배치들의 일

---

36. Guattari, "La Crise de production de subjectivité."

관성과 맺는 관계를 설명한다. 행동은 자기원인을 가지며 무에서 나오지 않는다causa sui et non ex nihilo. 왜냐하면 특이한 상황 속에는 문턱들, 또는 "원-행위주체의 결정結晶"actance crystals이 존재하기 때문이다(예를 들어 특정한 정치적 상황, 당 조직의 특정한 단계, 노동자계급 주체화의 특정한 국면 등). 이런 문턱들은 행동의 원인이 아니라, "선택 문제들"에 일관성을 부여해준다. 분열분석 속에는 결정론이 존재하지 않는다. 그 이유는 가능성들의 잉여가치가 존재할 때, 오직 그런 경우에만 행동이 발생하기 때문이다. 달리 말해 "완전히 새로운 선율이 연주될 수 있을 때, 그와 관련된 잠재적 창조성의 장들이 들어설 때"37, 오직 그런 경우에만 행동이 일어날 수 있다. 잠재성과 가능성은 [주어지는 것이 아니라] 창조되어야 하는 것이다.

4. 오늘날의 위기

"오늘날 위기"의 본질은 담론적 차원과 실존적 차원을 접합하지 못하는 자본주의 세력들의 무능력에 있다.38 이것은 현실화된 경제적·사회적·기술적 흐름들의 집합을 주체성 생산의 잠재적·비실체적 차원, 실존적 영토들, 가치의 세계들과 조합할 수 없다는 뜻

---

37. Guattari, "Machine abstraite et champ non-discursif."
38. "우리는 또 다른 범주를 사고해야 합니다. 왜냐하면 어떤 연결도 어떤 담론도 없는 상태이기 때문입니다. 그리고 실존적 영토들이 비담론적 응집, 또는 비담론적 성좌 속에 갇혀있기 때문입니다."(같은 글.)

이다. 주체성의 생산이 사회적 장, "생산", 정치, 언어 등과 분리될 때, 오늘날 우리가 목격하고 있듯이 주체성의 병리적 증상이 분출할 수 있다(인종주의, 외국인 혐오, 개인주의, 사욕추구 등). 일자리, 완전고용, 임금, 노동, 복지국가의 방어 등 다양한 구호들이 존재하지만, 그것은 주체성에 연결되어야 하지만 주체화 과정으로 이어지지 못한다. 왜냐하면 그 구호들이 새로운 세계로 향하는 길을 개방하거나, 오늘날의 주체성에 선택의 문제를 창출할 수 없기 때문이다.

정치적 문제는 "기술적, 사회적, 경제적 기계들과 주체화 과정들의 작동"을 어떻게 접합하는가, 또는 어떻게 집적하는가에 달려 있다. 이런 사중의 항들이 수렴하지 않으면, 정치적 문제가 성립하지 않는다."[39] 주체화는 흐름들의 체계 안에서 발생해야 하는데, 그 속에서 우리는 "물질적 효과", 즉 경제적·사회적·언어적 생산의 효과들과 마주치고, "이와 동시에 우리의 주체성이 생산되는 것이다."[그러나] 신자유주의적 자본주의는 (또한 노동운동의 잔재는) 경제적, 사회적, 기술적 흐름들과 오늘날 자본주의 안에서 등장한 주체성의 변화 및 생성들 사이의 관계를 접합할 수 없었다. 게다가 신자유주의적 자본주의는 (경제적, 사회적, 제도적) 담론들의 의미와 실존적 의미를 접합하는 데 성공하지 못했다. 왜냐하면 현재의 국면에서는 임노동자와 마찬가지로 기업가의 주체적 형상도 "신화적 일관성을 제공할 수 없기 때문이다. 그 어떤 것도 십자군 원정을 촉발하거나, 또 다른 10월 혁명을 자극할 수 없을 것이다!"[40]

---

39. Guattari, "La Crise de production de subjectivité."

이질적인 층위들 사이의 접합은 저절로 이루어지지 않는다. 그것은 구축되고 발명되고 작업되어야 한다. 게다가 이런 접합은 특이한 것이지, 필연이나 우연의 산물이 아니다.

우리는 언제나 역설적인 상황을 경험한다. 가따리가 언급하듯이 주체성의 변이는 "순식간에" 갑자기 발생한다. 어떤 일이 발생할 때, 그것은 우리에게 "즉각적으로" 다가오고, "그런 다음에 담론이 따라온다. [어떤 방에 들어갔을 때] 우리는 이렇게 자문할 수 있다. 여기 지루하지 않아? 짜증 나지 않아? 분위기 별로지? 이처럼 최초로 주어진 즉각적인 것들이 지금 내가 위치한 방안의 배치, 또는 상황을 조직하고 언표행위에 일관성을 부여한다."[41]

이런 응축condensations과 응집agglomerations 속에서, 이런 종류의 "언표 다발" 속에서 발현하는 것은 지식의 질서를 따르지 않는다. 실존적 결정화는 "기호를 편성하고 가변적 형태를 감지하고 시간을 느끼는 방식들 사이에서 특정한 배치"가 존재할 때 출현한다. 그리고 "이런 배치는 다른 어떤 구축보다 먼저 조직된다."[그러나] 이런 결정화, 응축, 응집의 점들은 그 자체로 충분한 것이 아니다.[42] 그것들은 "미적인" 완수와 "윤리-정치적" 완성을 추가로 요구한다. 여기서 "미적인, [또는 감각적인] 것이란 다음과 같은 이유 때문이다. 즉 사랑하거나 미워하는 관계가 존재할 때, 그런 느낌은 언표행위로

40. 같은 글.

41. Guattari, "Ritournelles et affects existentiels (Discussion)."

42. [옮긴이] 영어판과 일본어판에서는 '그 자체로 자족적이다'로 옮겼지만 프랑스어판에서는 '자족적이지 않다'로 되어 있다. 문맥상 프랑스어판을 따른다.

분명히 표출된다. 그것은 스피노자가 말한 것과 정확히 일치한다. 그에 따르면 우리는 절대로 오해에 빠질 수 없는데, 내가 언제나 언급하듯이 심지어 개마저도 무슨 일이 벌어지는지 즉각적으로 알 수 있다. 개는 사람들이 자신을 때리는지, 아니면 어루만지는지에 관해 비록 말로는 표현하지 못해도 분명히 알

바뤼흐 스피노자
(Baruch Spinoza, 1632~1677)

고 있다." 게다가 "윤리-정치적 차원이 존재한다는 것은 이 문제가 단순히 미적일 뿐만 아니라", 정치적이든 사회적이든 예술적이든 혹은 다른 무엇이든지 간에 "매우 이질적인 다른 층위들과 횡단적 관계를 맺는다는 사실 때문이다."[43]

이런 발현에 관한 탐색은 "미적 패러다임"의 기법, 또는 지도제작의 작도술topical art에 따라 수행된다. 예술가는 어떤 종류의 영감이든 그것이 올 때까지 마냥 기다리지 않는다. 마찬가지로 정치적 행동은 경제적, 사회적, 언어적인 것 대신에 주체성의 생산을 일차적 목표로 설정하고, 그것에 필요한 실험도구, 절차, 조사, 개입을 구상하고 발명해야 한다.

담론적인 것과 비담론적인 것 사이의 관계, 개념적인 것과 실존적인 것 사이의 관계는 [비트겐슈타인이 언급하듯이] 침묵("말해질

---

43. 같은 글.

수 없는 것, 그것은 말해져서는 안 된다")으로 향하지 않는다. 대신에 양자의 관계는 재현 불가능한 것에서 시작하지만, 이를테면 탐지되고 개념화되며 기호화되고 상연되며 말해지는 것으로 구축되어야 한다. 바디우의 회고적 충실성(사건이 발생한 이후에 그것에 충실한 것)을 펀드는 대신에, 우리는 원-언표행위와 원-주체화의 초점들이 발현하도록 그것에 개입해야 한다.

발현 중에 있는 응축, 응집, 결정화는 미시 정치적 층위("비담론적인 주체화의 점, 우울증적melancholic이고 혼란스럽고 신경증적인 주체화의 점에 개입하는 것")에서도, 또 거시 정치적 층위(혁명적, 반동적, 파시스트적, 집단적인 주체화 등)에서도 자신의 미적이고 윤리적인 완성을 추구한다.

실존적 기능으로서, 비기표적 결정화는 "터키 사탕과 유사하다. 사탕을 둘러싼 젤리처럼 의미와 지시작용이 그것을 싸고 있다." 여기서 개입은 비기표적 결정화를 가두고 있는 껍질에서 그것을 해방시켜 "증식의 위치"로 옮기는 것이다. 그것은 "… 연결 관계를 창출하고 생산의 연합적 네트워크를 형성하며 다른 회로registers와의 통로를 마련하는 것이다."44

---

44. 담론적인 것과 비담론적인 것 사이의 이런 관계는 언제나 모순적이다. 양자 사이의 관계는 "불가피하게 모순적입니다. 여러분은 [언어를 통해서는] 정동의 윤리적-미적 완성을 추구할 수 없습니다. 이런 말을 하면서 저는 [페르낭] 들리니(Deligny)를 생각하고 있습니다. 우리는 완성에 관한 그의 관념을 실제로 찾을 수 있습니다. 내가 하고 싶은 말은 들리니가 미세한 몸짓 안에서 완성을 찾는다는 것입니다. 그곳에는 언어가 들어갈 틈이 없습니다. 동시에 들리니는 언표행위의 기품, 기품 있는 묘사, 에크리튀르의 기품을 가지고 있습니다. 거기에는 윤리적 차원이 분명히 존재합니다. 당연한 말이지만 들리니는 강력한 신화들을 전개했습니다. [다른 한편] 그는 평생토

"언어"와 기표적 기호계는 생산의 조건(인지자본주의)을 구성하지도, 정치의 조건(랑시에르가 말하는 평등의 입증)을 구성하지도 않는다. 잠재적 정치의 조건과 마찬가지로 생산의 조건도 주체성의 생산에서 발생하며, 주체성이 제도적인 것, 경제적인 것, 사회적인 것, 언어적인 것 등과 접속할 때 발생한다.

가따리의 작업이 가진 결정적 매력은 담론적인 것과 비담론적인 것 사이의 관계를 문제화하고, 실존적인 것과 경제적·사회적·정치적 흐름들의 접합 양식을 탐구하는 데 있다. 그의 접근은 이른바 비판성과 혁명성을 주장하는 현대 이론들의 약점을 살피게 해준다. 한편에서 우리는 바디우와 랑시에르의 주장을 만난다. 그들이 보기에 주체화는 사회적·경제적·문화적 흐름과 접합될 필요가 없는데, 그것은 주체화 자체가 독립된 과정이기 때문이다. 또한 정치는 그들이 경제라고 하는 것과 독립된 자율적 과정으로 간주된다. 그 이유는 의외로 단순하다. 경제와 자본주의 일반에 관한 그들의 견해가, 경제학자들이 제시하는 견해와 실제로는 희화적으로 일치하기 때문이다. [그러나] 자본주의의 힘은 "시장 법칙"의 객관성에 있는 것이 아니라, 경제(소통, 소비, 복지국가 등)와 주체성의 생산을 다양한 방식으로 접합하는 그것의 능력에서 나온다. 앞에서 이미 폭넓게 살펴봤듯이, 바디우와 랑시에르가 경제라고 부른 것은 실제로는 사회적 복종과 기계적 예속을 통해서 주체성을 둘러싸고 또 착취

록 소설을 집필했습니다. 다른 방법이 없었기 때문이죠. 어떤 경우에는 비행 청소년을 다루었고 다른 경우에는 자폐증 아이를 다루었습니다. 그러나 그의 작업은 오히려 신화였습니다."(같은 글.)

하는 것이다.

바디우와 랑시에르에 따르면 정치적 주체화는 자본에서 도출될 수 없다. 이렇게 주장하는 것은 양자 사이의 역설적 상호의존을 탐구하는 작업과 완전히 다른 접근이다. 전자의 경우에는 목적 없이 표류하는 주체화가 자신에게 요구되는 일관성을 획득할 수 없기 때문에, 우리는 "순수" 정치라는 환상을 소환하고 그것에 의존한다. 후자의 경우에는 주체화가 자신의 존재에 필요한 일관성을 획득하고 사회적인 것, 경제적인 것, 정치적인 것 등을 **재횡단**하고 **재구성**해야 하기 때문에, 우리는 그에 필요한 실험과 구성의 장소를 개방하게 된다.[45]

다른 한편에서 우리는 인지자본주의 이론을 만난다. 인지자본주의 역시 담론적인 것, 경제적인 것, 사회적인 것 등의 이질성을 주체성의 생산과 접합하지 못한다. 왜냐하면 이런 접근에서는 모든 것이 "지식"의 현실화된 흐름들로 환원되기 때문이다. 언어적, 인지적, 재현적 차원뿐만 아니라 전(前)언어적, 전인지적, 비성찰적 차원까지 말이다. 여기서 지식은 믿기 어려울 정도로 다양한 기능을 충족시킨다. 지식은 가능성들의 창조, 미적인 창조, 주체성의 생산을 수행한다. 그러나 주체성의 생산은 지식보다는 실존적 기계와 관계를

---

45. 그들이 제안하는 사건의 정치는 허약하고 왜소한 것이다. 왜냐하면 현실에서는 실존적인 것과 담론적인 것 사이에 하나의 접합이 아니라 세 개의 접합이 존재하기 때문이다. 사건(투쟁, 개혁, 혁명) 속에는 이전, 이행(during), 이후 사이의 접합이 존재한다. 경제적, 사회적, 제도적, 언어적 흐름들과 주체성 사이의 관계는 정치적 단절의 이전, 이행, 이후라는 관점에서 급진적으로 재고되어야 한다. 나는 이것을 『정치의 실험들』(*Expérimentations politiques*)에서 보여주고자 했다.

맺어야 한다.

자본주의에 관한 새로운 규정을 발명한 사람들은 지식을 향한 억제할 수 없는 신앙을 표출한다. [예를 들어] 엔조 룰라니에 따르면, "인지적 경험은 언제나" 가능성을 창조하는 "세계 형성의 과정이다. 크건 작건 간에 말이다." 게다가 "인지적 경험은 세계관과 미적 코드"를 발달시킨다. 그리고 그것들이 확산되면서 "사람들의 가치를 변화시킨다." "지식"은 경제적이고 미적인 가치의 토대를 이룰 뿐만 아니라 주체성을 생산하는 토대를 구성한다. 인지적 경험을 통해서 "우리는 세계와 자기 자신, 즉 현재의 정체성에 대한 자신의 지각을 변화시킬 어떤 가능성을 개방한다."[46] 이와 같이 룰라니는 자신의 추종자들과 마찬가지로 주체성의 생산과 지식의 생산을 마구잡이로 뒤섞는다.

지식, 정보, 언어는 그 자체로 가능성을 창조할 수 없으며 선택지를 확장할 수 없다. 정보 및 기호적 흐름과 마찬가지로 지식은 언제나 단일한 목표를 지향한다. 즉 "그것들은 언제나 담론화한다." 한편으로 이것은 그것들이 언제나 동일한 평면plane에 머물러 있다는 뜻이며, 주체성의 변이가 발생하는 실존적 영토들에 도달하지 못한다는 뜻이다.

다른 한편으로 이른바 인지자본주의는 "반생산"anti-production이

---

46. Enzo Rullani, "La produzione di valore a mezzo di conoscenza. Il manuale che non c'é," *Sociologia del lavoro* 115 (2009). 룰라니가 자신의 책에서 언급한 축구 팬들의 "인지적 경험"만 살펴봐도, 우리는 그가 염두에 두었던 경험이 인지적인 것과 거리가 멀다는 사실을 알 수 있다.

라는 관념을 실제로 구현했다. 왜냐하면 공적 공간이 전례가 없을 정도로 무지와 진부함, 주체성의 황폐화로 가득 찼기 때문이다.

반생산은 더 이상 규율사회처럼 작동하지 않는다. 그것은 국가(군대, 경찰 등)의 배타적 역할로 한정되지 않는다. 오늘날 자본주의에서 반생산은 도처에 만연하고 있다. "인지적 생산" 속에서 특히 그러하다. 인지적 생산은 "풍요로 넘치는 곳에 결핍을 도입한다." 달리 말해 인지적 생산은 자본주의 논리에 의존하지 않는 지식, 문화, 이해를 사실상 파괴한다. "지식 사회"는 교육, 연구, 문화, 예술 등 모든 곳에서 인지적 박탈divestments을 수행한다. 인지적 박탈은 사유화, 경쟁, 위계화, 수익성, 기업가 정신을 요구하는 권력을 작동시킨다. 인지적 박탈은 "반생산" 프로그램의 일부이다. 그것은 지식, 이해, 문화의 동질화를 촉진하고 표준화를 가져온다.

반생산은 "자본-지식의 흐름과 자본-우둔함의 등가적 흐름을 중첩시킨다. … [자본의] 과잉 속에 결핍이 존재하듯이, 지식과 과학 속에도 우둔함이 존재한다."[47] 인지자본주의는 주체성에 지식이 아니라 우둔함을 주입한다. 심지어 이것은 일정한 자격(학사, 경영학 석사MBA, 박사 등)을 갖추고 있어도 피해갈 수 없으며 예술, 문화 등에 조예가 깊어도 똑같이 적용된다.[48]

---

47. Deleuze and Guattari, *Anti-Oedipus*, 235~236. [들뢰즈·가타리, 『안티 오이디푸스』.]
48. "바로 여기서 앙드레 고르가 그려낸 '과학기술노동자'의 이중적 형상이 그 완전한 의미를 얻게 된다. 그들은 지식, 정보, 학습의 흐름을 정복했지만, 그럼에도 불구하고 자본에 흡수된다. 그 결과 조직적이고 공리화된 우둔함이 그들에게 역류한다. 그들은 저녁에 퇴근한 이후 텔레비전이나 만지작거리면서 자신의 작은 욕망하는 기계를 되찾는다. 이 얼마나 절망적인가! 물론 과학자는 그 자체로 혁명의 담지가 아

"인지적" 박탈은 경제적 궁핍화(새로운 "인지적" 프롤레타리아의 불안정, 실업, 참담한 수준의 임금)와 연결되고 기업문화에 대한 지식, 예술, 정치, 소통의 순응주의를 강화한다.

"인지적" 박탈은 인지·문화 자본주의, 지식사회 등의 문제가 아니라 사람들의 주체성을 주조하려고 하는 지식/권력 관계의 문제이다. "인지적" 박탈은 수익성과 "우둔함"이 통제하는 일련의 기술, 노동조직 양식, 소비, 소통, 도시환경과 생활환경 등에 전반적으로 사람들을 적응시키고 종속시키는 문제인 것이다.

새로운 것의 창조와 생산은 지식, 정보, 소통이 아니라 실존적 변이, 변형을 통해서 이루어진다. 실존적 변이는 주체성의 비담론적 초점, 그것의 실존적 영토와 주체화 양식을 수반한다. 이런 관점에서 인지자본주의 이론은 자신의 연구대상(혁신, 새로운 것의 창조, 새로운 지식)을 제대로 설명할 수 없다. 이것은 인지자본론을 주장한 이론가 중 한 명이 같은 말을 반복한다는 사실에서 증명된다. 그에 따르면 인지자본주의 경제는 "지식을 통한 지식의 생산"으로 규정된다.

"새로운 주체성은 언어적, 인지적, 경제적인 것 등의 흐름을 단순히 가공한다고 해서 출현하지 않는다." 새로운 지식도 어떤 종류의 혁신도 그렇게 출현하지 않는다.

심지어 과학과 지식의 생산도 과학주의적, 또는 "인지주의적" 패

니다. 오히려 그들은 체계를 통합하는 통합의 행위자이고, 나쁜 양심의 은신처이며, 자신의 창조성을 강제로 파괴하는 사람이다."(같은 책, 236.)

러다임에서 미적 패러다임으로 이동하고 있다. 다시 말해 과학과 지식은 바흐친적 의미의 주체화 작용에 의존한다. 가따리는 자신의 책에서 바흐친을 이렇게 인용한다. "인지의 세계에서는 어떤 갈등도 일어나지 않는다. 그곳에서는 상이한 가치를 지닌 어떤 것도 만날 수 없기 때문이다. 갈등에 관여하는 것은 과학이 아니라 과학자들이다. 게다가 그들은 권위자 ex cathedra로서가 아니라 미적인 주체 subiectum로서 그렇게 한다. 미적인 주체에게 인지는 [과학의 권위가 아니라] 인식활동의 수행이다."[49]

오직 주체화 양식과 단절할 때, 우리는 새로운 지시/준거 관계를 창출하고 새로운 자기정립을 생산하는 실존적 결정화를 산출할 수 있다. 이런 결정화만이 새로운 언어, 새로운 지식, 새로운 미적 실천, 새로운 삶의 양식을 구축하는 다양한 가능성을 개방한다. 지배적 의미작용과 기존의 삶의 양식과 단절하기 위해서, 우리는 반드시 비의미nonsense의 점들, 비기표적이고 비담론적인 지점을 통과해야 한다. 정치에서 그것은 파업, 봉기, 폭동의 국면에서 돌출한다. 파업, 봉기, 폭동은 순식간에 시간을 정지시키고 또 다른 복수의 가능성을 산출한다. 바로 이런 가능성에서 일관성이 출현하고, 또 다른 주체화와 실존적 결정화들이 증식할 수 있다.

여기서 나는 담론적인 것 위에 대안적 논리를 중첩시켰다. 바로 그

---

49. 가따리는 다음 책에서 바흐친을 인용하고 있다. *Schizoanalytic Cartographies*, 274n에 인용됨. Bakhtin, "The Problem of Content, Material, and Form in Verbal Art," *Art and Answerability*, 278.

2017년 6월 30일 서울 광화문에서 열린 전국 학교 비정규직 노동자 총파업대회

때 기호론적 담론성의 동일한 요소들이 정반대의 의미를 띠게 된다. 거기서는 그것들이 담론적 요소들 내부에서 비교되는 담론성을 생산하는 것이 아니라, 실존과 감각적 영토들, 세계들을 생산하게 된다. 이런 논리에 따르면 발현의 성좌들constellations이 동일한 요소들을 보존하고 있지만, 어떤 경우에는 그곳에서 기호의 생산이 가능하고 다른 경우에는 주체의 생산이 가능하다는 것이다.[50]

이런 주체성 생산의 지도제작은 분석철학, 라캉학파, 언어학뿐만 아니라, 특정 유형의 맑스주의와 근본적으로 단절하는 것이다. 그리고 이런 지도제작은 우리의 관점을 근본적으로 변화시켜, 오늘날 위기에 대응하는 적절한 정치를 상상하게 해준다.

---

50. Guattari, "La Crise de production de subjectivité."

7장

언표행위와 정치

민주주의에 대한 평행적 독해 : 푸코와 랑시에르

혁명의 담론이 기존 사회를 비판하는 형식을 취할 때,
그 담론은 진실-말하기(parrhesiastic)의 역할을 수행한다.

— 미셸 푸코, 『진실의 용기』

68년 5월 "혁명"에서 정치적 행동에 관한 새로운 개념화가 출현했다. 그것은 공통적인 것(시민권, 공동체)을 재현/대표하는 국가를 거부하는 동시에, 사회의 분할(재산, 부, 권력 등)을 재현/대표하는 정당과 노동조합을 거부한다. "다른 삶"과 "다른 세계"에 대한 투쟁, 또는 정치적 변혁과 자기의 변화를 위한 투쟁은 정치적 재현/대표뿐만 아니라 언어적 재현/대표를 동시에 극복할 때 비로소 가능한 것이며, 생산된 언표만이 아니라 특히 그것의 생산 방식에 주목하는 새로운 조직화 양식을 추구할 때 가능한 것이다.

푸코는 말년의 강의들에서 가따리의 미학적 패러다임과 공명한다. 한편으로 푸코는 정치를 발명과 실험으로 이해하고, 다른 한편으로 이를 위한 근본 조건 중에 하나로 주체를 분열시키는 기호론을 극복하려고 한다. 자기-위치정하기, 자기-긍정으로서 "실존적 기능"은 비록 비언어적인 것이지만, 모든 언표행위 – 특히 정치적 언표행위 – 속에서 본질적 요소로 작용한다. 이것은 비-재현적 "민주주의"를 지향하는 새롭고 독창적인 관점이다. 바로 거기서 우리는 실존적인 것과 언표행위 사이에, 자기긍정과 정치적 발언 사이에 일정한 관계를 발견할 수 있다.

1. 두 개의 평등론

어느 중도 좌파 잡지와 행한 인터뷰에서, 자크 랑시에르는 푸코가 "이론적인 수준을 제외한다면, 그 어떤 경우에도" 정치적 주체화에 관심이 없었다고 주장한다. 그에 따르면 푸코의 "관심은 권력에 있었다."[1] 이것은 약간 성급하고 즉흥적인 주장처럼 보인다. 왜냐하면 푸코가 이룬 업적을 한마디로 말한다면, 그것은 정치적 주체화에 관한 것이라고 할 수 있기 때문이다. 사실 여기서 우리가 마주한 것은 정치적 주체화에 관한 근본적으로 상이한 두 가지 개념화이다. 랑시에르에게 윤리는 정치를 무효로 만들지만, 푸코에게 정치적 주체화는 에토스–생산ethos-poiesis(에토스의 형성, 자기에 대한 관계의 형성)과 분리되지 않는다. 푸코의 관점에서 제도와 법의 변형은 자기와 타자, 실존의 변형과 반드시 결합한다. 그리고 바로 이것이 68년 이후의 정세에서 정치가 풀어야 할 문제인 것이다. 주체화에 관한 두 가지 상이한 개념화는 그 이면에 이질적인 정치적 기획을 깔고 있다. 우리는 이런 차이를 그리스 민주주의에 관한 저자들의 독해를 비교함으로써 손쉽게 확인할 수 있다.

두 가지 접근은 정치에 대한 개념화뿐만 아니라, 언어와 언표행위에 대해서도 상당한 차이를 보인다. 랑시에르의 입장에서 그리스 민주주의가 보여주는 것은 정치의 고유한 원리가 결국은 평등 속에 있으며, 언어적 평등(말하는 사람들의 상호이해에 필요한 최소한의 평등)이 원칙적으로 정치적 평등을 입증한다는 사실이다. 그에 따르면 발화speech는, 그것이 명령을 내리는 것이든 문제를 제기

---

1. Jacques Rancière, interview with Eric Alliez, "Biopolitics or Politics?" *Dissensus*, trans. Steve Corcoran (New York : Continuum, 2010), 93.

하는 것이든 상관없이, [발화자와 수신자 사이에] 언어의 일치를 전제한다. 그리고 정치적 행동은 그것이 아무리 사소해 보여도, 언어 속에 존재하는 이런 평등의 역량을 실현하고 신장해야 한다.

푸코는 동일한 그리스 민주주의에 대한 독해에서 평등은 정치에 필요한 조건이지만 충분하지 않다고 주장한다. 언표행위(진실-말하기, 파르헤지아)는 역설적 관계를 창출하는데, 그것은 진실을 말하는 행위가 언어의 평등 속에 언표행위의 차이를 도입하기 때문이다. 게다가 진실-말하기는 필연적으로 "윤리적 차이"를 수반한다. 요컨대 언어의 평등과 언표행위의 차이 사이에는, 그리고 평등과 새로운 주체화 및 특이성의 생산 사이에는 "역설적 관계"가 생산되고, 바로 이런 맥락에서 정치적 행동이 전개된다고 할 수 있다.

2. "진실-말하기"

푸코는 진실-말하기(파레시아/파르헤지아)에 초점을 두고 민주주의를 검토한다. 진실-말하기는 사람들의 모임, 또는 집회에서 어떤 사람이 행하는 "돌발적 발화"를 말한다. 그 사람은 자신의 안위를 돌보지 않고 도시의 문제를 진실하게 발언한다. 민주주의에 대한 분석에서 푸코는 그의 스승 중 하나인 니체가 검토한 고전적 테마, 즉 진실의 가치, 진리에의 의지로 돌아간다. 거기서 한걸음 더 나아가 푸코는 이렇게 질문을 던진다. "누가" 진실을 원하는가?

여기서 진실과 주체의 관계는 권력에 관한 분석에서 푸코 자신이 사용한 용어들로 제기되지 않는다. [과거에] 그는 이렇게 질문을 던진다. 권력은 어떤 실천을 통해서, 그리고 어떤 유형의 담론을 통해서 광인, 범죄자, 감금된 주체의 진실을 주장하려고 하는가? 권력은 어떻게 "말하는 주체, 노동하는 주체, 살아 있는 주체"를 지식의 대상으로 구성했는가? 1970년대 후반에 들어 그는 자신의 관점을 변화시켜 다음과 같은 용어로 질문을 제기한다. 어떤 진리 담론이 주체로 하여금 "자기 자신에 민감하게 만들고 자기 자신에 관해 말할 수 있게 하는가?"

그리스 민주주의에 대한 푸코의 독해를 관통하는 질문은 언제나 그렇듯이 니체적인 질문에 집중된다. 실제로 그것은 현재의 상황과 관련된 질문이다. 예컨대 신의 죽음 이후에 "진실-말하기"는 무엇을 뜻하는가? 도스토예프스키와 달리, 우리가 직면한 문제는 "모든 것이 허용된다면" 어떻게 처신하고 살아야 하는가에 있는 것이 아니라, "모든 것이 진실하지 않다면" 우리는 어떻게 살아야 하는가에 놓여 있다. 만일 진실에 대한 배려가 그것의 항구적 문제화와 다르지 않다면, 그런 배려에 대한 응답으로 어떤 "삶", 어떤 권력, 어떤 지식, 어떤 담론 실천들이 가능할 것인가?

그 질문에 대한 자본주의의 대답은 "인생 시장"market of life을 구축하는 것이다. 그곳에서 사람들은 자신에게 어울리는 생활 방식을 구매한다. 실존의 양식들, 즉 주체화 모델은 더 이상 고대 그리스 철학이 제공하는 것도 아니고, 기독교나 19~20세기의 혁명적 기획들이 제공하는 것도 아니다. 정확히는 기업체, 미디어, 문화 산업, 국가의 복지장치, 실험보험 등이 삶의 양식을 공급한다.

현대 자본주의에서 불평등에 대한 통치는 주체화 양식의 생산과 통제, 또는 삶의 양식들과 분리할 수 없을 정도로 얽혀 있다. 오늘날 "치안"police은 역할의 분할과 분배, 기능의 할당을 통해서도 작동하지만, 특정한 삶의 양식에 순응하라는 명령을 통해서도 작동한다. 모든 소득, 모든 수당, 모든 임금은 특정한 품행, 즉 특정한 양식의 말과 행동을 지시하고 주입하는 "에토스"를 전달한다. 신자유주의는 화폐, 재능, 유산만이 아니라 "인생 시장"life fair에 기초한 위계를 복원하려고 한다. 그곳에서 기업과 국가는 교장 선생과 고해 신부를 대신해 행위 방식(먹고, 살고, 입고, 사랑하고, 말하는 방식 등)을 처방한다.

오늘날 자본주의, 그것을 구성하는 사기업과 각종 제도는 자기에 대한 배려와 수양을 처방한다. 그것은 신체적인 동시에 정신적인 "행복"well-being을 주입하고 존재의 미학을 강조한다. 바로 여기서 우리는 자본주의적 복종과 경제적 가치증식이 오늘날 어디까지 진출했는지 그 최전선을 확인한다. 그것은 주체성의 전례 없는 황폐화를 가져온다.

말년의 푸코는 자신의 강의에서 이런 질문들을 문제화할 수 있는 매우 중요한 도구를 제공한다. 그의 분석이 요구하는 것은 무엇보다도 정치적 행동을 그 자체로 분리하지 말자는 것이다. 랑시에르는 정확히 이와 반대로 행한다. 푸코가 주장하듯이 그럴 경우 우리는 자본주의 권력이 가진 종별적 성격을 간과할 위험에 빠진다. 자본주의 권력은 정치적인 것, 윤리적인 것, 사회의 불평등한 분할, 실존 모델의 생산, 담론 실천들의 생산을 [분리하는 것이 아니라] 서로 접합한다. 푸코가 요청하듯이 우리는 주체화 양식에 대한 분석, 담론 실천에 대한 분석, "인간 행위를 지도하는 테크닉과 절차"[2]에 대한 분석을 상호 결합해야 한다. 간단히 말해 우리는 주체, 권력, 지식 사이에서 서로의 환원될 수 없음을 사고하는 동시에 서로의 필연적 관계를 사고해야 한다. [고전 그리스에서] 파르헤지아는 정치적 주체화 양식에서 출현했지만, 그 이후 개인의 윤리 영역과 윤리적 주체의 구성 쪽으로 이동한다. 이 과정에서 파르헤지아는 이런 "세 가지 변별적 요소", [즉 주체, 권력, 지식] 사이의 복잡한 관계를 사고할 수 있는 기회를 제공한다. 세 가지 요소는 "어느 한쪽으로 흡수되거나 환원될 수 없지만, 그럼에도 각각에 대해서 구성적 관계에 놓여 있다."[3]

3. 파르헤지아, 폴리테이아, 이세고리아, 두나스테이아

말년의 두 강의에서 푸코는 파르헤지아(집회assembly에서 행하는 누군가의 진실-말하기), 폴리테이아politeia(모든 시민의 평등을 보장하는 정체政體), 그리고 이세고리아isēgoria(사회적 지위, 출생·부·지식 등의 특권과 관계없이, 누구나 발언할 수 있는 법적 권리) 사이에는 역설적 관계가 있다고 주장한다. 파르헤지아가 존재하기

---

2. Michel Foucault, *Ethics*, trans. Robert Hurley (New York : The New Press, 1997), 81.
3. Michel Foucault, *The Courage of the Truth*, trans. Graham Burchell (New York : Palgrave Macmillan, 2011), 9.

위해서는, 그리고 진실-말하기가 유효하기 위해서는 폴리테이아(평등을 보장하는 정체)가 필요한 동시에, 이세고리아(누구나 공적으로 말할 수 있으며 도시의 문제를 발언할 수 있다)가 필요하다. 그러나 다른 한편으로 폴리테이아와 이세고리아는 실제로 어떤 사람이 말을 할지, 또는 실제로 어떤 사람이 진실을 주장할지에 관해서는 아무것도 답해주지 않는다. 발언권의 평등한 분배가 있다고 해서, 그것 자체가 모든 사람을 말하게 하는 것은 아니다.

파르헤지아의 효과적인 행사는 시민권이나 법적 또는 사회적 지위에 의존하지 않는다. 폴리테이아와 이세고리아, 그리고 그것들이 선언하고 있는 평등은 공적 발언의 필요조건이지만 충분조건은 아니다. 사람들을 실제로 말하게 하는 것은 두나스테이아dunasteia이다. 그것은 말하기 능력power to speak과 관련된 힘, 역량을 뜻하며, 그 능력의 행사와 실질적 유효화를 뜻한다. 그것은 화자와 자기 자신 사이에, 그리고 화자와 그가 말하고자 하는 사람들 사이에 고유한 관계를 촉진하고 조직한다. 언표행위 속에서 출현하는 두나스테이아는 윤리적 차이와 관련된 힘이다. 왜냐하면 그것은 자기와 타자, 세계와의 관계에서 입장을 정하는 것이기 때문이다.

파르헤지아는 [공동체의] 일부를 편들거나 동등한 자들을 분할함으로써 공동체에 논쟁과 불화를 초래한다. 그렇기 때문에 그것은 위험하고 불확정적인 행위가 된다. 파르헤지아는 공적 영역에 갈등, 경합, 경쟁을 끌어들이고 결국에는 반목과 증오, 전쟁을 초래할 수 있다.

진실-말하기, 즉 집회에서 말해진 진리 주장은 자기와 타자에

필립 폴츠, 〈추도사를 하는 페리클레스〉, 1853

게 가해지는 어떤 힘, 역량, 작용을 전제한다(근대 민주주의와 달리 그리스 민주정은 대의제가 아니었기 때문에, 우리는 오늘날의 정치적·사회적 운동들 속에서 그리스식 집회를 확인해 볼 수 있다). 자기와의 관계에서 이런 힘, 또는 역량이 진실 말하기와 관련된 위험을 감수하게 만든다. 타자와의 관계에서 이런 힘, 또는 역량이 그들을 설득하고 인도하며 그들의 품행을 조정하게 만든다. 바로 이런 의미에서 푸코는 윤리적 차이, 또는 진실을 말하는 언표행위가 개시하고 개방하는 특이화 과정에 관해 말하고 있는 것이다. 파르헤지아가 함축하고 있는 것은 정치적 주체가 자기 자신을 윤리적 주체로 구성한다는 사실이다. 거기서 윤리적 주체는 자기 자신이 취한 입장에 따라, 위험을 감수하고 도전을 감행하며 평등한 사람들을 분할할 수 있으며, 달리 말해 갈등의 상황에서 자신을 통치하고 타자를 통치할 수 있다. 정치적 언표행위에서, 그리고 공적인 발화에서 자기 위치정하기는 자신의 역량을 스스로 구체화한다. 이것은 푸코식의 주체화에 대해서 들뢰즈가 올바로 지적했듯이 자기 변용의 역량이며 자기 자신을 변화시키는 주체성이다.

파르헤지아는 자기와 타자에 대한 행동의 가능한 장을 재구성하고 재규정한다. 실제로 그것은 새로운 것을 도입하고, 이로부터 상황을 수정하고 새로운 동학을 열어젖힌다. "비록 신분 구조를 참조하긴 하지만, 내가 볼 때 파르헤지아는 신분보다는 역학, 전투, 갈등과 연결된다. 따라서 파르헤지아의 역학적·경합적 구조는" 법, 권리, 정체의 평등지향적 체제를 간단히 넘어선다.[4]

진실-말하기가 드러내는 새로운 관계는 정체, 법, 평등에 포함되지 않는다. 또한 그것들에 기초해서 예측할 수 있는 것도 아니다. 그럼에도 불구하고 정치적 행동은 정체, 법, 평등을 통해서, 오직 그것들을 매개로 가능한 것이며 현실에서 실현될 수 있다.

따라서 진실-말하기는 두 개의 서로 이질적인 체제에 의존하고 있는데, 그중에 하나는 권리(폴리테이아와 이세고리아)의 체제를 말하고 다른 하나는 두나스테이아(역량 또는 힘)의 체제를 말한다. 바로 이런 이유 때문에 진실한 언표행위(담론)와 민주주의 사이에는 "까다롭고 문제적인" 관계가 존재하는 것이다. 파르헤지아는 평등에 실질적 차이를 도입함으로써, 그리고 자기 변용과 자기 긍정의 역량을 표출함으로써, 다음과 같은 이중적 역설을 구축한다. 첫째, "진실의 담론은 오직 민주주의를 통해서 존재한다. 그러나 진실의 담론은 민주주의가 지닌 평등의 구조와 완전히 다른 것, 평등의 구조로 환원될 수 없는 어떤 것", 즉 윤리적 차이를 "도입한다." 둘째, 평등 속에는 "진실한 담론의 죽음, 그것이 사라질 가능성, 또는 침묵으로 환원될 가능성"이 각인되어 있다.[5] 그 이유는 경쟁, 갈등,

---

4. Foucault, *The Government of Self and Others*, 156.
5. 같은 책, 184.

경합, 적대가 민주주의와 평등을 위협하기 때문이다. 서구 민주주의 국가에서 실제로 이런 죽음이 일어났을 때, 그곳에는 더 이상 진실을 말하는 공간이 존재하지 않는다. 민주적 합의는 파르헤지아를 무력화하고 진실을 말하는 용기, 그것이 촉발하는 도전적인 행동과 주체화를 제거한다.

4. 언표행위와 화용론

이제 우리는 언어와 언표행위가 정치 및 정치적 주체와 어떤 관계에 있는지 보다 자세히 살펴볼 것이다. 거기서 우리는 푸코와 랑시에르의 입장이 어떻게 다른지 보다 분명히 알 수 있을 것이다.

랑시에르에 따르면 공동체 안에서 몫을 갖지 못한 자들("미등록 체류자"les sana-parts, 데모스, 프롤레타리아)이 말을 할 때, 그것은 의식의 각성이나, 말하는 개인의 종별성(그의 이해관계, 그가 속한 사회집단)이 표현된 것이 아니라 로고스의 평등을 가리킨다. 지배의 불평등은 말하는 사람들의 평등을 전제한다. 왜냐하면 주인의 명령을 노예가 수행하기 위해서는, 주인과 노예가 공통의 언어로 서로를 이해해야 하기 때문이다. 권력관계가 극단적으로 치우친 경우라도(예컨대 아벤티노 언덕에서 아그리파는 [반란을 일으킨 평민들에게] 사회의 신분 차별을 옹호하는 연설을 펼쳤다), 말하는 행위는 언어를 통한 [공통의] 이해를 전제하며, "평등의 기준이 공동체의⋯ 법칙이란 통념"을 전제한다.6

정치적 행동이 가능하기 위해서는 평등을 전제하는 것이 무엇보다도 중요하다. 여기서 평등은 규칙(평등)과 특수한 사례(폴리스의 불평등) 간의 불일치를 논증하고 입증하는 척도이자 토대로 작용한다.[7]

어떤 곳에서 일단 평등이 선언되었다면, 그것의 힘은 반드시 실현될 것이다. 어딘가에 평등이 새겨진 이상, 그것은 반드시 확장되고 강화될 것이다.

평등주의 정치는 언어의 논리와 구조에서 자신의 정당성과 논거를 마련한다. 정치는 "구체적 갈등을 둘러싸고 무대"를 창출할 때 존재한다. "그 무대 위에서 갈등의 배역들이 말하는 존재로 등장하며, 바로 그런 한에서 평등과 불평등을 상연할 수 있다."[8]

랑시에르에 따르면 언어의 논리가 실제로 존재하지만, 그것은 로고스의 이중성, 즉 "발화speech와 발화의 분배[셈하기]counting" 때문에 그 자체로 불안정한 것이다. 발화는 공동체의 영역이지만(문

6. Jacques Rancière, *On the Shores of Politics*, trans. Liz Heron (New York : Verso, 1995), 65. [자크 랑시에르, 『정치적인 것의 가장자리에서 ― 우리시대의 새로운 지적 대안담론』, 양창렬 옮김, 길, 2013.] "말하는 행위는 평등주의 논리를 함축하며 사회적 결속에는 불평등의 논리가 내재한다."(같은 책, 81.)

7. [영역자] 랑시에르의 책 『미학의 정치』(*The Politics of Aesthetics*)에서 영역자는 "치안 또는 치안 질서"를 다음과 같이 정의한다. "치안은 공동체가 지닌 배제의 형태이면서 부분들과 역할들의 나눔을 결정하는 일반적 법칙이다. 무엇보다도 치안은 감각적인 것의 공동체적 분배에 기초한 '신체들'의 조직화를 가리킨다." Trans. Gabriel Rockhill (New York : Continuum, 2004), 89.

8. Jacques Rancière, *Disagreement*, trans. Julie Rose (Minneapolis : University of Minnesota Press, 1999), 51. [자크 랑시에르, 『불화 ― 정치와 철학』, 진태원 옮김, 2015.]

제를 제기하는 발화), 이와 동시에 그것을 분할하는 영역이다(명령을 내리는 발화). 이런 이중성에 맞서 정치적 언표행위는 "하나의 공통 언어가 존재한다"고 주장하고 이것을 입증해야 한다. 정치적 언표행위는 근대의 프롤레타리아와 마찬가지로, 고대의 민중들이 그저 말하고 주장한다는 사실 때문에, 그것 자체로 이성적으로 사유하고 말할 수 있는 존재가 될 수 있으며, 바로 그렇기 때문에 그들에게 명령을 내리는 자들과 동등하다는 사실을 입증해야 한다.

> 언쟁은 언어적 내용이 얼마나 투명한지, 또는 모호한지에 관한 것이 아니다. 그것은 말하는 존재를 그 자체로 배려하는 것이다.[9]

랑시에르는 보편적인 것과 담론의 합리성을 활용하면서도("보편성의 일차적 요건은 말하는 존재들이 언어 공동체에 보편적으로 속해 있다는 사실이다")[10], 자기 자신은 그로부터 거리를 둔다. 반면에 푸코는 주체의 단절과 구성이라는 내재적 과정으로 주체화를 묘사한다.

푸코에게 파르헤지아는 가타리의 표현을 빌리자면 "언어를 빠져나간다." 그러나 그것은 분석철학의 설명과 달리 화용론에서도 빠져나간다. 그곳에는 합리성이나 담론적 논리가 존재하지 않는다. 왜냐하면 언표행위는 언어와 화용론의 규칙이 아니라, 정확히는 입

---

9. 같은 책, 50.
10. 같은 책, 56.

장을 선택하는 위험, 즉 "실존적"이고 정치적인 자기-긍정을 따르기 때문이다. 그곳에는 언어의 논리가 존재하지 않는다. 언표행위의 미학aesthetics만이 존재할 뿐이다. 왜냐하면 언표행위는 이미 존재하는 것(평등)을 입증하는 것이 아니라, 말한다는 행위 자체를 통해서 그전에는 존재하지 않았던 새로운 무언가를 개시하기 때문이다.

파르헤지아는 담화 화용론이 다루는 수행적 발화와 전혀 다른 종류의 언표행위에 속한다. 수행적 발화는 화자의 제도화된 지위를 어느 정도 전제하는 표현이며, 따라서 언어로 수행하는 "의례"인 것이다(예를 들어 적절한 권한을 가진 사람이 "재판을 속개한다"고 선언했을 때, 그것은 효과가 이미 알려진 "제도적" 리허설에 불과하다). 반면에 파르헤지아는 그 어떤 지위도 전제하지 않는다. 그것은 "아무것도 아닌 자들"anyone at all의 발언이다. 수행적 발화와 달리 그것은 "미지의 위험", "가능성, 기회의 장을 개방하며, 적어도 우발성eventuality을 도입한다."11

파르헤지아의 돌발적 출현은 균열을 창출한다. 그것은 주어진 상황에 대한 침입 행위를 뜻하며, 사전에 예측할 수 없는 "일련의 효과를 발생시킨다." 언표행위의 효과는 언제나 특이할 뿐만 아니라, 무엇보다도 말하는 주체에게 영향을 미치고 그를 사로잡는다.

감각적인 것the sensible의 재구성은 일차적으로 말을 하는 사람에게 영향을 미친다. 진실을 말하는 언표에서 말하는 주체는 자기 자신과 이중의 협약을 체결한다. 그는 언표만이 아니라 언표의 내

---

11. Foucault, *The Government of Self and Others*, 62, 63.

용에 자기 자신을 구속시킨다. 다시 말해 말하는 주체는 자신이 말한 것만이 아니라 자신이 그것을 언급했다는 사실에 자기 자신을 구속시킨다. 언표행위는 주체의 존재 양식에 소급적으로 영향을 미친다. "주체가 말을 하는 한, 그는 언표라는 사건을 창출하며, 이를 통해 자신의 존재양식을 수정하거나 긍정하며, 적어도 규정하고 명료화한다."[12]

파르헤지아는 진실을 말하는 사람, 자신이 생각하는 바를 말하는 자들의 용기, 그리고 위치정하기를 드러낸다. 그러나 그것은 또한 "대화 상대자의 용기"를 드러낸다. 대화 상대자는 "그가 듣고 있는 불편한 사실truth을 기꺼이 진실로 수용하는" 사람이다.[13] 진실을 말하는 사람, 자신이 생각하는 바를 말하는 사람은 "기호들, 말하자면 자신이 말한 진실에 구속된다. 그는 결국 이런 진실에 구속되고 그런 진실에 의해 구속된다."[14] 이뿐만 아니라 그는 위험을 스스로 감수한다. 그것은 "자기 자신과 그가 말하고 있는 사람들 사이에 존재하는" 위험이다. 어떤 교수가 자신이 갖고 있는 "기술적 지식"knowledge of technē을 주장한다고 해서, 그것이 위험을 초래하는 것은 아니다. 반면에 진실을 말하는 사람은 갈등을 초래할 뿐만 아니라 "적대, 증오, 전쟁"을 유발할 수 있다. 그는 위험을 무릅쓰고 평등한 자들을 분할한다.

말하는 사람과 그가 말하는 것 사이에, 그리고 화자와 화자의

---

12. 같은 책, 68.

13. Foucault, *The Courage of the Truth*, 13.

14. 같은 책, 11.

말을 수용하기로 수락한 사람 사이에 일종의 주관적이고 정동적인 연결이 형성된다. 그것은 윌리엄 제임스가 알려주듯이, "기꺼이 행동하고자 하는"[15] "신념"과 같은 것이다. 자기에 대한 관계, 타자에 대한 관계, 그들을 연결하는 신념, 이 모두는 평등이나 권리로 한정될 수 없는 것이다.

5. 파르헤지아의 위기

랑시에르는 그리스 민주주의의 위기를 평가하면서 귀족들의 욕망을 강조한다. 그들은 출생, 서열, 부에 따른 특권을 재건하려고 민주정의 위기를 구실로 삼았다. 반면에 푸코는 이런 측면을 무시하지 않으면서도 정치와 윤리, 또는 평등과 차이의 관계를 중심으로 그리스 민주주의의 위기를 검토한다.

민주주의의 적들은 정치의 유일한 원리로 평등을 옹호하는 자들(랑시에르, 바디우)이 보지 못한 문제를 정확히 지적한다. 그것은 19~20세기의 꼬뮌주의가 실행가능한 대응을 찾지 못한 채, 스스로 빠져들었던 함정들 가운데 하나이다.

민주주의의 적들이 주장하듯이, 만일 모든 사람이 공동체 문제에 관해 발언할 수 있다면, 아마도 사람들의 숫자만큼 정부와 헌

---

15. William James, *The Will to Believe*, in *William James: Writings 1878-1899*, ed. Gerald E. Myers (New York: Library of America, 1992), 458.

법이 있어야 할 것이다. 모든 사람이 [정치적으로] 발언할 수 있다면, 미치광이, 주정뱅이, 멍청이마저도 공적 문제에 의견을 표명할 권리를 가질 것이다. 그들의 권리는 오늘날 많은 사람들이 누리는 발언권과 동일한 것이며, 심지어는 의견 제시에 특화된 사람들, 즉 전문가의 권리와 구분되지 않는다. 이런 조건에서 민주주의는 진실-말하기를 주장하는 평등한 사람들 사이의 경쟁, 경합, 갈등이 아니라, 집회에서 사람들에게 아첨하는 웅변가들의 유혹으로 전락한다. 발언권의 분배가 통제 불능에 빠지면, "자격 없는 사람들이 모든 것을 아무렇게나 주장할 수 있다." 이런 상황에서 좋은 웅변가와 나쁜 웅변가는 어떻게 구별될 수 있는가? 윤리적 차이가 어떻게 일어날 수 있는가? 이런 질문에 대해서 민주주의의 적들은 이렇게 주장한다. "말하는 주체들 사이에 차이가 없다면", 정치적 장에서 진실이 말해질 수 없다고 말이다.

> 민주주의에서는 발언, 심의, 결정의 주체들이 윤리적 차이를 도입할 수 없다.[16]

이런 주장은 "사회주의적" 평등주의egalitarianism를 공격하는 신자유주의의 비판을 즉각 상기시킨다. 후자에 따르면 "사회주의적" 평등주의는 모든 사람이 동일한 임금 인상을 요구하고 동등한 사회권을 주장하도록 부추긴다. 달리 말해 평등은 자유를 방해하고 "윤리

---

16. Foucault, *The Courage of the Truth*, 46.

적 차이"를 억제하며, 주체성을 권리 주체들의 태만으로 대체한다.

가따리와 마찬가지로 푸코가 경고하듯이 우리는 신자유주의식 "자유"를 손쉽게 극복할 수 없다. 현실에서 자유는 "평등주의 정치"를 매개로 각종 위계, 불평등, 특권을 복구하려는 정치적 의지로 돌아온다. 이것은 무엇을 뜻하는가? 그것은 자유주의자들이 공격하기 훨씬 전부터, 사회주의적 평등주의를 비판한 일련의 정치 운동이 있었지만, 사람들이 이런 비판을 진지하게 취급하지 않았다는 뜻이다.

푸코는 민주주의의 적들을 단순히 고발하는 것에 그치지 않는다. 그는 견유학파Cynics에 의지하여 귀족들의 본거지에서 귀족들이 행한 비판을 뒤집는다. 푸코는 윤리적 차이, 즉 주체의 생성과 변화에 관한 귀족들의 비판을 전도시킨다.

[고전적·정치적] 파르헤지아가 위기에 빠지면서, 더 이상 정치적 위험에 노출되지 않는 "진실-말하기" 방식이 출현한다. 진실-말하기는 자신의 기원, 즉 정치적 영역에서 개인의 윤리 영역, 도덕적 주체의 구성으로 이동한다. 하지만 그것은 대안적 경로에 따라 그렇게 한다. 여기서 대안이란 "영혼의 형이상학", 그리고 "삶의 미학"을 뜻한다. 그것은 영혼에 대한 지식, 다른 세계로의 접근을 허용하는 영혼의 정화에 관한 것이며, 지금 바로 여기서 자기 자신과 삶, 세계를 점검하고 실험하는 실천들과 테크닉에 관한 것이다. 또한 그것은 "영혼"이 아닌 "생명"bios, 즉 삶의 방식을 통해 자기 자신을 구성하는 것이다. 이런 식의 대안은 플라톤의 텍스트에 이미 들어 있지만, 그것을 명료화하고 정치화함으로써 민주주의의 적들을 공격한 것

존 워터하우스, 〈디오게네스〉, 1882

은 견유학파였다. 견유학파와 플라톤학파의 대립은 간단히 이렇게 요약할 수 있다. 견유학파는 [지금 이곳의] "또 다른an other 삶/또 다른 세계"를 주장함으로써, 현세 내부에 또 다른 주체성과 제도를 창출하려고 한다. 반면에 플라톤학파는 저 세상의 "다른the other 세계"와 "다른 삶"을 주장하는데, 특히 기독교는 이런 주장에서 엄청난 이득을 챙길 수 있었다.

견유학파는 진실-말하기가 피신한 "진정한 삶"이라는 전통적 주제를 폐기한다. 그리스 전통에서 "진정한 삶이란 소란, 변화, 부패, 몰락을 피하는 삶이며, 이런 존재 상태를 변함없이 유지하는 삶이다."[17]

견유학파는 "진정한 삶"에 반대하며 "또 다른 삶"을 주장하고 실천한다. "그 삶의 다름, 타자성otherness이 세계의 변화를 추동한다. 그것은 또 다른 세계를 향한 또 다른 삶이다."[18] 견유학파는 "이른바 투사적 삶의 형태를 극적으로 보여줌으로써, 지고의 삶(평온하고 이로운 삶, 자기 자신에게 평온하고 … 타자에게 이로운 삶)이란 주제"를 완전히 역전시킨다. "투사적 삶은 자기와 타자를 위한, 그리고

---

17. 같은 책, 225.
18. 같은 책, 287.

자기와 타자에 반하는 전투와 투쟁의 삶이며", 지금 "이 세계에서 이 세계에 대항하는 전투이다."[19]

견유학파는 정치와 윤리(그리고 진실) 사이를 단단히 결합함으로써 파르헤지아의 "위기", 민주주의와 평등의 무기력을 극복하고 윤리적 차이를 생산한다. 그들은 자기에 대한 관계를 고전 사상에서 유래한 좋은 삶, 또는 지고한 삶에서 해방시킨다. 이를 통해 그들은 자기에 대한 문제를 정치적으로 극화하고 재구성한다.

6. 정치적 행동의 두 모델

그리스 민주주의에 대한 이런 두 가지 해석에서, 우리는 "혁명적" 행동에 관한 전혀 다른 두 가지 모델을 발견한다.

랑시에르에게 정치는 평등에 가해진 훼손wrong을 보상하는 것과 다르지 않다. 여기서 보상은 증명demonstration, 논쟁, 대화를 통해서 실현될 수 있다. 공동체 안에서 몫을 갖지 못한 자들은 정치적 행동을 통해서 자신이 말한 것이 무엇인지, 즉 자신이 단지 소음만 내는 것이 아니란 사실을 증명해야 한다. 또한 그들은 자신이 말하는 언어가 생소한 것도 아니고 소수의 사람들이 사용하는 것도 아니란 사실을 증명해야 한다. 그들은 지배자의 언어를 능숙하게 구사하고, 이를 통해 자신을 표현한다는 사실을 증명해야 한다. 최종

---

19. 같은 책, 283, 340n.

적으로 그들은 자신이 이성적 존재이자 말하는 존재라는 사실을 논쟁과 대화를 통해서 증명해야 한다.

이것은 증명, 논쟁, 대화에 기초한 혁명적 행동의 모델이다. 그것은 포함, 또는 "인정"을 목표로 한다. 여기서 인정은 법적 소송과 무관한 개념이 아니지만, 그것보다는 변증법적 인정과 훨씬 더 유사한 것이다. 정치는 [공동체의] 분할을 초래하며, 이를 통해 "그들"과 "우리"가 대립하는 동시에 서로를 인식하게 된다. 두 세계는 분리되어 있지만, 그러면서도 각자는 상대방을 동일한 공동체의 일부로 인정한다. "셈해지지 않는 자들은 분할의 과정을 폭로함으로써, 그리고 타자들의 평등에 끼어들어 그것을 전유함으로써, 그들 자신을 셈하게 만든다."[20]

만일 우리가 랑시에르의 모델과 유사한 사례를 찾고자 한다면, 우리는 정치적 민주주의가 아니라 뉴딜과 전후시기에 탄생한 사회민주주의에 초점을 맞추어야 한다. 사회복지제도의 공동결정 원칙 속에서 우리는 프랑스의 사회민주주의를 여전히 찾을 수 있다. 그것은 개혁주의의 외양incarnation 아래 계급투쟁의 "변증법적 모델"을 잔존시킨다. 이런 모델에서 "우리"와 "그들" 사이의 인정과 불화 dispute는 민주주의 자체의 동력만이 아니라 실제로 자본주의 발전의 동력을 구성한다.

자크 랑시에르가 복지국가의 사민주의에서 방어하는 것은 대화의 공적 영역[공론장]public sphere이다. 거기서는 노동자들(개혁주의

---

20. Rancière, *Disagreement*, 116. [랑시에르, 『불화』.]

노동조합)이 정치적 주체로 포함되고 노동은 사적인 사안이 아니라 공적인 문제로 취급된다.

> 많은 사람들이 연대와 안전을 위한 제도를, 거대한 온정주의 국가가 제공한 부적절한 선물로 착각한다. 사실 이런 제도는 노동자 투쟁과 민주화 투쟁에서 탄생했으며, 공여자들의 대표들에 의해 관리되거나 공동 관리되고 있다. 그럼에도 불구하고 많은 투쟁들이 신화적 국가를 향하고 있는데, 그 과정에서 실제로 공격받는 것은 [국가가 아니라] 국가를 벗어난 연대의 제도들이다. 게다가 이들 제도는 통치 엘리트의 역량과 구별되는 [공동의] 다양한 역량이 형성되고 행사되는 장소였다. 그것은 공통적인 것을 배려하고 공동의 미래를 돌볼 수 있는 역량이었다.[21]

랑시에르(그리고 좌파 일반)의 입장에서 전반적인 문제는 그가 이

---

21. Jacques Rancière, *Hatred of Democracy*, trans. Steve Corcoran (New York : Verso, 2009), 82~83. [자크 랑시에르, 『민주주의는 왜 증오의 대상인가』, 허경 옮김, 인간사랑, 2011.] 나는 이 책을 출간된 날 구입했는데(2005년 9월), 그날은 〈앵떼르미땅과 불안정노동자를 위한 협회〉(4장을 볼 것)의 투쟁을 마치고 돌아온 날이었다. 거기서 우리는 문화부가 주최한 공동결정 회의장을 무단으로 점거했다. 정부대표·노동조합·경영자들이 그 회의에 참여할 수 있었는데, 그들은 자신들 외에는 정치적 주체의 지위를 인정하지 않았다. 그날 저녁 이 책을 대충 훑어보면서, 나는 지금 인용한 구절을 읽고 충격을 받았다. 왜냐하면 신자유주의자들이 복지국가를 공격한 것은 사실이지만, 단순히 그것 때문에 우리가 수세적 입장에 처한 것이 아니기 때문이다. 또한 단순히 그것 때문에 1970년대 정치운동이 전개했던 비판들(국가에 대한 의존성의 생산, 신체를 향한 권력행사 등에 대한 비판)이 소멸한 것도 아니고, 정치운동이 여전히 제기하는 비판들(불평등, 사회적·정치적 배제, 개인의 삶에 대한 통제 등)이 사라진 것도 아니기 때문이다.

[사민주의] 모델을 비판하거나 그것을 넘어서는 무언가를 전망할 수 없다는 사실에 있다. 이 모델은 20세기를 거치면서 민주주의의 확장에 기여했지만, 오늘날에 와서는 정치의 새로운 대상과 주체를 생산하지 못한 채 오히려 걸림돌이 되고 말았다. 그 모델은 국가, 노동조합, 사용자단체 말고는 다른 어떤 정치적 주체도 포함될 수 없는 구조였다.

그리스 민주주의에 대한 푸코의 분석은 완전히 다른 모델을 제공한다. 그런데 왜 그는 정치적 주체화를 문제화하기 위해서, 견유학파와 같은 철학적 유파에 주목하는가? 그것도 체계적인 원리도 갖추지 못한 학파, "주변적"이고 "소수"에 불과한 "대중적인" 학파에 말이다.

푸코가 주장하는 것은 이렇게 요약할 수 있다. 그러니까 우리는 변증법적이고 총체화하는 "데모스"demos의 정치를 넘어서야 한다. [데모스의 정치에서] "몫이 없는 자들은 그들이 누구든지 간에, 즉 고대의 빈민이든, 제3신분이든, 근대의 프롤레타리아든지 간에, 사실상 전부를 갖든지 아니면 아무것도 가질 수 없었다."[22]

그러나 (여성운동에서 실업자운동까지) 68년 이후의 정치운동과 마찬가지로, 만일 견유주의자들이 "우리가 인민이다", 우리가 "부분이면서 전체이다"를 선언한다면, 그것은 그들의 입장에서 도저히 상상할 수 없는 일이다.

푸코의 모델에서 중요한 쟁점은 몫을 갖지 못한 자들이 셈해진

---

22. Rancière, *Disagreement*, 9. [랑시에르, 『불화』.]

다는 사실을 인정하는 데 있는 것도 아니고, 그들이 자신의 지배자와 동일한 언어로 말한다는 사실에 있는 것도 아니다. 푸코에게 중요한 것은 모든 가치들의 "재평가, 즉 가치변조transvaluation"에 있으며, 특히 몫을 갖지 못한 자들과 그들의 주체화 양식에 작용하는 가치변조에 있다. 가치가 조정되는 과정에서 평등은 차이와 결합하고, 정치적 평등은 윤리적 차이와 결합한다. 우리는 견유학파 속에서 니체를 또다시 마주친다. 즉 견유학파는 "위폐범"으로, 즉 화폐의 "가치"를 갉아먹는 자들로 철학사 속에 진입했다.

견유학파의 모토는 "동전을 훼손하라"는 것이다. 이것은 화폐(노미즈마nomisma)의 가치절하와 동시에 법(노모스nomos)의 가치절하를 일컫는다. 견유학파는 인정을 구걸하지 않는다. 그들은 셈해지거나 포함되려고 하지 않는다. 견유학파는 자기에 대한 실험과 점검을 통해서, 그리고 타자와 세계에 대한 실험과 점검을 통해서, [자기 자신뿐만 아니라] 동료들의 삶의 방식과 제도를 비판하고 철저히 검토한다.

자기 자신을 윤리-정치적 주체로 구축하는 문제는 특정한 방식의 진실 게임을 요구한다. "그것은 더 이상 도제제도에 속하지 않는다. 예전에는 진실 게임이 진실한 명제의 습득, 즉 견습 활동에 있었다. 이를 통해서 사람들은 자기 자신을 무장하고 인생과 그 사건에 대비할 수 있었다. 그런데 이제는 진실 게임이 자기 자신, 또는 자기 자신이 행할 수 있는 것에 초점을 맞춘다. … 이런 진실 게임은 통상적인 교육mathēmata에 속하지 않는다. 그것은 가르쳐서 학습될 수 있는 것이 아니라, 자기 자신에게 가해지는 수련, 또는 자기 점검, 인내 테스트를 뜻한다."[23]

따라서 또 다른 삶, 또 다른 세계를 구축하려는 정치의 진실 게임은 인정, 증명, 논쟁에 기초한 논리적 게임이 아니라, 권리와 에토스 형성을 결합하는 정치의 실험적 게임이다. 이런 점에서 랑시에르와 푸코의 차이는 플라톤과 견유학파의 대결을 떠올리게 만든다.

7. 로고스와 실존, 극장과 행위예술

랑시에르에게 정치는 "연극" 무대의 창조를 통해서만 존재한다. 그 무대 위에서 배우들은 담론성과 논증의 이중 논리에 따라서 정치적 대화를 능숙하게 공연한다. 여기서 담론성과 논증은 (그것이 평등을 상정하기 때문에) 합리적이지만, (이런 평등이 아무 곳에도 존재하지 않기 때문에) 불합리한 것이다.

정치가 존재하기 위해서는 "말과 이성"의 무대가 구축되어야 한다. 그 위에서 사람들은 말의 연극적 의미를 사용해 규칙과 행동 사이의 간극을 극적으로 드러내고, 치안 논리와 평등 논리 사이의 간극을 극적으로 상연한다. 정치에 대한 이런 개념화는 규범적인 것이다. 공적 공간에서 행하는 모든 행동이 말과 이성을 통한 대화로 인정되어야 한다. 그 외의 행동은 그것이 무엇이든지 간에 정치적인 것이 아니다. 랑시에르의 관점에서 파리 교외의 청년들이 2005

---

23. Foucault, *The Courage of the Truth*, 339.

년에 보여준 행동은 정치적인 것이 아니다. 왜냐하면 그들이 이런 동원 모델을 무시했기 때문이다.

> 쟁점은 그들을 통합하는 게 아닙니다. 그들 중 다수는 이미 프랑스 사람입니다. 오히려 중요한 것은 그들을 평등한 사람으로 취급하고 이를 보장하는 데 있습니다⋯ 문제는 그들이 정치적 주체로 셈해지는가, 언어를 공유한 사람으로 셈해지는가 여부에 있습니다. ⋯ 그런데 내가 볼 때 이 봉기는 정치적인 것이 아닙니다. 내가 이해하는 한 그것은 대화의 무대를 구성하지 못했습니다. 그것은 적들도 자신과 동일한 공동체에 속한다고 인정하지 못했습니다.[24]

그러나 오늘날 많은 운동들이 랑시에르가 묘사하는 정치의 논리를 실제로 구현한다. 그들은 증명, 논쟁, 대화를 통해서 평등을 요구하는 말과 이성의 무대를 구축한다. 그러나 그들은 한편에서는 새로운 정치적 주체로 인정받기 위해서 투쟁하는 동시에, 다른 한편에서는 이런 형태의 행동만이 정치적으로 규정될 수 있는 유일한 것으로 간주하지 않는다. 거기서 보다 중요한 것은 이런 투쟁들이 변증법에서 벗어난 맥락, 즉 데모스를 총체화하지 않는 맥락에서 전개된다는 사실이다. 데모스는 부분인 동시에 전체도 아니고, "아무

---

24. Jacques Rancière, "Le Scandale démocratique," interview with Jean-Baptiste Marongiu, *Libération* (2005, 12, 15).

자크 랑시에르(Jacques Rancière, 1940~)

것도 아닌 동시에 모든 것"도 아니다.

반대로 자신을 새로운 정치적 주체로 만들면서, 이런 투쟁들은 "인민"과 "노동계급"의 정치가 사로잡힌 교착 상태, 즉 우리 사회의 정치적·사회적 민주주의가 극복하지 못한 장벽을 반드시 돌파해야 한다.

정치적 운동은 이런 다양한 형태의 정치적 행동을 촉진하거나 이용해야 하지만, 그것이 따르는 논리는 "평등과 그것의 부재"를 상연하는 데 그치지 않는다. 평등은 차이화differential 과정의 필요조건이지만 충분조건은 아니다. 차이화 과정에서 "모두를 위한 권리"는 "또 다른 삶", "또 다른 세계"를 구축하는 데 필요한 주체화의 사회적 기초를 이룰 뿐이다. 정부의 자칭 사회주의자 각료25는 프랑스 교외의 청년들을 "야만인"으로 취급한다. 어떤 면에서 그들은 견유학파가 주장하는 야만인과 닮았다. 견유학파는 인정과 주장의 질서정연한 변증법적 게임 대신에, 극장의 무대를 떠나 새로운 책략을 발명하려고 했다. 그들은 극장을 벗어난 책략, 즉 게임을 추구했다.

견유학파는 [연극] 무대보다는 현대 예술의 행위예술performance

---

25. [옮긴이] 2005년 당시 내무부장관이었던 니콜라 사르코지를 말한다.

을 떠올리게 한다. 행위 예술에서 (눈에 띄고 위험에 노출된다는 이중적인 의미에서) 공적 노출은 말과 언어로 수행될 필요가 없으며 기표적 기호계를 통할 필요도 없다. 심지어 그것은 배역, 대화, 대사를 갖춘 극작법조차 요구하지 않는다.

"또 다른 삶", "또 다른 세계"를 열기 위해서 주체화 과정은 어떻게 작동하는가? 그것은 단순히 말과 이성을 통해서 작동하지 않는다. 견유주의자는 "말하는 존재"이지만 [언어가 아니라] 신체로 말하는 사람이다. 그들의 언표행위는 애초부터 기표화의 연쇄에 따라 표현되지 않는다. 그들은 자신의 욕구(먹기, 싸기)와 욕망(자위, 성교)을 공개된 장소에서 추구한다. 그들은 다른 사람들이 사유하고 느끼도록 그들을 도발하고 압박하고 분개시킨다. 이 모두는 기호계의 다양성에 의존하는 "행위예술" 기법과 같은 것이다.

지팡이, 방랑, 구걸, 가난, 추문, 맨발 등은 견유학파가 자신의 삶을 표현하는 방식이며, 무엇보다도 비언어적 형식의 언표행위이다. 제스처, 동작, 본보기, 품행, 물리적 풍모는 언어를 벗어난 수단을 통해서 타인에게 전달되는 표현 실천이자 기호계를 구성한다. 견유학파의 "행위예술" 언어는 지시작용과 재현 기능을 초과하는 "실존적 기능"을 갖고 있다. 그들의 언어는 에토스와 정치를 선언하고 긍정한다. 가타리식으로 표현하면, 그들의 언어는 실존적 영토를 구성하는 데 기여한다.

그리스 전통에 따르면 덕에 이르는 두 가지 경로가 있는데, 그중 하나는 "로고스", 즉 담론과 정규 교육을 통한 길이다. 이것은 오래 걸리지만 손쉬운 방식이다. 다른 하나는 짧지만 어려운 견유학파의 길이다. 이것은 "어떤 면에서는 말이 없는" 방식이다. 그것은 짧거나 축약된 길이다. 그것은 담론 외부에 있으며, 무엇보다도 실험과 실천의 경로이다.

견유학파의 삶이 공적인 것이라면, 그것은 그들이 말과 언어를 사용하기도 하지만 그뿐만 아니라 "물질적이고 일상적인 현실"에 자기 자신을 적극적으로 노출하기 때문이다. 이런 "물질적이고 육체적인" 삶을 통해서, 그들은 폴리스의 공적 공간과 가정의 사적 공간이라는 그리스 사회의 구성적 분할을 즉각적으로 침해하고 재편한다.

여기서 중요한 것은 "로고스"와 "실존"을 대립시키는 문제가 아니라, 삶의 양식과 제도를 문제화하기 위해서 로고스와 실존의 간극 속에 자기 자신을 위치시키는 것이다.

견유학파에게 또 다른 삶 이외에 진정한 삶이란 존재할 수 없다. 또 다른 삶이란 "담론을 통한 증명, 판단, 설득의 기획을 뜻하지만, 무엇보다도 실존의 형식이고 자기의 표출이며 진실의 신체적 모델인 것이다."[26]

오늘날 대부분의 비판 이론가(비르노, 버틀러, 아감벤, 미숑, 지젝)와 마찬가지로, 랑시에르는 로고스 중심의 편견에 불지불식간에 동의한다. 그의 아리스토텔레스 비판에도 불구하고, 우리는 그리스 철학사상의 이론적 틀에 의존하고 그것에 집착한다. 그리스 전통에서 인간은 언어를 가진 유일한 동물이며, 바로 그것 때문에 인간은 정치적 동물이 된다. [그러나] 견유학파는 로고스가 설정한 인간

---

26. Foucault, *The Courage of the Truth*, 314.

과 동물의 "구별"을 공격함으로써, 그리스 및 서양의 철학·문화가 지닌 근본 토대를 침식한다.

> 고대의 사유에서 동물성은 인간 존재를 위한 절대적 변별점으로 기능했다. 동물성과 자신을 구분함으로써, 인간 존재는 자신의 인간성을 주장하고 드러낼 수 있었다. 언제나 동물성은 인간을 합리적이고 인간다운 존재로 구성하는 저항점에 가까웠다.[27]

견유학파는 평등과 불평등 사이의 간극을 극적으로 연출할 뿐만 아니라, "진정한 삶"의 실천과 그것의 제도를 극적으로 표현했다. 이를 위해서 그들은 수치를 모르는 삶, 추문을 일으키는 삶, "동물성을 실천하는 도전과 실험"을 자신의 삶으로 표현하고 공적으로 전시한다.

8. 감각적인 것의 분배, 또는 분할과 생산

비록 랑시에르가 윤리적인 것과 정치적인 것 사이에 대립적 관계를 설정하지만, 그에게 있어서 정치적 주체는 여전히 에토스와 진실 게임을 요구한다. 정치에서는 말과 이성, 즉 "증명", "논쟁", 대화의 진실 게임을 수행하기 위해서 주체의 구성 양식이 여전히 필요하다.

---

27. 같은 책, 264.

이런 관점에서 우리는 랑시에르의 주장 속에서, (또는 그에 반하여) 독립된specific 활동으로 규정될 수 없는 정치를 발견한다. 왜냐하면 거기서 정치는 윤리(이성과 말에 의한 주체의 구성)와 연결되고 진실(증명하고 주장하는 담론 실천)과 결합하기 때문이다. 그렇지 않은 정치를 생각하기란 오히려 어려운 일이다.

그런데 만일 정치가 자율적인 행동 양식으로 구분될 수 없다면, 우리는 똑같은 이유로 정치를 푸코가 말하는 권력 관계의 "미시물리학"에서 분리할 수 없을 것이다.

"감각적인 것의 분배"와 관련된 이분법은 주체화 양식("우리/그들")만이 아니라 부분들의 분배(말을 소유한 부르주아와 소음만을 방출하는 프롤레타리아 사이의 계급 분할)를 조직하지만, 이 과정에서 미시정치적 관계를 수반한다. 간단히 말해 몰적인 분할은 분자적 관계를 전제하고, 그로부터 도출된다.

이런 관점에서 우리는 푸코의 방법론에 어느 정도 충실해야 한다. 왜냐하면 랑시에르의 바람과 달리, 오늘날 자본주의 안에서 우리는 "윤리"와 "정치", "윤리"와 "경제"를 분리할 수 없기 때문이다.

사회를 "계급들"(또는 부분들)로 분할하는 것은 담론 실천(지식), 행위의 통치술(권력), 복종 양식(주체)의 배치를 통해서 작동한다. 그러나 이런 "이분법적" 분할은 세 가지 장치(지식, 권력, 주체) 사이의 횡단 작용을 통해서만 출현하지 않는다. 왜냐하면 이들 장치 자체가 분할을 실현하고 작동시키는 미시-권력 관계들에 의해서 횡단되기 때문이다. 가따리의 용어로 복종의 "집합적 제도들"이 발달시키는 모든 관계는 횡단적 성격을 지니며 "부분들"로의 분할로 구성된다. 예컨대 남/여 관계, 가정의 아버지/자녀 관계, 학교의 교사/학생 관계, 의료기관의 의사/환자 관계 같은 것들이 그렇다. 따라서 오늘날 자본주의를 이해하기 위해서는 몰적인 것(주된 이원론적 대립들, 예컨대 자본/노동, 부유한/가난한, 명령을 내리는 사람/복종하는 사람, 지배할 자격을 가진 사람/그렇지 못한 사람 등)과 미시물리적인 것(몫을 갖지 못한 사람들에 기초하고, 그들을 관통하며, 그들 내부에서 형성된 권력 관계) 사이의 관계를 문제화해야 한다.

그뿐만 아니라 오늘날 자본주의를 이해하기 위해서는, 무엇보다도 권력이 어떻게 자기에 대한 관계, 자기에 대한 배려, 즉 "윤리"에 관여하는지에 관해서 제대로 인식해야 한다.

오늘날 자본주의는 주체성의 생산을 자신의 가장 중요하고도 일차적인 효과로 만든다(가따리). 이런 맥락에서 우리는 견유학파의 관점을 경유해야 한다. 실존, 삶, "투사적" 주체화에 관한 그들의 견해에서 우리는 자본주의의 힘에 저항하는 실천적 전략을 발견할 수 있다.

푸코가 언급하듯이 파르헤지아는 "정치적" 영역에서 개인의 윤리로 자리를 옮기고, 그 과정에서 [자기와 타자의] 품행을 통치하는 기술, 즉 권력의 테크닉이 되었다. "너 자신을 돌보라고 격려하는 한에서, 나는 도시 전체에 유용한 사람이 된다. 내가 내 삶을 보호한다면, 정확히 그것 때문에 도시에 이익이 될 것이다."[28]

---

28. 같은 책, 90.

자기와 타자를 통치하는 기술은 기독교 교회의 사목 권력으로 통합되고 재편되었다. 그리고 나중에는 복지국가 안에서 점점 더 중요한 기법이 되었다.

자본주의 시기에는 고대 그리스에 관해서 푸코가 언급한 "배려와 심려의 거대한 연쇄", 즉 "삶에 대한 배려"가 국가의 수중에 들어갔다. 자기를 배려하는 것, 즉 자기와 자신의 삶을 가꾼다는 것은, 사회적 분업 내에서 우리에게 할당된 자리를 차지하기 위해서, 우리 스스로 그 자리에 필요한 말과 행동 방식을 갖춘다는 뜻이다. 자기에 대한 배려는 권력이 주체에게 할당한 기능을 주체 스스로 책임지라는 명령인 것이다.

삶, 실존, 생명과 같은 개념은 우리를 생기론으로 돌려보내지 않는다. 오히려 그것은 복종과 단절하는 주체화, 즉 자기에 대한 관계를 통해서 이런 미시 권력 관계를 어떻게 정치화할 수 있는지에 관해서 질문하게 해준다.

정치에 대한 자신의 규정에서, 랑시에르는 19세기의 노동자에게서 자신이 역사적으로 분석한 것, 즉 자기에 대한 배려와 에토스 형성을 스스로 무시하는 것 같다.

에토스의 형성, 삶, "투사적" 실존은 견유학파의 실천으로서 단순한 "도덕적 담론"이 아니다. 그것은 새로운 도덕 규칙의 훈육이나 표현을 뜻하지 않는다. 에토스의 형성은 "경험의 초점"[29]인 동시에 "경험의 모체"이기도 하다. 그리고 바로 거기서 "지식의 가능한 형

---

29. Foucault, *The Government of Self and Others*, 3.

태", "개인에 대한 행위의 규범틀"(권력), "가능한 주체의 잠재적 실존 양식"(자기에 대한 관계)들이 서로 연결된다.

이와 달리 랑시에르의 정치는 근본적인 차원에서 경험이 아니다. "감각적인" 것은 실존적 초점과 무관한 것이다. 왜냐하면 그에게 정치는 무엇보다도 형식에 관한 문제, 즉 평등의 형식주의를 말하기 때문이다. "어떤 행동을 정치적으로 만드는 것은 행동의 목적이나 그것이 수행되는 장소가 아니라 오직 그것의 형식에 존재한다. 평등의 입증은 공동체에 분쟁을 도입함으로써, 그러니까 오직 분할을 통해서만 존재하는 공동체를 확립함으로써, 형식적으로 확인된다."[30]

어쨌든 이런 "경험의 초점"에 대한 문제화, 그리고 정치적 단절의 실험과 주체화는 서양의 전체 역사를 관통하고 있으며, 19세기와 20세기에 걸쳐 다양한 혁명가들과 동시대의 예술가들에게 최종적으로 이어졌다.

9. 평등과 차이

푸코식의 주체화는 평등과 불평등에 대한 논증, 즉 평등에 대한 훼손, 침해, 잘못wrong을 입증할 뿐만 아니라, 평등과 불평등의 차이에 위치한 진정으로 내재적인 창조행위를 가리킨다. 푸코식 주

---

30. Rancière, *Disagreement*, 32. [랑시에르, 『불화』.]

체화는 윤리적 차이와 집합적 자기 형성에 필요한 비결정론의 시공간을 개방하며, 이를 통해서 정치에 대한 질문을 새롭게 정향하는 것이다.

만일 정치가 "윤리적" 주체의 형성과 구분될 수 없다면, 이제 중요한 문제는 어떻게 조직할 것인가의 문제로 넘어간다. 물론 우리는 꼬뮌주의 모델이 아니라 새로운 조직화 방식을 고민해야 한다. "투사적" 활동은 특히 감각적인 것의 재편을 목표로 삼아야 한다. 푸코의 사유를 확장시킨 가따리는 이런 활동에 대해서 정치의 "분석적" 활동이라고 불렀다.

가따리의 관점에서 푸코가 설립한 감옥정보그룹GIP 31은 하나의 집합적 배치로 간주될 수 있다. 거기서 "투사성"은 이중의 목표를 지닌다. 그중에 하나는 개입이란 측면에서 투쟁을 전개하는 것이고, 다른 하나는 개입하는 사람들의 측면에서 투쟁을 전개하는 것이다. 새로운 투사성에서는 생산된 언표들에 관심을 기울이지만, 이와 동시에 언표를 생산하는 언표행위의 주체, 또는 조직화의 테크닉, 절차, 표현 형식들에 지속적으로 관여한다.

이에 반해 랑시에르는 "정치적 집합체를 조직하는 방식에 관심을 기울이지 않는다." 그는 "정치적 주체화의 활동이 촉발한 변이"

---

31. [영역자] 감옥정보그룹(Groupe d'information sur les prisons, GIP)은 1971년 푸코, 장-마리 도미나크(Jean-Marie Domenach), 피에르 비달나케(Pierre Vidal-Naquetr)가 서명한 성명서를 계기로 등장했다. 그 명칭에서 짐작할 수 있듯이 감옥정보그룹은 "우리 사회체계의 은폐된 지역 중의 하나"인 감옥, 특히 그때까지 감금기간 내내 외부와 거의 또는 전혀 접촉하지 못했던 재소자들의 상태를 외부에 알리려고 했다.

를 [조직적 관점에서] 파악하지 않는다. 달리 말해 랑시에르는 주체화의 활동을 오직 그것의 희소한 출현[돌발]irruption이란 점에서 고려한다.

1972년 1월 17일 감옥정보그룹(GIP) 기자회견에서 사르트르, 들뢰즈, 푸코

이런 식의 주체화는 순식간에 나타났다가 순식간에 사라진다.

그는 "변화를 가져오는 집단이 일관성을 갖추게 되는 형식"[32]을 검토하지 않는다. 반면에 68년 5월은 정확히 집단의 형성 규칙과 기능을 문제화하고 집단의 표현 형식과 민주성을 문제 삼은 것이다. 정치의 개입 활동은 정확히 주체의 구성 활동과 분리될 수 없으며, 주체의 구성 과정은 몰적인 분할만이 아니라 분자적 관계도 새롭게 재편한다.

만일 평등과 차이의 역설적 관계가 정체政體, 또는 법률 속에 기입될 수 없다면, 게다가 그런 관계가 배움이나 교육이 아니라 오직 실험의 결과에서 나온다면, 결국에 중요한 문제는 함께 행동하는 양식에 달려 있을 것이다.

전쟁기계는 함께되기being-together와 저항되기being-against를 접합한다. 전쟁기계 속에서 실험되고 발명되어야 할 것은 푸코가 철학

---

32. Jacques Rancière, "La méthode de l'égalité," in *La philosophie déplacée : Autour de Jacques Rancière*, eds. Laurence Cornu and Patrice Vermeren (Lyon : Horlieu Editions, 2006). 514.

담론의 종별성이라고 칭한 것이다. 그것은 데모스의 변증법적 모델이 붕괴한 이후 현대 정치의 조건이 되고 있다. 그것은 이렇게 요약될 수 있다. 만일 우리가 "에토스[윤리]에 관한 질문"을 제기하려고 한다면, 우리는 "이런 에토스를 형성할 수 있는 진실을 문제 삼는 동시에, 이런 진실에 이르는 방법까지도" 문제화해야 한다. 또한 우리는 "이런 에토스가 자신의 특이성과 차이를 주장할 수 있는 정치 구조[폴리테이아]에 대해서도" 똑같이 질문을 제기해야 한다. 마지막으로 "… 알레테이아[진실]alētheia에 대한 질문을 제기하려면", 우리는 "이런 진실에 관해서 폴리테이아를 문제 삼는 동시에, 에토스에 대해서도 똑같이 문제를 제기해야 한다. 이런 관계는 폴리테이아, 에토스에 대해서도 그대로 나타난다."[33]

랑시에르에 따르면 민주주의는 분할의 장치인 동시에 공동체의 장치이다. 그리고 오직 민주주의만이 감각적인 것의 분배를 재편할 수 있다. 반면에 푸코는 정치적 행동의 이런 모델에 대해서 훨씬 더 유보적이고 냉담한 태도를 취한다. 그는 민주주의의 한계를 냉철하게 인식한다. 정치적 주체화는 [민주적인] 평등에 의존하면서도 그것을 넘어선다. 따라서 정치적 질문은 이렇게 고쳐 써야 한다. [정치적] 주체화의 이런 새로운 조건에서 우리는 어떻게 평등을 발명할 수 있는가? 어떻게 평등을 실천할 수 있는가?

이제 가따리를 쫓아, 현재의 상황을 보다 정확히 알게 됨으로써 우리는 이렇게 질문을 던져볼 수 있을 것이다. 어떻게 우리는 자신

---

33. Foucault, *The Courage of the Truth*, 67.

의 주체성을 이중적으로 장악하고 있는 오늘날 자본주의의 기계적 예속과 사회적 복종에서 벗어날 수 있는가? 그리고 평등만이 아니라 "윤리적 차이"(특이화)를 동시에 발명하고 실천할 수 있는가?

기호와 기계,
주체성에 관한 새로운 사유의 모험

우리는 사회변혁에서 제도와 법적인 변화만으로는 진정한 변혁을 이룰 수 없다는 역사적 교훈을 이제는 잘 알고 있다. 우리는 또한 생산양식과 주체화 양식을 접합해야 할 필요성을 역설하는 진보 담론들도 쉽게 접할 수 있다. 진정한 변혁을 위해서는 제도와 법의 변화뿐 아니라, 자기와 타자, 그리고 실존적 관계들에서의 변화가 반드시 따라야 한다는 사실도 잘 알고 있다. 그러나 그다음에 무엇을 어떻게 해야 하는가라는 질문에서, 우리는 스스로 주저하고 갈지자걸음을 반복하는 우리 자신을 발견할 뿐이다. 랏자라또의 이 책은 그러한 상황에 처한 우리들의 조건이 어디에 있는지, 그리고 대중적으로 저명한 새로운 비판이론가들의 한계가 어디에 있는지 명확하게 지적하고 있다. 또한 그는 놀랍게도 이런 상황을 돌파하려는 주체화 이론을 과감히 제안하고 대안적 조직화의 방법론을 적극적으로 주장한다.

이 책은 마우리치오 랏자라또의 『기호와 기계 : 기계적 예속 시대의 자본주의와 비기표적 기호계 주체성의 생산』을 번역한 것이다. 이 책은 현재 영어판, 포르투갈어판, 일본어판이 있으며 프랑스어판은 원고 상태로 존재한다. 한국어 번역에는 영어판을 기준으로 프랑스어판을 대조했으며, 용어에 관해서는 일본어판을 부분적으로 참고했다. 이 책의 영문판은 프랑스어판을 그대로 옮긴 것이 아니라 내용을 부분적으로 추가, 수정, 증보했으며 내용의 배치도 여러 군데 바꾸었다. 따라서 독자들은 영문판을 저자의 완성된 판본으로 간주해도 될 것이다. 그리고 이 책은 이미 발표된 글들을 엮었기 때문에 순서와 관계없이 관심 있는 주제에 따라 선별적으로 읽어도 무방할 것이다.

랏자라또는 다작의 작가이자 현실참여적인 지식인, 활동가이지만 그의 많은 작업이 국내에는 아직까지 소개되지 않았다. 그는 가따리에게서 특히 많은 영향을 받았지만 들뢰즈, 푸코, 타르드, 바흐친, 시몽동, 빠졸리니 등 수많은 논자들에게서 자신의 이론적 자원을 끌어낸다. 랏자라또의 사상에 관해서는 국내에 이미 소개된 『이딸리아 자율주의 정치철학』과 『비물질노동과 다중』에 실린 저자의 논문을 참고하거나, 금융화 현실의 탁월한 입문서인 『부채인간 - 인간 억압 조건에 관한 철학 에세이』를 참조하기 바란다. 또한 독자들은 조만간 출간될 『부채통치』와 『사건의 정치』에서 저자의 보다 본격적인 사유와 실천을 확인할 수 있을 것이다. 이 책과 더불어 『부채인간』과 『부채통치』를 같이 읽는다면, 독자들은 오늘날

---

1. [옮긴이] 옮긴이 글에서는 서지 정보를 편의상 생략한다.

자본주의에 관한 분석과 진단을 보다 정확히 이해할 것이다. 또한 『사건과 정치』는 이 책의 주장이 어떤 맥락에서 나왔는지에 관해서 보다 체계적인 이론적 조망을 가능하게 할 것이다.

이 책의 도입부에서 강조하고 있듯이, 저자는 오늘날 자본주의가 위기에 빠져 있으며, 새로운 주체성 생산에 실패했다고 진단한다. 랏자라또가 보기에, 신자유주의 이후 자본주의에서는 금융 자본이 우위에 서면서 전면적인 금융화가 진행되었으며, 한편에서는 소유자형 지식노동자, 또는 기업가적 주체를 강조하고 다른 한편에서는 신용의 주체, 즉 부채인간의 형상을 강조했다. 그러나 전 세계를 강타한 금융 위기와 함께 기업가적 주체의 장밋빛 전망은 대량 실업과 빈곤으로 이어지고, 부채인간은 금융 소득과 자산 형성이 아니라 부채 노예로 전락한다. 요컨대 금융 위기 이후, 자본주의는 소유자 계급의 이익을 위해서 작동할 뿐, 대중을 동원할 수 있는 새로운 주체성을 형성하지 못한다. 주체의 동원을 통해서 이윤을 추출하지 못하는 불모의 자본주의. 이것이 랏자라또가 진단하는 오늘날 위기의 본질이다. 저자에 따르면 이런 위기를 정확히 분석하지 못할 때, 따라서 새로운 주체성을 발명하고 '혁명적으로' 전유하지 못할 때, 오늘날 우리가 보듯이 극단적 혐오와 전쟁, 상호 불신, 반동적 민족주의가 전 지구적으로 분출하고 결국에는 자본과 권력의 일방적 지배가 복귀한다는 것이다. 위기를 정상으로 만든 채로 말이다.

이 책은 이런 상황에 비판적으로 접근하는 이론가와 활동가, 대중들을 위한 분석적 시론으로 볼 수 있다. 이 책에서 랏자라또는 자본주의적 주체성과 주체화 과정에 관한 이론화와 더불어 대안적 주체화를 위한 방법론을 구체화한다. 그가 이 책에서 우리에게 말하려고 하는 것은 자본주의가 장악한 주체성의 본질을 이해하고, 그것의 재생산에서 벗어난 자율적인 주체화를 추구하자는 것이다. 그리고 이에 필요한 새로운 방법론, 조직화 방식을 찾자는 것이다. 랏자라또에 의하면 이때 기본적으로 필요한 과제는 첫째, 자본주의 경제는 주체화의 생산과 불가분의 관계에 있다는 개념화이다. 둘째, 자본주의 경제와 주체성 생산을 이해하기 위해서는 기호와 기계, 그리고 그것들의 관계에 초점을 두고 사고해야 한다는 점이다. 특히 맑스가 그랬듯이, 기계에 인간이 그 부품으로 배치되는 자본주의적 생산의 기본 특징을 근원적으로 고찰하지 않고서는, 정보기술의 발전과 대중화가 이루어진 현 시기의 자본주의적 생산이나 정치적 주체화를 이론화할 수 없다는 것이다. 셋째, 자본주의적 주체화에 대한 올바른 이해를 위해서는 사회적 복종과 기계적 예속의 이중적 과정과 그 사이의 관계, 또는 그와 관련된 배치-장치에 대한 깊은 이해가 필요하다는 것이다. 맑스주의, 라캉주의를 포함하여 현대의 비판이론들은 이에 대해 충분히 관심을 기울이지도 충분히 다루지도 못했다는 것이다. 넷째, 주체화 과정은 먼저 기존의 언어중심, 기표 중심적 기호학의 암묵적인 제도적 지향성을 간파해야 하고, 나아가 기표적·비기표적 기호계의 작용과 언표행위, 담론과 실존적인 것과의 관계를 모두 다룰 수 있는 새로운 기호 이론과 언표행위에 관한 이론을 시도해야 하며, 이를 통해 주체화 과정의 동학을 포착함으로써 새로운 조직적 실천의 조건을 사고할 수 있어야 한다는 것이다.

이런 과제를 수행하기 위해서 그는 기본적으로 『분자혁명』이나 『기계적 무의식』을 중심으로 소개된 펠릭스 가따리의 자본주의적 주체화에 관한 새로운 기호이론 및 주체성에 관한 논의를 적극적으로 수용한다. 그와 더불어 그는 말년의 미셸 푸코가 『주체의 해석학』과 콜레주 드 프랑스 강의 등에서 검토했던 "자기에 대한 배려", 파르헤지아, 진실-말하기 개념에 의존하고, 오스틴의 수행성 이론과 바흐친의 대화이론, 피에르 파올로 빠졸리니의 영화이론을 끌어들인다. 또한 그는 담론적이고 언어중심적이며 기표 중심적인 기호계의 작동을 넘어서, 비기표적이고 다이어그램적인 기호계를 통한 비신체적(비실체적) 개입과 기계적인 신체적(실체적·물리적) 조작 과정을 특징으로 하는 정보화, 소통화, 자동화된 통제 사회의 자본주의적 경영관리 방식에 주목한다.

랏자라또는 단순히 이들을 소개하는 데 그치지 않고, 그들의 이론을 언어와 기호, 주체성에 관심을 보였던 비판이론가들의 주장과 대질시킨다. 거기서 랏자라또는 그들의 언어 중심적이고 기표 중심적인 정치 이론에서 무엇이 문제인지를 보여준다. 간단히 말해 그들은 자본주의에 관한 분석을 간과하거나 정치와 경제의 관계를 분리하거나, 그들이 비판하는 지배의 언어를 은연중에 재생산한다는 것이다. 그의 비판 대상이 된 비판이론가들에는 주디스 버틀러, 알랭 바디우, 자크 랑시에르, 슬라보예 지젝을 비롯한 라캉주의자들, 빠올로 비르노와 같은 자율주의자들, 그리고 인지자본주의자들이 포함된다. 이 책에서 그는 이런 대중적으로 저명한 비판이론가들의 문제점이 어디에서 기원하는지에 대한 지적에 그치지 않고, 그것을 넘어 정치적 주체화를 위한 보다 실천적인 개념들을 벼려내려는 여정을 개시하고 있다.

주체화와 관련해서 랏자라또가 강조하는 점을 몇 가지로 요약해보자. 첫째, 자본주의 경제는 사회적 유대를 해체하는 대신에 민족주의, 인종주의, 전체주의 등의 반동적 주체성에 의존해왔다. 그런데 저자에 따르면 신자유주의가 진전되면서 기존의 주체성 형태가 지속적으로 파괴되어 왔지만, 현재의 새로운 자본주의는 그것을 대신할 새로운 주체성 생산에 심각한 어려움을 겪고 있다. 신자유주의가 유행시킨 주체성, 즉 기업가형 주체와 부채인간은 더 이상 대중을 동원하지 못한다. 전 세계적인 금융 위기를 통해서 신자유주의는 소유자 '계급'을 위한 체제라는 사실을 자기 스스로 증명하고 있다. 따라서 저자에 따르면 신자유주의 이후 자본주의는 새로운 신화의 창조와 그것에 의한 주체화 과정의 개시에의 곤란에 처해 있다는 것이다.

둘째, 자본주의 위기의 시기에 진보적 실천과 비판적 이론들 역시 자본주의적인 주체성 및 주체화 과정을 이론적으로 분석하지 못하고 잘못된 문제설정에 빠져 있다는 것이다. 기존의 비판이론들은 경제와 주체성과의 관계를 충분히 설명하지 못하거나 무시함으로써 경제주의적 개념화에 빠지거나 관념론적 정치 개념을 드러낸다는 것이다. 특히 랏자라또는 대중적인 비판이론가들이 주목하는 언어나 기표적 기호계는 생산(지식-인지자본주의론)이나 정치(랑시에르)의 조건 어느 것도 구성하지 못한다고 주장한다. 생산의 조건은 주체성의 생산과 그것이 제도, 경제, 사회, 언어, 문화적인 것 등과 어떻게 접합되는가에 달려 있지만, 비판이론들은 이런 측면을 고려하지 않는 순수 정치 개념(바디우나 랑시에르)을 갖고 있거나, 지식 생산과 주체성 생산을 혼동하기도(인지자본주의론) 한다는 것이다.

셋째, 자본주의적 주체성의 생산과 주체화 과정은 사회적 복종과 기계적 예속에 관련된 이중적 장치와 관련되어 있다는 점이다. 가따리와 들뢰즈는 『안티 오이디푸스』에서 부의 생산은 주체의 활동에 의존하며 이것은 언어나 정치적 재현으로 환원되지 않음을 강조했다. 자본주의적 생산은 언어적 재현이나 담론적인 것에 의존하는 사회적 복종뿐 아니라, 기계적 예속이라는 이질적인 권력 장치들의 상호작용 속에서 작동한다는 것이다. 소위 경제는 주체성의 이중적인 배치에 의존한다는 것이다.

사회적 복종은 우리에게 개체적 주체성, 즉 젠더, 직업, 민족성 등의 정체성을 부여함으로써 사회적 노동분업에서 개체들의 자리와 역할을 생산하고 분배한다. 이 과정은 개체화된 주체를 생산하는 과정으로서 언어적 기표화의 재현을 통해 종속시키는 과정이다. 자본주의에서 이 사회적 복종은 자본관계가 인격화되는 과정이다. 인격화된 자본인 자본가와 인격화된 노동인 노동자는 자본의 흐름에서 유래하는 기능을 수행하는 것이다. 개체로서의 개인들은 바로 이런 흐름의 추상화된 양에서 유래하며, 이는 곧 사회적 개인이라는 것이다.

하지만 이것은 자본주의가 주체성에 영향을 미치는 한 가지 방식에 불과하고, 주체성에 대한 전혀 상이한 과정과 포획이 존재한다는 것이다. 그것이 바로 기계적 예속이다. 기계적 예속은 테크놀로지에 의해 촉진되는 것으로서 명령, 조절, 통치의 양식이다. 여기서 예속[노예화]이라는 용어는 그 폭넓은 의미론적 장으로 인해 국어로 번역하기가 쉽지 않았다. 그것은 기계화, 부품화, 통제 및 제어, 포획, 배치 등의 내포적인 의미를 품고 있기 때문이다.

이 개념은 원래 들뢰즈와 가따리가 사이버네틱스 이론에서 빌려온 것으로서, 시스템의 부품들을 입력된 코드에 따라 스스로 규제하도록 관리하는 과정을 뜻한다. 예속은 따라서 정해진 질서나 표준에 맞추어 스스로 조화롭게 질서와 균형을 추구하도록 통제되는 장치, 또는 원격 통제와 자기규제가 이루어지는 장치들과 관련해서 사용되는 용어였다. 예속은 따라서 공장이나 통신의 기술적 기계를 통제하거나 규범과 표준 등의 사회적 코드에 의해 작동되는 사회적 기계를 제어하고 조절하는 양식이다. 이것은 이집트나 중국과 같은 고대 제국에서 유래한 인간 노예제를 대체하는 것으로서, 자본주의에 고유한 통치양식이 되었다.

복종을 통한 주체화가 개체들을 생산하고 사회적 위계에 복종시키는 것과는 달리, 예속을 통한 주체화에서 개체들은 표본, 데이터 등으로 분할되고 탈주체화됨으로써, 기술적 기계의 비인간인 부품들과 동일한 방식으로 기계적으로 배치되고 다른 구성요소들과 접속하면서 작동한다. 여기서 인간은 주체/대상, 말/사물, 자연/문화와 같은 이분법과는 아무런 관련 없이 작동한다. 인간-기계 장치 속에서 가분체로서의 개체는 교환가능하고 반복적인 성격을 띠는 부품일 뿐이다. 기계적 배치 속에서 인간은 한 요소이며 그 배치를 통해서 분해되고 종합되는 구성요소일 뿐인 것이다. 주체성의 구성요소인 지성, 정동, 감각, 인지, 기억 등은 더 이상 "나"를 통해서 통합되지 않는다. 이제 그것들은 개인 안에서의 종합되는 요소들이 아닌, 회사, 미디어, 공공서비스, 교육 등의 배치나 과정들 안에서 전개되는 종합의 구성요소가 된다. 예속은 노동의 추상적 흐름들, 화폐의 흐름들, 기호의 흐름들과 같은 탈코드화된 흐름들에 작용하며 개체와 인간 주체성보다는 기업, 복지국가, 미디어 등의 거대 기계장치들을 초점으로 종합한다.

복종은 주체의 의식과 재현, 언어를 요구하는 반면, 기계적 예속은 그것들 이상 또는 이하의 것들을 활성화시킨다. 예속은 기계적, 언어적, 사회적, 미디어, 경제 시스템 등 초[超]인격적인 힘들을 활성화시키는 동시에, 지각, 감각, 정동, 욕망 등 전[前]인지적이고 전[前]언어적인 힘들을 동원한다. 예를 들어 과학, 복지국가, 인간공학, 통신망은 개체화된 주체를 벗어나 예속의 형태로 작동한다.

넷째, 저자에 따르면 우리가 오늘날 사람들의 정보기술과 기계를 통한 자발적인 소통과 표현을 두고 화자 중심적인 상호주관성이나 언어적인 것을 강조하는 것은 언어 및 기표 중심적인 환원에 불과하다. 기계 중심적인 세계 속에서 사람들의 말과 소통, 행동은 온갖 종류의 사이버네틱스 기계 장치들의 보조나 지원에 의해 촉진된다. 그 장치들은 언어나 기표 중심적이기보다는 비기표적 기호계의 특성을 띠기 때문이다.

이 책의 제목이 말해주듯이 자본주의적 생산과 주체성의 생산,

그리고 주체화 과정은 기호와 기계의 중요한 특성을 반영하고 있다. 주체화 과정과 관련해서 대중적인 비판이론가들은 언어적 수행성에 대해 관심을 보여 왔다. 하지만 이들의 기호학과 화용론에의 오도된 관심은 언어 중심적이고 기표 중심적이며 이성 중심적인 범위를 넘어서지 못하게 하고 있다는 것이다. 그렇기 때문에 그들은 오늘날 통제사회에서 점점 더 중요해지는 비언어적 소통 장치(예컨대 표상과 언어로 포착되지 않는 정동이나 감각, 신념)에 의한 여론의 형성과 공중[대중]의 조음 및 변조modulation를 분석하지 못한다.

일찍이 가따리는 『분자혁명』과 『기계적 무의식』에서 제도화된 질서를 전제하는 언어 중심적 기호학을 비판하고 비기표적 기호계를 포함하는 보다 넓은 기호현상에 주목하였다. 랏자라또는 가따리의 새로운 기호이론에 따라 자본주의적 주체화의 본질을 적출해 내고, 비판이론가들의 이론적 한계를 넘어설 수 있는 주체성 생산이론과 방법론을 모색한다. 이들에 의하면 언어적 재현은 정치적 재현과 마찬가지로 다른 기호론과 표현양식들을 초코드화하고 위계화하고 종속화하는 지배적 권력체의 구성과 분리될 수 없다. 따라서 제도화된 대의정치에 의존하는 노동조합이나 정당 등의 조직 형식을 벗어나, 다른 대안적 조직화 방식을 모색하기 위해서는 재현의 문제를 극복하고 다양한 기호론적 표현양식을 탐구하는 것이 기본 과제라는 것이다.

랏자라또는 이와 같은 정치적 재현과 언어적 재현을 우회할 수단으로 실존적인 언표행위들에 관해서 탐구한다. 그는 가따리의 지도 제작 방법론에 의존하면서, 그리고 가따리가 그러했던 것처럼 바흐친의 다성적 발화 개념에 의존하면서, 그것을 존재론적 화용론 또는 실존적 화용론으로 발전시킨다. 이제 언표행위는 과정적이고 비가역적이며 사건 생성적이다. 실존적 화용론에서 특이한 발화는 외재하는 담론에 의존하지 않으며 스스로에 준거하며 자체적인 준거를 생성시키고 그 준거세계를 분비해낸다. 예컨대 어떤 특이한 반복적인 발화나 리토르넬로(반복구)는 담론적이기보다는 실존적이다. 그러한 발화는 실존에서의 변화를 생산한다. 여기서 실존은 자기 준거와 의미생성에 기초한 자기 위치정하기와 자기 변용의 문제이다.

이런 맥락에서 랏자라또는 푸코의 자기에 대한 배려와 진실 말하기를 가따리의 실존적 화용론과 동일 선상에서 자기에 대한 긍정으로 다룬다. 그는 말년의 푸코가 파르헤지아, 즉 진실 말하기의 언표행위, 그리고 이를 통한 윤리(에토스)의 형성과 정치적 행동에 관심을 가졌다고 주장한다. 그것은 실존적인 것과 언표행위 사이, 언표행위를 통한 자기 긍정과 정치적 발화 사이의 관련성에 대한 일종의 조직론적 검토라고 할 수 있다. 파르헤지아적인 진실 말하기는 집회에서 현실의 잘못을 지적하는 사람들의 용기 있는 발화와 결단 행위를 말한다. 저자에 따르면 말년의 푸코에게 진실 말하기는 정치와 윤리, 진실을 분리하는 것이 아니라 서로 결합하는 말하기 양식이다. 랏자라또는 푸코가 말년에 강의한 자기에의 배려와 파르헤지아 개념을 수용한 다음 파르헤지아적인 발화 사건이 개시하는 자기위치설정, 자기 변용의 역능과 같은 실존적인 변화와 그 주체적·조직적 귀결에 초점을 맞춘다.

랏자라또에게서 주체화는 경제적인 것, 성적인 것, 언어적인 것, 그리고 사회적인 하부구조의 효과가 결코 아니다. 그 반대로 주체화 과정에서 전개되는 자기 위치정하기, 자기 변용, 자기 준거성은 실존적인 변형의 과정적 성격을 띤다. 그것은 특이한 것(특이한 행동이나 발화)의 창조와 생성과 돌연변이의 가능성에 개방된 기원적 과정인 것이다. 이 자기생산적인 주체화 과정의 초점들은 구조적인 경제, 사회, 정치, 언어, 성적, 과학적 영역들에 대한 초월하기, 횡단하기, 재위치하기, 재형성하기를 통해서만 일관성을 띠게 된다는 것이다. 이것은 기존 패러다임과의 단절을 기반으로 하는 미적이며 실존적인 화용론에 의지하는 과정으로서 실제적인 것과 가상적인 것 사이, 가능한 것과 현실적인 것 사이의 관계를 (봉기 등의) 사건을 통해 새롭게 설정하고 서사화함으로써 일관성을 획득하게 된다는 것이다.

랏자라또는 푸코를 따라 현대가 파르헤지아의 위기의 시대임을 강조한다. 문화산업이 삶의 방식과 자기에의 배려를 위한 처방을 조언하고 판매하는 이 위기의 시대에 그는 진정한 파르헤지아적인 발화의 조건과 다른 방식의 삶은 어떻게 가능한지를 실험한다. 이를 위해 그는 자본주의적 주체화의 본질 즉, 자본주의적 생산과 주체화는 거시적, 미시적 측면 모두에서 기호, 기계적인 장치와 배치 속에서 이루어지는 것이라는 점을 명확하게 강조하고, 이를 넘어설 수 있는 정치적 주체화를 모색하기 위한 조건을 사고한다. 거기에는 저자가 주장하듯이 새로운 기호이론과 언표행위 개념에 대한 주목과 더불어 기존의 구조적 영역들을 횡단하는 지도그리기의 실천방법론과 조직화 양식에 대한 인식과 실천이 필요하다.

어디에선가 랏자라또는 푸코와 들뢰즈·가따리의 도식에 따라 오늘날 우리가 직면한 상황을 노동에 대한 규율훈련, 인구에 대한 복지의 생명관리, 공중에 대한 여론의 변조가 교차, 혼합, 중첩된 시대라고 정의한다. 특히 20세기 후반 이후 자본주의는 대중들의 잠재력, 특히 그들이 발명하고 실현하는 지식, 의견, 정동 등을 포획하고 조작할 뿐만 아니라 촉진한다. 그럼에도 불구하고 저자에 따르면 우리가 갖고 있는 상상력과 대안들이 창조적 잠재력을 상실하고 이미 제도화된 노동운동과 복지장치를 맴돌고 있다는 것이다. 이런 맥락에서 이 책은 현대 자본주의가 장착한 규율, 관리, 변조의 메커니즘을 넘어서 새로운 주체성과 세계를 발명하기 위한 사유의 실험이다.

저자에 따르면 우리가 존재하는 세계는 폐쇄된 공간이 아니다. 현실화된 단일한 세계가 존재하는 것이 아니라 잠재적인 무수한 가능세계가 존재한다는 것이다. 현실에 대한 도전과 실험은 주어진 조건 내에서의 투쟁과 창조일 수도 있지만, 그뿐만 아니라 주어진 현실을 넘어서 조건 자체를 새롭게 창조하는 노동이고, 새롭게 창조된 가능세계 속에서 새로운 무언가를 현실로 옮기는 과정인 것이다. 현실에 낙담하거나 냉소를 보내기보다는 대안을 추구하는 독자라면 이 책에서 가능세계의 창조와 실현을 위한 사유 도구를 얻기를 바란다.

역자 중 한 명의 게으름으로 예정된 일정보다 번역이 많이 지체되었다. 오래 묵은 장맛처럼 묵힌다고 원고가 좋아지는 것도 아닌

데 별다른 독촉 없이 묵묵히 기다려준 갈무리 출판사와 활동가 여러분에게 감사드린다. 그리고 거친 원고를 읽어준 이성혁, 김민조 선생과 문화사회연구소 박범기 선생에게 감사를 전한다. 특히 이성혁 선생은 일어판과의 꼼꼼한 대조를 통해서 역자들에게 많은 도움을 주었다. 한편 번역에 관해서 이 책은 이론서에 가깝기 때문에 될 수 있으면 저자의 문장을 그대로 옮기려고 했지만, 압축적이고 단축적인 묘사가 많아서 ─ 아마도 이것은 이 책이 단행본으로 기획된 것이 아니라, 현실적 사건에 직면하여 저자가 급하게 써내려간 '문건'의 성격이 짙기 때문이다 ─ 부득이하게 의역의 폭을 넓히거나 문장구조를 바꾸기도 했다. 그리고 문맥을 살리기 위해 원문에는 없는 일부 접속사를 첨가했으며, 독자들의 양해를 미리 구하자면 적지 않은 역자의 첨언을 집어넣었다. 그럼에도 불구하고 매끄러운 번역이 되지 못한 것 같다. 다른 한편 본문에 사용된 용어들은 국내 학계에서 주로 사용되는 번역어를 반영하려고 노력했다. 따라서 동일한 용어 (예를 들어 '발화', '말', '발언', '화행')라도 문맥에 따라서 다른 식으로 옮겼다. 마지막으로 곳곳에 숨어 있을 수 있는 오독과 오역, 우리의 모자람에 대한 독자 여러분의 기탄없는 질정을 기대한다.

2017년 7월
역자들 씀

::참고문헌

Agamben, Giorgio. *The Sacrament of Language*. trans. Adam Kotsko. Stanford : Stanford University Press, 2011. [조르조 아감벤, 『언어의 성사 — 맹세의 고고학』, 정문영 옮김, 새물결, 2012.]

Arendt, Hannah. *The Human Condition*. Chicago : The University of Chicago Press, 1998. [한나 아렌트, 『인간의 조건』, 이진우 옮김, 한길사, 2017.]

Austin, J. L. *How to Do Things with Words*. Oxford : Oxford University Press, 1976.

Badiou, Alain. *Logics of Worlds*. trans. Alberto Toscano. New York : Continuum, 2009.

Bakhtin, Mikhail. "The Problem of Content, Material, and Form in Verbal Art." in *Art and Answerability*. Austin University of Texas Press, 2014.

_____. *Speech Genres and Other Late Essays*. trans. Vern W. McGee. Austin, Texas : University of Texas Press, 1986.

_____. *The Dialogic Imagination*. trans. Caryl Emerson and Michael Holquist. Austin, Texas : University of Texas Press, 1981.

Bakhtin, Mikhail. and Paul Medvedev. *The Formal Method in Literary Scholarship*. trans. Albert J. Wehrle. Cambridge : Harvard University Press, 1985.

Benjamin, Walter. "Theses on the Philosophy of History." *Illuminations*. trans. Harry Zohn. New York : Harcourt Brace, 1968. [발터 벤야민, 「역사의 개념에 대하여」, 『역사의 개념에 대하여 / 폭력비판을 위하여 / 초현실주의 외』, 최성만 옮김, 길, 2008.]

Benveniste, Émile. "The Semiology of Language." *Semiotica* 1 (1981).

_____. *Problèmes de linguistique générale* 2. Paris : Gallimard, 1974.

Butler, Judith. *Excitable Speech : A Politics of the Performative*. New York : Routledge, 1997. [주디스 버틀러, 『혐오 발언 — 너와 나를 격분시키는 말 그리고 수행성의 정치학』, 유민석 옮김, 알렙, 2016.]

_____. *Gender Trouble*. New York : Routledeg, 1999. [주디스 버틀러, 『젠더 트러블 — 페미니즘과 정체성의 전복』, 조현준 옮김, 문학동네, 2008.]

Callon, Michel, Pierre Lascoumes, and Yannick Barthe. *Agir dans un monde incertain. Essai sur la démocratie technique*. Paris : Seuil, 2001.

Cardinal, Serge. "La radio, modulateur de l'audible." *Chimères* 53 (2004).

CERC. "La sécurité de l'emploi face aux défis des transformation économiques." Paris : La Documentation française, 2005, http://www.ladocumenta-tionfrancaise.fr/var/storage/rapportspublic/054000141/0000.pdf.

Chauviré, Christiane. *Peirce et la signification*. Paris : Presses Universitaires de France,

1995.

Davezies, Philippe. "Entre psychique et social, quelle place pour l'activité?" *La santé mentale en actes*. Toulouse : ERES, 2005.

de Certeau, Michel. *Culture in the Plural*. trans. Tom Conley. Minneapolis : University of Minnesota Press, 1977.

_____. The Practice of Everyday Life. trans. Steven Rendell. Berkeley : University of California Press, 1984.

de Montmollin, Maurice. *Les Systèmes hommes-machines*. Paris : Presses universitaires de France, 1967.

Deleuze, Gilles and Félix Guattari. *A Thousand Plateaus*. trans. Brian Massumi. Minneapolis : University of Minnesota Press, 1987. [질 들뢰즈·펠릭스 가타리,『천 개의 고원』, 김재인 옮김, 새물결, 2011.]

_____. *Anti-Oedipus*. trans. Robert Hurley, Mark Seem, and Helen R. Lane. Minneapolis : University of Minnesota Press, 1983. [질 들뢰즈·펠릭스 가타리,『안티 오이디푸스 — 자본주의와 분열증』, 김재인 옮김, 민음사, 2014.]

_____. *Kafka : Toward a Minor Literature*. Minneapolis : University of Minnesota Press, 1986. [질 들뢰즈·펠릭스 가타리,『카프카 — 소수적인 문학을 위하여』, 이진경 옮김, 동문선, 2001.]

Deleuze, Gilles. Seminar of February 2, 1972. http://www.le-terrier.net/deleuze/anti-oedipe1000plateaux/0722-02-72.htm

_____. *Desert Islands and Other Texts*. trans. Michael Taormina Michael Taormina et al. Los Angeles : Semiotext(e), 2004.

_____. *Negotiations, 1972-1990*. trans. Martin Joughin. New York : Columbia University Press, 1995. [질 들뢰즈,『대담 1972~1990』, 김명주 옮김, 갈무리, 근간.]

_____. *Two Regimes of Madness*. trans. Ames Hodges and Mike Taormina. Los Angeles : Semiotext(e), 2006.

Département des Études, de la Prospective et des Statistiques(DEPS), "Peintres, graphistes, sculptures ⋯ les artistes auteurs affiliés à la Maison des artistes en 2005." *Culture Chiffres, activité, emploi, travail* (2007-6), www2.culture.gouv.fr/deps.

Ducrot, Oswald. "De Saussure à la philosophie du langage." introduction to the French edition of John Searle's *Speech Acts. Les actes de langage*. Paris : Hermann, 1972.

Dujarier, Marie-Anne. *L'idéal du travail*. Paris : Presses Universitaires de France, 2006.

_____. *Le Travail du consommateur*. Paris : Editions 1a Découverte, 2008.

Durkheim, Émile. *The Rules of Sociological Method*. trans. W. D. Halls. New York : The Free Press, 1982. [에밀 뒤르켐,『사회학적 방법의 규칙들』, 박창호·윤병철 옮김, 새물결, 2002.]

Eisenstein, Sergei and Jay Leyda. *Eisenstein on Disney*. London : Methuen, 1988.

Eudes, Yves. "Les 'Geeks' à la conquête de Wall Street." *Le Monde*. September 2, 2009.

Foucault, Michel. "The Concern for Truth." trans. Alan Sheridan. *Politics, Philosophy, Culture*. New York : Routledge, 1988.

_____. "The Subject and Power." in Hubert Dreyfus and Paul Rabinow. *Beyond Structuralism and Hermeneutics*. Chicago : The University of Chicago Press, 1983.

_____. "What IS Enlightenment?" trans. Paul Rabinow. *The Foucault Reader*. New York : Pantheon Books, 1984.

_____. *Ethics*. trans. Robert Hurley. New York : The New Press, 1997.

_____. *Security, Territory, Population : Lectures at the Collège de France 1977-1978*. trans. Graham Burchell. New York : Picador, 2009. [미셸 푸코, 『안전, 영토, 인구 ─ 콜레주드 프랑스 강의 1977~78년』, 오트르망 옮김, 난장, 2011.]

_____. *The Birth of Biopolitics*. trans. Graham Burchell. New York : Palgrave Macmillan, 2008. [미셸 푸코, 『생명관리정치의 탄생 ─ 콜레주드프랑스 강의 1978~79년』, 오트르망 옮김, 난장, 2012.]

_____. *The Courage of the Truth*. trans. Graham Burchell. New York : Palgrave Macmillan, 2011.

_____. *The Government of Self and Others*. trans. Graham Burchell. New York : Palgrave Macmillan, 2010.

_____. *Discipline and Punish*. trans. Alan Sheridan. New York : Vintage, 1995. [미셸 푸코, 『감시와 처벌 ─ 감옥의 탄생』, 오생근 옮김, 나남출판, 2016.]

Guattari, Félix and Olivier Zahm, "Entretien avec Olivier Zahm." *Chimères* 23 (Summer 1994).

Guattari, Félix and Suely Rolnik. *Micropolitiques*. Paris : Les Empêcheurs de penser en rond, 2007. [펠릭스 가타리·수에리 롤니크, 『미시정치 ─ 가타리와 함께 하는 브라질 정치기행』, 윤수종 옮김, 비(도서출판b), 2010.]

Guattari, Félix. "Agencements. Transistance, Persistances." Seminar of December 8, 1981. http://www.revue-chimeres.fr/drupal_chimeres/files/811208.pdf.

_____. "Balance Sheet-Program for Desiring Machines," in *Anti-Oedipus*. trans. Robert Hurley. Semiotext(e), vol. 2, no. 3 (1977).

_____. "La Crise de production de subjectivité." Seminar of April 3, 1984. http://www.revue-chimeres.fr/drupal_chimeres/files/840403.pdf.

_____. "Machine abstraite et champ non-discursif." Seminar of March 12, 1985.

_____. "Ritornellos and Existential Affects." trans. Juliana Schiesari and Georges Van Den Abbeele. *The Guattari Reader*. ed. Gary Genosko. Cambridge : Blackwell Publishers, 1996.

_____. "Ritournelles et affects existentiels (Discussion)." Seminar of September 15, 1987, http://www.revue-chimeres.fr/drupal_chimeres/files/870915b.pdf.

_____. "Schizoanalyse du chaos." *Chimères* 50 (summer 2003).

_____. "Substituer l'éconciation à l'expression." Seminar of April 25, 1984.

_____. *Chaosmose*. Paris : Galilée, 1992. [펠릭스 가타리, 『카오스모제』, 윤수종 옮김, 동문선, 2003.]

_____. *Chaosmosis*. trans. Paul Bains and Julian Pefanis. Bloomington, Indiana : Indiana University Press, 1995. [펠릭스 가타리, 『카오스모제』, 윤수종 옮김, 동문선, 2003.]

_____. *Chaosophy*. trans. David L. Sweet, Jarred Becker, and Taylor Adkins. Los Angeles : Semiotext(e), 2009.

_____. *La Révolution moléculaire*. Fontenay-sous-Bois, France : Recherches, 1977. [펠릭스 가타리, 『분자혁명』, 윤수종 옮김, 푸른숲, 1989.]

_____. *La Révolution moléculaire*. Paris : Union générale d'éditions, 1977. [펠릭스 가타리, 『분자혁명』, 윤수종 옮김, 푸른숲, 1989.]

_____. *La Révolution moléculaire*. Paris : Union générale d'éditions, 1980. [펠릭스 가타리, 『분자혁명』, 윤수종 옮김, 푸른숲, 1989.]

_____. *Les Années d'hiver : 1980-1985*. Paris : Les Prairies Ordinaires, 2009. [펠릭스 가타리, 『인동의 세월 – 1980~1985』, 윤수종 옮김, 중원문화, 2012.]

_____. *Lignes de fuite*. La Tour d'Aigues, France : De l'Aube, 2011.

_____. *Molecular Revolution in Brazil*. trans. Karel Clapshow and Brian Holmes. Los Angeles : Semiotext(e), 2007.

_____. *Molecular Revolution*. trans. Rosemary Sheed. New York : Penguin, 1984. [펠릭스 가타리, 『분자혁명』, 윤수종 옮김, 푸른숲, 1989.]

_____. *Schizoanalytic Cartographies*. trans. Andrew Goffey. New York : Bloomsbury, 2013.

_____. *Soft Subversions*. trans. Chet Wiener and Emily Wittman. Los Angeles : Semiotext(e), 2009).

_____. *The Anti-Oedipus Papers*. trans. Kélina Gotman. Los Angeles : Semiotext(e), 2006.

_____. *The Machinic Unconscious*. trans. Taylor Adkins. Los Angeles : Semiotext(e), 2011. [펠릭스 가타리, 『기계적 무의식 – 분열분석』, 윤수종 옮김, 푸른숲, 2003.]

Hart, Michael and Antonio Negri. *Multitude*. New York : The Penguin Press, 2004. [안토니오 네그리·마이클 하트, 『다중 – 제국이 지배하는 시대의 전쟁과 민주주의』, 조정환·정남영·서창현 옮김, 세종서적, 2008.]

Holloway, John. *Crack Capitalism*. New York : Pluto Press, 2010. [존 홀러웨이, 『크랙 캐피털리즘』, 조정환 옮김, 갈무리, 2013.]

James, William. "A Puralistic Universe." in *Williams James : Writings 1902-1910*. New York : Library of America, 1987.

_____. *The Will to Believe*. in *William James : Writings 1878-1899*. ed. Gerald E. Myers.

New York : Library of America, 1992.

Lacan, Jacque. *Écrits*, trans. Bruce Fink. New York : W.W. Norton, 2006.

_____. *Ecrits*. trans. Alan Sheridan. London : Routhledge, 1989.

Latour, Bruno. *Pandora's Hope : Essay on the Reality of Science Studies*. Cambridge, Mass. : Harvard University Press, 1999.

Lazzarato, Maurizio. *Expérimentations politiques*. Paris : Editions Amsterdam, 2009.

_____. *The Making of the Indebted Man*. Los Angeles, Calif : Semiotext(e), 2012. [마우리치오 라자라토, 『부채인간』, 허경·양진성 옮김, 메디치미디어, 2012.]

Marazzi, Christian. *Capital and Language*. trans. Gregory Conti. Los Angeles : Semiotext(e), 2008. [크리스티안 마라찌, 『자본과 언어 ─ 신경제에서 전쟁경제로』, 서창현 옮김, 갈무리, 2013.]

Marx, Karl. *Grundrisse*. in *Selected Writings*. ed. David McLellan. Oxford : Oxford University Press, 2000. [칼 마르크스, 『정치경제학 비판 요강』 1~3, 김호균 옮김, 그린비, 2007.]

Menger, Pierre-Michel. *Les Intermittents du spectacle : sociologie d'une exception*. Paris : Editions de l'EHAESS, 2005.

_____. *Profession artiste : extension du domaine de la création*. Paris : Textuel, 2005.

Michon, Pascal. *Rythmes, pouvoir, mondialisation*. Paris : Presses Universitaires de France, 2005.

Mumford, Lewis. *The Myth of the Machine : Technics and Human Development*. New York; Harcourt, Brace, and World, 1967. [루이스 멈포드, 『기계의 신화 1 ─ 기술과 인류의 발달』, 유명기 옮김, 아카넷, 2013.]

Nietzsche, Friedrich. *Twilight of the ldols*, in *The Anit-Christ, Ecce Homo, Twilight of the ldols*. trans. Judith Norman. Cambridge : Cambridge University Press, 2005. [프리드리히 니체, 「우상의 황혼」, 『바그너의 경우·우상의 황혼·안티크리스트·이 사람을 보라·디오니소스 송가·니체 대 바그너 (1888~1889)』, 백승영 옮김, 책세상, 2002.]

Pasolini, Pier Paolo. *Écrits corsaires*. trans. Philippe Guilhon. Paris : Flammarion, 1976.

_____. *Entretiens avec Jean Duflot*. Paris : Editions Gutenberg, 2007.

_____. *Heretical Empiricism*. trans. Ben Lawton and Louise K. Barnett. Bloomington, Indiana : Indiana University Press, 1988.

_____. *Lutheran Letters*. trans. Stuart Hood. New York : Carcanet Press, 1987.

Rancière, Jacques and Davide Panagia. "Dissenting Words : A Conversation with Jacques Rancière." *Diacritics* 30 (2000).

Rancière, Jacques. "Biopolitics or Politics?" Interview with Eric Alliez. *Dissensus*. trans. Steve Corcoran. New York : Continuum, 2010.

_____. "La méthode de l'égalité." in *La philosophie déplacée : Autour de Jacques Rancière*. eds. Laurence Cornu and Patrice Vermeren. Lyon : Horlieu Editions, 2006.

_____. "Le Scandale démocratique." Entretien avec Jean-Baptiste Marongiu. *Libération* (December 15, 2005).

_____. *Disagreement*. trans. Julie Rose. Minneapolis : University of Minnesota Press, 1999. [자크 랑시에르, 『불화 ─ 정치와 철학』, 진태원 옮김, 2015.]

_____. *Hatred of Democracy*. trans. Steve Corcoran. New York : Verso, 2009. [자크 랑시에르, 『민주주의는 왜 증오의 대상인가』, 허경 옮김, 인간사랑, 2011.]

_____. *On the Shores of Politics*. trans. Liz Heron. New York : Verso, 1995. [자크 랑시에르, 『정치적인 것의 가장자리에서 ─ 우리시대의 새로운 지적 대안담론』, 양창렬 옮김, 길, 2013.]

_____. *The Politics of Aesthetics*. trans. Gabriel Rockhill. New York : Continuum, 2004.

Recanati, François. *Meaning and Force*. New York : Cambridge University Press, 1987.

Rey, Alain. "Langage et temporalités." in *Langages*, vol. 8, no. 32 (December 1973).

Rullani, Enzo. "La produzione di valore a mezzo di conoscenza. Il manuale che non c'é." *Sociologia del lavoro* 115 (2009).

Stern, Daniel N. *The Interpersonal World of the Infant*. London : Karnac Books, 1998.

Tarde, Gabriel. *Les Transformations du pouvoir*. Paris : Les Empêcheures de penser en rond, 2003.

Todorov, Tzvetan and Mikhail Bakhtin. *The Dialogical Principle*. trans. Wlad Godzich. Minneapolis : University of Minnesota Press, 1984.

Virno, Paolo. *Quando il verbo si fa carne : linguaggio e natura umana*. Torino : Bollati Boringhieri, 2003.

Voloshinov, V. N. *Marxism and the Philosophy of Language*. trans. Ladislav Matejka and I. R. Titunik. New York : Seminar Press, 1973.

Vološinov, V. N. "Discourse in Life and Discourse in Art (Concerning Sociological Poetics)." trans. I. R. Titunik. *Freudianism : a Marxist Critique*. New York : Academic Press, 1976.

Williams, Patrick and Laura Chrisman (Eds.). *Colonial Discourse and Post-Colonial Theory*. New York : Columbia University Press, 1994.

Wittgenstein, Ludwig. *Lectures and Conversations on Aesthetics, Psychology, and Religious Belief*. ed. Cyril Barrett. Berkeley : University of California Press, 1967. [루트비히 비트겐슈타인, 『미학, 종교적 믿음, 의지의 자유에 관한 강의와 프로이트에 관한 대화』, 이영철 옮김, 필로소픽, 2016.]

본문에 사용한 이미지 출처

10쪽 https://ar.wikipedia.org/wiki/%D9%85%D8%B5%D9%86%D8%B9_%D8%B9_%D8%AA%D9%8A%D8%B3%D9%84%D8%A7#/media/File:Tesla_auto_bots.jpg

27쪽 https://alchetron.com/Felix-Guattari-761783-W#-

33쪽 http://occupywallstreet.net/story/nine-arguments-debt-refusal

45쪽 http://gros-stroi.ru/category/stenovie_materiali/kirpich.php

70쪽 https://dea.org.gr/%CE%BD%CE%B1-%CF%83%CF%84%CE%B1%CE%
BC%CE%B1%CF%84%CE%AE%CF%83%CE%BF%CF%85%CE%BC%C
E%B5-%CF%84%CE%BF-%CF%84%CE%AD%CF%81%CE%B1%CF%82-
%CF%84%CE%B7%CF%82-%CE%B1%CE%BD%CE%B5%CF%81%CE%B3%CE
%AF%CE%B1%CF%82

78쪽 https://www.flickr.com/photos/37825904@N06/

87쪽 https://upload.wikimedia.org/wikipedia/it/0/0e/Pier_Paolo_Pasolini2.jpg

96쪽 https://www.flickr.com/photos/computerhotline/

118쪽 https://upload.wikimedia.org/wikipedia/commons/c/cf/Francisco_Varela.jpg

124쪽 https://www.flickr.com/photos/tico24/

139쪽 https://www.flickr.com/photos/rednuht/479370088/

148쪽 http://www.brazelton-institute.com/stern.html

155쪽 https://www.flickr.com/photos/santoposmoderno/5601220932

162쪽 https://www.flickr.com/photos/lge/

168쪽 http://m.labortoday.co.kr/news/articleView.html?idxno=113729

205쪽 https://www.facebook.com/CipIdf/photos/rpp.190641851099350/7943486507286
64/?type=3&theater

227쪽 http://workright.jinbo.net/xe/issue/54683

234쪽 https://www.flickr.com/photos/7438870@N04/246쪽 http://www.acrimed.org/
Des-chomeurs-et-precaires-s-invitent-a-l-emission-L-Objet-du-Scandale-avec

250쪽 http://www.studioroma.istitutosvizzero.it/persone/artisti/christian-marazzi/

273쪽 https://www.youtube.com/watch?v=Bs2TiewZWXI

300쪽 https://www.flickr.com/photos/visentico/5744239585/in/photostream/

333쪽 http://www.hakbi.org/

360쪽 https://fr.m.wikipedia.org/wiki/Fichier:Ranciere,_Jacques_-UV_fRF02.jpg

369쪽 https://upload.wikimedia.org/wikipedia/commons/a/ab/Secours_rouge_1.jpg

:: 인명 찾아보기

378